公共管理系列教材

社会保障

主　编　张邦辉

副主编　刘晓民　郭英慧

吴　健　万秋兰

重庆大学出版社

内容提要

本书从总论的角度深刻阐述了社会保障概要、社会保障制度的产生与发展、社会保障思想流派、社会保障模式与体系、社会保障基金与管理、社会保障立法与管理等 6 个层面的内容；从分论的角度系统介绍了养老保险、医疗保险、失业保险、工伤保险、生育保险、住房保障、社会福利、社会救助、社会优抚、慈善事业等多个层面的内容。本书在比较全面、准确地介绍社会保障基本知识的基础上，各章均安排了学习目标、本章小结、探索等内容。

本书适合作为高等学校劳动与社会保障、公共管理与人力资源管理等专业的教材，同时也可作为社会保障理论与实务工作者的培训教材。

图书在版编目(CIP)数据

社会保障 / 张邦辉主编. -- 重庆 : 重庆大学出版社,2020.4

公共管理系列教材

ISBN 978-7-5689-1991-3

Ⅰ.①社… Ⅱ.①张… Ⅲ.①社会保障—高等学校—教材 Ⅳ.①C913.7

中国版本图书馆 CIP 数据核字(2020)第 001614 号

公共管理系列教材

社会保障

主　编　张邦辉

副主编　刘晓民　郭英慧　吴　健　万秋兰

策划编辑：尚东亮

责任编辑：陈　力　邹　忌　　版式设计：尚东亮

责任校对：王　倩　　责任印制：张　策

*

重庆大学出版社出版发行

出版人：饶帮华

社址：重庆市沙坪坝区大学城西路 21 号

邮编：401331

电话：(023) 88617190　88617185(中小学)

传真：(023) 88617186　88617166

网址：http://www.cqup.com.cn

邮箱：fxk@cqup.com.cn (营销中心)

全国新华书店经销

重庆华林天美印务有限公司印刷

*

开本：787mm×1092mm　1/16　印张：18.75　字数：424 千

2020 年 4 月第 1 版　2020 年 4 月第 1 次印刷

ISBN 978-7-5689-1991-3　定价：49.00 元

前言

社会保障作为现代社会不可或缺的民生保障机制以及不可替代的基本制度安排,起到化解国民生活风险、协调社会利益、促进社会和谐发展、维护社会稳定的重要作用。社会保障制度事关每个公民的切身利益,健全完善的社会保障制度也是支撑高质量经济发展与和谐社会发展必不可少的条件之一。改革开放40多年来,我国社会保障事业取得了巨大成就,目前我国社会保障制度正从长期试验性改革逐渐向成熟、定型发展。但是随着我国社会主义市场经济体制的不断深化和经济结构的不断调整,人口老龄化、收入结构分层化、就业形态多元化等深层次矛盾逐步凸显,社会保障制度面临着公平、可持续等压力。由此,社会保障受到的关注超过以往任何时期。

近来,我国社会保障在多方面深入革新。党的十九大报告为社会保障的总体发展指明了方向,其中不仅明确要求尽快实现养老保险全国统筹、完善统一的医疗保险制度与最低生活保障制度及社会救助体系,促进各项社会福利事业与住房保障的全面发展,而且明确要求全面建立中国特色的医疗保障制度与优质高效的医疗卫生服务体系。我国社会保障体系一方面尚在建设之中,另一方面全面建成社会保障体系的要求是要促使社会保障制度尽快走向成熟、定型。各项具体的社会保障措施亦革新不断,例如:第一,第十三届全国人民代表大会第一次会议审议并通过了国务院机构改革方案,提出新组建国家医疗保障局,将分散在人社部的城镇职工、城镇居民基本医疗保险和生育保险,国家卫计委的新型农村合作医疗,民政部的医疗救助,国家发改委的药品和医疗服务价格管理职责集中整合到国家医保局;第二,国务院办公厅出台的《关于全面推进生育保险和职工基本医疗保险合并实施的意见》,以保障职工的社会保险待遇、增强医保基金的共济能力和提升机构的经办服务水平;第三,各省尝试突破医疗保险城乡分割的体制机制障碍,为实现全民基本医疗保险制度乃至整个社会保险制度的统一管理做准备。

编者曾编著《社会保障的政府责任研究》一书,在当时社会保障体系发展不够完善、法制不够健全的社会背景下,以理论与实际综合考量的基本研究方式为依托,从社会保障权利出发梳理和研究社会保障政府责任制度的构建。但随着我国社会保障体系建设、发展的趋势日益清晰和凸显,社会保障发展更需要规范、扩大和完善体系化的社会保障专业教育,即需要培养更多具备专业社会保障理论、法律、资金管理等方面知识的人才。同时,在实践中,国内外社会保障中的新问题不断涌现,社会保障制度的改革、发展不断衍变,新的理论和政策法规频频出台,都需要更符合时代背景和发展要求的社会保障教材快速更新以适应发展需要。

本书紧跟各国社会保障领域的新实践和社会保障理论研究的新进展,力图为读者提供思考现实与未来、问题探索与研究的参考，构建一个全面、深刻、实用的用于认识社会风险、了解社会保障制度体系和公共服务系统的框架体系,引导读者系统、理性地分析各种社会保障现象,提高读者分析问题的能力水平。教材构筑了较为完整的社会保障及相关知识体系,突出地强调了系统性、适应性、新颖性和融合性的特点,具体为:

1.体现社会保障体系的系统性。本书通过综合性总论介绍基础知识以及精准性分论讨论社会保障制度的各重要组成部分,体现了本书结构严谨,逻辑顺序合理,既有全局视角又有细致分析的特点。总论力求准确、全面地介绍了社会保障的基本知识和概念,包括社会保障的历程、制度、思想和经验等;分论在更广泛的内容上讨论了社会保障各重要组成部分的具体问题,囊括了住房保障、慈善事业等内容。此外,本书不仅讨论了国内实践,也充分探讨了各国的优秀经验。

2.立足社会保障国情的适应性。自19世纪末现代社会保障制度在德国诞生起,社会保障的实践与嬗变推动理论研究从无到有、由浅入深、积沙成塔,不同区域形成不同特色的社会保障模式。各国的社会保障制度在体现个性的同时也体现了共性,本书在社会保障制度的产生与发展、主要社会保障思想流派、社会保障基金与管理等分论章节部分总结了各国经验,挖掘出不同社会保障制度之间的共性。同时,在本书讨论内容的选择上,突出了中国社会保障制度改革或者其他国家在该领域所面临的新困境、新难题。例如,书中讨论的住房社会保障政策包括安居房、经济适用房以及廉租房等都是我国在提供保障中遇到的新问题。

3.强调资料以及案例的新颖性。本书注重避免教条地提供知识,重视利用鲜活的材料,在具体的社会保障研究中提供了实证研究的数字资料以及案例研究的文字材料,均力求贴合社会保障发展的时代要求和最新进展。如书中包含的新时代社会优抚制度的发展介绍与案例分析是对党的十九大决定组建退役军人管理保障机构,建立健全并逐步完善集中统一、职责清晰的退役军人管理保障体制的深入探讨。

4.关注不同学科之间的融合性。本书在不同章节中将管理学、政治学、社会学与经济学的理论、方法或思路融为一体，如书中涉及的福利经济学理论、社会保障行政法规、公共选择理论等内容以尽可能丰富社会保障的专业研究。因此,也要求学生具备相关经济学、管理学等方面的基础知识。

本书由重庆大学张邦辉教授主编,重庆大学刘晓民、郭英慧、吴健、万秋兰担任副主编。全书共分成16章内容,具体分工如下:重庆大学张邦辉教授负责第1~8章的编写,刘晓民负责第9~10章的编写,郭英慧负责第11~12章的编写,吴健负责第13~14章的编写,万秋兰负责第15~16章的编写;重庆大学硕士研究生蒋杰、李恬漩、李丹姣、张福卿、罗辑、刘丹妮、谢雨晗、周玥伶、周晨曦、寇桂涛等同学做了前期的资料搜集与整理工作;全书由张邦辉进行大纲拟定和编写定稿。

本书以编者在社保领域的研究为基础博采众长,在写作过程中参阅了大量社会保障类教材、专著、论文,参考和吸收了国内外学者、同行的研究成果。在此,谨致以衷心的谢意。由于时间和精力所限,书中疏漏和不妥之处在所难免,敬请同仁与读者批评指正。

编　者

2019年9月

目录

第1章　社会保障概述

【学习目标】

1.了解社会保障的概念、特点和主要内容

2.明确社会保障模型分类

3.熟悉社会保障的基本原则

4.掌握中外社会保障发展简史

1.1　社会保障的定义和特点

1.1.1　社会保障的定义

“社会保障”源于英文“social security”一词，该词最早出现于美国政府1935年颁布的《社会保障法》中。社会保障是一项综合性的社会事业，各国学者基于不同的历史发展阶段和具体国情描述了对它的理解。目前社会保障的概念尚无定论，但就其共同点而言，可以将社会保障概述为：社会保障是国家通过立法和行政措施采取强制性手段对国民收入进行再分配，对由于年老、疾病、伤残、失业、死亡以及其他灾难等原因而面临困难的社会成员，给予物质帮助和社会服务，以保障公民的基本生活需要的制度。[①]

该定义包括以下要点：

①国家或政府是社会保障的首要责任主体。社会保障的最终责任承担者是国家，唯有国家或政府才能统一并且大规模地筹集社会保障资金，通过国民收入的再分配，对全社会实行生活保障。同时，政府运用社会保障的原动力是寻求社会稳定和参与发展，而维护社会稳定和促进经济增长是社会保障的基本目标。

②社会保障的保障对象是全体公民。当国家任何一个公民遭遇意外以及暂时或永久丧失劳动能力和劳动收入时，都有从国家和社会获得帮助的权利。社会保障以及相关

① 谢冰.社会保障概论[M].2版.武汉：武汉大学出版社，2015：7.

机构都有义务给予其物质性援助。

③满足公民的基本生活需要是社会保障的目的。社会保障的水平取向具有适度性,对那些由于各种原因处于生活困难或者面临生存危机的社会成员给予生活保障,使每一个社会成员达到维持生存所需的生活标准是社会保障的基本目的。

④社会保障得以实施的保证是社会立法。当今社会是一个法制社会,社会保障制度化必须以健全完善的法律体系为重要支柱,使得社会保障制度的运作制度化、规范化。

⑤社会保障是一种收入再分配的重要形式。社会保障的资金来源是通过国民收入再分配形成的社会基金,用其支付保障费用。注重效率的市场经济属于初次分配,这种分配必然会造成社会成员之间分配不公、两极分化的情况,而社会保障则可以通过国民收入再分配缩小收入差距、实现公平。

1.1.2 社会保障的特点

现代社会保障制度作为一项长远的社会制度安排,经过长期的发展,形成了有别于其他制度的特征。一般来说,现代社会保障具有普享性、互济性、福利性、公平性、强制性等特征。

①普享性。基于“以民为本”的民本主义,其核心价值观所体现的就是一种普享理念,享有社会保障服务是社会成员的一种权利,人人都应该从中受益。社会保障是一项社会公共事业,它来自社会又服务于社会,作为社会成员,共同享有社会保障服务更是理所当然,也就是说“普享”是一种必然。同时,社会保障的普享目的,也是为了使全体社会成员共同分享社会经济的发展成果,都能提高生活水平和生活质量,从而最终走向共同富裕之路。因此,社会保障的普享特性,既是建立公平正义的和谐社会之基础,又是国民追求更加美好生活的可靠途径。

②互济性。在人类社会的生产生活中,风险无处不在,要完全规避和防范这些风险是不可能的。单靠个人力量很难承担风险造成的损失。按照大数法则,在一定时期内风险只发生在少数人身上,社会保障按照社会成员共担风险的原理实行互助共济,由多数社会成员分散承担少数社会成员的损失,最终达到保障全体劳动者基本生活的目标。社会保障覆盖范围越大,筹集起来的社会保障资金越多,抵御风险的能力就越强,社会互济的力度就越大,向公民提供的保障也就越全面。

③福利性。社会保障的福利性表现为社会保障事业是一种社会福利事业,它不以营利为目的。在社会保障领域,福利几乎是社会保障的代名词,特别是在西方国家。其一,它反映了具有传统特性的社会保障制度;其二,它也反映了社会保障制度安排的具体要求。福利即是凡所得大于所付出,相对于社会成员个人而言,其在社会保障方面的支出要小于在社会保障方面的投入。

④公平性。社会保障是一个分配和再分配制度,实现最大化的分配公平是其追求的目标。社会保障的公平性主要体现在社会成员享受社会保障上的机会均等和利益均享,当社会成员的基本生活发生危机时,都能均等获得社会保障的机会和权利。而社会保障的目标和作用,最终也在于促进社会公平目标的实现。

⑤强制性。社会保障是以国家立法为依据建立的公共福利事业,在许多场合都具有强制性的特征,尤其是在社会保险项目中。其强制性特征主要体现在两个方面:其一是强制参加,即依据法律规定属于保险计划覆盖范围的劳动者及其用人单位,都必须参加到计划中来,当事人没有任意选择的权利,也不能任意退出计划;其二是强制缴费,即凡是符合有关社会保障税法或社会保障统筹法律、法规的缴纳条件的个人和团体,都必须缴纳社会保障费(或税),否则将受到法律的制裁。从这个意义上说,强制性仍是当代社会保障的一个重要特征。

1.2　社会保障的内容

社会保险、社会救济、社会福利和社会优抚安置四部分构成了我国社会保障的主要内容。具体来讲,社会保险是社会保障的核心,是社会保障体系的主体和发展重点;社会救济、社会福利分别是最低、最高的社会保障;社会优抚安置是国家规定的优先项目。社会保障是现代国家一项基本的社会经济制度,也是社会安定的重要保障,更是社会文明进步的重要标志。因此,了解、学习以及研究、实施社会保障十分必要。

1.2.1　社会保险

社会保险是以国家为主体,以立法为手段建立的一项社会保障制度。旨在解决全体劳动者在经历年迈、失业、疾病、工伤或生育而减少或者丧失劳动收入时,可以获得来自社会的经济补偿和物质帮助,从而保障这些群体的基本生活需求,确保劳动者依法享受社会保险的权利得以落实。社会保险项目主要包括:基本养老保险、社会基础医疗保险、失业保险、生育保险等。我国的社会保险具有强制性、社会性和福利性三个特点,实质上政府常常运用社会保险这种手段强制性地实施社会政策。社会保险基金的规模大小、筹资方式以及提供保障的方式对储蓄率、就业率以及财政收支平衡等都有十分重大的影响。

1.2.2　社会救济

社会救济又被称为社会救助,社会救济是对社会保险的补充,社会保险一般是那些能够正常劳动的人才得以参加,而需要社会救济的群体则一般是不能正常劳动的。我国的社会救济项目主要包括:经常性的社会救济工作(农村特困户生活救助、城乡最低生活保障等)、紧急救济制度(重大灾害的救济行动、灾后救济)、临时性的救助、支持倡导开展社会互助活动等。社会救济由国家承担全部或主要财政责任,救助基金来源于国家税收。社会救济是最低生活保障,也是人类社会最为悠久的一种保障形式。

1.2.3　社会福利

社会福利是指国家和社会在遵循法律法规和相关政策规定的前提下,旨在提高社会全体成员的社会生活水平和生活质量的各种资金、设施、服务等的一种社会保障制度。福利基金的内容主要包括一般社会福利和特殊社会福利,来源于国家税收及社会捐赠。一般社会福利指国家和社会为全体社会成员提供的物质利益和服务,如支持教育建设、医疗事业建设、绿化建设等,一般享受的对象是全体社会成员,也称为全民性社会福利。而特殊社会福利指的是国家和社会为特殊群体提供的物质利益和服务,如残疾人、儿童、老人福利等,也称为选择性社会福利。社会福利也被认为是最高社会保障。

1.2.4 社会优抚安置

社会优抚安置是由国家或政府出面对有特殊贡献的人员实行的一种保障制度,也是国家优先安排的保障项目,它在一切社会保障项目中占据突出的地位。设置专门机构保障伤残军人生活、优待军人家属等,优抚安置同时具有社会保险、社会救济、社会福利的特点。

社会保障体系基本内容包括社会保险、社会福利、社会救济,但不是全部内容,各个国家根据本国国情衍生出了其他的补充内容,如社会互助、个人储蓄累积保险以及商业保险等。我国十分明确把社会优抚安置作为社会保障的一项内容,直接归入了我国的社会保障体系。

1.3 社会保障模型分类

社会保障是一个复杂的系统,按照不同的分类标准可以把社会保障划分为不同的类型。国内外学者对社会保障模型一般从社会政策学、保障范围、实施方式、国家对社会进行干预和制度安排的角度进行划分。

1.3.1 从社会政策学的角度分类

从社会政策学的角度看,社会保障一般被划分为剩余模式(或称为补救模式)和制度性再分配模式。

剩余模式是埃斯平·安德森用来特指英国福利模式的,是指国家在个人福利需求满足过程中扮演着一种“剩余”的角色,通常只有在社会供给渠道(即家庭和市场)遭受到破坏的情况下社会保障才会发挥作用,这种保障模式是一种将目标有选择地集中在一群残留的、少数需求者身上的保障。国家在此过程中提供的福利服务具有弹性、可变性、暂时性的特点,一旦家庭和市场恢复了功能,国家则撤出相关的福利服务领域,因此,这种模式也被称为“补救式”或“残补式”福利模式。但这种模式同时也存在缺陷,在这种模式下,社会问题层出不穷,由于家庭在为成员提供福利照顾方面承担很大的压力,妇女在就业和婚姻之间难以抉择,导致社会劳动参与率不能达到高水平,因此反向增加了对社会保障的需求压力。

制度性再分配模式顾名思义是将社会保障内容制度化,使被制度化的保障模式成为整个社会经济运行机器中不可分割的一部分。制度性再分配模式也称为机制模式,这种模式把接受福利者的需要看作是正常需要,通常在人们陷入困境之前就给予一定的帮助,把风险看作现代生活的正常体现。与剩余模式不同,制度性再分配模式认为为需要者提供服务不存在耻辱烙印,服务是制度化的,是永久性的,制度化再分配模式希望在市场之外能够寻求到一种平衡市场的机制。

1.3.2　从保障范围分类

从保障范围的角度看,社会保障主要被划分为普遍保障模式、就业保障模式和救助型保障模式三种。

①普遍保障模式的服务对象为全体公民,在这种模式下,经费主要由政府拨款和国家征税构成,普遍保障模式也被称为是全民福利型保障。选择普遍保障模式的国家,大多为北欧、西欧等国家。

②就业保障模式的主要服务对象为工薪者,这种模式强调对工薪者实行社会保险,并逐步将服务对象扩展到受保人的家庭成员,这种模式的经费主要由雇主和雇员的缴费构成。选择就业保障模式的国家有美国、德国等。

③救助型保障模式的保障依据是家庭经济状况,它的服务对象是贫困线以下的贫困国民(贫困线的制订标准由政府决定),其经费主要由国家财政构成,根据前面介绍的情况看,救助型保障模式事实上是一种济贫计划。目前选择救助型保障模式的国家仅为少数,大多数国家通常把济贫计划当作社会保险制度的补充部分。

除了上述的三种模式,东南亚和拉美地区的部分国家选择了储蓄基金制,这种模式由国家强制力执行,立法规定雇主与雇员必须缴费并专项储存,从而为受保障者提供不同方面的生活保障。

1.3.3　从实施方式分类

从实施方式的角度看,社会保障又被划分为现收现付制、完全积累制和部分积累制三种。

①现收现付制社会保障,即社会保障的税率或缴费比例由政府统一规定,规定标准是根据当前一定时期内社会保障需要支出的经费确定的,规定以支定收,不作结余。通常情况下公民个人与所在单位负责大部分资金,国家财政再给予一定的补贴,受保障者享受的社会保障标准与工龄及薪酬水平直接挂钩。

②完全积累制社会保障,即国家以强制力执行,立法制定资金储蓄制度,用于社会成员由于收入中断或遭受意外风险时基本生活无法得到保障,这种保障也被称为预筹基金制,主要用于养老方面的保险项目。预筹资金主要是由公民个人和所在单位缴纳的相关费用以及资金的运营收入构成,国家财政一般不予以补贴,但为了资金的安全运营,政府采取立法保障的措施使资金保值增值。受保障者享受的保险金额与缴纳的保险标准及年限相关。

③部分积累制社会保障,是指在资金的筹集方面,将现收现付与资金预筹相结合,这

种模式通常以现收现付制为主,同时积累一定数额的基金。

1.3.4 从国家对社会进行干预的角度分类

从国家对社会进行干预的角度看,社会保障可以划分为以下三种模型:第一种模型主要包括公共援助、公共补贴和社会保险等与公共服务相关的项目;第二种模型通过减免税收等方式鼓励自置产业,以及鼓励个人自愿购买人寿保险;第三种模型在公共服务的基础上添加市政建设,包括公共交通、治安和文化教育等项目。自20世纪70年代以后,由于第一种模型被认为是国家干预太多并出现了某些负效应,因此第二种模型成为一些工业化国家实施社会保障政策时的一种重要选择。

1.3.5 从制度安排的角度分类

社会保障可以划分为社会保险型保障模式、福利国家型保障模式、强制储蓄型保障模式和国家保险型保障模式四种。此种划分方法最为常见,下面作重点介绍。

1)社会保险型

在社会保险型模式下,保险覆盖对象主要是在业雇员;由政府、企业、个人三方共同缴费,通常情况下个人与企业按照工资额的比例缴费,国家政府通过给予一定的财政补贴或者减免税收筹集福利基金;受保障者享受的保障待遇与缴纳的费用相关联;实行"现收现付"制。社会保险型模式以德国最为典型。

2)福利国家型

在福利国家型制度下,社会保障惠及全民,即发放的社会福利比例在四种类型中最高。不仅如此,国内各种福利服务和福利设施也最为健全,个人缴费比例较低,福利缴费主要由政府和企业负责,福利保险待遇与个人工资高低、缴费多少的关联度最小。福利国家型模式以瑞典最为典型。

3)强制储蓄型

在强制储蓄型模式下,保险覆盖在职雇员;企业和个人缴纳保险费;保险内容包括养老、医疗、住房等;受保障者享受的保障待遇与缴纳的费用相关联;实行"完全积累"制。"完全积累"制需要设立个人账户,而个人账户中的保险基金要求保值增值,因此,实行这种模式的国家有专门负责管理个人账户保险金运作的专业机构。强制储蓄型模式以新加坡和智利为典型。新加坡与智利的主要不同点是,储蓄金运作在新加坡是由一个半官方的"中央公积金局"统一负责;在智利则可以自由选择不同的市场化的私营基金公司来负责。参保人满足退休条件时,可以从个人账户定期或一次性获得储蓄金。

4)国家保险型

国家保险型模式曾经在计划经济国家中实行,以计划经济时代的苏联和中国为代表,目前只有个别国家还实行这一模式。在国家保险型模式下,保障对象为就业人员;缴纳的费用一部分由单位负责,一部分由国家强制从个人工资上"扣除";保障政策由国家制定,具体实施层面由用人单位负责;受保障者享受的保障标准与薪酬水平相关;实行

“现收现付”制。

决定一国福利模式的因素很多,这些因素包括价值理念、政治制度、经济体制、人口结构、就业压力、生活水平、国家财力、公共管理、历史习惯等。

1.4 社会保障分配中的平等、效率与公平

社会保障分配中的平等、效率和公平是三个非常重要的概念。一方面,平等、效率和公平都分别在现实意义上有不同的定义;另一方面,平等、效率和公平在社会保障分配中有特定的意义并指导社会保障制度的制定和运行。

1.4.1 基本概念

“平等”是均等、一样、相同、无差别的意思。平等是对多项事物状态的客观比较,用来回答“是什么,怎么样”的问题。“平等”是具有客观性的,可以具体衡量,也是强调一种普遍、无差别的相同。

“公平”是好、对、合理、正确、应该如此的意思。公平是一种基本理念和价值取向,其本质是指人际利益交换中利害相等的交换行为。公平是用来评价事情是否具有合理性的原则,用来回答“应该是什么”的问题。和“平等”不一样的是,“公平”具有主观性,不同的主流价值观下的公平具有不一样的意义,不同主义、不同社会发展阶段、不同领域、不同利益群体都有不同的公平原则。

“效率”是对资源配置的衡量标准,效率是客观的,可以具体衡量。效率不只是合理配置资源,而是在合理配置资源的基础上充分地利用资源,效率是投入与产出相比较产生的概念。效率得益于技术的提高,但究其根本也是制度安排的结果。效率的一个重要衡量指标就是帕累托效率,它是指我们在保持现有的资源配置情况下,任何的重新配置都不会使现有的情况变好,也不会使现有的情况变坏,如此便达到帕累托最优状态。

1.4.2 社会保障分配中的平等、效率与公平

社会保障分配中的平等概念强调的是一种绝对平等、无差异的平等,平等理念下的社会保障分配是无法实现的,因此社会保障的分配重点强调相对公平的理念。公平和效率在社会保障分配中代表了两个不同的标准,也是难以兼顾的一对关系。

1)平等

社会保障分配的平等主要体现在社会保障制度中。平等主义在中国社会保障中体现为:在分配的过程中没有按照行使权利同时履行义务的要求来进行,而是追求一种绝对的平等。这种绝对平等的实现,要求社会保障的范围惠及每一个社会成员。任何公民在认为生活处于困难时都有权利得到国家的救助,社会保障的标准将不再依据层级而定,标准绝对统一,社会保障分配不再实行按要素分配而是按需分配。平等主义的实现将会使实际需要救助的对象被国家救助排除在外,社会保障最基本的宗旨无法实现。这

种观点忽视了相对的不平等和人们实际情况的多样性,背离了社会保障的目标。

2)公平

公平是社会保障分配所追求的目标,是贯穿社会保障分配的重要特征。现代社会保障分配的最根本目标是实现公平,但公平分配不是指平等主义中的绝对平等,而是指一种保障公民基本生活情况下的机会均等和利益均享。

社会保障分配中的公平性主要表现为社会成员享受社会保障待遇的权利和机会的均等化。具体体现为保障范围的公平性、保障待遇的公平性和保障过程的公平性。保障范围的公平性是指在社会保障分配中不会有对受保障对象的性别、职业、民族、地位等方面的限制,即对覆盖范围内所有社会保障对象的公平分配。保障待遇的公平性是指由国家社会保障分配给社会成员的过程中,只提供给具有资格的社会成员基本的生活保障,而超出基本生活保障的其他需求是国家不提供的。社会保障过程的公平性是指从社会保障资金的筹集、社会保障分配对象的条件评估、社会保障分配的结果,都在追求缩小社会成员的发展差距,实现社会分配的公平。

3)效率

社会保障分配中的效率表现在国家通过制定社会保障制度对规定对象提供基本的保障,以使社会成员的生活能够维持,从而在精神层面调动社会成员劳动的积极性,促进社会进步。另外,社会保障还通过为劳动者提供健康、教育和技能的培训,增强综合素质,为生产力的进步提供支撑。

社会保障中的效率有两层意思:一是对社会保障制度本身而言的效率,即用最少的资源创造最大产出的社会保障制度;二是制度具有外部效应,即制度对于促进经济发展和人力资源有效利用而言的效率。外部效应表现为:第一,完善的社会保障体制能够明显减少贫困,为保障的对象提供基本生活的保障,缓解贫富差距过大的问题,提高社会运转效率。第二,社会保障制度的完善可以使保障对象的积极性得到增强,为其提供社会保障能够免除他们经济上和思想上的负担,为他们贡献劳动力创造了条件。第三,社会保障不仅提供现有劳动力的供给,还为社会再生产提供必要的人力资源供给。通过健康保障和一系列针对劳动者的技能培训,使劳动者在生理素质得到提升的同时,心理和技能等素质也得到相应的提升,培养社会成员的综合素质。其次,在调整劳动力市场方面,社会保障通过对劳动者提供保障的差异来促使劳动力资源有效合理地配置。第四,政府通过收取社会成员缴纳的社会保障基金,可以维持经济健康稳定发展,避免因经济波动过大而产生的危机。在经济低迷时期,通过保障居民的基本生活,刺激消费者需求的增长,从而促进经济发展;在经济过热时期,社会保障通过收取社会成员的社会保障费用,减少消费需求,积累社会保障基金,有效防止因需求过热或流通货币过多而导致的通货膨胀。

公平与效率是社会保障分配中最重要的一对关系,也是社会保障制度难以平衡的两个方面,公平与效率的矛盾是内生的,具有统一性。公平所强调的是一种相对公平,所以即使保障对象在分配结果上存在差异也是一种过程公平。但公平与效率会在一定情况下发生冲突,一方面,因现实条件导致社会成员收入差距过大,社会不稳定因素增加,社会成员对社会保障制度的认同降低而导致劳动力效率降低;另一方面,因过分注重效率,导致资源分配向一个领域过度倾斜也会导致公平原则的破坏。因此,公平与效率的冲突在社会保障制度中体现在资源分配差距的观念冲突上,这种矛盾促使政府在制定社会保障制度时要谨慎选取合理的价值取向,同时保持两者的相对平衡。

1.5　中外社会保障简史

世界社会保障的发展历经多个时期,从原始社会末期的基本生存保障发展到慈善事业时期,再到济贫制度时期,现代社会保障制度的萌芽开始出现。在国内,早在几千年前,就出现了大量蕴含社会保障思想的论述,如“鳏寡孤独者,皆有所养”“以保息六养万民”等。本部分简要梳理中外社会保障发展的历程,为深入了解现代社会保障制度的建立和发展奠定基础。

1.5.1　世界社会保障简史

传统社会保障最早可以追溯到原始社会末期,由于当时的社会生产力水平低下,人们很难独自获取大量的资源,常常依靠互帮互助满足生活所需。社会的发展程度深深影响着人们追求更深层次的保障,在充满不确定性的原始社会中,部落或氏族的主要目标是保障成员的基本生存。另外,家庭、国家、政府之间边界的模糊使得当时提供保障的主体具有高度同一性。

在很长的一段时间里,社会保障以慈善事业的形式在发展,可以从社会中出现自发组织的临时性的扶贫活动算起到政府以立法的形式介入为止。这时,人们获得保障的主要来源是家庭,但由于社会出现了贫富分化,民族国家形成并得以巩固。此时的生产力仍然落后,国家以抵御外来侵略为主,缺乏足够的财政资金对贫困人群进行救济。随着宗教宣扬的慈善救济深入人心,陆续出现了政府组织的慈善事业和民间自发组织开展的慈善事业。不过,这些慈善事业的救济活动都是随机的、临时的,并没有法律约束,它们取决于举办者的意愿和财力,多数也是一些居高临下的施舍活动。其中,有组织、有规模的民间慈善事业大约是在中世纪以后出现的。宗教曾将这一社会规范作为基本教义进行精神统治,使得这种自发行为带上了恩赐色彩。随着社会的发展,这种非正式的制度安排被统治阶级不断运用到恩赐被统治阶级、安抚贫困人群中,开始演变为正式的制度性安排。

在社会问题不断加剧、阶层贫富差距增大的背景下,为发展资本主义,英国在 15 世纪下半叶开展“圈地运动”,大批农民丧失土地、流离失所,社会秩序混乱,政府不得不出面干预。1601 年英国政府颁布《伊丽莎白济贫法》,在全国范围内设立贫民救济院,将丧失劳动能力的穷人(包括老弱病残)、有劳动能力的贫民和孤儿纳入救济范围。当时的社会保障仍然以救济为主,但通过法律的形式确定下来,同时市场的发展促进了商业保险的产生,行业也发挥出了部分社会保障的职能,为之后社会保障制度的进一步发展奠定了重要基础。

1.5.2 中国社会保障简史

中国社会保障的历史渊源可以回溯至我国古代,最早在春秋战国时期,由儒家、道家提出的"大同""富民"等观点中就有社会互助相关内容,而"以保息六养万民:一曰慈幼,二曰养老,三曰振穷,四曰恤贫,五曰宽疾,六曰安富"的论述更是内在地体现了现代社会保障体系中社会福利的思想。根据这些思想,随后我国在古代不同王朝均建立和实施了一系列可被现今称为社会保障的有效措施。

《管子》记载了关于先秦时期的社会制度和政治活动,比如"五行九惠之教"思想就针对九个方面对国家提出了社会保障要求,还设立专门的管理机构明确不同分工。秦汉王朝处于中国封建社会的兴盛时期,国家设立诸多仓储设施进行粮食储备,凡遇自然灾害均开仓济民以救恤百姓,除粮食以外,还赠物赠钱赐予公田于灾民,恢复其生产;在政策层面减租减赋,如土地税、兵役、徭役等。在两汉时期还出现了辅助政府保障的民间互助保障,包含宗族互助与邻里互助。宗族互助主要以名誉提升、势力增强为目的对弱势群体进行救助,而邻里间救助会形成许多民间团体"单",其中多是由普通百姓自发形成,以团体力量克服灾难。至隋唐时期,社会保障更加体现出对贫病弱势百姓的救恤,政府建立起"悲田养病坊"来接收鳏寡孤独等群体,管理方式主要由寺院进行经营,政府主要承担监督和主导作用。宋代设立福田院收养老弱病残或流浪之人,另设立考绩制度对福田院管理者进行激励,逐渐使其呈现规范化管理态势,也最早体现出现今养老院的初步思想;与此相似的机构是元祐四年(公元1089年)设立的安乐病坊和理宗宝祐四年(公元1256年)创建的安乐庐,均是由官府出资施舍羹食与药品,并派遣医师救济患疾百姓,后以"安济坊"为名推崇至全国范围,随后的"义庄"也俨然成风,遍及南北,为救助贫弱疫病之人做出了巨大贡献,是早期中国民间慈善事业的重要举措。在弃婴养育方面,也是自宋代设立慈幼局、婴儿局之后,诸如全婴堂、育婴堂的设立不断兴起。除此之外,宋代的个人医疗慈善救助也蓬勃兴起,比如"病坊"就是历史上最早的地方医疗机构,主要用于疾病疫病的防控与治疗。南宋后期,安济坊逐渐发展为惠民药局,并向官办药局进行转变。元朝时期,惠民药局的管理更加正规。明清以后,惠民药局的经费由国家财政支付,在防控疾病、救助弱者方面发挥了巨大作用。此外,该时期商业经济发展逐步成型,失业风险随之加大,如《布业经义公所善举碑》中就有提出同业伙伴互帮互助的救济形式,最早体现了失业救济的重要思想,有助于完善社会保障的整体体系。其他的社会保障民间团体在明清时期也十分盛行,育婴堂、同仁堂、儒寡会等机构发展起来,至此,我国古代的社会保障开始走向成熟。

总体而言,中国古代的社会保障事业因生产力发展有限,社会保障能力和保障层次水平都较低,但政府积极调动各方力量,使其保障覆盖范围较广阔,基本体现了现代社会保障的相关内容,在特殊的历史时期调和了阶级矛盾、促进了经济社会的稳定发展。

【本章小结】

社会保障是国家通过立法和行政措施采取强制性手段对国民收入进行再分配,对由于年老、疾病、伤残、失业、死亡以及其他灾难等原因而面临困难的社会成员,给予物质帮助和社会服务,以保障公民的基本生活需要的制度。它作为一项长远的社会制度安排,形成了有别于其他制度的特征,主要表现在普享性、互济性、福利性、公平性、强制性等方面。社会保险、社会救济、社会福利和社会优抚安置四部分构成了我国的社会保障。

社会保障是一个复杂的系统,按照不同的分类标准可以把社会保障划分为不同的类型。国内外学者一般从社会政策学、保障范围、实施方式、国家对社会进行干预和制度安排等角度对社会保障进行模型划分。

社会保障分配中的平等、效率和公平是三个非常重要的概念。一方面,平等、效率和公平都分别在现实意义上有不同的定义;另一方面,平等、效率和公平在社会保障分配中有特定的意义并指导社会保障制度的制定和运行。社会保障应遵循公平与效率相结合原则、适度原则、普遍性与选择性相结合原则和责任分担原则。除上述四大基本原则之外,社会保障制度建设还需要遵循法制性、互济性等原则。

世界社会保障的发展历经多个时期,从原始社会末期的基本生存保障发展到慈善事业时期,再到济贫制度时期,现代社会保障制度的萌芽开始出现。在国内,早在几千年前,就出现了大量蕴含社会保障思想的论述,如“鳏寡孤独者,皆有所养”“以保息六养万民”等。

【探索】

1.社会保障分配中的效率与公平如何协调?

2.如何建立国家与个人分担社会保障责任机制?

3.新时代如何进一步加强社会保障法制性建设?

第2章 社会保障制度的产生与发展

【学习目标】

1.深入了解社会保障制度产生的背景

2.熟练掌握社会保障制度的思想理论依据

3.熟悉中外社会保障制度的发展过程

4.明确社会保障制度的发展趋势

2.1 社会保障制度产生的背景

社会保障制度产生的背景主要是生产社会化和经济市场化。社会化大生产使个人风险集中到社会,容易引发社会问题,同时对劳动者素质提出更高要求;市场经济一方面强调优胜劣汰,另一方面呈现周期性发展,在这样的背景下,社会保障制度应运而生。

2.1.1 生产社会化

1)社会化大生产使个人风险集中到社会,进而成为社会问题

恩格斯曾在《反杜林论》中对生产社会化进行过系统论述:生产社会化表现为生产资料社会化、生产过程社会化和产品社会化。随着私人使用的生产资料集中到社会,个人行动转变为社会化行动,由个人劳动创造的产品变成了社会化产品。大量劳动者走出家庭,进入工厂、农场工作,个人风险不断集中到社会,当劳动者遇到年老、伤残、疾病等风险时,家庭无法提供相应的保障,只能由社会统一负责。如不解决这些风险,就会发展成社会问题。换句话而言,社会化大生产要求劳动者的生活方式、生活保障与之适应。此时由国家统一提供社会保障成为社会化大生产、保证社会稳定的重要支撑。

2)社会化大生产对劳动者素质提出更高要求

随着时代的转变,劳动者由过去在家庭中学习各项技艺、获得劳动能力转变为在社会中进行学习,由传统的家庭承担学习和生产费用转变为社会集体承担,不再由家庭负

责保障劳动者。社会化生产时代对劳动力素质提出了更高的要求，劳动必须根据分工的要求去掌握相关的知识和技能，专业化的分工对劳动的强度、质量和劳动者的持久力都有要求。由于经济社会的不断发展，劳动者为避免被社会淘汰，需要不断学习更多的专业知识去适应社会，家庭很难承担学习所需的费用，也无法提供培养所需的环境和资源。社会为保证劳动力水平，需要为劳动者学习新技能、培养教育子女、生活所需提供一定的支持和帮助，包括失业、残障人士。

2.1.2　经济市场化

1）市场经济强调优胜劣汰

以社会化大生产为基础的经济是竞争经济。亚当·斯密在其著作《国富论》中提到了“看不见的手”，强调每一个理性人由于其对自己私利的追求，同时也会在不经意间帮助社会资源达到更合理的分配。追求私利时会产生竞争，而竞争的结果常常表现为优胜劣汰，产生不同阶层之间政治状况、政治地位和社会权利等方面的差异。社会分化、贫富差距会随着经济社会的不断发展而出现，富者越富，贫者越贫，社会财富的畸形集中会导致社会的不安定，大量贫困人口会引发严重的社会问题。这就要求政府及时提供相应的社会保障，消除贫困人群的不公平感，缩小整个社会的贫富差距。

2）市场经济发展呈现周期性

企业破产、个人失业等现象会随着宏观经济的波动而呈现周期性变化。在经济繁荣期，人民消费需求高，社会生产迅速增加，企业规模扩大的同时会带来就业增加，国家税收增加，可以将更多的钱用于提升社会福利；在经济衰退期，失业率急剧上升，企业和银行盈利水平极低，出现大规模倒闭现象，市场经济的活力呈现明显减弱态势。即便在正常时期，也有大量工人因为市场波动而失去工作。大批劳动者因企业破产拿不到应得的工资，无法维持自己的生活，这些问题一旦得不到解决，就会引发严重的社会问题。为了弥补其损失、伤害，避免社会问题的产生，保证劳动者基本生活需求得到满足，政府有必要采取相应的社会保障措施。

2.2　社会保障制度的思想理论依据

社会保障制度的建立和发展依托于当时具有代表性的思想理论，正是在理论的指引下，制度才能得到快速发展。本部分选取了德国的讲坛社会主义理论、庇古的福利经济学理论和凯恩斯主义进行介绍。

2.2.1　德国的讲坛社会主义理论

19 世纪 70 年代，工人纷纷开展罢工和起义以反对资本家的剥削，资本主义内部的矛盾极其严重。在此背景下，一些学者开始思考如何在维护资本主义社会的基础上改善工人生活以缓和阶级矛盾,其中具有代表性的有施穆勒、布伦坦诺等主张的德国讲坛社会主义理论(后发展为新历史学派)。

讲坛社会主义理论认为,国家应当实现个人无法实现的目标。因为国家是公共部门,拥有社会公权力,其公共职能随着社会的进步在不断扩大,有能力也有责任为公民提供帮助。该理论在传统经济学理论的基础上进一步对国家基本职责进行修正。传统理论提出国家的基本职责是保证社会稳定和维护国家安全,对经济活动不应该施加干预,而讲坛社会主义理论强调国家应直接干预和控制经济生活,国家的法令、法规、法律至上,决定着经济发展的进程,同时国家应制定有关劳资合作、社会保险等方面的法律对公民进行保障。

当时的德国政府面临着严峻的劳工问题,为妥善处理劳资冲突、推动经济和社会改革,接纳和吸收了讲坛社会主义理论提出的政策主张,并将此作为建立社会保险体系的理论基础。

2.2.2 庇古的福利经济学理论

英国著名经济学家庇古于 1912 年出版《财富与福利》一书,8 年后将该书进一步修订和完善,并更名为《福利经济学》,在书中全面系统地介绍福利经济学相关理论。经济福利在书中被定义为能够通过货币计量并且与经济和生活息息相关的福利,庇古认为经济福利将随国民总收入的增加而增大,也将由于收入分配均等化而增大。他依据边沁提出的“最大多数人的最大福利”这一功利原则,运用边际效用递减规律论述社会保障政策的经济意义。

庇古认为,同一英镑的收入对于富人和穷人的效用不同,且对于穷人的效用要大于富人,若将富人的部分收入交给穷人,这些收入就会带来更大的效用,因而国家可以利用向富人征累进税的途径将富人的一部分收入补贴给穷人,以达到缩小贫富差距、增大社会福利的目的。这种方式可以有效提高国家的经济福利。庇古主张提高劳动者的待遇,对残障、患病或老年劳动者等提供一定的补贴以改善其生活条件,并实行最低收入保障和普遍养老制度,为经济极度贫困的劳动者提供补贴保障其基本生活所需,补贴所需金钱来自国家向富人征收的累进税。福利经济学相关理论为“福利国家”社会保障制度的建立和发展奠定了思想基础。后来者对庇古的福利经济学进一步修改、补充和发展,于 1939 年前后形成了新福利经济学理论,使得社会保障思想更具有现实意义。

2.2.3 凯恩斯主义

1929—1933 年,资本主义世界发生了前所未有的大萧条,工厂、银行纷纷倒闭,工人失业率剧增,社会矛盾异常尖锐。在这种形式下,一些学者意图通过政府干预、提供福利措施解决社会危机。约翰·梅纳德·凯恩斯作为英国著名经济学家,于 1936 年出版《就业、利息与货币通论》,一个完整的理论体系发展成型,凯恩斯主义就此诞生。凯恩斯结合当时的社会背景,深入分析资本主义社会的主要矛盾,提出了“有效需求”理论,认为“有效需求”不足会导致失业和生产过剩,从而引发资本主义社会的经济危机。要使资本主义经济从小于充分就业均衡转变为充分就业均衡的状态,政府必须改变原有的"自动调节""自由放任"原则,制定一系列的经济政策调节经济生活,提高有效需求,实现充分就业均衡。同时。凯恩斯主张消除贫民窟、最低工资法、限制工时立法等,通过累进税和社会福利的方式重新调节国民收入分配,从而扩大消费需求并刺激生产。

凯恩斯提出的政策主张在世界范围内广泛传播,为第二次世界大战后西方各国建立社会保障体系和经济发展奠定了理论基础。其中罗斯福政府全面吸收了凯恩斯的国家干预思想,通过政府和国家的积极参与,承担起私人和市场无法承担的老年救济、失业保障等社会责任,有效克服市场失灵。

2.3　社会保障制度的建立与发展

社会保障制度经历了几个重要阶段,即萌芽阶段、产生阶段、发展阶段和成熟阶段,分别以英国1601年《济贫法》、德国1883年《疾病社会保险法》、美国1935年《社会保障法案》和英国1948年宣布建成"福利国家"作为标志性事件。

2.3.1　现代社会保障制度的萌芽

15世纪下半叶,英国为发展资本主义经济开始"圈地运动",大批农民丧失土地、流离失所,有的进工厂当工人,有的四处流浪,还有的成了乞丐,城市的贫困问题越发突出。面对日益严重的社会问题,政府不得不出面稳定社会秩序,1601年英国政府颁布《伊丽莎白济贫法》,史称旧《济贫法》,在全国范围内设立贫民救济院,将丧失劳动能力的穷人(包括老弱病残)、有劳动能力的贫民和孤儿纳入救济范围。尽管当时旧《济贫法》的目的是缩小社会动乱,解决严重的饥饿问题,但由于其兼有强迫劳动和福利救济双重性质,并未发挥预想中的作用。为了进一步维持社会稳定,推进工业化的进程,英国于1834年又颁布了著名的《济贫法修正案》,新《济贫法》将保障公民生存权利作为基本原则,认为国家提供救济这一行为是应尽的义务。这一制度确定了国家承担社会保障责任的使命,首次将社会救济以立法的形式确立,为欧美其他工业化国家社会保障制度的立法提供了经验借鉴,瑞士、丹麦、挪威等各国纷纷效仿。

1601年《济贫法》的颁布实施被看作现代社会保障制度发展的萌芽,它一方面通过立法的形式确立国家对贫民实施救济的制度依据,另一方面从富人手中征收济贫税以补充救济经费,使得宗教等社会团体实施的慈善事业转变成国家在全国范围内实施的政府救助,奠定了国家立法推进社会保障的基础,促使传统的社会保障制度向现代社会保障制度转化。

2.3.2　现代社会保障制度的产生与发展

对于社会保障制度产生的具体时间,学术界存在不同的观点,其中的主流观点认为现代社会保障制度建立和产生的标志是1883年德国出台的《疾病社会保险法》,该部法令是全世界第一部社会保险法。自该法令之后，德国在1884年颁布《老年和残障社会保险法》，在1889年出台《工伤事故保险法》等一系列法令，一个全面完整的社会保险体系就此建成。

德国政府推出的社会保险法案强调劳动的重要性，劳动者是主要的保障对象，其因风险失去的收入可以获得一定程度的补偿，并由国家进行监督，同时要求劳动者必须达到一定的工作年限才能享受社会保险待遇，所得待遇则取决于劳动缴纳费用的多少。这体现出权利与义务相对应的特点，同时体现出法律的强制性。这一社会保险体系为当时许多工业化国家奠定了基础，继德国社会保险体系建立之后，欧洲各国先后出台了社会保险相关法令，从某个方面或者多个方面进行保障。社会保险制度成为当时社会经济发展的内在要求。

在欧洲各国纷纷实施相关法令的时候，工业化程度较高的美国仍处于小规模救济阶段，并未通过国家力量在全国范围建立起社会保险制度。20世纪30年代，经济危机对资本主义世界产生极大冲击，企业破产、工人失业、银行倒闭，恐慌席卷全国，贫困问题成为当时美国社会最突出的矛盾。人们强烈要求国家提供社会保险。在这样的背景下，1933年罗斯福就任美国总统后，对内积极推行以救济、改革和复兴为主要内容的“罗斯福新政”。在罗斯福的积极推动下，美国于1935年颁布实施《社会保障法》，“社会保障”这一概念在世界范围内首次提出。该法案涵盖失业保险、盲人救助、老年社会保险、老年人救助和未成年人救助，建立起以社会保险和社会救助为核心的现代社会保障制度，并随着经济社会的不断发展，不断增加新的社会保障项目。

从德国一系列社会保险法令的颁布到美国《社会保障法案》的实施，奠定了由国家财政提供支持和受保人缴纳部分费用相结合的社会保障体系。它标志着社会保险制度向现代社会保障制度的跨越式发展。

2.3.3 现代社会保障制度的成熟

第二次世界大战后，世界各国迎来发展的“黄金时期”，发达国家日益提升的经济实力和不断积累的社会财富为福利国家的建立提供了雄厚的物质基础。1941年第二次世界大战期间，英国政府就委托牛津大学贝弗里奇教授对当时英国的社会保障体系深入调查，着手勾画战后英国社会保障的蓝图。1942年11月，著名的《贝弗里奇报告》问世。贝弗里奇教授认为英国当前影响经济发展和社会稳定的五个问题是贫穷、疾病、愚昧、肮脏和懒散，指出政府应该将社会保险的触角延伸到每一个公民，同时为贫困人群提供相应的社会救助。报告中建立的社会保障体系遵循最低生活保障原则、普适性原则、统一性原则和权利与义务对等原则。

工党政府在1945—1948年颁布了一系列社会保障法案，包括《国民保险法》《国民卫生保健服务法》《家庭补助法》《国民工伤保险法》《国民救济法》等，在《贝弗里奇报告》的基础上设计其社会保险制度，使英国的社会保障体系得到全面提升。1948年英国首相艾德礼宣布建成世界上第一个“福利国家”。在英国的影响下，荷兰、瑞典、法国和意大利等国纷纷参照《贝弗里奇报告》完善国内社会保障体系，先后实施“普遍福利”的政策，许多

“福利国家”就此建成。现代社会保障制度走向成熟期。

这一阶段社会保障制度呈现出范围全民化、制度体系化和管理法治化的特点，社会保障的覆盖对象由少数贫困人群延伸到全体社会成员，各类社会保障项目不断增加，形成了一套相互保险的社会保障网络，同时社会保障的对象、形式、项目等都由政府进行统一管理，通过法律的形式固定下来，由政府机关统一监督执行。这一制度在较长时期内成为资本主义政治和经济生活的“稳定器”。

2.4　社会保障制度在中国的建立与发展

1949 年以后，为了适应新时期计划经济体制的发展，我国的社会保障制度逐渐形成并完善，但总体保障程度低、运行机制不灵活，具有明显的时代特征。1978 年的改革开放使得传统的社会保障制度已经与新的经济体制不契合，从 20 世纪 80 年代至今，国家对社会保障制度进行不断地发展完善，经过数年的探索与借鉴，我国已基本建立起了以社会保险、社会福利、社会救济制度为主体的社会保障制度。总体而言，中国社会保障制度的发展大体可被分为以下几个阶段：

2.4.1　创建时期(1949—1956 年)

中国社会保障体系始建于中华人民共和国成立初期，并逐步表现出城乡共进的发展态势。中华人民共和国于 1949 年 10 月成立，同年颁布的《中国人民政治协商会议共同纲领》规定国家应对革命烈士或军人的家属进行扶助，凡参加了革命战争的残疾与退伍军人，都可以被妥善安置，获得独立谋生的能力，这一纲领从法律的层面为中华人民共和国成立后建立社会保障制度提供了依据。这一期间的主要工作包括以下三个方面：

1) 建立城镇企业职工劳动保险制度

政务院于 1951 年 2 月 26 日颁布并实施的我国第一个社会保障法规《中华人民共和国劳动保险条例》，代表着我国社会保障制度开始建立，职工根据规定可以获取在生育、疾病、伤残、年老等方面的资金补贴，也对医疗与养老保险做出相关规定，使我国形成了包括失业保险在内的集工伤、生育、疾病、老年等保险为一体的社会保险体系。

2) 建立政府机关以及事业单位的社会保障

1952 年 6 月 27 日，政务院颁布《关于全国各级人民政府、党派、团体及所属事业单位的国家机关工作人员实行公费医疗预防措施的指示》，意味着我国首次建立起公费医疗保险制度，此后单位工作人员的疾病保障实施方法也在同年颁布的《关于各级人民政府工作人员在患病期间待遇暂行办法》中得到确立。

3) 开展社会福利、社会救济工作

在 20 世纪 50 年代期间，中央政府及其职能部门还具体针对社会救济、职工福利、福利工厂、社会福利事业、优抚保障等社会保障问题发布了一系列的法规性文件。比如在社会福利方面,1950年颁布的《工会法》中明确提出对工会在改善职工福利方面的有关规定,国家还制定政策、提供资金、建设服务设施,提供满足不同人群需求的敬老院、孤儿院和收容院等服务;在社会救济方面,主要是进行灾荒救济、城市"三无"居民的最低生活保障等;在社会优抚方面,1950年内务部公布的有关革命军烈优抚工作的五个条例也明确提出对革命烈士家庭、军人和家属提供生活保障和就业促进等服务。1956年6月30日,第一届全国人民代表大会第三次会议通过了《高级农业合作社示范章程》,代表我国的"五保"制度正式建立,此制度主要针对乡村孤老残幼人群。

到1956年年末,我国的社会保障制度获得较大的发展,不仅涵盖企业职工和机关工作人员的劳保制度、农村"五保"制度,更是将社会救济、社会福利与优抚安置等作为重要发展方向,提出许多有建设性的规定,最终初步建立了国家为主导、城乡社会共同担责的比较完备的社会保障制度,在这一时期极大地稳定了社会秩序、促进了新生政权的经济发展。

2.4.2 调整时期(1957—1965年)

从1957年开始,随着中华人民共和国成立初期三大改造的完成,社会主义计划经济在我国基本确立,为了顺应经济建设的发展,我国逐渐对社会保障制度各方面进行调整与完善。

1)建立精简职工养老保险政策

在"大跃进"运动之后,随着经济社会的发展,农村吸纳了大量被下放的企业职工,针对此问题,国务院于1962年颁布了《关于精简职工安置办法的若干规定》,此规定的提出缓解了精简职工当中老、弱职工的生活保障问题;同时,针对大批职工及其家属被动员回乡或下放农村,职工退休待遇的支付领取遭遇困难,1963年1月颁布的《关于享受长期劳动保险待遇的异地支付办法》做出相应的规定:职工或其家属在改变居住地址时,退休费、因工伤残抚恤金、非因工伤残救济费和因工死亡供养直系家属抚恤费可以异地领取,最大限度地解决了职工家属的后顾之忧。

2)改革医疗制度

1962年国务院颁布了《关于精简职工安置办法的若干规定》等法规,我国农村开始正式建立起由县、乡(公社)及村(生产大队)组成的三级医疗保健网,标志着广大农村正式开始建立起合作医疗制度。随后,1965年颁布的《关于改进公费医疗管理问题的通知》使得医疗制度的覆盖面增添了国家工作人员①。

3)社会福利和社会救济工作

1962年财政部、内务部制定的《抚恤、救济事业费管理使用办法》明确规定了使用抚恤金的合理方法,极大地改善了民政事业费的管理与运用过程;1963年国家也相应地提高了国家机关工作人员的福利费待遇;1965年国务院明确规定,国家和社会应对精简回

---

① 史柏年.社会保障概论[M].北京:高等教育出版社,2012:42.

乡的职工提供生活困难救济补助。此外,社会救济、农村“五保”制度以及军属优待制度等同样加快了发展的步伐。

总之,此阶段的社会保障制度延续着初创时的发展格局,国家仍然承担主要责任,各单位共同负担相关责任,只是在原有的基本制度基础上进行调节与改善,比如扩大了社会保险覆盖面、改进了保障部分内容,但是“大跃进”带来了许多负面的影响,有关福利事业受到削弱,最终使得一些社会保障的规定与任务没有按照预期实行。

2.4.3　停滞时期(1966—1976 年)

1966 年“文化大革命”开始,除了经济、政治、社会与文化等方面遭受着严重破坏,我国社会保障的发展也停滞不前,1968 年年底我国撤销了内务部(主要负责救灾救济、社会福利等事务),一些工会(负责劳动保险事务)也失去作用,社会保障整体运行处于失灵状态,随后在 1969 年 2 月,财政部发布的《关于国营企业财务工作中的几项制度的改革意见(草案)》规定:“国有企业一律停止提取劳动保险金,企业的退休职工、长期病号工资和其他劳保开支在营业外开支。”①在这以后,本应是社会保障事业主体的劳动保险逐渐转变为单位或企业保障制,此时期我国开始走向由国家保障制、乡村集体保障制和企业保障制三个相互封闭而脱节的板块组成的社会保障模式。

2.4.4　恢复时期(1977—1985 年)

“文化大革命”结束之后,我国的社会保障事业进行了相应的恢复工作。1978 年中国共产党第十一届三中全会召开,各行各业正式进行拨乱反正,第五届全国人民代表大会第一次会议通过的《中华人民共和国宪法》明确规定,劳动者在养老、疾病医疗等方面可以依法获得相关福利和补助,丧失劳动能力者可以由国家提供物质帮助,而残疾军人及烈士家属等的生活也在保障范围内。另外,民政部被重新设立起来,负责管理社会救济、社会福利、社会优抚等事项,劳动部门的工作也逐渐进入恢复的轨道。具体的修复工作包括以下内容:

1)恢复职工退休、退职制度

1978 年 6 月,国务院颁发《关于安置老弱病残干部的暂行办法》和《关于工人退休、退职的暂行办法》,修复了“文化大革命”中退休、退职制度执行力弱、职工队伍老化等不利情况②。1980 年 10 月,“离休制度”最开始在国务院发布的《关于老干部离职休养的暂行规定》中正式确立,自此中国的退休养老制度包含了离休制度与普通的退休制度。1981 年 11 月 7 日,国务院颁发了《关于严格执行工人退休、退职暂行办法的通知》,针对某些部门和单位继续任用不合条件的退休、退职工人,随意提高或改变工人待遇,随意放宽退休、退职条件等方面都提出了明确的整改措施。

---

① 郑功成.社会保障概论[M].上海:复旦大学出版社,2005:59.

② 史柏年.社会保障概论[M].北京:高等教育出版社,2012:43.

2)整顿企业劳动保险管理工作

1980 年 3 月 14 日,国家劳动总局等两部门发布了《关于整顿与加强劳动保险工作的通知》,此前被破坏的企业职工劳动保险逐步由国家重新着手管理,此项工作整顿、纠正了"文化大革命"中存在的社会保险不正当的支付行为,对相关企业社会保险的管理部门进行严格规范,也同时为社会保险事业培养了一大批专业干部。

3)重建社会救济工作

1978 年 2 月,第五届全国人大一次会议决定重新设立民政部,使得社会救济救灾、社会福利和优抚安置等事务恢复管理。1982 年 12 月五届人大五次会议修订通过的《中华人民共和国宪法》在第 43 条中规定了国家应建设基础设施以供劳动者休养,并增加其休假机会等;第 44 条明确了国家机关与企事业单位职工退休应获的法定保障;第 45 条规定,国家与社会依法对存在年老、疾病或无劳动能力状况的公民提供物质帮助,涵盖社会保险、社会救济、社会优抚、医疗卫生等各种社会福利;第 46 条与第 48 条分别对公民教育权利和妇女权益做出规定,最终使得这一期间的社会救济工作,不仅在权益范围上有所扩大,而且救济的方法和手段也从单独发放救灾救济款项变为实行救灾救济同扶贫、扶优相结合。

整体而言,这一时期社会保障工作,主要是恢复被"文化大革命"所破坏了的社会保障相关制度与政策法规,但也同时顺应经济体制改革的新形势,对社会保障进行补充,使得此时期我国社会保障事业得到恢复与重建,为之后的改革阶段奠定了坚实的基础。

2.4.5 改革时期(1986 年至今)

1986 年开始,中国的社会保障制度开始进入改革与完善时期,具体的改革措施主要包含以下内容:

1)改革养老保险制度

1986 年 7 月,国务院发布的《国营企业实行劳动合同制暂行规定》意味着劳动合同制开始在全国范围实行,并明确规定合同职工退休养老进行社会统筹,大大推进了我国职工保障的社会化步伐,使我国职工的社会养老保险制度正式由退休制转化成型。1991 年 6 月,国务院发布《关于企业职工养老保险制度改革的决定》,确立了个人缴费原则并要求逐步将其他所有制企业职工养老保险制度建立起来。1997 年 7 月,国务院发布的《关于建立统一的企业职工基本养老保险制度的决定》进一步明确了企业职工养老保险统一的原则,新型的养老保险制度发展进程自此得到大幅推进①。进入 21 世纪,人口老龄化严重,原劳动和社会保障部于 2003 年颁布了《企业年金试行办法》,倡导建立多层次的养老保障体系。2009 年下半年,国家开始进行新型农村社会养老保险试点。2011 年试点正式启动。2012 年上半年,全国所有县级行政区全面铺开新型农村社会养老保险工作,同时国务院还将城镇居民社会养老保险工作与之协同进行。同时,有些地方还将"新型

① 史柏年.社会保障概论[M].北京:高等教育出版社,2012:45.

农村社会养老保险”和城镇居民养老保险进行统筹实施。2014 年 2 月,社会保障部等三部门印发的《城乡养老保险制度衔接暂行办法》逐渐扩展了城镇居民养老保险、新型农村养老保险、城镇职工养老保险的参保渠道。在此之后,我国基本形成了覆盖城乡居民的社会养老保障体系,为随之的改革和完善奠定了基础。

2)建立最低生活保障制度

1997 年 9 月,国务院颁布《关于在全国建立城市居民最低生活保障制度的通知》,明确规定全国各个城市须在 1999 年年底前建立居民最低生活保障制度。到 1999 年 9 月底,全国 668 个城市已经全部建立起最低生活保障制度①。2003 年又开始了农村最低生活保障制度的部署工作,2007 年全面推进了农村最低生活保障制度建设。

3)开展农村扶贫工作

1986 年之后,全国均开展了一系列扶贫开发项目,使得我国的扶贫呈现出组织计划性强、行动规模性大的良好局面,同时国家还另设专门的国家扶贫开发领导机构负责管理工作,贫困人群预期通过技术帮助和系统培训等方式实现脱贫致富。1994 年,制定实施《国家八七扶贫攻坚计划》,扶贫工作改革进入一个新的发展时期,到 2009 年,全国农村贫困人口总量下降到 3 597 万人,贫困发生率为 3.6%。

4)建立城镇失业保险制度

1986 年,国务院颁布了《国营企业职工待业保险暂行规定》,与随后 1993 年颁布的《国有企业职工待业保险新行规定》虽然都不能算作失业保险,只能定义为失业救济,但是也在一定程度上开辟了失业保险制度发展的初始道路;1999 年 1 月,国务院颁布的《失业保险条例》明确了失业观念,扩展了失业保险覆盖范围,建立了对失业保险基金进行监督管理的相关机制等,推动中国的失业保险制度进入一个全新的发展阶段。

5)改革医疗保险制度

1988 年 3 月,国家医疗制度改革研讨小组起草的《职工医疗保险制度改革设想(草案)》提出建立层次与形式多样化的职工医疗保险制度,国家、单位和个体共同承担费用,体现出较高的社会化特征;1993 年,中国共产党第十四届三中全会通过的《关于建立社会主义市场经济体制若干问题的决定》规定了城镇职工医疗保险金应结合个人账户和社会统筹,从此规定开始,社会保障制度作为市场经济体系的五大支柱之一,为市场经济的健康发展提供助力②;1994 年 4 月发布的《关于职工医疗制度改革的试点意见》提出在城市开始进行职工医疗保险制度改革相关工作,医疗保险开始取代公费医疗与劳保医疗;随后于 1994 年年初,镇江和九江两个中等城市开始展开试点尝试,在 1996 年,改革试点范围已经覆盖到了全国 50 多个城市;1998 年年底,国务院颁布的《关于建立城镇职工基本医疗保险制度的决定》使得我国医疗保险事业成功地实现了从公费医疗到保险医疗的正

---

① 史柏年.社会保障概论[M].北京:高等教育出版社,2012:45.

② 郑功成.社会保障概论[M].上海:复旦大学出版社,2005:64.

式过渡①。在此基础上,为了深化医疗保险改革,使"人人享有医保",国家各部委又陆续出台了一系列措施,如2003年的新型农村合作医疗制度以及2007年启动的城镇居民基本医疗保险等。

6)工伤、生育保险不断完善

我国工伤保险制度改革开始于1988年,目标是建立社会化工伤保险制度,建立工伤保险基金,调整工伤保险待遇等,2003年颁布的《工伤保险条例》和《工伤认定办法》逐渐完善了我国的工伤保险制度。1995年发布的《中国妇女发展纲要》明确提出要在2000年完成普遍建立生育保险制度的目标,到2006年年底,全国有23个省出台了生育保险地方性法规。

7)坚持社会福利、社会救济工作

在社会福利方面,1990年出台了《中华人民共和国残疾人保障法》,并于2008年对其进行了修订,进一步完善充实了残疾人福利保障内容;其次,1992年《中华人民共和国妇女权益保障法》及1991年《中华人民共和国未成年人保护法》为我国妇女和儿童的福利保障提出了要求;随后,1996年的《中华人民共和国老年人权益保障法》标志着我国老年人福利事业的起步。在社会救助方面,2003年发布的《关于实施农村医疗救助的意见》标志着农村医疗救助试点工作开始展开;2005年《关于建立城市医疗救助制度试点工作的意见》推动了城市医疗救助的制度化和规范化。另外,2003年的《城市生活无着的流浪乞讨人员救助管理办法》、2006年的《农村五保供养工作条例》都成为我国社会保障体系的重要组成部分,并沿用至今。

中华人民共和国成立以来,中国社会保障事业虽经历波折,也取得了许多有效的成就。首先,中国社会保障制度体系框架已初步形成,其中主要以社会保险为核心,且逐步转变为统筹互济型;其次,各种社会保障制度的覆盖面不断扩大,包含了国有企业、单位职工人员、城镇与农村居民等;再次,社会保障基金支撑能力逐步增强,创造性地建立了"统账结合"的制度模式,增强社会保障应对人口老龄化的能力;最后,曾经的单一保障层次逐步向多层次保障水平过渡,因而可以不断满足各种群体的多样性社会保障需求。在未来的发展历程中,社会保障覆盖面预期将持续扩大,保障水平将稳步提升,社会保障改革与完善的成果也将惠及更多更广的人民群众。

2.5 社会保障制度的发展趋势

社会保障制度作为稳定社会秩序、促进经济协调发展的重要机制,是人类文明的共同成果。随着经济的发展、就业与人口结构的改变以及各种社会问题频发,社会保障制度不断面临着挑战。但纵观其发展的百年历史,世界各国都加快了社会保障制度改革与

① 史柏年.社会保障概论[M].北京:高等教育出版社,2012:47.

完善的步伐,尽管不同国家的社会保障发展背景与发展实践有一定的差异性,但是总体呈现出以下客观的发展趋势。

2.5.1　重视建立多层次的社会保障体系

面对经济全球化和人口老龄化的趋势,传统而单一的社会保障体系已经不能满足人们日益增长的对发展的需求,而多层次社会保障体系逐渐成为各国社会保障发展的目标。传统的基本保障位于第一层次,而第二层次与第三层次分别为补充保障与个人保障,共同构成"多层次"社会保障体系的内涵。

在持续的社会保障改革进程中,许多国家为了缓解因削减财政在社保层面的支出而给国民带来的利益损害问题,因此除提供基本生活保障以外,还强调保险思维,鼓励发展个人储蓄保险与企业补充保险,表现为国家从个体或单位中收取多种社会保险费用以构建不同的社会保险基金,此种社会保险基金可用于支付本该由财政支出负担的各种社会保险金。具体的、多层次保险体系的建设主要立足于社会保险领域里的医疗保险制度和养老保险制度层面:第一,为减少财政支出的负担,合理地降低基本医疗、养老保险的支付标准,将其保持于可以保障国民基本生活水平的状态;第二,若为提高国民生活水平,需不断调动个体的自我保障与积累意识,逐步发展补充医疗保险、企业年金、个人医疗与养老保险。究其原因,许多国家正进行着对市场经济体制的建立与完善,人口的老龄化问题日渐严峻,现收现付养老金制度资金积累不足,难以解决人口增长带来的问题;另一方面,个体的责任意识无法在传统而单一的公共养老金模式中得以体现,会因此助长社会个体对政府的依赖。因此,多层次社会保障体系更能保证公平、提高效率,也能更好地应对人口老龄化带来的影响,逐渐成为社会发展的必然趋势。

2.5.2　社会保障制度呈现部分"私有化"趋势

为了对逐渐增多的社会保障项目进行管理,占据主导地位的国家行政部门承担着愈加沉重的负担,加之管理机构与人员冗杂,使得整体的管理效率不升反降,共同构成了增加国家财政支出的影响因素。

针对这种情况,如今许多国家逐渐进行着社会保障项目的私有化和商业化管理:第一,在养老保险的改革过程中,现收现付制度在很多国家被取消,取而代之的是积累制,为了对大量的基金积累进行投资和管理以提高基金投资的收益,具有较高管理效率和灵活管理方式的私营机构开始介入这项业务,每个公民的养老保险业务基本都交给私营基金管理公司处理;另外由于政府在养老基金管理过程中会控制投资渠道以降低风险,因而无法实现较高的收益率和管理效率,于是私人管理被鼓励引进且比例呈现不断扩大趋势,与公共管理共同成为养老基金的重要管理方式。其他社会保障基金的投资也逐渐私有化,转变了国家政府主导运作的局面,实践证明,经私人管理的年金普遍有较高的收益率,也会使得基金达到保值、增值的效果。第二,一些东欧国家逐渐将私有化管理实施在第二、三层次,通常是由一些专业基金管理公司或者普通金融机构(如商业保险公司)来负责管理这两个层次的保险制度,同时每一个投保人与公司都分别享有专门账户和独有基金,有利于管理效率和监督效力的提高。第三,为提高服务质量和效益,曾经由国家主要负责的一些社会保障项目开始转由私营部门进行经营和运作,充分利用政府宏观调控和自由的市场竞争机制的共同作用,对诸如养老院等一系列社会福利设施设备加强管理。需要注意的是,私营部门对收益的追求有可能与公众利益产生矛盾引发风险,因此强化对其的监督管理成为重要的补充措施,一些拉美国家相应的发展经验可以提供借鉴,即建立不隶属于私营部门的独立基金监管机构,用于审批、监督基金管理公司的投资与运作过程,审核是否有违法违规行为等。虽然存在一些潜在风险,但总体而言,社会保障制度的私营化趋势逐渐势不可挡。

2.5.3 完善相关法律制度

与曾经只讲求扶弱济贫发展慈善的时代不同,如今乃至未来的社会保障制度发展趋势呈现出"立法先行"的特征。工业化国家的制度发展历程表明,作为一项重要的社会政策,社会保障制度需要通过社会保障立法来确立和完善。

许多国家不断地颁布与完善着本国在社会保障层面的法律法规,体现在失业保障、居民最低生活保障、社会福利等方面。此外,国家针对社会保障的管理体制也做出了一些改变,越来越表现出由高度集权化管理到分散化管理的趋势,各地政府逐渐被赋予了对社会保障进行管理的权限与责任。这种趋势是各国民主化程度的提高和经济体制改革的必然结果,由于法律法规的制定颁布是一个慎重、透明的过程,代表民众意识的立法者在政策形成中的行为必须汇聚大多数国家公民对社会保障的意愿,因此可以表明国家对社会保障制度的建立承担责任的态度。另外,不断完善相关法律法规也体现出国家政府对社会保障制度只拥有主导权而不具有决定权,虽然政府具有对社会事务的绝对权威和公共资源的有利控制,但它只是社会保障制度中的责任主体之一,不可能承担全部的社会保障事务。在未来的建设过程中,企业、社会各团体各组织、个体会越来越具有话语权,也逐渐分担起社会保障发展的相关责任。因此,完善社会保障法律制度,使其反映群体意见和符合各方利益,是实现社会公平正义的重要途径,更是现代社会保障制度发展的内在要求。

2.5.4 强调协调与多样化发展

社会保障通常是一个由复杂项目构成的完整系统,逐步达成系统间的协调发展是社会保障制度的必然要求,也是各国在未来完善社会保障体系建设过程中应该把握的关键要素。

协调发展可以体现为几个层次:首先,要尽力协调发展社会保障中各个具体项目,社会保障项目的内容与水平都包含在内,比如现代社会保险应涵盖养老、生育、工伤等各方面,而各种社会保险项目之间保障水平的差距也不能过大,如此才能维护社会秩序的稳定;其次,社会保障下的各个子系统也应协调发展,虽子系统间存在保障内容、对象、待遇等差异,但为了构成完整的社会保障体系,应当协调不同的社会保障子系统间的保障水平,减少其差距,同时形成合理配合以促进此体系的整体功能最大化。另一方面,经济全球化发展的趋势促使社会保障不应由既定某种或某几种模式支配，多样化态势会在未来各国的社会保障制度发展中得以体现。总之，协调社会保障体系并以国情为本合理吸纳各种保障模式是未来各国需要掌握的客观规律。

在中国，社会保障制度在未来的发展中应遵循经济社会的客观规律、尊重具体国情，不断地将社会保障的体系从分离发展到健全，保障的政策安排从部分、差距发展到普惠、公平，保障的范围从维护基本生活发展到维护个体的自由与尊严。国家将继续深入建立覆盖城乡的社会福利、社会保险、社会救助系统，并以商业保险、慈善等作为补充，力求建立全面有效而具有中国特色的社会保障体系，最终使人人公平享受社会保障并共同分享经济发展成果，切实增进国民福祉。

【本章小结】

社会保障制度是社会化大生产和经济市场化的必然产物，社会化大生产使个人风险集中于社会，引发各种社会问题，而市场经济呈现周期性发展规律，这两者均可能引发社会动荡，作为市场经济的“稳定器”，社会保障制度应运而生。社会保障制度的建立和发展依托于每一个历史阶段中富有代表性的思想理论，如德国的讲坛社会主义理论、庇古的福利经济学理论和凯恩斯主义，理论的引导激发了各国社会保障的探索实践，英国 1601 年《济贫法》、德国 1883 年《疾病社会保险法》、美国 1935 年《社会保障法案》和英国 1948 年宣布建成“福利国家”事件就分别代表着社会保障制度所经历的萌芽阶段、产生阶段、发展阶段和成熟阶段。回顾中国的发展历程，从中华人民共和国成立以来，中国社会保障事业在挫折中发展和完善，经历了创建时期、调整时期、停滞时期与改革时期。中国社会保障制度体系框架已初步形成，社会保障制度覆盖面扩大、保障层次增加，改革的成果显著。在百年间，除中国以外的世界各国都加快了社会保障制度改革与完善的步伐，并总体呈现出发展多层次社会保障体系、“私有化”改革、完善法律法规、强调协调与多样化等客观趋势，各国均以国情为本借鉴吸纳不同的保障模式，最终使得人人公平享受社会保障并共同分享经济发展成果，切实增进国民福祉。

【探索】

1.中国现行社会保障制度仍存在一定问题，如何全面提高社会保障制度安排及其运行质量？

2.新时代背景下应如何构建多层次的社会保障体系？

3.如何促进市场主体和社会组织积极参与社会保障体系建设？

第3章 社会保障思想流派

【学习目标】

1.把握人类关于社会保障基本主张的发展演变

2.探寻各类社会保障思想内在联系与区别

3.了解基本的社会保障思想理论,以及这些思想理论对社会保障制度建立的影响

3.1 西方主要社会保障思想流派

"社会保障"源于英文"social security",首次被官方提出是在1935年美国发布的《社会保障法案》中。从"社会保障"一词出现至今,各国学者和组织对其的定义不下十种。本书将这些定义概括为:社会保障是指国家为了维护经济发展和社会稳定,由立法和行政措施设立,通过初次分配和再分配的方式调整国民收入以保证人民基本经济生活的制度。

社会保障思想作为人类思想文化宝库的重要组成部分,是人类对于改善和提高社会福利水平的思想和观点的集合,是对命题"什么样的社会是美好社会"的基础性、理论性、创新性的回答。社会保障思想指导着人类对社会保障基本主张演变的把握和对找寻不同社会保障思想之间关系的探索,还有利于指引我们未来社会保障制度的发展。在西方经济学中,不同的经济学流派从各自的角度对社会保障进行了阐述。本书借用相对客观的时间和相对主观的流派,对社会保障思想进行了梳理,包括德国新历史学派、福利经济学派、凯恩斯主义流派、瑞典学派、社会民主主义流派以及新自由主义流派。

3.1.1 德国新历史学派

德国新历史学派是19世纪70年代以后在德国流行的一种改良主义思潮,其又被称为"讲坛社会主义"。新历史学派主张对外抵制英法等发达国家的经济自由主义,对内缓解工人运动。在此之前的19世纪30—40年代,以德国思想家弗里德里希·李斯特为代表的旧历史学派,极力强调国家对经济发展的作用,主张国家干预经济生活。李斯特在

《政治经济学的国民体系》一书中认为英国古典经济学仅是“世界主义”和“个人主义”的经济学，而忽略了国民有机体在经济生活中的重要性。他对古典学派抽象、演绎的自然主义方法不予赞同，主张运用从历史实际情况出发的具体的实证的历史主义的方法，并主张在经济政策上运用国民主义和保护主义的贸易政策。

19 世纪 70 年代，新历史学派应运而生。新历史学派倡导国家通过法律进行自上而下的改良，进一步发扬了旧历史学派的思想并大力宣扬了国家的超阶级性以及国家对社会经济的决定作用。传统经济学的观点是国家的职能就是维护社会秩序和国家安全，而不是干预经济。新历史学派则认为，除了维护社会秩序和国家安全这两项职能，国家的职能还应该包含文化和福利的目的。国家是集体经济的最高形式，在进步的文明社会中，国家的公共职能应不断扩大和增加，凡是个人努力所不能达到的最高形式，都应由国家实现。[①] 新历史学派还强调经济理论的相对性和经济学中的历史方法，主张采取渐进的社会改良主义政策来加强国家干预，其影响较广泛，特别是对 19 世纪末 20 世纪初的美国经济学界有较大影响。

新历史学派的社会改良政策有两个支撑点：一是他们从伦理道德出发，认为劳资冲突不是经济利益上的对立，而是感情、教养和思想上存在差异而引起的对立。因此，在他们看来，劳资问题是一个伦理道德问题，不需要通过社会改革来解决，而只要对工人进行教育，改变其心理和伦理道德的观点，便可以解决。二是他们的国家观。该学派主张国家至上，国家直接干预经济活动，负起文明和福利的职责。他们认为，当时年轻的德意志帝国所面临的最严重的社会经济问题就是“劳工问题”。[②] 为妥善处理劳资冲突、缓解两者之间的关系，德意志帝国接纳和吸收了新历史学派提出的政策主张，并于 1883 年，推出了世界上第一部《疾病社会保险法》，随即出台和实行了一系列社会保险法律。

新历史学派的政策主张包括：①法律法规及法令至上，这对经济发展的进程具有推动作用；②国家的职能包括两个方面，一是维护社会秩序和开发军事实力，二是经济管理职能，即国家直接干预和控制经济生活；③德意志帝国迫在眉睫的问题是劳工问题；④伦理道德与经济问题有密不可分的关系，除了满足人类物质方面的需求，还应满足高尚的伦理道德方面的需求；⑤国家应自上而下地进行经济和社会改革，采用的措施包括通过立法实施劳资合作、工厂监督以及社会保险等。新历史学派用其独特的政策主张对亚当·斯密的“经济自由主义”以及马克思的“社会主义”表示反对。

总的来说，德国新历史学派的社会保障思想对 19 世纪末德国政府产生了重大的影响，并且成为当时德国建立社会保险制度的重要理论依据。俾斯麦政府部分采纳了新历史学派的政策主张，承袭原普鲁士王国的政策、雇主责任和保险，于 1883 年开始推行工人社会保险政策。德国著名历史学家博恩曾经明确指出：“讲坛社会主义者的思想给德国的社会政策以最强有力的推动。新历史学派社会保障思想促使德国成为最早通过社会立法建立社会保险制度的西方国家。”

---

① 凌文豪.社会保障概论[M].郑州：河南大学出版社，2013：33.

② 杨翠迎.社会保障学[M].上海：复旦大学出版社，2015：56-57.

3.1.2 福利经济学派

20世纪初福利经济学在英国诞生,并作为现代经济学的一个分支学科广泛传播于美国、法国等国家。福利经济学指的是西方经济学家从福利观点或利益最大化原则出发,对经济体系的运行所做的社会评价。1912年,英国经济学家庇古出版了《财富和福利》一书,又于1920年将其扩展为《福利经济学》,这本巨著标志着福利经济学的正式诞生,他也因此被誉为"福利经济学之父"。庇古在书中对福利经济学理论进行了详细阐述,并在边际效用价值论的基础上确定了社会福利最大化的标准。

庇古以基数效用理论为基础,将福利分为了广义的社会福利和狭义的经济福利。广义的社会福利指的是对生产资料的占有而产生的满足,如自由、友谊、正义等。而狭义的经济福利指用货币计量的那部分社会福利。他采用边际效用递减规律,以英国哲学家边沁的功利主义理论为基础,根据边沁提出的"最大多数人的最大福利"功利原则对社会保障政策的经济意义进行了论述。庇古认为,同一英镑的收入对于富人和穷人的效用不同,且对于穷人的效用要大于富人,若将富人的部分收入交给穷人,这些收入就会带来更大的效用,这是因为在收入分配中有一个货币收入的边际效用递减规律在作用。因而国家可以利用向富人征累进税的途径将富人的一部分收入补贴给穷人,以达到缩小贫富差距、增大社会福利的目的。这种方式可以有效提高国家的经济福利。因此他主张:①增加必要的货币补贴,改善劳动者的劳动条件,使劳动者的患病、残疾、失业和养老能得到适当的物质帮助和社会帮助。②向收入高的富人征收累进所得税,向低收入劳动者增加失业补助和社会救济,以实现收入的均等化,从而增加普遍的福利效果。③实行普遍养老金制度,或按最低收入进行普遍补贴的制度,通过有效的收入转移支付实现社会公平。①

从20世纪30年代开始,英美一些著名的经济学家如卡尔多、希克斯、柏格森对庇古的福利经济学做了重要补充、修改和发展。随后,萨缪尔森、格拉夫、西托夫斯基、李特尔、阿罗等一大批当代新福利经济学家群体崛起。20世纪50年代,新福利经济学应运而生,是西方经济学对庇古的旧福利经济学批判和吸收的结果。新福利经济学丢弃了旧福利经济学的效用基数论,采用序数效用论和一般均衡论作为理论基础,从企业使用资源的所谓"生产最适度条件"和各个消费者购入商品的所谓"交换的最适度条件"来论述达到最大社会经济福利所需要的条件。其中有的人认为国家应实施合适的调节措施,也有的人认为应实现完全自由竞争,便可达到最大社会经济福利。

新福利经济学采用了序数效用论、消费可能性曲线以及无差异曲线等方法,在微观经济学领域对福利问题进行了一系列的探索。意大利经济学家帕累托提出的序数效用论是新福利经济学的社会福利函数、补偿原则、相对福利理论被提出的出发点,因此帕累托也被新福利经济学家们誉为新福利经济学的创始人。帕累托效率是指这样一种状态,即不可能通过资源的重新分配、在不使任何一人的状态变坏的情况下使其他人的状态变好。

---

① 吕学静.现代社会保障概论[M].3版.北京:首都经济贸易大学出版社,2012:23.

与旧福利经济学相比，新福利经济学的思想更为进步，并且具有现实意义。在现代社会中，社会原因是导致贫困的主要因素，而追踪的根源是由于国家的社会经济政策。因为无论是哪种政策的执行，都会使得一部分人获利而另一部人的利益受损，甚至可能使得一部分人陷入困境，很难实现帕累托最优。若要帮助这一部分人脱离困境，国家需要实行社会救助，而社会救助的其中一个来源就是从得利的那一方所征得的各种税收。

3.1.3　凯恩斯主义流派

1929—1933 年爆发的经济大萧条使得以自由市场为中心内容的新古典经济学陷入了困境，古典自由经济理论无法解释生产过剩、持续大规模失业的现象，在此背景下，凯恩斯学派顺势出现，同时标志着国家干预理论的形成。1936 年，英国著名经济学家凯恩斯的《就业、利息和货币通论》的出版，标志着凯恩斯理论的形成，即结束自由放任，实行国家干预，扩大政府职能。作为宏观经济学的主要代表，凯恩斯关心的是资本主义宏观经济发展问题，他对西方社会保障理论的贡献不是通过其对社会保障问题的直接关注，而是通过其经济理论间接影响了社会保障理论。

1）凯恩斯的有效需求理论

凯恩斯发表的《就业、利息和货币通论》用来解释失业和经济危机，并在其中提出了"有效需求"不足理论。在凯恩斯看来，"有效需求"不足是导致资本主义制度下出现失业和生产过剩的主要原因。而其中有效需求指的是消费需求和投资需求两方面。消费需求取决于消费者在心理上的消费倾向，投资需求则取决于投资者在心理上对资本未来收益的预期、心理上的灵活偏好和货币数量。

凯恩斯认为，有效需求不足包含三大基本心理规律：①边际消费倾向递减规律，即随着收入的增加，增加一个单位收入中用于消费部分所占的比例越来越少；②资本边际效率递减规律，即资本家对利润率的预期将随着投资的增加而降低——供给价格上升和产品价格降低；③流动偏好规律，即人们以货币形式保留一部分资产的愿望和偏好。由于有效需求不足从而使资本主义经济通常处于小于充分就业的均衡状态，要使资本主义经济从小于充分就业均衡到实现充分就业均衡，国家必须放弃传统经济理论所崇拜的"自由竞争""自由放任"和"自动调节"的经济原则，应该通过制定和执行各种宏观经济政策来干预和调节经济生活，促进有效需求的提高，实现充分就业均衡。

2）凯恩斯主义的社会保障思想

凯恩斯的国家干预思想中，社会保障是最为重要的不可或缺的一部分。有效需求不足是市场机制自发作用的必然产物，扩大有效需求，实现充分就业的目标就不可能由市场机制本身来实现。基于这样一种认识，凯恩斯主义认为必须动用政府的力量对经济实施干预，为实现总需求与总供给在充分就业水平上的均衡，他主张采用扩张政府需求的方法弥补私人有效需求的不足。并且还认为向富人征税用来救济穷人，这有利于提高整个社会的边际消费倾向，他主张通过累进税和社会福利等办法重新调节国民收入分配，并主张限制工时立法、最低工资法以及消除贫民窟等，从而扩大消费需求并刺激生产，实现充分就业。

可以看出,在凯恩斯的国家干预思想中,福利措施的实施是其中之一。他主张通过累进税和社会福利等办法重新调节国民收入的分配。其实质是国家对社会福利领域的干预,有助于增加消费倾向,实现宏观经济的平衡,具体表现为在经济萧条时期社会保障收入增加缓慢,支出增加快速;在经济繁荣时期社会保障支出增加缓慢,收入增加快速。社会保障的收支变化会自发地作用于社会总需求,有缓解经济危机的作用。[①] 凯恩斯提出的政策主张在世界范围内得到了广泛传播,并占据了主导地位,为第二次世界大战后西方各国建立社会保障体系和经济发展奠定了理论基础。

3.1.4 瑞典学派

19 世纪末 20 世纪初,随着工业化的进行和社会经济的发展变化,瑞典社会经济思想也开始发生变化,产生了在西方经济学中具有重要影响的瑞典学派(也称斯德哥尔摩学派)。瑞典学派的奠基人是大卫·达维逊、古斯塔夫·卡塞尔和克努特·维克塞尔。随后,在 20 世纪 20—30 年代,冈纳·缪尔达尔、柏替·俄林等瑞典经济学家进一步发展了维克塞尔等人的经济理论,正式形成了瑞典学派,并受到了西方经济学界的普遍重视。第二次世界大战后,尤其是 20 世纪 60 年代以来,以阿萨·林德伯克为代表的瑞典经济学家对瑞典学派经济理论的发展做出了重要贡献。

瑞典学派的特点是在沿用了一般均衡价值理论和分配理论的基础上,首次创新了分析经济现象的一些新概念,借用宏观总量的分析方法和动态分析方法建立了一个动态经济理论体系。此外,对西方经济学界产生重大影响的还有瑞典学派关于国家调节经济生活的政策主张以及关于"自由社会民主主义"的经济制度理论,受到了许多资本主义国家政府和经济学界的重视。

瑞典学派的主要思想包括:①靠政府的干预,通过宏观经济调节的方式来平抑经济周期的波动;②用收入再分配的方法,主要是利用累进所得税以及转移性支付,举办社会福利设施,使社会各阶级、集团之间的收入和消费水平通过再分配趋于均等化,从而实现收入的平等。[②] 瑞典学派为福利制度分别在理论上和实践上都做出了贡献,使瑞典成为世界上第一个走上积极稳定政策道路的国家,成为"福利国家"的典范。与此同时,创造了"充分就业"和"收入均等"的瑞典福利模式,瑞典也因此成为"混合经济"下的"福利国家"。"福利国家"的概念可以解释为指收入再分配政策,由政府干预经济并提供公共服务。克努特·维克塞尔是瑞典学派的创始人,他主张收入再分配,并且认为资本主义经济中各阶层的利益存在冲突,会发生抵触。财产分配的不公平就能够证明这一点。维克塞尔主张改革当时的瑞典,改善经济制度和无产阶级的状况,增进社会福利。该学派主张采用累进税来解决分配问题,强调收入和财富分配的均等化。他们认为能够让人人得到幸福,得到普遍的福利的社会才是一个理想的社会。因此,国家应该负担起相应的职

---

① 凌文豪.社会保障概论[M].郑州:河南大学出版社,2013:37.

② 杨翠迎.社会保障学[M].上海:复旦大学出版社.2015:59.

责,如公共产品的供应、收入和财富的分配、经济稳定以及环境保护等。

总体来看,瑞典学派认为工人和雇主都应处于平等地位,居民应享有充分的民主,并且他们主张国家是超阶级的。在政治上实行阶级调和,雇主协会、工会和政府三大权力中心相互协调,相互制衡;在经济上实行"混合经济",他们认为效率是经济发展的重大动力,并重视市场的作用、主张竞争以及实行部分国有化,包括对某些生产公共物品、公共劳务的基础设施和收入、消费国有化,通过累进税制和社会保险调节再分配。并且,瑞典学派不仅在理论上发挥作用,而且在时间上有所体现。瑞典学派中的一些成员本身就是或曾任国会议员或政府官员,因此,他们的主张也就成了政府的政策,在瑞典及北欧其他国家建立起了包括医疗社会保险、工伤社会保险、社会救济等在内的全面的社会保障制度。

3.1.5　社会民主主义流派

19世纪晚期和20世纪初期,社会民主主义(Social Democracy)开始萌芽,作为一种新的意识形态,这是一支从马克思主义的支持者中分离出来的一个学派。社会民主主义在两次世界大战期间得到了较快的发展,其中一些国家的社会民主主义政党开始掌权,尤其是德国与瑞典社会民主党以及英国工党的执政,使得社会民主主义的理论得到了实践。20世纪50—60年代后,不仅社会民主主义得到了迅速的发展,其思想也日渐完善。柯尔(Cole)是英国社会民主主义社会保障思想的重要代表。他指出,建立有效的社会保障制度,给每一个英国民众提供基本的生活水平,不仅是国家的责任而且应该成为社会民主主义的目标。

社会民主主义的主要观点有:①增加就业机会,实现充分就业。失业不仅浪费了劳动力资源,还影响了劳动者的身心健康,并且造成了工人阶级的贫困,导致了社会秩序的混乱。社会民主主义认为,充分就业政策可使劳动者获得保证基本生活的收入,不仅充分利用了经济资源,还能够减轻国家在福利方面的负担和维护社会秩序的稳定。②倡导均等收入,确保经济公正。经济公正与个人自由、生活富裕、世界和平构成了社会民主主义的奋斗目标,是社会民主主义追逐的理想,受到了社会民主主义者的广泛推崇。③提供普遍福利,改善生活质量。在社会民主主义看来,资本主义制度导致了工人阶级对市场机制和货币关系的依赖,使他们丢失了一个阶级应该拥有的独立性和团结性。而国家的作用就在于为所有民主提供普遍的社会福利,从而确保人人都能保持一定的生活水平,避免自由市场机制对弱势群体的侵害。④实施社会救助,防止普遍贫困。尽管社会民主主义为防止社会贫困付出了许多努力,但是贫困仍然存在。柯尔认为,若要实现社会保险目标,建立最低生活标准极其必要,保证最低生活标准的补助金必须是普遍性的。与此同时,也应该给因年龄问题而不适合工作的人发放补助金,以及给尚能从事部分劳动的人发放收入补助,以此保证这些补助能够使得受补助者的生活达到基本生活水平。

总的来说,社会民主主义是近代西方社会非常重要的社会思潮,社会民主主义主张的普遍福利包括养老保险、老年福利、医疗保险、家庭津贴等。其中养老保险作为社会福利制度的主体,受到了社会民主主义的极大重视,在他们看来,老有所养是每个公民不可剥夺的权利。他们还认为,在医疗保障方面,一个健康的劳动者能够提供更高的劳动生产效率,从而可以使得国家竞争力得以提高。因此,拥有一个必要和完善的医疗保障服务对于一个国家是极其重要的。社会民主主义提出的关于社会民主主义理论的产生与实践,极大地推动了西方世界的发展。第二次世界大战后,在社会民主主义推动下所建立的福利国家获得了举世瞩目的成就。社会民主主义主张的充分就业政策解决了大规模失业的问题,维护了宏观经济的平稳运行,合理配置了劳动力资源的利用。成为一条不同于资本主义制度,又不同于威权主义体制的新的道路。

3.1.6 新自由主义流派

20 世纪后期,西方国家社会保障面临严重困境,对社会保障的改革成为必然选择,而新自由主义社会保障理论直接影响了西方社会保障制度的改革。新自由主义包含众多学派,其中最具有影响力的是以英国的哈耶克为代表的伦敦学派和以美国的弗里德曼为代表的货币学派。

新自出土义是以占典自由主义经济理论为基础,明确反对凯恩斯主义和福利国家政策。新自由主义的哲学基础是坚持个人主义,崇尚自由、公平和不干涉。新自由主义极度推崇自由市场经济,坚持古典主义中市场经济绝对自由化的基本思想,并强调自由市场机制的作用,反对国家干预主义、计划经济和社会主义。因此,新自由主义对社会保障的问题有着与社会民主主义相反的看法。他们认为国家干预不仅忽略了市场的能动作用,而且会限制市场经济的自我完善和调节,妨碍个人的自我独立。在他们看来,社会主义和集权主义违背了人性,并且提出实行计划经济是一条“通向奴役的道路”。20 世纪 70 年代末以来,福利国家暴露出来的一系列问题使得人们对福利国家和国家干预进行了反思,并且随着撒切尔、里根等政治任务的推动,新自由主义理论逐渐占据主导地位,在西方国家越来越受到重视,进而对国家社会经济政策以及社会保障政策产生了重要的影响。

新自由主义认为危机、不稳定感和失败的危险是极其必要的社会法则,是人不可或缺的一部分,而福利国家的政策却违背了这些社会法则,并对社会特征和人的本性的认识产生了偏差。他们认为经济增长是提高国民福利和促进社会平等的最重要的因素,比任何平等的政策都重要。新自由主义认为福利国家的弊端包括:①福利国家使得个人自由受到了威胁。②福利国家是导致效率低下的原因。③福利国家限制了自由市场经济,破坏了经济的发展。由于高额税收政策的影响,企业需要承担沉重的税赋,不仅减少了个人积累,同时也打击了福利创造者的积极性,从而破坏了经济增长的竞争力和动力。④对社会发展具有破坏力。虽然福利国家政策的初衷是为了保护人民,使人人都能得到幸福,但是由于它的集体主义及国家负责的特征,导致人民过度依赖政府,破坏了自立、自足、自主以及自我负责的社会成分。并且福利国家对单亲家庭的保护破坏了家庭的稳定,加速了家庭的解体。⑤对政治具有破坏力。虽然福利国家扩大了政府的权威,但是由于政府没有能成功地消除贫困,改进国民生活水平等,使之失去了信誉。同时,福利领域的泛政治化也增长了权力利益。

3.2　马克思主义社会保障思想

马克思主义作为一种有广泛影响的思想体系,同样对社会保障理论与政策实践的发展具有重要影响。本小节从马克思主义社会保障思想的源头,即空想社会主义社会保障思想开始阐述,然后再介绍马克思、恩格斯社会保障思想,最后再论述马克思主义的新发展——列宁主义中有关社会保障思想的相关内容。

3.2.1　空想社会主义社会保障思想

资本主义资本原始积累时期起始于 16 世纪,随着资本主义的产生发展,空想社会主义孕育而生。早期的空想社会论对理想社会或国度的描绘,在某种程度上为西方现代社会保障的建立提供了理论与思想渊源,现代社会保障制度的安排也在一定程度上实践着空想社会论的某些主张或见解。空想社会主义中的社会保障思想构成了 19 世纪前期社会保障思想的重要内容。

空想社会主义的始祖英国人莫尔的思想是马克思科学社会主义思想的最初源头,他的著作《乌托邦》首次为人们描绘了一幅完整的社会主义画卷,也正是这本著作确立了他在社会主义思想史上的重要地位。随后,意大利的康帕内拉发表著作《太阳城》并主张国家对人的统治应由对物的管理和对生产过程的领导所代替,为空想社会主义奠定了思想基础。17 世纪中叶到 18 世纪末,英国的温斯坦莱,法国的马布利、巴贝夫成为同时期空想社会主义的主要代表。他们的著作都以理性论作为其社会保障思想的理论基础,用理性(自然法)论论证理想社会的正义性和必然性,倡导自由平等是自然赋予人的本性,幸福生活和人人平等是人的自然本性,并以法律条文的形式阐述福利社会的纲领和原则,反自然私有制社会,主张生产资料公有制、人人各尽其能、人人靠社会供养,寄希望以理性人民、理性原则与和平改良的方式实现福利社会。

到 19 世纪初,空想社会主义发展到顶峰的时期,其主要代表人物是法国的圣西门、傅立叶和英国的欧文。

圣西门的社会保障思想主要体现在他的两本著作中,分别是《一个日内瓦居民给当代人的信》和《论实业制度》。“实业制度”是圣西门关于未来所设想的理想主义制度,在他这种“实业制度”下,各方面的权力被实业者和学者所掌握;通过运用科学、艺术和手工业知识去满足社会发展的需求,学习和运用这些知识成为“实业制度”社会中唯一的追求和目的,其中人数最多的贫困阶级关于他们的物质、精神生活需要成为目标的重点;劳动被分配到每一个人,实行有计划、有秩序的经济发展,个人收入多少取决于他所发挥的才能和所作出的贡献;任何特权在“实业制度”中不被认同;在圣西门所描述的理想社会中,生产科学根源于政治学,政治被经济包容,从以往观念中对人的统治变成对实物的有秩序管理和生产过程的实质性指挥。

蒙昧、宗法、野蛮、文明是傅立叶基于当时情况对社会历史划分的四个发展阶段。最后一个阶段“文明”相当于现在所谓的资产阶级社会,在他思想观念中这种文明制度同时映射出,在野蛮时代所犯下的罪恶统统都采取了复杂、暧昧、两面、虚伪的存在形式。

欧文在他的著作《新道德世界书》中清楚地论述了什么是共产主义。一方面欧文主张劳动者向来平等,不仅有平等的劳动义务而且也有平等地取得产品的权利;另一方面欧文还为他所想象的共产主义设计了带有平面图、正面图和鸟瞰图的房屋图纸。同时为了向完全共产主义社会过渡,他制订了以下措施:一方面,组织合作社,包括消费合作社和生产合作社;另一方面,组织劳动市场,即借助劳动券去交换劳动产品(劳动券规定以小时为单位)。

这一时期的空想社会主义是在新的资本主义制度已经确立的历史条件下形成的,它确实涉及国民福利与收入分配问题、按劳分配与公平原则、按需分配等思想,一定程度上为现代社会保障理论的实践与发展提供了理论指导,且相较于之前的思想有了更进一步的认识和研究。其中,圣西门的“实业制度”、傅立叶的“和谐社会”、欧文的“公社制度”为社会主义思想的发展作出了杰出贡献。不过空想社会主义者大多将希望寄予地位相对较高的统治阶级或是与自己相对立的阶级,希望他们能够采纳自己的理论和意见,从而自发地进行一场自上而下的改良运动。但其实他们忽视了工人阶级这个庞大的群体,忽视了在当时社会也许只有武装力量才是取得胜利的有效途径,这也使得他们的观点成为空谈而流诸现实。

3.2.2 马克思、恩格斯社会保障思想

19 世纪前期,马克思主义社会保障思想出现,它的出现成为科学社会主义理论体系的组成部分并为无产阶级在社会保障方面充实了内容。他的社会保障思想的核心内容大部分体现在《哥达纲领批判》中,关于社会再生产理论,马克思从物质资料的再生产和社会再生产的必要条件两个方面进行了重要阐述。正是由于社会再生产作为思想基础,社会保障相关思想理论由此形成。马克思主义也是社会主义福利思想的基石,并对其发展与演变产生了积极的影响。

1)扣除理论

在《哥达纲领批判》中马克思指出,劳动者个人在分配社会产品时,应该首先除去以下几项:首先是弥补消耗掉的生产资料部分,然后是扩大生产额外付出的部分,最后是用于后备基金或保险基金的部分。除去了以上部分后,剩下来的社会产品用作消费资料。马克思同时提出社会保障基金所扣除的数额应该与当时段经济的发展状况相匹配,保持相同水平。有关社会总产品中扣除掉保险基金与社会后备基金的描述,原文是这样说的:“在经济上是必需的,至于扣除多少,应当根据现有的资料和力量来确定,部分的应当根据概率论来确定。”马克思所提出的后备保险基金或者后备基金主要指的是商业保险基金,但在这种主张中同时也包含了社会保障思想的基本内涵。

2)需求理论

马克思指出,工人的劳动为富人创造了财富,但劳动者自身却出现了赤贫现象,劳动

者在生产上的威力和范围是随着财富的增长而增长的，相反如果在生产上的威力和范围越小，则表示劳动者越贫困。他认为在当时无产阶级的处境之所以如此悲惨，应该到资本主义制度中去寻找原因，生产资料私有制使得整个资本主义经济活动从多个方面都加剧了无产阶级的贫困化，资本主义工资制度导致无产阶级的贫困化，资本主义生产手段的改进加重了对工人的剥削，资本积累进一步加剧无产阶级的贫困化。

恩格斯认为人的需要分为三种，分别是生存资料的需要、发展资料的需要和享受资料的需要。生存资料的需要从生理方面理解，是延续生命、后代所需的基本生活资料，劳动者可以通过生存资料恢复身体机能，维持正常的脑力和体力活动；发展资料的需求能够使劳动者的体力和智力得到充分发展和运用；享受资料的需求是劳动者为享受更高级别的物质和精神生活所需的物质和文化资料。后来，斯大林在对社会主义基本经济规律进行表述时，把物质与文化需求归结为人的两种需要。

马克思提出“限制妇女劳动和禁止童工”的主张，他指出：在正常劳动日的情况下，不能限制妇女劳动，除非是这个劳动日中所包含的较短的劳动时间和休息时间；不然，妇女被限制劳动的情形只能是在对自身产生伤害或者对女性传统观念产生冲击的部门中。如果指的就是这样，那就应当加以说明。由于资产阶级的压榨蛮横，工人阶级和广大劳动人民的基本生活往往得不到较好的保障，生活的压力使他们经常处于穷困境地。从整个社会层面看，其实他们才是最需要救济和保障的对象。

3）贫困化

马克思曾指出劳动者在生产上的威力和范围是随着财富的增长而增长的，反之则同样成立。他在著作中曾说到如果财务的积累在一极，那么在另外一极必定积累着贫困、被奴役、劳动折磨、粗野和堕落的道德。

恩格斯指出，在资本主义社会里，资本家占有所有生产资料，把广大工人变成奴隶，使之成为一无所有的无产阶级，他们的生活随时间一天天坏下去，最好的情况也只能暂时勉强糊口过日子，大多数工人贫困到无家可归，饿死街头。资本家压榨广大工人的血汗，工人被赤裸裸地出卖劳动力，居无住所并染上了一身疾病，无钱医治加上整个社会丧失伦理道德，使广大工人的精神和肉体受到无休止地摧残，在绝望中度日，毫无希望可言。

同时，马克思主义指出了造成这种贫困状况的根本原因是由于在社会前进的过程中劳动者的劳动和生产的产物使他们陷入没落和贫困的困境中，这种贫困状况向来是发生在劳动的本质里。

总的说来，马克思、恩格斯虽然提出一些社会保障思想主张，但是，其社会保障思想主要以唤起和鼓动无产阶级进行革命为目标，这使得马克思、恩格斯不仅对当时资产阶级政府的社会福利措施采取批评态度，甚至对工人阶级所提出的一些社会福利要求与主张也持批判态度。

3.2.3　列宁主义社会保障思想

19 世纪末 20 世纪初，马克思主义被继承、发展，形成了列宁主义。列宁是伟大的无产阶级革命家、政治家和思想家，在他的思想理论中十分重视无产阶级的社会保障问题，并在其相关著作中系统地论述了关于无产阶级和社会主义的社会保障问题。1899年，列宁在《我们党的纲领草案》中提出了无产阶级贫困化理论，并主张俄国社会民主工党必须把无产阶级的社会保障问题放在重要的位置，提出把“贫困、受压迫、受鄙视、受剥削的程度不断增加写进俄国社会民主工党的纲领中去”。

在有关社会保障的基本要求中，列宁系统地提出了无产阶级社会保障方面的主张和要求，并详细地提出了有关社会保障的要求，包括工作时长规定为8小时，禁止夜晚工作，禁止雇佣童工(14岁以下)，每个工人每周应得到持续36小时及以上的休息时间，禁止在特别对妇女身体有害的部门使用女工……绝对禁止用商品支付工资，国家应该对失去劳动能力的老年工人支付抚恤金。

在国家保险的基本原则中，列宁指出，工人保险应当是国家保险的最好体现，因此在建立保险原则的时候应该依据:工人在丧失劳动能力或失业时，应及时得到国家保障；保险需逐步覆盖劳动者及其家人；补助所有参保者全部工资。

十月革命成功后，列宁大力推进制定和实施有关劳动者社会保障和福利的法令。1918年《劳动者社会保障条例》颁布，当时的苏维埃政权为了提高劳动者的保障水平，成立了国家救济人民委员会专门负责社会保障事业，社会保障内容逐步扩展，由劳动者到残疾人再到老年人，社会保障对象和保障项目不断地丰富和完善。列宁强调理论服从于实践的原则，丰富和发展了马克思主义。

3.3 中国的社会保障思想

中国的社会保障思想发展历史源远流长，无论是早前传统的社会保障思想，还是后来毛泽东的社会保障思想，抑或者是距离我们最近的中国特色社会主义的社会保障思想，都显示出了浓烈的中国特色，与时代背景和发展要求相伴而行、紧密贴合。

3.3.1 传统的社会保障思想

早在古代社会，中国在人类思想上就已产生了对理想社会的强烈向往，社会保障思想就有所体现，关于传统的社会保障思想，本节选取大同社会、社会互助、仓储后备、社会救济四种社会保障思想进行介绍。

大同社会，来自一直位居于主流意识形态的儒家思想，儒家思想中所提倡的大同思想也是当时社会的人们所追求的美好精神，在大同思想中蕴含了大量的社会保障思想。儒家思想代表人孔子，在其汇编的《礼记·礼运》中就有提到“大道之行也，天下为公，选贤与能，讲信修睦。故人不独亲其亲，不独子其子，使老有所终，壮有所用，幼有所长，矜、寡、孤、独、废疾者皆有所养，男有分，女有归。……是故谋闭而不兴，盗窃乱贼而不作，故外户而不闭，是谓大同。”

社会互助，同样也来自儒家思想，是儒家思想的另外组成部分。中华上下，从古至今一直以互助作为中华民族的传统美德，社会成员之间的互助，也体现出社会保障的思想。

仓储后备,是一种通过积蓄谷物用以灾荒之年救民济贫的社会保障思想。具体来说,就是国家通过强制力手段建立不同规模仓储库,丰收之年收集百姓手中的余粮储存在仓库,等到荒年再开仓赈灾。仓储后备这种社会保障思想在于救灾,避免灾荒之年百姓因粮食短缺而无法生存,有利于维护社会环境的稳定。因此,仓储后备是依靠国家强制力来储备粮食、保障社会成员基本生存权利的一种社会保障思想。

社会救济论,以"赈济说"影响最为深远,赈济说是主张以粮食、衣布等实物或货币去救济正遭受灾害之苦或生活极度困难的社会成员,用以保障社会成员最低生活需求的社会保障思想。

3.3.2　毛泽东的社会保障思想

在继承和发展了马克思主义的社会保障思想后,毛泽东提出了有关社会保障思想的相关理论,同时也为后来社会保障制度的发展奠定了相应的理论基础。

1)与生产力发展水平相适应原则

毛泽东认为,社会主义的社会保障应该坚持的基本原则是社会保障与生产力发展水平相适应。对社会保障与生产力之间的关系问题,毛泽东直接或间接地提出了一些正确的想法或观念。他指出社会保障与经济发展不是简单的等同地位,应该辩证地看待社会保障与经济发展之间的关系。在社会主义初级发展阶段,社会保障制度所体现出来的优越性应与社会生产力发展的水平相适应,在提高人民生活水平的同时,又能促进生产力的发展。

2)统筹兼顾、公平合理、协调发展原则

毛泽东认为,所谓统筹兼顾就是根据实际情况与可行条件,作出有关社会保障的合理安排。他曾说过有关人民"生活"和"福利"的言论,人民的生活水平适度即合理,人民的福利不可多也不能少。针对经济的波动,从积累的角度他又指出积累的数额不需要每年等同,应根据当年的实际情况,弹性地实施积累计划。1949 年中华人民共和国成立后,毛泽东在农民的生活保障问题中强调,战争支援与改善农民的生活水平同等重要,农民改善生活水平应从恢复和发展生产两个方面入手,所以在处理工人和农民之间的关系时,应当坚持走协调发展的道路。

3.3.3　中国特色社会主义的社会保障思想

十一届三中全会以后,我国深刻认识到建设中国社会主义的规律,在毛泽东倡导的马克思主义普遍真理同中国具体实际相结合的基础上,十二大提出"走自己的路,建设有中国特色的社会主义"的科学论断。从计划经济时代到改革开放的历史沿革,从毛泽东社会保障思想到中国特色社会主义的社会保障思想的深入发展,顺应时代要求,我国逐步继承、发展出了具有中国特色的社会保障思想。

1)邓小平关于社会保障的论述

作为中国改革开放的总设计师,邓小平同志关于社会保障的论述孕育在其社会经济发展理论中。他的谈话、著作以及邓小平时期党的政治报告及路线、方针、政策和国家宪法都有社会保障论述的体现。

邓小平曾在他的谈话中指出工人的劳保和福利不能被忽视,对于忽视工人福利的思想必须进行矫正,特别是福利工作中所带有的恩赐观点。在他看来,人权中集合了所有权利,人权同样也是所有权利统一的结果,在这些权利中首当其冲的应当是生存权,生存权同时也是最基本的权利之一。在邓小平的思想理念中也多次强调有关"退休制度"的观点,他认为退休制度不仅要覆盖到军队,还要覆盖到国务院和地方。邓小平指出发展生产力是社会保障工作的核心,同时在社会保障建设过程中的实施程度应当与生产力发展水平相契合。我国目前还处在社会主义的初级阶段,经济发展仍处于低水平状态,生产力水平远远不及西方发达国家的水平。相对低水平的社会生产力与经济发展程度制约了我国社会保障制度的建设,因此,在社会保障制度的建设过程中我们不能片面地追求过高的社会保障待遇水平。

邓小平提出社会保障思想应该从政治、经济的视角上宏观把握,社会保障思想的发展离不开社会主义的本质和优越性,两者应紧密结合。其关于社会保障论述的核心内容是明确生产力的发展是提高社会保障水平的关键,当下应立足于基本国情,建立中国特色社会保障制度。

2)江泽民关于社会保障的论述

在中共十六大上,江泽民对社会保障思想作了系统论述,他指出,建立健全同经济发展水平相适应的社会保障体系,是社会稳定和国家长治久安的重要保证。坚持社会统筹和个人账户相结合,完善城镇职工基本养老保险制度和基本医疗保险制度。健全失业保险制度和城市居民最低生活保障制度。多渠道筹集和积累社会保障基金。各地要根据实际情况合理确定社会保障的标准和水平。发展城乡社会救济和社会福利事业。有条件的地方,探索建立农村养老、医疗保险和最低生活保障制度。1998 年 5 月,他在中共中央、国务院召开的国有企业下岗职工基本生活保障和再就业工作会议上再次指出:在建立社会主义市场经济体制的条件下,必须"逐步建立和完善适应社会主义市场经济发展要求的新的就业机制,建立和完善适应新的就业机制的社会保障制度。"①

同时,江泽民也指出,"在整个现代化建设的过程中,都必须努力使广大工人、农民、知识分子和其他群众共同享受到经济社会发展的成果,使他们不断得到看得到的物质文化利益"。②

在江泽民关于社会保障的论述中还提出了三个需要遵循的基本原则:第一个原则是坚持从国情出发、实事求是,在保证人民基本生活需要的同时,社会保障的发展应与国民经济发展水平相适应;第二个原则是坚持公平与效率的结合,权利与义务的对应,平衡好国家、企业、个人之间的利益;第三个原则是走积极稳妥线路,在建设新体制的过程中,切忌完全忽视老体制,时刻关注新老体制之间的联系。

---

① 凌文豪.社会保障概论[M].郑州:河南大学出版社,2013:52.

② 江泽民.论社会主义市场经济[M].北京:中央文献出版社,2006:436.

3)胡锦涛关于社会保障的论述

随着党的十六大召开,大会提出的将"建立健全同经济发展水平相适应的社会保障体系"的任务建立在"科学发展观"的基础之上,同时在"构建社会主义和谐社会"的政治框架之中该体系也将成为框架之一。

2003年10月,胡锦涛在党的十六届三中全会决议中提出,健全就业、收入分配和社会保障制度,完善社会保障体系是全面建立小康社会过程中的主要任务,在这个过程中应当坚持以人为本,树立可持续发展观。

2005年2月19日,胡锦涛在中共中央举办的省部级主要领导干部提高构建社会主义和谐社会能力专题研讨班开班式上的讲话中指出:"要进一步完善社会保障体系,逐步扩大社会保障的覆盖面,切实保障各方面困难群众的基本生活,让他们感受到社会主义大家庭的温暖。要从法律上、制度上、政策上努力营造公平的社会环境,从收入分配、利益调节、社会保障、公民权利保障、政府施政、执法司法等方面采取切实措施,逐步做到保证社会成员都能够接受教育,都能够进行劳动创造,都能够平等地参与市场竞争、参与社会生活,都能够依靠法律和制度来维护自己的正当权益。"①

2006年10月,党的十六届六中全会审议通过《关于构建社会主义和谐社会若干重大问题的决定》,该决定从社会理想出发,对"完善社会保障体系"作了制度性的刻画。《决定》提出了到2020年构建社会主义和谐社会的九大目标和主要任务,其中第三位就是:"社会就业比较充分,覆盖城乡居民的社会保障体系基本建立。"这一体系可被称为"4+2"模式,即主要包括社会保险、社会救助、社会福利、慈善事业四大组成部分,另加住房保障、优抚安置。②

2007年10月,党的十七大进一步地细化了中国特色的社会保障体系,提出了"加快建立覆盖城乡居民的社会保障体系,保障人民基本生活"与"建立基本医疗卫生制度,提高全民健康水平"的两大工作目标,报告同时提出2020年全面建成小康社会的五大要求,其中一点就是全面完善城乡居民社会保障体系,保障基本生活和基本医疗卫生。

【本章小结】

本章主要介绍了社会保障的主要思想流派。首先介绍了西方主要社会保障思想流派,在权衡了众多思想流派后,选取了德国新历史学派、福利经济学派、凯恩斯主义流派、瑞典学派、社会民主主义流派、新自由主义流派六个具有代表性和历史转折意义的流派。其次介绍了马克思主义社会保障思想,从马克思主义的起源思想到后期思想的继承和发展,分别介绍了空想社会主义社会保障思想、马克思恩格斯社会保障思想、列宁主义社会保障思想。最后从传统的社会保障思想、毛泽东的社会保障思想、中国特色社会主义的社会保障思想回归到了中国的社会保障思想。

---

① 胡锦涛总书记2007年6月25日在中央党校讲话[EB/OL].新华网,2007-06-25.

② 凌文豪.社会保障概论[M].郑州:河南大学出版社,2013:53.

【探索】

1.空想社会论中有哪些主要的社会保障思想?

2.庇古福利经济学的主要内容及其贡献分别是什么?

3.思考未来社会保障制度的发展方向。

第4章　社会保障模式与体系

【学习目标】

1.掌握社会保障体系的概念和内容

2.掌握社会保障体系的发展和分类

3.辨析社会保障的主要模式和代表性国家的特点与区别

4.了解社会保障模式的发展趋势

4.1　社会保障体系概述

社会保障是当今世界上众多国家都在实施的一项重要的社会经济制度。在历经漫长的发展历程后,社会保障制度发展成为一项庞大的社会政策体系,保障体系内涵丰富,受经济、文化、政治等多方面因素的影响和制约,不同国家的社会保障体系也往往呈现出不同的类型。只有厘清社会保障体系的概念、发展和构成,才能更好地认识和把握社会保障制度发展进程中的规律。

4.1.1　社会保障体系的概念

社会保障体系,是指由社会保障各个部分构成的有机的相互联系、相辅相成的整体①。从世界大多数国家的情况来看,社会保障体系通常包括基本社会保障制度与补充社会保障措施两大类。前者由国家立法统一规范并由政府主导,一般包括社会救助、社会保险和社会福利三个基本组成部分,以及部分国家针对军人建立的社会保障制度等;后者则通常是在政府的支持下由民间及市场来解决,一般包括企业年金、慈善事业、互助保障等,它们构成对基本社会保障制度的补充,并发挥着有益的作用。②

由于各国具体国情各不相同,各国在建立自身的社会保障制度时,从单一保障项目

① 丛春霞,刘晓梅.社会保障概论[M].3版.大连:东北财经大学出版社,2015:25.

② 郑功成.社会保障[M].北京:高等教育出版社,2007:83.

向多重保障项目发展。横向比较表明,不同国家或地区的社会保障制度往往是不同的,因为社会保障制度的建立和发展受到所在国家或地区的经济、社会、政治、文化、历史和前进阶段的影响,也受到所在国家或地区的社会保障制度的影响,社会保障的内容设置、覆盖面、保障水平和支付标准都存在一定不同之处。从纵向比较来看,各国的社会保障制度一直在不断调整、充实和完善,因为社会保障制度必须保持与社会经济发展和社会成员保障需求发展变化相协调,及时根据实际情况进行制度安排的调整。唯有社会保障制度适应国情和时代前进,才能作为一种合理的制度安排,发挥其应有的作用。

4.1.2 社会保障体系的发展

通过对社会保障制度发展过程的考察,可以发现现代社会保障制度的发展大致分为下述三个阶段。

1)面向贫困劳动者和工业劳动者的阶段

在此阶段,传统的扶贫救灾项目得到了一定完善,但国家社会保障体系的重点关注对象是工业劳动者。重要社会保障项目(养老保险、医疗保险、失业保险、工伤保险等)是围绕工业劳动者的需要而设立的。

2)面向贫困人口与普通劳动者的阶段

在此阶段,社会保障的覆盖范围持续扩大,保障项目增多,除了工人、劳动者被纳入保障范围外,农夫及其他社会阶层的公民也被纳入保障覆盖范围,进一步提升了社会保障的公平性。

3)面向全体公民的阶段

在此阶段,每一个公民都被纳入社会保障的覆盖范围。社会保障体系扩充到各种社会福利项目,而不再是仅仅局限于社会救助和社会保险。完善的社会保障体系,是人人共享社会发展进步的成果。从保障项目来看,也是在进一步完善传统救灾济贫项目的同时,先以劳动者的老、病、残以及生产风险为保障内容,再逐渐扩展到为失业劳动者提供生活保障,继而随着社会发展的步调推动社会性福利发展。不论是哪种工业化国家,其社会保障体系基本上都是按照这种方式发展的。

4.1.3 社会保障体系的分类

社会保障制度是一个复杂的立法和政策体系。其构成受社会经济发展水平、传统文化、政治等众多因素的影响。不同的国家有不同的保障项目。即便是同一个保障项目,在不同的国家也有不同的名称。

1)按受益者是否履行缴费义务划分

社会保障体系可以划分为税费制度和非税费制度。税费制度,又称就业关联制度,它通常强调权利与义务对等的原则。受益者的社会保障待遇与他们的工作年限、终身收入的高低等因素发生直接或间接的联系。社会保险制度是一种典型的与就业有关的制度,如养老金,既要达到法定退休年龄,还要聚积一定数目。人们的养老金水平不只取决于在职人员的工资水平,还取决于工作年限。非税费制度则着重强调人们的需求,受益者的收益与其收入或就业不直接挂钩,该制度可划分出两个子制度:一是收入状况调查制度,二是普享制度。前者主要包括对低收入群体发放的生活补助,后者主要包括普遍性的家庭津贴、孤儿抚恤金等。这两个系统平常由政府税收提供资金。

2)按项目覆盖的风险划分

国际劳工组织将现代社会保障分为九类:医疗保障、老龄保障、失业保障、工伤保障、生产保障、遗属保障、残障保障、家庭津贴、公共救助及其他。[①] 国际劳工组织成员国一般按此分类记录和统一社会保障的收支情况。

3)按社会保障水平划分

社会保障分为社会救助、社会保险、社会福利。从保障水平来看,社会救助水平最低,第二是社会保险,社会福利处于最高水平。除此以外,现代社会保障体系还可从更广义的角度来阐释。事实上,社会保障制度的具体做法是在建立保障项目的同时开展的,也需要法律体系、监督体系、管理体系、实施体系等运行机制的维护和保障,从而完善社会保障体系。

4.1.4　不同国家社会保障体系构成

由于各国的政治制度、社会背景、经济水平、文化观念和社会保障制度的实施时间不同,各国社会保障制度的构成存在很大的差异。本节主要分析不同国家的社会保障体系构成,通过最为典型的体系让读者更好地了解不同社会保障体系的特色。

1)美国的社会保障体系

美国的社会保障体系由社会保险和社会福利两个部分组成。社会福利主要是指为低收入阶层和社会贫困人口提供的一系列救济项目,其目的是通过增加收入或降低公共资源来提高贫民的生活水平。美国社会福利以项目支出为特点,社会福利的实施以社会成员的受益为根基。目前,联邦政府已经为低收入社会成员实施的福利政策可以分为:现金支付和实物转移。现金支付的社会福利,是指直接为贫困、低收入家庭和个人的基本生活提供支持和补贴的资金。目前,社会福利项目主要有两种:一种是为需要抚养子女的家庭提供补贴,即为有单亲抚养子女的家庭提供现金援助,或为双亲失业、无工作能力的家庭提供现金援助。二是养老金和困难津贴,即老年人和残疾人的每月现金津贴。实物转移形式的社会福利是为缓解低收入家庭和个人生存与发展的困难提供物质或服务,目前最重要的实物转移项目有六类:免费医疗(Medicaid)、购粮券(Food Stamp)、儿童营养项目(Child Nutrition Programs)、住房补助(Housing Assistance)、教育项目(Education)、就业培养项目(Employment and Job Training)。

社会保险包括美国官方定义的养老和残疾保险、失业保险和医疗保险。养老和伤残保险的主要覆盖范围是残疾老年人。灾民和残疾人失业保险是对赋闲造成的收入损失

---

① 凌文豪.社会保障概论[M].郑州:河南大学出版社,2013:78.

给予补偿。这项保险覆盖了美国医疗保险体系中约97%的受薪工人,其核心是保险市场的多元化,而重点是私营保险公司的中介机构。社会保险的目的是通过替代机制,减轻或补偿非福利阶层因不可控制的力量而蒙受的收入损失。

2)英国的社会保障体系

英国的社会保障体系规模大,且结构繁杂,按其性质可分为四大系统:社会保险、社会救助、社会津贴和特殊津贴。

①社会保险制度是英国社会保障制度的重要组成部分。这是人们在收入遇到困难或不幸事故损害时政府给予的津贴。其主要包括养老金、疾患津贴、失业津贴、生产津贴、工伤津贴、遗孀津贴、战争抚恤金等社会保险,其资金来源部分由职工、用人单位和政府财政补贴组成[①]。

②社会救助,又称作对受助者的限制性津贴,是对无法维系基本生活的家庭的最低生活津贴,受益人无须缴费。具体包括基本收入支持(Income Support)、所得税抵免(Tax Credit)、住房补助(Housing Benefit)和社会基金(Social Fund)。其中,社会基金包括产妇、丧葬、过冬等社会保障补助,以及免除贷款。

③社会津贴主要包括住房津贴、家庭津贴、孩童津贴、病残护理津贴等。各级居民无须缴纳保险费即可享受社会津贴。

④特殊津贴主要是为有特殊需要的个人提供与社会服务类似的个人服务。特殊津贴包括更多的人,包括法定生产津贴、儿童津贴、工伤津贴、残疾津贴、法定疾患和疾患护理津贴等。

3)新加坡的社会保障体系

新加坡的社会保障体系是一个比较完整的多层次的保障体系,以公积金制度为主体,以贫困家庭救济和社会福利商业保险为补充。

(1)公积金制度

公积金制度是新加坡社会保障制度的主体。凡新加坡公民,必须在公积金局开立个人账户。个人和用人单位每月按工资收入的一定比例缴纳公积金。在退休前,公积金按用途记入不同账户。第一是公积金可用于住房、保险、投资和教育。第二是医疗储蓄账户,用于支付住院和医疗费用。第三是特别户头,用于老年养老和应急。

(2)社会福利和社会救济

新加坡主要的社会福利项目包括晚年和残疾人保障筹算、儿童津贴、医疗保健基金和教育储蓄基金。新加坡的社会救济主要是帮助社会中的弱势群体和贫民。为保障公民的基本生活,新加坡政府制定了“公共援助筹算”,直接向没有亲朋好友互助或没有自身生活来源的贫困家庭提供现金补贴。

(3)商业保险

商业保险在分散风险、提高生活品质方面拥有积极有益的补充作用。新加坡的商业

① 谢冰.社会保障概论[M].2版.武汉:武汉大学出版社,2015:19.

保险更为发达，保险种类也更为具体，在被保险人年老、患病或意外受伤时，对保障被保险人的经济生活起着重要作用。

4.2　社会保障体系内容

根据世界上大部分国家的情况，社会保障制度常包括基本社会保障制度和补充社会保障措施两部分。基本社会保障制度在政府主导和管理之下，以国家为主体，以立法形式统一规范，一般包括社会保险、社会救助和社会福利三个基本组成部分，以及一些国家为军人建立的社会保障制度。补充社会保障措施常由民间组织和市场在政府的支持下，为保障对象提供保障，一般而言包括企业年金、互助保障、慈善等，对保障体系起到补充和完善作用。

4.2.1　社会保险

社会保险是为保障劳动者基本生活而建立的一项社会保障制度，当参加劳动关系的劳动者在完全或部分丧失劳动能力，失去劳动岗位以及因健康原因造成损失时，国家或社会通过给予必要的物质帮助以保障其基本生活。社会保险资金由政府、企业和个人三方共同筹资，目标是帮助劳动者在因年老、疾病、生育、工伤、失业、死亡等风险暂时或永久失去劳动能力而造成损失时，能够得到物质帮助以解决劳动者的后顾之忧①。

社会保险作为现代社会保障制度的重要组成部分，也是一种个人消费品。个人缴费数额由国家社会保险法、社会保险政策和有关规定决定，即依据当前国家的经济状况以及个人收入水平来确定支付缴费额数。在几乎所有国家，社会保险支出的规模占社会保障的比重最大，社会保险占据了现代社会保障制度的核心地位。

1）社会保险制度的特征

社会保险制度除去社会保障制度普遍具有的特征外，还具有以下独有特点：

（1）预防性

社会保险基金的建立体现了社会保险的预防性特征，当投保人因发生规定范围内的风险而遭受损失时，国家可以使用由多方筹资责任分担而建立起来的社会保险基金，使每个投保人能在第一时间得到保障，起到防患未然、有备无患的作用。而其他的社会保障项目如社会救济，无论国家还是保障对象都往往难以事先掌握，因此侧重事中的处理和事后的善后，预防性特征较弱。

（2）补偿性

补偿性是指劳动者仅在劳动中断、收入中断造成损失时才有权凭借社会保险获得作为保障对象的物质帮助，但保障水平仅限于收入损失水平。虽然社会保险的缴纳数额平常与工资挂钩，但社会保险金的支付不等于工资，其目的是补偿保障对象遭遇风险事故

---

① 郑功成.社会保障[M].北京：高等教育出版社，2007：84-85.

期间所遭受的收入损失,因此,收入损失的补偿标准是依照保障劳动者的基本生活需要而划定的。

(3)储蓄性

社会保险机构依法收取企业和个人的社会保险费,同时,也有来自国民收入的分配与再分配资金,并按立法规定开展累积,然后依据社会保险政策开展分配。社会保险资金无论是在初始征集的过程中还是后续管理的过程中必须拥有储蓄性,以保障政策措施的顺利推行。只有累积社会保险基金以及拥有充足的保险资金,政府才能有足够的资源保障陷入困境的劳动者及其供养的亲属,帮助其回归基本的正常生活。

(4)责任分担

社会保险制度是以劳动和资本分类为根基的制度安排。雇主和工人分担这笔费用。费用责任是这一制度的本质特征,但不是排斥其他资金来源。实际上,社会保险基金除了来自由劳动者、企业单位或雇主缴纳的保险费用外,政府也通过财政补贴,以及使用保险基金进行投资取得的相应的收益等为其提供资金来源,多样化的资金筹集渠道既体现了责任分担的原则,也为资金来源的可靠性提供了保障。

(5)互助共济

互助共济体现在社会保险费用的统一收支、建立统一账户上,即将参保人员缴纳的社会保险费纳入社会保险基金,当遭遇保障范围内的风险且受到收入损失时,通过按规定使用基金中的资金来帮助其维持基本生活需要,最终实现风险分担、互助共济的目的。比如,失业保险便是在所有加入失业保险的工人中分担失业人员。工伤保险是指所有加入工伤保险的职工共同分担工伤事故(包括工作岗位职业病对劳动者的职业伤害风险)。医疗保险由加入医疗保险的全部职工共同分当。职工医疗保险和养老保险也反映了当代工人与代际工人的关系,即互助和协助的作用。因而,社会保险拥有典型的互助共济特点。当然,完全累积型的保障制度的互助共济性被明显弱化。

2)社会保险的内容

社会保险所承担的风险是劳动者暂时或永久失去收入的风险,表现为劳动者在整个生命周期内潜在的各种丧失收入的风险,包括年老、疾病、工伤、失业、生育风险等。[①] 因此,社会保险制度安排内容也与这些风险相对应,主要包括以下几个方面:

(1)养老保险

养老保险是劳动者满足法律规定的退休要求,因年老而退出社会劳动后,能够拥有稳定可靠的经济来源进而满足其基本生活需要的社会保险项目。养老保险的覆盖范围受经济发展水平的制约,在经济和社会发展居于低水平条件下,养老保险往往依照选择性原则局限在部分劳动者范围内;唯有当经济发展到一定水平后才会逐步扩大到全部劳动者。在各国社会保障体系中,养老保险是最重要的项目,因为被保险人在养老保险中享有保险。特别是在人口老龄化加剧的情况下,养老保险的重要性不言而喻。

---

① 郑功成.社会保障[M].北京:高等教育出版社,2007:86.

(2) 医疗保险

医疗保险是在职工患病或者非因工负伤时，为其提供法律保护。保险筹算，既包括医疗费用的给付，也包括享受的各种医疗服务。在各国的社会保险制度中，医疗保险是继养老保险后又一项重要的社会保险制度。不过，疾患津贴的发放也不是无限期的，超过规定期限则不能继续享受医疗保险待遇，而是转由社会救助系统来承担。

(3) 工伤保险

工伤保险是指劳动者在工作中，在法定范围内遭到伤害或者患职业病时，为其提供生活保障的社会保险筹算。与其他社会保险制度相比，工伤保险主要由用人单位赔付。一般来说，工伤保险的支付完全由雇主承担。政府在工伤保险方面居于特殊地位，在特殊情况下，应当给予补贴，劳动者个人不承担支付费用的义务。在确定工伤责任时，每一种责任都有其自己的特征。我国普遍采用无过错责任原则，即不论工伤责任在何方，劳动者在发生工伤事故后，都享受工伤保险。工伤保险的对象是经济活动的劳动者，但获得保险待遇的，往往不限于劳动者本人，还包括他们的亲属。

(4) 失业保险

失业保险是指劳动者因失业而失去收入来源，国家通过立法由社会集中建立基金，向他们提供物质援助。在市场经济条件下，失业是不可避免的。因而，须在一定程度上保障失业人员的基本生活。保障不仅有益于劳动力的再生产，而且可以使企业和国家拥有可靠、合格的劳动力。失业保险也有益于社会稳定。

(5) 生育保险

对因生产而暂时丧失收入的女职工，在法定范围内提供生育保险。生育保险是保障女职工权益的社会保险。女性劳动者在妊娠、分娩和护理婴孩期间，必须离开工作岗位，因此会面临暂时丧失劳动收入的风险。而生育保险的实施为女性提供医疗服务、生育津贴，以保证女性劳动者在孕期和产期内遭受的经济损失得到补偿。实行生育保险也是保护劳动妇女经济活动的一种解决办法。建立生育保险制度一方面可以恢复和保护女职工的劳动能力，另一方面可以保护孕妇的生育权。一般来说，孕妇的生育过程需要较长的周期，包括孕期、分娩期、婴孩喂养期，因此生产前后都要实行生育保险，开展保险治疗。首先应包括临盆前后一定时间的带薪休假，有时候还应包括生产津贴。产假期间工资的多少、产假的长短、补助费的数目，各国不尽相同。需要指出的是，发达国家的生育保险已经上升为一项普遍性的国民福利，即不限于社会劳动的女士，而是覆盖所有生产妇女，生育保险待遇亦为生育津贴所替代。

上述项目构成了社会保险制度。需要指出的是，不同国家的社会保险项目不尽一致，如希腊甚至将灾害保险也纳入社会保险范畴。在其他发展中国家，部分社会保险已衍变为国家福利（如生产保险转为生产津贴）或取消差别化，变成社会保险和全民福利。

4.2.2　社会救助

社会救助是指国家和社会依据法律规定，面向由于各种原因不能维持最低生活水平而陷入生存困境的低收入家庭提供经济帮助，以保障其最低生活得到满足的一项社会保障制度。社会救助在现代社会保障体系中占据基础地位,对保障社会公平、维护社会稳定有重要作用。①

1)社会救助的特点

第一,社会救助资金的主要来源是国家预算拨付或专项税收援助。第二,社会救助一般而言被视为政府对公民的责任,是生活保障线下公民应享有的基本权利。其中大多数是权利和义务的结合。第三,社会救助对象是一个特殊的弱势群体。他们没有或者失去工作能力,如孤儿、老人、残疾人等,没有收入或者没有工作能力,在较短的时间或者较长的时间内,由于各种原因(如自然灾害、事故或者其他社会经济原因)而失去了收入的贫民,是社会保险不能或不能完全保障的人。他们甚至连最低的生活水平都不能维系。第四,社会救助以保证低收入人群的最低生活水平为目标。因此,社会救助是社会保障体系的"最后一道防线",作为最低层次的保障措施,其无论是救助标准还是水平均低于社会保险。第五,社会救助是以救助者按规定自行提出申请为触发条件,调查批准后方能得到响应的救助。

2)社会救助的重要性

随着贫困人口的减少和其他社会保障制度的建立,社会救助在整个社会保障体系中的地位与历史相比有所下降,但由于其解决问题的对象承受特别打击的能力薄弱,保障社会成员基本生存权的重要任务依然占据着重要的根基状态。其重要性在于以下两个方面:

一是,社会救助是历史最悠久的一种社会保障形式,在传统的社会救助措施的根基上发展起来。尽管大部分国家的社会保障体系中,社会保险和社会福利已变成社会保障的重要形式,但救助将永远持续下去。因为贫穷一直存在,失业、丧偶、残疾等都需要帮助,弱势群体也将长期存在,各种灾害和事故是无法完全避免的。因而,社会救助在社会保障制度中的基础地位不会改变。

二是,社会救助是保障社会成员生存权的最后一道防线。尽管社会保险为社会成员面临的各种风险设置了防线,但仍会有一部分人因保障欠缺而无法维持基本生活。例如,一些失业者在失业保险金支付期限期满后仍未找到工作,面临无收入来源的困扰。特别是那些有困难需要社会救助,而又没有社会保险的人。

在广义上,社会救助是必不可少的。因而,社会救助是社会保障体系的最后一道安全网。

4.2.3 社会福利

社会福利的概念可以从广义和狭义两个角度进行理解。从广义来讲,社会福利与广义的社会保障的含义相近,是指由国家和社会提供的,以全体社会成员为受益对象,旨在改善与提高国民生活质量的全部物质、文化生活的保障与福利,除前述的社会保险、社会救助之外,还包括全部公共的科教文体服务和设施等内容。从狭义来讲,社会福利是社

① 郑功成.社会保障[M].北京:高等教育出版社,2007:83.

会保障的一个重要子系统,处于同社会保险和社会救助相当的地位。在中国,学界、官方及公众普遍认同的社会福利的概念是将其作为社会保障体系的一个子系统,即狭义的社会福利概念。

1)社会福利的特征

(1)保障对象全员化

与仅限于工人的社会保险不同,社会福利的保险范围不限于工人。与仅限于特殊弱势社会群体的社会救助也不同,它是面对整个社会的保障制度。

(2)保障项目广泛

社会福利项目包括社会各界的公益事业,诸如教育、科学、文化、体育、卫生、环保、福利等行业;特殊人群享有的福利事业,如福利院、养老院、孤儿院、残疾人休养院等;地方选择性福利措施,即为某一地区和某一社会范围的成员提供福利,比如寒冷地区的冬季供暖补贴、公共住房租金补贴等。

(3)资金来源多渠道

社会福利项目的资金来源包括各级政府的财政拨款。除财政拨款外,还有来自各组织的专项资金、社会团体的资金和捐赠,以及福利事业费用等。根据资金来源的不同,可以分为政府办的福利事业、私人福利事业和个人福利事业。

(4)保障水平弹性化

社会福利是社会保障的最高层次系统,其目标是提高全部社会成员的生活水平。社会福利的项目、范围和水平取决于各国的经济状况,即经济文化发展水平和受益人的需要。经济发达国家社会福利的内容和水平高于经济不发达国家。一个国家的不同发展阶段,社会福利的内容和水平也不同,总体趋势是随着社会经济的发展不断改进的。

2)中国的社会福利项目

当前,中国的社会福利项目主要包括老年人福利、残疾人福利、妇女儿童福利、其他福利四类。

(1)老年人福利

老年人福利是以老年人的生活照料服务为主的各种针对老年群体的福利项目,如家居照顾、敬老院、老年疗养院、老年公寓等项目,以及有关公益场所免费对老年人开放等。随着人口老龄化时代的到来,老年人福利日益成为现代社会保障体系中的重要项目。

(2)残疾人福利

残疾人福利是指国家和社会为保障残疾人合法权益,促进其参与社会生活所提供的设施、条件和服务,主要包括残疾人康复、残疾人就业、残疾人教育等。残疾人福利事业的发展水平一般来说是衡量一个国家或地区社会文明程度的重要标志。

(3)妇女儿童福利

妇女儿童福利是国家和社会以妇女及儿童为对象而设立的福利事业,根据妇女儿童的特殊需求设立各种福利项目,保障其生产生活发展的基本权益,为妇女儿童提供各种包括妇幼保健、孤儿收养、妇幼津贴等在内的资金和服务支持。

(4)其他福利

其他福利指的是除去前述三大项目以外的各种福利事业,如住房福利、教育福利等,其他福利从不同的角度尽可能地满足社会成员的需求。除此以外,面向劳动者的福利通常划分在职业福利或机构福利范畴,由企业或雇主负责提供,故而被排除在基本社会保障制度以外,可以纳入补充保障范畴。

4.2.4 其他补充保障

1)军人保障

军人保障是国家依法建立,覆盖军人面临的各种风险兼具保险、救助、福利等多种社会保障性质的综合性制度安排。它通常是面向军人及军人家属、由国家(中央政府)直接负责和管理,资金全部来源于国家财政,主要包括军人保险、抚恤优待、退役安置、军人福利、军人救助等内容。在现代社会保障体系中,由于军人职业的特殊性,世界各国都专门设置了面向军人的特殊保障制度,以保障军人及其家属生活。因而,军人保障构成了一个既相对独立又在一定程度上与其他社会保障系统相互联系的系统,对保障军人权益、提升军队战斗力和稳定军心等具有重要意义。

2)其他补充保障

除政府主导、法律规范的基本社会保障制度外,各国的社会保障制度中都还经常存在一些非正式的社会保障措施,也在不同程度上起着社会保障的作用,是现代社会保障体系的有机组成部分。常见的其他补充保障包括商业保险、企业年金、社区服务、慈善事业等。

(1)商业保险

商业保险是保险人与投保人或被保险人通过保险合同建立保险关系的一种商业交易行为,是由投保人或被保险人向保险人支付一定的保险费,将自己特定的风险转移给保险人,当约定风险或事件发生后,由保险人依据保险合同支付赔款或保险金的一种风险管理机制。[①] 商业保险包括人寿保险、人身意外伤害保险、健康保险及各种财产保险、责任保险等。

商业保险作为一种等价交换、自愿交易的商业行为,拥有其独特的性质、经营方式和权利特点。商业保险的义务保护对象和保护水平的体系不同于社会保险。它以商业保险合同为根基,在此基础上,保险合同一经订立,商业保险公司即以经营单位经营,以赚钱为目的。保险合同期满或者履行完毕,保险责任自行终止。因而,在实践过程中,一方面,保险公司直接开展保险业务;另一方面它又通过保险业务收入进行运营来获得客观的利润,拥有分散风险、补救损失的功能。从这一方面看,商业保险体现了投保人之间的互助互济精神,以合理计算、风险共担方式,在一定程度上起到了与社会保险一样的作用。因此,商业保险,尤其是人寿保险、健康保险等商业保险业务,可以作为社会保障制度的必要补充。需要指出的是,完善的商业保险可以对社会保障制度起到一定的补充作

---

① 郑功成.社会保障[M].北京:高等教育出版社,2007:92.

用,帮助国家和社会缓解和消除社会成员的后顾之忧。但由于商业保险的本质仍然是商业行为,追求利润是商业保险公司的天然属性,所以商业保险无论多么完善都无法取代基本社会保障的地位和作用。

(2)企业年金

企业年金是指由企业建立的面向本企业职工的一项补充养老保险制度,是员工福利中日益重要的组成部分,对基本养老保险制度发挥着重要的补充作用。企业年金包括各种类型的企业补充退休保险,如利润分享退休金计划、雇主退休金计划、企业团体寿险、员工股权退休金计划等项目①。在一些国家,企业年金较养老保险出现得更早,曾经是国家正式的养老保险制度。企业年金已变成企业养老保障的补充,变成企业招聘英才和劳动激励的重要方法。企业年金是用人单位常用的一种吸引和留住长期服务人员,提高劳动生产率的人力资源管理方法。企业年金拥有协调劳动关系,改善职工福利,补充基本养老保险制度的功能。一般而言,企业可以从政府得到财政和税收优惠,平常可以将企业年金列支为企业成本,允许在规定的限额内实施税前扣除。

(3)社区服务

社区服务是指在政府指导下,以社区组织为依托,面向全体社区居民,重点关注特殊群体,通过灵活多样的服务形式为其提供福利性服务的社会化保障机制。在政府的支持下,社区服务侧重于为社区中的特殊群体如老年人、贫困家庭、残疾人和劳模、荣誉军人和烈士家属等提供服务。为居民提供特殊服务,不只体现了对社会弱势群体的关注,也体现了特殊贡献者的卓越。社区服务建立在自主、自愿、自助、互助的基础上,社区成员自愿参加,为重点和特殊服务对象提供无偿服务,为普通居民提供低偿服务。各种社会的基层组织和社区的服务形式已经发展为今日的社会保障,是社会保障的新内容。

(4)慈善事业

慈善事业是一种以社会成员的善爱之心为道德根基,以社会各界的自愿捐献为经济基础,以民间公益事业团体为组织根基,以大众参与为发展根基的民办社会救助事业②。实际上,慈善事业依据捐赠者的自身意愿为有需要的社会成员提供援助,是现代社会保障制度的一个特殊组成,也是促进社会健康发展的重要有效途径。许多慈善机构不仅可以弥补政府基本社会保障制度的缺点,为社会弱势群体提供更多的社会关怀和援助,而且可以在不同的社会阶层之间开展交流。它是润滑剂,可以润滑社会关系,促进整个社会的稳定发展与和谐前进。再加之,发展慈善事业还直接彰显着对优良社会道德的弘扬,故而最终有助于推进社会文明的进步和发展。

---

① 郑功成.社会保障[M].北京:高等教育出版社,2007:92.

② 郑功成.社会保障[M].北京:高等教育出版社,2007:91.

4.3 社会保障的主要模式

19 世纪 80 年代,德国颁布了社会保障法令,它是社会保障模式的开端。在一百多年的前进过程中,社会保障体系逐步演变和进步成一个由多项目体系构成的完善的社会保障体系,包括许多子系统和保障项目。由于社会制度、经济发展水平和文化传统等不同,各国政府建立了不同的社会保障体系,从而其社会保障的主要模式也千姿百态。社会保障模式的划分在学界有一定的争议,社会保险型模式、福利国家型模式、强制储蓄型模式和国家保险型模式是全世界较为公认的划分方式。

4.3.1 社会保险型模式

1)社会保险型模式的起源

最早的社会保障模式是社会保险模式,或被一些学者叫作“传统型”社会保障模式,抑或是被另一些学者叫作自保公助型模式。它起源于 19 世纪 80 年代的德国,随后许多发达的资本主义国家比如美国、法国等将其引进,也有些发展中国家采用这种模式。19 世纪 80 年代,普鲁士时期的德国处于俾斯麦管理时期。被称作“铁血宰相”的俾斯麦开创了一个以当初德国的社会背景为根基,与工业社会相适应的社会保险模式,为现代社会保障打开了大门。德国创建社会保险制度的理论依据是德国历史学派和德国政策协会的“国家干预主义”,以弗里德里希·李斯特为前驱的旧历史学派强调国家对经济发展的作用,主张国家干预经济生活。19 世纪 70 年代,新的历史学派从旧的历史学派衍变而生,并逐渐壮大。1873 年,由德国新历史学派成立的“社会政策协会”主张实行“社会政策”,强调通过如社会保障、缩短劳动时间、改善劳动条件以缓和阶级矛盾。在对日益壮大的工运采用镇压措施的同时,国内外的情势也十分严峻。在严峻的情势下,从 1883 到 1889 年,三个保险法案依次建立和发布,确立了社会保险制度,并很快被其他国家效仿。

在 20 世纪 30 年代经济大萧条后,社会保险制度被引入欧洲。一些欧洲国家和美国进一步发展成为一个相对完善的社会保障体系。比如 1935 年美国发布的《社会保障法》是依据德国的社会保险制度建立的。它继承和吸收了德国社会保险制度中的“有效需求欠缺”和凯恩斯政府干预经济以摆脱失业和萧条的理论和建议。部分保险费由用人单位支付,部分由劳动者支付,国家为劳动者提供残疾和养老保险补贴以防止被保险人陷于贫困。雇主与个人投保为主、权利与义务的有机结合构成了社会保险(或自保公助)型社会保障制度的基本原则。社会保险型社会保障制度需要一定的经济基础,所以它是工业化的产物,因为工业化所带来的生产力的提高,促使它飞速发展。社会保险型社会保障制度是通过对劳动者提供基本社会保障,帮助他们在疾病、失业、年老、死亡等特殊时期获得保障与补偿。

2)社会保险型模式的特点

第一,以劳动者为核心。社会保险制度的保障对象是劳动者,是围绕他们年老、疾患、工伤、失业等风险制定的保险筹算,当受保的劳动者遇到这些风险时国家运用这些筹算来保障他们的基本生活。特定情况下,社会保险制度的保障范围还可以扩散到劳动者的家庭成员。

第二,责任分担。社会保险要求保险费用的支付责任在国家财政给予一定的支持后,由用人单位和劳动者双方共同承担,体现了风险和责任的共担机制。

第三,权利与义务有机结合。社会保险强调享受社会保险的保障权利与缴纳保险费用的义务相一致,简单地讲就是缴纳保险费用是享受保障权利的条件和基础,那些未缴纳或未按要求缴纳保险费用的劳动者无法享受社会保险的保障待遇。此外,劳动者享受的保障待遇水平与其缴纳的保险费数额以及个人收入情况相挂钩。

第四,互助共济。用人单位和劳动者通过划分养老、医疗、工伤等不同的方面支付相应的社会保险基金。如果劳动遇到相应的风险那么将会有对应的社会保险基金进行救助,这体现了互助互济、风险共担的原则。

第五,社会保险基金的筹集以现收现付为主。社会保险模式注重权利与义务相一致的原则,追求公平和效益共同发展。同时社会保险基金在社会成员中的整体应用符合风险管理的大数原则,体现了社会保险的互助性。需要人们警惕的是采取现收现付的方式筹集社会保险资金,由于保险费率受年龄结构和就业人数影响较大,随着老龄化需要大量的养老金支付,可能会出现财政危机。

3)社会保险型模式的代表国家

德国是世界上第一个建立社会保险制度的国家。自社会保险制度建立以来,德国建立的社会保险制度到现在有一百多年的历史。德国现行的社会保险制度是在李斯特时期建立的,受第二次世界大战后“社会市场经济”的影响,德国认为经济效率与社会公平相结合才能促进效率与公平的一致性发展。在实践中,社会保险模式表现为符合条件的公民缴纳相应的保险金即可享受社会保险的待遇。德国政府注重社会保险金的管理,通过一系列的措施防止其滥用,从而降低社会保险福利的支出。与此同时,德国通过政治经济等手段,防止社会保险金的消费和膨胀,维持其稳定。在社会保障方面,德国的资金控制得较好,相较于“福利国家”资金紧张的问题要好很多。在保障内容上,大体上由两部分组成:一是以养老保险、医疗保险、工伤保险、失业保险为主体的广泛社会保险制度,以及社会养老金、社会救济、青少年援助和住房津贴等特定人群的社会保险制度;二是以劳动保护权为主体的员工保护政策体系。德国的社会保障制度的核心是养老保险和医疗保险,它们是支出最大的保障项目也是覆盖范围最广的保障项目。在社会保障管理方面,德国实行高度自治的管理体制,由政府、用人单位和劳动者履行社会保障管理职责,实行由用人单位和劳动者共同参与的自治管理,政府不干预。政府只对社会保险机构是否遵守法律、管理会计等工作进行监督。

日本是亚洲第一个实行社会保险制度的国家。20 世纪 20 到 50 年代,日本逐步建立了以健康保险、国民年金制度和职工年金保险为核心的社会保障体系。第二次世界大战后,日本首先发展工业,以达到让国民生活富足,增加其收入的目的,在有了一定的经济基础后再增加社会福利支出。那时,日本理论家认为国家应向经济生产部门投入更多的财政资金。家庭成员承担福利所需的费用,唯有当他们不能承担福利所需的费用时,国家才予以承担这个责任。日本社会保障政策的首要原则是国家只保障低于社会最低生活标准的困难群众的基本生活保障。第二个原则是强调企业责任。国家要求企业内部按实际情况制订企业的员工保障,国家不统一划定标准来直接参与员工福利的制订。虽然日本的社会保障水平很高,但对国家而言国民经济的负面影响不及福利国家的严重。日本现行社会保障制度具有其特有的特征,基本内容包括面向不同的主体提供不同的社会保障,如环境政策、公共卫生政策、儿童补贴等向普通国民提供的一般保障项目,如儿童福利、残疾人福利、老人福利等面向特殊群体的特殊社会福利,针对普通高龄者的老年人保健,以及养老保险(年金制度)、医疗保险(健康保险)和失业保险制度等社会保险范畴内的保障项目。其中,社会保险制度是日本社会保障制度的核心主体。日本社会保障制度虽是模仿西方建立的,但也带有鲜明的亚洲特色,如重视个体和家庭保障的作用,注重劳资关系的融洽等。在社会保障管理方面,日本采取分权原则,行政与业务,事权与财权相分离。

社会保险型保障模式给很多国家提供了借鉴,因为它不仅避免了福利国家的一些缺陷,同时也与工业化的发展相适应。不过各国社会保障发展的实践也证明:社会保险制度在不同的国家具有不同的表现形式。社会保险制度是一个很好的社会保障制度,但它也不总是占据主体或核心的位置。有的国家的确继承了德国模式,但有的国家却只是采用了"俾斯麦模式"社会保险制度的部分做法,有的国家甚至完全将这种模式蜕变为其他模式(如储蓄型保障模式等)。

4.3.2 福利国家型模式

1)福利国家的起源

英国著名经济学家贝弗里奇在1942年完成的一份社会保障研究报告《社会保险及相关服务》中首次提出了"福利国家",是全民福利的象征。

"福利经济学"是福利国家社会保障的理论根基。1920年庇古出版的《福利经济学》一书,具有跨时代的意义。该书的出版为建立福利国家奠定了理论根基。在这本书中,庇古认识到经济政策的目的是使社会福利总数最大化。社会福利规模随国民收入的总量增加而增加;在国民收入总量一定的条件下,社会福利随着国民收入的分配越趋于均等化则效益越好。因而,他主张国家通过累进税政策,把高收入者缴纳的一部分税捐给低收入者享用,以增加社会福利。在福利国家模式中,国家是直接社会福利的责任主体,国家承担着为全部公民提供全面社会保障的责任,以实现就业、人均收入等同和清除贫困等目标。1948年,英国通过了一系列社会保障法并实施,成为世界上第一个福利国家。不久,其他欧洲国家开始效仿,加拿大、澳大利亚也借鉴其模式成为福利国家。福利国家逐渐变成一种潮流,在当时它是社会文明上升的一种象征,在20世纪60年代达到鼎盛。

2)福利国家模式的主要特征

第一,累进税制与高税收。一方面,国家通过确立累进税制对社会财富进行再分配,推动社会公平,防止"少数人手中掌握大部分财富"的现象;另一方面,高福利意味着高支出,累进税制为福利国家提供财政支持,保证政府提供高水平福利的可持续性。

第二,普遍覆盖与全民共享。福利国家的基本原则包括"普遍性"与"全民性"。普遍性即普遍覆盖,要求福利国家不仅要承担公民的最低生活保障,让他们免受失业、疾病等痛苦,还要求国家满足他们的其他更深层次的需求,比如生活质量与安全感。全民性要求不能把任何公民排除在外,也就是说各种保险制度不仅限于受保者本人,还应包含其亲属。

第三,政府负责与保障全面。在福利国家,政府不仅承担着国家发展的经济责任,而且承担着社会保障制度实施、管理和监督的责任,福利支出主要由政府和企业共同承担。此外,福利国家以广覆盖的保障内容和高标准的保障待遇为其主要特征,保障项目覆盖了社会成员从出生到死亡的所有保障需求。通常情况下个人不需要支付或仅需要支付非常低的费用,就可以享受到全面的保障福利。

第四,法制健全。社会保障制度必须以法律为基础,完善的法律监督制度是实现多层次的社会保障可持续发展的必要保障。

第五,充分就业。国家通过各种手段措施可以更多地创造就业机会,促进全民就业,实现充分就业的目标。

3)福利国家模式的代表

福利国家起源于英国,是与英国当初特定的历史条件分不开的。第二次世界大战期间,英国蒙受了亘古未有的战争破坏,社会矛盾加剧,迫切需要进入战后时代,并建立一套社会稳定机制,以缓解社会危机,促进经济发展。为了确保战后社会保障筹算的良好运行,英国政府于 1941 年委托著名经济学家贝弗里奇负责制订相关政策。1942 年年底《社会保险及相关服务》(又称《贝弗里奇报告》)的出版为英国建立了一套完整的社会福利制度。《贝弗里奇报告》提出建立社会保险、国民补助和自愿保险三种社会保障方式。在此基础上,英国政府制定了一系列的社会保障法案,快速建立了一个较为完善的社会保障制度,使英国成为第一个"福利国家",是当时世界上社会保障制度最完备的国家。通过对社会保障制度的不断完善,英国形成了高福利、覆盖全体社会成员、统一管理体制、提供"一揽子"预防性保障的社会保障体系,国家为社会成员承担着最后责任。

根据英国工党 1945 年的竞选宣言,福利国家就是"使公民普遍地享受福利,使国家担负起保障公民福利的职责"。英国"福利国家"的保障内容覆盖面广,包括社会保险、社会服务和全民医疗保健。社会保险主要是发放退休金、失业救济和家庭补贴,与社会保险型模式相比较,其社会保险划分较细,种类也更多,能够给被保险者提供较为完备的保险让他们防范风险。社会服务则构建了一个完善的系统,能够为个人的不同阶段提供相对完善的服务;全民医疗保障不仅包括了全部的英国国民还包括了在英国境内居住时间一年以上的非本国国民。不仅如此,英国的福利国家模式还花费了大量的人力、物力对其进行系统的管理,建立了一个庞大的管理机构对这些事务进行专业、全面的管理。

高于一般标准的社会保障待遇,也造成了一些负面影响。比如,因为社会保障项目的数目大、范围广、水平高,缩小了社会保障对象与劳动对象之间的差距,这一现象势必会导致一些人对社会和国家过度依赖。同时,长期的高福利支出导致国家财政赤字严重,投入生产的资源减少、生产成本增加,导致产品的国际市场竞争力减小。高福利带来的高税收和高财政赤字正成为阻碍福利国家经济发展和国家竞争力发展的重要原因,经济学家们出于效率原则对其批判的声音很大。福利国家自20世纪80年代以来一直对其社会保障体系进行积极调整。目前来看,西欧、北欧等国家的福利国家模式短期内不会发生本质上的变化。

4.3.3 强制储蓄型模式

1)强制储蓄型模式的发展

20世纪50年代以新加坡为代表的强制储蓄型社会保障制度全面建立,它是社会保障制度中全新的模式。新加坡的社会保障制度与宏观经济的体系,在维护和促进经济发展中具有强大的作用,形成了经济发展与社会保障事业相互促进的局势。新加坡脱离了英国的殖民统治后,因为人民的收入水平过低,经济有待振兴,所以并不认同福利国家的全面普及型保障政策。新加坡等国家充分利用小面积的优势和强大的政治控制能力,形成了具有自己特色的社会保障体系。新加坡社会保障制度的经济动力体现在社会保障费用的筹集、社会保障资金购置国债、支持国家基础设施建设等方面。港口码头的建设,不只为国家建设提供了长期的资金保障,而且保证了资金的安全和回报。

在社会保障建立的政治条件上,强制储蓄模式多表现为拥有一个强而有力的政府构成和高效的行政环境。新加坡中央公积金制度是新加坡政治文明的产物。它的建立、完善和发展与新加坡的政治制度密切相关。新加坡有高度集中的政治体制和强有力的权威负责人。新加坡社会保障制度受到多方面文化因素的影响:殖民统治时期,宗主国文化渗透较多。新加坡在独立前是英国的殖民地,一方面,殖民统治造成了新加坡经济落后,群众需要建立社会保障来满足基本生存的需要;另一方面,英国统治者也向其渗透了全民福利的思维。1955年7月,英国首先制定发布《中央公积金法》,新加坡受英国殖民政府影响设立中央公积金局,开启了新加坡的社会保障制度。新加坡起初的社会保障制度是英国殖民政府建立的,这对随后建立的覆盖全民的新加坡模式产生了一定影响。新加坡居民中以华人居多,原有的以家庭为中心处理社会问题的道德传统,使该国拥有家庭保障的传统。家庭本位的思想深刻地影响着政府制定政策的取向,独立后政府也受其保障意识的影响。这正是因为新加坡当局已经看到了福利国家的社会保障体系的缺点。独立后,新加坡政府的社会保障体系基调是在自我保障的原则下建立起来的,对福利制度的反思也是影响新加坡模式的一个重要文化因素。

2)强制储蓄型模式的基本特征

①强调自我保障,即国家强制要求个人进行统一的个人储蓄,自食其力。自食其力、自我保障强调公民的自我责任和家庭责任,与福利国家基本依靠国家相反,要求人们主要靠自我和家庭进行保障。国家按照政策通过职工工资,抽取一定比率进行强制储蓄。在储蓄的支取方面也有严格的要求,在一定程度上避免了人口老龄化带来的财政压力与

代际转移带来的社会问题,与此同时支取方面不存在随意性,强化了自我保障意识。

②储蓄账户资金全部由雇主和雇员承担。雇主和雇员按法律规定的比例进行储蓄,资金筹集全部来自雇主和雇员,公积金随社会发展、收入变化而进行调整。

③公积金制度是以社会福利为主、保障为辅,不具备互济共助的功能。公积金制度具有积累社会财富的功能,有利于政府对经济进行调控,推动和实现国富民安、社会经济发展。

④激励功能较强。公民缴纳的公积金直接归入个人账户,账户的透明度大,监督约束机制完善。公民的养老金额与贡献和收入相挂钩,同时加之监督机制完善,有利于公民不断努力提高自己的劳动贡献和劳动报酬,能够达到激励公民提高自身素质、提高劳动贡献质与量的目的。

⑤以自我保障为主体。公积金的功能一直以来都是以自我保障为主,以社会保险为补充,是一个从单一功能发展转变为综合性多元化的自我保障体系。

3)强制储蓄型模式的代表

世界上最具代表性的国家强制储蓄型模式是新加坡。20 世纪 50 年代,当新加坡从殖民统治中独立出来时,在对工业化国家现有社会保障模式开展全面审查和评估后,新加坡放弃了简单模仿其他国家社会保障体系的想法,而是依据自身的国情建立了独特的公积金制度。新加坡的公积金制度是通过国家立法的形式确立的,其主要表现形式是所有雇主、雇员在国家强制要求下按一定比例缴纳公积金,由公积金管理部门——中央公积金局将缴纳的公积金加上每月利息,一同计入每个公积金会员的账户,专户储存。新加坡的公积金原本是一种简单的强制维护,随着社会经济水平的提高和国民收入的增长,逐步发展成为包括寄养在内的社会保障制度。为公民在住房和医疗等方面提供全面的社会保障。例如,除了达到退休年龄时领取养老金外,公积金还可以在退休前的特准范围内,用来购置住房和支付医疗、教育费用等。新加坡的社会保障制度是以公积金制度为主体的,强调劳动者自食其力、自我保障,虽然有一些救济和福利事业,但它们在保障国民生活方面的作用不如公积金制度。国家采用统一的个人储蓄,资金源于职工工资收入的一部分,并依照法律规定强制征收并记入个人账户。在资金筹集方面,雇主和雇员按规定的比例进行分担,政府根据经济发展水平、工资收入水平及公积金储蓄比例等做调整。由于实行个人账户和充分累积,公积金制度拥有累积财富的功能,可以对鼓励经济发展起到积极作用,但这种模式没有再分配和互助的作用,并不能解决所有的社会问题。不过,新加坡的公积金制度经过半个多世纪的发展,从单一功能到多重功能,继而变成新加坡国民重要的社会保障措施,说明它是符合新加坡国情并拥有生命力的。

智利也是采用强制储蓄型模式并具有代表性的国家之一。拉美国家中最早建立社会保险制度的国家是智利。智利的强制储蓄型模式与新加坡的强制储蓄型模式不同之处在于:一是雇员个人缴费但雇主无须缴费;二是养老基金由私人机构专门管理,国家不干预;三是强制性储蓄的资金只能用于劳动者的养老而不能用于其他支出。智利的养老金私营化与传统模式相比较而言,显然走得比新加坡更远。当然,智利的强制储蓄制度事实上还需要与其他的社会保障措施相配套。智利现行的养老金私有化制度规定,雇员必须每月支付工钱的10%。共同存款人的保险费和个人养老账户,企业不得支付。在基金的运转中,智利采用企业竞争的模式进行个人账户的管理,通过竞争找到更好的方式保障基金的注资运营和保值增值。保险收益主要取决于个人养老账户的累积和投资收益的状况。当工作人员达到法定退休年龄后,养老抚恤金以不同的方式领取,如购置年金保险或从个人账户中领取。家庭提款每月开展一次。在促进智利养老金私有化的过程中,政府采用的立法、操作和监测措施起到了保证基金合理运行和增值的作用。可以看出,智利的养老基金是私人的。其重要表现是:第一,公司负责基金筹算,实现基金的运行,简单透明,并强化监督管理作用。第二,使养老基金经营者合法化,在规范化、制度化的轨道上,规定年金基金资产的最低准备金和注资限额。共同注资公司的注资和经营在一定程度上受到限制,以维系养老基金的整体平衡。第三,建立合理的监管体系和严格的注资规则,确保基金运营安全与盈利。智利政府不直接参与基金的管理和运行,但这并不意味着政府放任其运行。

为保障基金的安全,政府增强了间接调控功能,主要体现在以下几个方面:一是通过立法规范和指导商业年金基金公司运行;二是实现对低收入劳动者的最低限度保障及对公司营运的最低担保;三是政府将帮助实现新老模式的顺利过渡,采用政府发行和认购养老债券的措施,在原有制度下承担部分债务,使新老模式转变成为可能。智利模式通过向养老金私有化管理的转型已经取得了一定成果,得到了类似于世界银行等国际经济组织的高度重视,但尚未获得国际社会的高度认可。这一创新值得肯定,但智利利用的具体方法并不一定适用于其他国家,其独特的政治经济背景造就了智利的社会保障制度。事实上,没一个国家可以完全照搬智利模式,都必须进行各种调整。当然,从它的变革中,也的确体现了一些新的社会保障制度发展前景,即在社会保障领域中引入了市场机制,更加注重公平与效率;在责任领域,在原有的国家责任中注入了更多的个人责任,以更好地实现国家责任与个人责任的统一;在管理方面,在传统的政府垄断性经营中加入了竞争性经营,从而提升基金运行效率。

4.3.4 国家保险型模式

1)国家保险型模式的起源

苏联创建了国家保险型模式,并于20世纪中期在其他社会主义国家实施开展。国家保险模式,以公有制为基础,由政府统一负担并惠及全部国民,并与国家高度集中的经济体制相适应。建立国家保险模式的目的是满足无劳动能力者的需要,保护劳动者的健康与劳动能力。劳动者在遇到年老、疾患、失业、死亡等丧失劳动能力或失去收入等特殊困难时,国家、社会团体或者企业给予一定的物质帮助,是劳动者的基本保障制度。

苏联是世界上第一个社会主义国家。自1917年以来,苏联逐步形成了包括社会保险在内的全国统一的社会保障体系。在苏联成立的几十年间,作为解决国家社会经济问题的重要手段之一,这一制度在消除贫困、保障无劳动能力者的生活中发挥了重要作用。1917年11月13日发布的《关于社会保险的政府公报》,向全世界宣布,俄国无产阶级在自身的旗帜上书写了劳动者和城乡贫困人口的完好社会保险。

马克思提出的社会共有产品的分配期许,即有计划地将一部分社会产品从社会总产品中划出来作为特殊基金,为丧失劳动能力者提供物质保障,为社会主义社会保障体系提出了方法论。马克思指出:“劳动所得就是社会总产品,现在从它里面应该扣除:第一,用来补偿消费掉的生产资料的部分。第二,用来扩大生产的追加部分。第三,用来应付不幸事故、自然灾害等的后备基金或保险基金。”马克思认为社会成员因年老而丧失劳动力后,可以通过国家进行再分配获得一定的补偿。这种补偿按照社会成员劳动的贡献量进行,也就是说劳动贡献量越大,补偿越多。马克思的论述从理论上奠定了劳动者丧失劳动能力后的基本生活保障权。

列宁的思想反映在 1903 年俄罗斯社会民主党第二次代表大会中。俄罗斯社会民主劳动党自成立以来,明确规定社会保障应无一例外地适用于全部劳动者,保障资金全部由企业家提供。

2)国家保险型模式的主要特征

第一,社会保障制度依靠宪法成为国家制度。社会保障权利由生产资料公有制保证,并通过相应的社会经济政策的实施取得。

第二,社会保障费用由政府和企业承担,个人无须缴纳费用。国家在收入分配前已经从总的劳动所得中扣除了社会保障的支出费用,所以由社会的公共资金无偿提供和用于社会保障开支。

第三,保障的对象是全体公民。国家需要对无劳动能力的社会成员提供物质保障,每个具备劳动能力的人都必须积极参与社会劳动且在劳动过程中享受社会保障。

第四,工会参与社会保障事业的管理与决策。

3)国家保障模式的代表

“国家保险型”制度模式自 20 世纪初十月革命胜利后到 20 世纪末苏联解体走过了 70 余年的道路。苏联的社会保障体系内容丰富,涉及面很广,经过多年的修改、补充,形成了一套颇为完整的社会保障体系。《关于劳动者社会保险条例》于 1918 年 10 月 31 日获得了批准,规定那些靠自己劳动、不剥削他人的劳动者丧失劳动能力时有权享受社会保险待遇。1920 年第一次实行特别保证金,通过了《残恤金条例》等一系列的改善红军残障战士及其家属生活的社会保障的重要法令。1928 年 1 月 5 日,苏联通过了第一个关于养老金领取的国家法令,首先对纺织工人实行养老金制度,在其劳动人民委员会下属的联盟社会保险理事会上。将公民在年老以及患病和丧失劳动能力时享受的社会保障权利通过 1936 年《苏联宪法》第 120 条以法律的形式固定下来。规定要发展由国家负担费用的职工社会保险、免费医疗等。在卫国战争年代,改革了社会保障制度以适应战时的条件,提高了军人的保证金待遇。从 20 世纪 50 年代到 80 年代,苏联社会保险制度逐步趋于完善和成熟。苏联分别在 1964 年和 1978 年颁布了《集体农庄庄员养老金和补助费法》以及《进一步改善集体农庄庄员老残恤金待遇法》,规定集体农庄庄员同职工一样,享有社会保障待遇。通过这一系列法律,农民与工人在社会保障方面的差距变小了,在苏联逐渐形成了全国统一的社会保障体系,建立起了一个与高度集中的计划经济体制相适应的、普惠制的社会保障制度。到了20世纪80年代后期,基本成熟的苏联国家社会保险制度主要有老残恤金制度、医疗保险制度等。在1985年苏联开始进行经济改革时,全国社会保险已形成了统一的社会保险体系,在制度上包括了以城镇企事业职工为主要对象的国家保险制度和以集体农庄农民为对象的社会保险制度,以及国家预算直接拨款的社会和各种免费医疗保障制度。

1964年7月15日,最高苏维埃通过了《集体农庄庄员退休和补助法》,苏联社会保障的对象几乎包括了每一名社会成员,无论是婴儿还是老人,或是何种工种的劳动者和农民都成为社会保障的对象。通过该法确定了集体农庄庄员老年退休金和残疾人退休金及其家属丧失赡养人抚恤金的发放办法。与此同时,苏联由该基金会支出集体农庄女庄员孕期和产期补助金的方式也在全国实施开来,至此苏联社会保障制度使每一名社会成员的物质生活都得到了基本保障。在全面分析苏联社会保障制度后会发现主要特点有以下三条:一是保险范围广泛;二是受保人不需要缴纳费用;三是保险待遇与工龄挂钩。

4.4 社会保障模式发展趋势

社会保险模式、福利国家模式、强制储蓄模式和国家保障模式是社会保障体系中的不同模式,其最主要的不同之处在于社会保障主体具有不同的保障责任。单一的社会保障模式不能满足多层次社会保障的需要。要结合各种社会保障制度的特征和不同社会保障模式的经济背景,整合社会保障制度,实现社会保障制度的多目标,有效应对普遍存在的多重风险。针对这一问题,多元化社会保障模式应运而生。

4.4.1 社会保障模式多元化的含义

社会保障模式多元化,是指在一个国家内存在多种社会保障制度安排,出现多元化保障主体、多渠道资金来源、多层次保障水平、多样化管理方式的社会保障制度的变化趋势。①

1)三支柱体系的提出

在《防止老龄危机、保护老人、促进增长的政策》一书中,世界银行首次向政府提出建立由公共养老金、义务养老金和自愿养老金三大支柱构成的养老保险制度,将社会保障模式设计为三支柱。

具体来讲,第一个支柱,体现了现收现付、代际转移、社会协调统筹和给付,并对应实施公共管理;第二个支柱,它充分累积、收入关联,并应用个人账户实行私人管理;第三个支柱,为了满足更高的社会保障需求,体现了各自累积、完全累积和个人自愿的原则。

2)五支柱理论建议

世界银行所实施的多支柱模式对世界各国社会保障模式的改革具有开创性的意义。

---

① 李秉坤,陈淑君.社会保障学[M].北京:中国财富出版社,2014:65.

多支柱已成为各个国家改革的首要选择,很少有国家坚持单一支柱。2005 年,世界银行在参与 80 余个国家的改制,并向 60 余个国家提供财政支持后,刊登了题为《21 世纪老年人收入支援:关于养老金及其改制的国际观察》的报告,总结了五年来社会保障制度的经验。1994 年《防止老龄化危机》出版后的 11 年里,许多国家都在开展这项工作。报告指出,由于多支柱方案拥有灵活性,能够更好地应对不同养老制度面临的不同风险,因而很多国家将多支柱方案的设计认为是社会保障制度改制的最佳方案。世界银行将三大支柱进行延伸扩展成为五大支柱,包含以下要素:“零支柱”作为社会援助方案,即社会保障体系中的最低保障支柱。“零支柱”的建立是为了关注弱势群体的生存公平,即他们依然可以在不支付费用的情况下享受经济发展的成果,体现了人的基本生存权。作为一种社会存在,全人类应该享受基本的生活条件。目标是通过市场开展的初次分配反映劳动权益,而再分配则同时关注劳动权益和公共福利。社会保障制度作为一种重要的再分配手段和国家宏观调控手段,应该在基层愈加重视。建立“零支柱”的目的是解决老年人的贫困,为老年人建立基本的收入保障。

第一支柱包括缴费型社会保障制度及与个人经济收入水平相适应的保障模式,继续以社会保险缴费制度作为社会保障制度的主体,将个人缴费与收入相关联。在保障制度中更多地考虑个人因素,体现自我保障,个人投入与给付水平相联系,实现较高的替代水平。

第二支柱指的是体现强制性的多种形式的个人储蓄账户。

第三支柱指的是在雇主自愿的前提下开展形式多样的企业年金制度,既可以是缴费型模式,也可以是确定给付型模式。

第四支柱是建立在家庭和代际基础上的非正规保障形式。

五个支柱的划分依然秉承世界银行三支柱划分的原则。世界银行将三支柱体系转向五支柱体系,是根据各国社会保障实践对社会保障制度建设的再认识。

4.4.2　国际社会保障模式多元化实践

1)社会保险模式

与福利国家模式相比,社会保障制度在经济运行的许多方面都体现出良性前进的趋势,但随着经济的前进和社会的进步,社会保险示范国开始关注社会保障制度的调整和改制,尽量避免进入福利国家类型。同时,也有一些改制趋势,如减少国家投资数目,将国家投资数目降低到较低的安全水平,增强个人安全的力度。

德国的养老保险改革措施包括:提高退休年龄范围,鼓励提前退休人员继续工作;从医师和病员两方面,减少过度的医院支出,病员为自身支付少量的住院费用和医药费,实行药物成本改制;投保人可自由选择基金会以刺激基金会之间的竞争。随着这一调整,德国与其他国家构成了一个多利益相关者参与、政府与市场平行的多层次保障模式。

美国社会保障政策的调整可以追溯到 20 世纪 70 年代的尼克松政府。在此背景下,政府提出了改变社会福利政策,将救济福利改为劳动福利。卡特政府进一步探索社会保障的调整,推进了缓解失业、减少福利支出的工作福利筹算。里根政府收紧了社会福利的规模,并将其逐步转向私营企业。克林顿政府将社会保障改制的重点转移到医疗保险改制上,试图改变人口老龄化和现代医疗技术进步带来的成本上升。

2)福利国家模式

从“福利国家”社会保障模式中衍生出来的“福利病”经过福利国家对福利制度多年的完善,正在逐渐得到缓解并走向好转。各个福利国家在本国的实际政治经济环境背景下,对社会福利支付水平进行了调整,通过更多地依赖个人支付、严格支付的条件和标准,缓解财政压力。社会保障由过去的一个政府的巨大包袱变成愈加市场化的运行,从过去单一国家注资转变为多主体多层次结合。英国政府改革社会保障制度的举措包括:变革过去国家负担的退休金制度由私人或企业负责;降低失业津贴;公民缴纳医疗保险费用;改变教育奖学金制度为“贷款”制度,使学生自理学费;扩大留学生招生,筹措教育资金;鼓励私人买房,减少财政住房津贴支出;调整所得税率等。可以看出,英国政府社会保障改制的原则包括以下几个方面:维系和增加最低水平保障与基本生存保障,只是强调政府在低层次安全中的主体地位,与“五大支柱”体系中的“零支柱”相对应。对于高层次的福利需要,通过社会保险实现。劳动是得到基本安全的手段,这与其他多种安全模式是一致的。

瑞典作为福利国家明显地暴露了福利国家制度问题,20 年来,福利国家制度一直在缓慢增长。经济增长率明显低于其他经济合作组织。20 世纪 70 年代初的高失业率和低储蓄率已变成经济可持续发展的制约因素,影响了瑞典员工的劳动积极性,同时也导致了国际竞争力的下降。瑞典社会保障改制的多元化特点体现在各项社会保障项目中,形成了多层次保障的趋势,拥有多元化的特征。其中包括:在养老保险领域,树立多层次保障的理念;改变瑞典社会保障领域由政府财政全面负责的局势,在医疗保险领域通过竞争和私有化的方式达到提高效率的目的。而中央政府的职责是调动地方社会保障事业的积极性。

在认识到高福利的危机后,福利国家对社会保障制度及时采取改制措施,转变为由政府、企业和个人等多主体共同参与社会保障的运行机制,不再由政府单一负责承担。同时,瑞典等国的市场竞争和私有化机制也缓解了本国的困境,国家独立承担社会保障的作用仍然十分有限,但它依然是迈向多保障福利国家的重要一步。

3)强制储蓄模式

以智利等国家为代表的强制储蓄模式对全球社会保障模式的发展和进步产生了重大的影响。拉丁美洲国家以其为楷模,改进了许多制度,如退休金改革,缩减国家规模,引进个人模式。但这种模式在许多方面都遭到质疑,比如,低收入群体微小,由于搁置费用难以覆盖,低收入者支付能力差,累积费用少,高收入者累积量大,再分配机制不健全,造成了巨大的收入差距。这种收入差距反映了制度设计的缺失和单一的生产方式。完全市场管理竞争模式带来了恶性竞争,从其他类型的社会保障制度到单一的累积型改动所需的变换成本太高。智利于 2006 年实施了新改革方案,在现有累积制度的框架下进一步增加了非缴费基本养老金,进一步完善了智利的社会保障制度,推动强制储蓄社会保障模式的发展。

【本章小结】

通过本章社会保障体系和模式的学习，读者能够从社会保障体系的概念、发展、分类、构成、内容等多个角度认识社会保障体系的相关理论，对其有一个宏观的认识，特别是对社会保障体系内容的掌握具有很大的指导意义。通过本章的学习能准确辨析社会保障主要模式之间的异同，掌握各个模式的特点及其代表性国家的社会保障体系。只有通过全面深入、了解社会保障的主要模式的起源、特点、代表国家，才能准确把握社会保障模式的发展方向，才能不断学习不同国家社会保障制度的先进之处，以达到理论与实践相结合，寻找到适合本国发展的社会保障模式，以顺应社会政治、经济、文化、人口的变化。世界上没有所谓最好的社会保障模式，都有各自的优缺点，不同的社会保障模式都是在其独特的政治、经济、文化等背景下形成的，因此各国在社会保障的改革与发展中都必须本土化，才能与本国国情相适应。

【探索】

1.不同国家社会保障体系的构成各不相同，是什么主要影响了其社会保障体系的构成？

2.中国的社会保障体系是如何建立和完善起来的，它与其他国家的社会保障体系相比有哪些鲜明的特点？

3.中国的社会保障模式是什么样的？相较于其他社会保障主要模式它具有哪些特点？

4.世界各国社会保障模式的发展趋势，对中国的社会保障发展具有哪些借鉴意义？

第5章　社会保障基金与管理

【学习目标】

1.了解什么是社会保障基金,掌握其内涵与特点

2.掌握现收现付制、完全累积制、部分累积制三种社会保障基金筹集模式的基本概念与各自的优缺点

3.了解社会保障收支管理的重要性;掌握社会保障基金投资运营的原则、方式

4.了解社会保障基金的监管体制,把握监管所需遵循的原则

5.了解国外社会保障基金的运行及管理,掌握我国的社会保障基金现状与实践情况

社会保障基金是国家相关部门依据法律法规和政策规定,通过合理的法定程序,运用法律手段与其他多种手段相结合,强制性建立起来用于推进各项社会保障制度的货币资金。通俗一点讲,社会保障基金通常被当作是广大保险对象的“养命钱”和“保命钱”,每项社会保障基金的支出基本上都关系到广大保险对象基本生活和生存的刚性支出,因此社会保障基金是社会保障得以施行的重要保证。正是由于社会保障体系中各项保障制度的具体实施都需要一定的资金支持,因此社会保障基金是保证社会保障良好发展的基础。当然,作为社会保障财力基础,对社会保障基金的管理也是社会保障制度的重要组成部分。社会保障基金管理是指为了保障劳动者的基本生活,根据国家与个人的经济承受能力而开展的基金的筹集、支付以及运营投资的行为与过程。

我国于2000年成立了全国性社会保障基金,全国性社会保障基金是由中央财政预算拨款、基金投资的收益、国有资本划转以及国务院批准的其他方式筹集的资金合成。全国性社会保障基金由全国社会保障基金理事会负责运营管理,它是我国人口老年化严重时期的养老保险金、社会救助资金等社会保障支出的重要补充。全国性的社会保障基金同地方政府管理的养老、基本医疗等社会保险基金以及补充性保障基金是不同的,其资金的收支管理、投资运营都不相同,用途也存在一定的区别,在我国的社会保障中发挥着重要作用。本章我们将对社会保障基金及其管理进行具体分析,随着社会保障基金关注度的持续上升,在社会保障基金的收支管理、投资运营管理、监管等方面都呈现出很多其自身的特点。

5.1　社会保障基金概述

在社会经济生活中,为了实施各项社会保障项目、计划而建立了社会保障基金。社会保障基金是国家事先建立起来的,通过法定程序,用来保障社会成员在遭遇社会经济风险事故时所需要的、专款专用的用于特定目的的资金。

5.1.1　社会保障基金的定义

社会保障基金是国家和社会从所拥有的社会财富中提取出来,然后进行保存累积用以救助或者补偿享受社会保障的对象的资金。社会保障基金是社会保障目标实现与社会保障制度正常运行的物质基础。社会保障实施的过程中,一是国家通过初次分配,形成国家、企业及个人的原始收入。政府直接通过财政预算进行拨款,企业及个人进行缴费,以这些方式来建立社会保障基金。二是依据相关的法律法规实现国民收入再分配,向各种项目的社会保障对象提供救助或福利,救助的功能在于保障国民的基本生活,福利更多倾向于增强国民获得福利的幸福感。

5.1.2　社会保障基金的特征

1)强制性

社会保障基金是国家通过立法进行强制性筹集的基金,资金必须严格按照法律及相关政策的规定管理及运用。各个企业、单位或者个人都必须按时、按法定费率缴纳社会保障费,承担缴纳社会保障费的责任,不能违法逃避。社会保障基金同劳动者的切身利益息息相关,因此,基金管理机构对社会保障基金的筹集支付、投资运营中的投资组合以及投资比例都必须遵循相应的法律法规和政策规定。总的来讲,不论是缴纳社会保障基金还是相关部门对社会保障基金的管理和运营都要严格依法守法,法律具有强制性,因此社会保障基金的首要特征是强制性。

2)互济性

社会保障基金本质上是一种消费社会后备基金,是在国民收入的初次分配和再次分配过程中形成的。其具体表现为社会中的每个人享受的社会保障待遇不等同于其对社会保障基金的贡献,是社会成员之间互济性的反映与体现。

3)累积性

目前,社会保障基金的筹集模式主要有三种:现收现付制、完全累积制以及部分累积制,并且累积制运用得较多。社会保障基金在实际的操作中,从筹集到支出会有一定的时间差。这就要求相关的社会保障基金管理机构能够对累积形成的社保基金进行有效的投资组合,进一步体现社会保障基金的价值,使其安全运营、有效投资、增值保值的目标得以实现。退一步讲,现收现付制的社会保障基金也并非没有累积,只是其结余额相对较小,只能应付短期内发生的风险。

4)专项性

社会保障基金是专门用来保障劳动者因年老、疾病、失业、工伤等原因造成暂时或长久地失去收入时,基金能够成为这些群体的“保命钱”,维持其基本生活。因此,社会保障基金是一种专项基金,必须专款专用。任何机构、个人都不得以任何非法手段挪用社会保障基金这个专用款项。

5)广泛性

广泛性,一是指社会保障基金筹措的来源比较广泛,除了工伤保险由企业完全承担外,其他的都为组合分担的方式,具体是由政府、企业、个人分担或企业、个人双方分担。二是指缴纳社会保障基金的企业与个人也来自社会的各个行业,从而体现了广泛性。最后,享受社会保障基金的群体虽然有特定的对象,但享受对象的范围也相当广泛。

社会保障基金除了上述特征以外,还具有政策的目的性、总体的安全性、对象的特定性、资金的保值增值性等特征,在学习和研究社会保障基金时,抓住其特征便于我们更好地理解社会保障基金。

5.1.3 社会保障基金的内容

社会保障基金通常可以按照其内容、特殊用途及不同功能分为社会保险基金、社会救助基金、社会福利基金、优抚安置基金。社会保障基金还可根据基金筹集管理方式分类,分为政府直接拨款类、强制性征缴类以及其他多元组合形式类。最后按资金来源不同可分为财政拨款、社会保险费、投资运营收益和其他资金来源类。

1)社会保险基金

社会保险基金最早出现于德国,德国的法律法规从一开始就确定了雇员与雇主共同缴纳社会保险费的方式,这种方式形成了法定社会保险基金的基本形式。社会保险基金是由雇员和雇主共同缴纳社会保险的方式形成的,用于劳动者在丧失劳动力后的基本保障资金。社会保险基金一般包括养老保险基金、医疗保险基金、失业保险基金、工伤保险基金及生育保险基金。其中社会保险基金是社会保障基金里面最重要的一环,养老保险基金是社会保障基金中规模最大,同时也是最重要的部分。

国家、企业、个人共同缴纳养老保险费建立起了养老保险基金,它是保证退休职工或一些离职职工维持基本生活的保险基金。我国在改革开放后才开始通过社会养老体系提供老年生活保障,历史还很短暂,所以我国的社会养老保险还需要用持续创新的思想来发展。当前,随着我国人口老龄化程度的日益加深,加之养老保险基金的筹集模式一般施行的是累积制,所以需要通过合理合法有效的投资使养老保险基金得以保值增值,从而保证支出的需求。

医疗保险基金用于保障参保者获得医疗服务,由个人、企业、国家财政共同承担。一般施行现收现付制的医疗保险基金,通常是通过以支定收的方式来保证医疗保险基金的收支在年度间保持整体平衡,其年结余资金较少。失业保险基金主要由雇员和雇主共同承担,政府提供一定的财政补贴,其目的是用来维持非自愿性失业人员的基本生活的保险基金。失业保险基金的支出项目由失业救济金、职业介绍金、职业培训费、丧葬抚恤补助金等构成。工伤保险基金由雇主单独缴纳,是为在生产中伤残、患病或死亡的劳动者及其家属提供基础物质帮助的保险基金。根据"补偿不究过失"的原则,即一旦发生工伤事故,不管责任在谁都按照工伤保险相关规定处理。工伤保险费比较特殊的一点是它由用人单位全权负责,劳动者个人不承担工伤保险费的缴纳。生育保险是指提供生活保障和物质帮助的专项基金给怀孕、分娩的在职女职工,其支出项目一般有生育期间的收入补助及医疗护理费用等。

社会保险基金具有稳定社会生活、进行收入再分配、促进社会经济发展的功能。有利于保证社会劳动力再生产正常进行,有利于保证保险储备累积职能的发挥,有利于实现社会保险的互助共济职能。

2)社会救助基金

社会救助基金也称社会救济基金,是对由于各种原因造成生活困难的社会成员提供满足其最低生活需求的物质帮助。一般分为政府财政性基金和民间慈善基金。社会救助基金类型包括:对失业保险期满后生活极其困难的家庭实行救助;对遭受意外灾害的灾民提供基本生活、医疗、自产自救等费用;对生活无所依靠、丧失劳动能力的"五保户"提供的救助;对"特困户"提供的救助,对由于其他原因造成生活困难的群体提供的生活救助。社会救助的标准会根据不同国家在不同时期,以及需求程度的不同而有所差异。社会救助金是以保障社会成员的基本生活需要为目的建立的,是国家、社会或个人向被救助者实施的单向帮助,通常不需要以缴费为前提,但其保障水平比社会保险基金低。

社会救助基金能保障居民的基本生存,既是社会成员发展权利的体现又是促进市场经济稳定发展的内在要求,社会救助基金还有利于维持社会稳定、促进社会安定团结、实现社会和谐发展的功能。

3)社会福利基金

社会福利基金主要包括两个方面:一是指政府财政出资建立的福利基金,具体体现为国家及社会为社会成员提供的各类补贴、社会服务或福利性设施等,社会福利基金是举办各种福利事业的物质基础;二是指企业自身拥有的福利基金,这类基金的来源一般是企业的经营收益,主要为本企业员工享受。这里需要注意的是社会福利基金的目的不是救济贫困,而是旨在提高其成员的生活质量,是高水平的保障。

4)优抚安置基金

优抚安置基金是我国针对军人的专项社会保障基金,是对国家特殊人员的保障基金。用于因战、因病等死亡的军人亲属的基本生活费用;用于伤残军人、人民警察(武装、边防、消防民警)或参战致残的民兵、民工的基本生活费用;用于补助优抚对象中没有或基本丧失劳动能力的老、弱、病、残人员的基本生活费用等。

以上四个方面是社会保障基金的基本内容,其中社会保险基金相对于其他三项基金无论是基金来源的渠道、规模还是使用的范围都有较大的优势,其内容或法律政策规定也更加规范化、条理化、制度化。当然,以上四个部分都是社会保障基金不可或缺的部分,随着社会的发展,各国也会增加相应的内容进行社会保障基金内容的补充。

5.2 社会保障基金的筹集模式

根据社会保障基金的筹集来源不同,社会保障基金筹集模式可分为全部财政负担、全部雇主缴纳、全部个人缴纳、单位及个人共同缴纳、单位及个人及政府共同负担等方式。这里需要注意的一点是,社会保障基金在实际的筹集支出运营中存在转嫁的可能,社会保障基金的征收对象并不完全是实际税费的负担者。当下更多的学者将社会保障基金按照基金筹措方式和运作方式的不同将筹集模式分为三种,即现收现付制、完全累积制和部分累积制。

1)现收现付制

从各国的社会保障发展以及各国社会保障基金的筹集模式分析可知,现收现付制是早期社会保障基金筹集运用最常见的一种模式。它是指以横向收支平衡为原则在一定的时间段内(常以一年为期)筹集社会保障基金的模式,这种模式的基本特点是“以支定收”。具体体现为政府首先给出一年内社会保障所需要的预算,然后以合理的比例分摊到参与该项保障措施的所有单位及个人,其目的是保证本期征收与使用持平,没有为以后进行储备的思想。

现收现付制的优点如下:一是无须考虑储备的相关问题,可以灵活调整其提取比例,预测简单、管理方便;二是初始缴费的费率较低,后期费率才会逐步提高,因此相关政策出台易被接受;三是没有累积基金,无须面临资金贬值的风险,也无须承受资金保值增值的压力。现收现付制的缺点如下:一是预测的时间较短,缺乏长远规划,稳定性较差。具体表现为社保成员结构变化、参保人数增加、需求水平提高,为了应对变化就必须提高缴费比例,这样易加大企业、个人、国家的经济负担,严重时会出现支付危机。二是这种筹集模式由于缴费比例、待遇水平规定的统一,难以适应不同经济发展地区的实际情况,在具体操作时遇阻可能性大。最后,此筹集模式难以体现劳动者权利义务关系的公平,我们可以这样理解,此时正在岗位上工作的职工所缴纳的资金被用于上一代退休职工的社会保障。这就是平时所说的代际转移,极容易引起代际矛盾。

2)完全累积制

完全累积制是指当前社会保障待遇支付所需资金来自过去预先累计资金的制度,是保证远期纵向收支平衡的筹集模式,其基本特点是“以收定支”。完全累积制最重要的特点是存在足够的基金,即劳动者退休后享受社会保障待遇所需要的费用与其工作期间缴纳累积的社会保险费相平衡。这种筹集方式需要对未来时期全国或者各地区的社会经济发展状况、就业率、失业率等进行宏观预测。在此基础上保证社会保障基金总量,从而确保在相当长的一段时间内可以保证收支平衡。

完全累积制的优点如下：一是能够分散风险，可应对人口老龄化问题。由于实行累积制，每个人的社会保障基金都可依靠预先的累积基金，而不是依靠下一代人的缴纳，因此不受人口老龄化影响。二是制度可信度高、筹资见效快，不容易出现政府待遇支付的违约及政策变化风险。三是不会出现代际矛盾，在这种制度之下受益人待遇来自以往的基金累积，而不是下一代人的缴费或纳税，不存在代际的收入再分配。同样，完全累积制也存在一些缺点：一是容易受通货膨胀、利率变化等因素的影响；二是收入再分配功能较弱；三是实行完全累积制需要对个人信息进行系统的管理，这些都直接导致了运营成本的增加。

3）部分累积制

部分累积制也称半累积制，结合了现收现付制与完全累积制两种模式，综合衡量了横向与纵向平衡。它的要求是其中一部分基金需要采取现收现付制来保证当前的开支，而另外一部分基金采取累积制来应对今后开支不断增长的情况。一方面在支付时采用现收现付制，即用当代就业者的缴费来承担当前退休人员所需的资金流出；另一方面又严格按照缴费的量来确定其退休津贴。该模式吸收了上述两种模式的优点，能够很好地发挥社会保险的保障功能，它既可以适应长期的需要又可以满足当年开支的需求。但是此模式在实际操作过程中会遇到一些困难，如它的设计是否周密、比例设定是否完全掌握、标准制订是否恰当等。虽然困难重重，但部分累积制是目前被各个国家采用得最多的基金筹集模式，我国也是实行的部分累积制。因此选择这种筹集模式时，相关机构在制度设计上更要谨慎，分析问题时要做到定量分析与定性分析相结合，以确保实现社会保障建立的初衷。

5.3　社会保障基金的收支管理

社会保障基金的收支管理是根据国家与个人的经济承受能力而展开的基金的收取和支付，是社会保障基金进入流出的行为与过程，旨在保障劳动者的基本生活。社会保障基金管理体制往往与国家的社会保障制度的组织机构相关：一些国家的政府直接为管理社会保障基金单独设立一个部；一些国家选择成立政府专属或受托机构，使其从政府中独立出来；另外还有部分国家直接由中央相关单位进行管理。认识社会保障基金的收支，离不开对社会保障基金渠道的分析，一般情况下，社会保障基金是由国家、企业和个人三方缴纳。社会保障基金是以税或者费的形式征集，并且各国的缴纳方式与缴纳比例都存在差别。社会保障基金的给付对象也很广泛，给付方式多种多样。为了使社会保障基金理想效果得以实现，就必须合理运用社会保障基金，因此对社会保障基金的收支管理很有必要。

5.3.1　社会保障基金收取管理

按照法律法规与社会保险制度所规定的计征对象和方法，负责运营管理社会保障基金的机构获得一定的社会保障基金的行为与过程即为社会保障基金的收取。

社会保障基金来源于以下几个方面:一是国家定期划拨;二是定期向劳动者所在单位征收;三是向劳动者个人征收。社会保障基金的收支管理中首先要考虑的是社会保障基金的收取规模大小。规模过大将影响正常的社会分配与资本累积,规模过小则社会保障的目标难以实现,无法满足社会保障的需求。

影响社会保障基金收取规模大小的制约因素往往有社会保障对象的规模大小、社会保障的支付标准、国民收入的增长速度以及政府宏观经济政策等。社会保障基金的收取是社会保障基金支付的前提,是关系到社会保障制度目标能否实现的关键环节,是社会保险制度的基础与核心。

社会保障的收取应该遵循以下原则:一是享受保障对象负担的费用不可超过全部所需费用的50%;二是要合理地制订收取的资金比例,避免低收入劳动者的负担过于沉重;三是在制订收取规则、比例时要考虑本国的经济发展情况;四是在基金收取时要在基金发展利好的情况下进行,同时需要注重效率原则。社会保障基金的收取过程中还应该做到:收取方式与相应的制度模式相适应、收取的渠道正规且畅通。最后收取资金的来源要相对稳定以保证收取的资金能满足社会保障所需。

各个国家选择的社会保障基金的收取方式不尽相同,但征税方式与缴费方式是最常见的。征税方式是指政府依据法律法规运用行政权力采取税收的形式收取社会保障基金,征税方式具有一定的强制性,被征收者的负担相对公平,有利于社会保障的社会化。大部分西方发达国家都选择税收方式,其优点是施行时简便快捷、有条理可遵循,不足之处在于收取的社会保障基金只能通过年度预算进行安排,常常是以年度平衡为目标,难以实现基金的累积。遇到严重金融危机或人口老龄化时期时,社会保障基金会出现短缺情况,严重时会对国家财政造成巨大冲击。

目前社会保障基金的收取部分主要来自社会保险基金的收取,社会保险基金收取的原则是"以支定收,收支平衡"。社会保险基金的收取虽然有国家立法强制作为约束,体现了相对公平,但由于配套监督制度还不够完善,逃税现象难以完全避免。缴费方式是指政府相关的职能部门依据法律法规规定的统筹缴费和强制储蓄两种方式。缴费方式是一种强制向企业或劳动者个人收取的方式,一般适用于一些特定的社会保障项目。由政府指定的专门机构负责运营管理,由雇员和雇主共同缴费我们称为统筹缴费;同样由雇员和雇主缴费,但是不实行统筹管理,所收取的资金是存入自己的账户,政府对其的支配权有限,我们称为强制性储蓄。

5.3.2 社会保障基金支付管理

社会保障基金的支付与社会保障基金的收取一样是社会保障制度发展的重要环节,是社会保障目标实现的重要保证,科学地把握社会保障基金的支付管理十分必要。

进行社会保障基金支付的过程中,首先在制订支付标准时必须坚持几个刚性标准:一是生产力标准;二是基本生活保障标准;三是法制化标准。其次社会保障基金的支出还需要遵守原则,第一需要遵守的是保障受保对象基本生活原则,人的生活需要生存、发展和享受,而这里我们所说的只是基本生存的保障。社会保障基金保障基本生活在不同时期需要的内容与水平都不完全相同,应与该时期的社会经济发展水平相契合。社会保障基金保障基本生活的支出不能太低,否则无法实现社会保障功能,要能够保障受保对象的基本生活需要。但也不能过高,要避免其给国家社会的经济、财政带来沉重的负担。第二需要遵循随物价变动调整待遇水平的原则,社会保障成员的基本生活水平取决于一段时期社会成员的收入与消费水平,物价水平就直接决定了其生活质量。所以,社会保障基金给付需要考虑物价的变动,将因物价上涨而导致生活水平降低的可能性减小。第三需要遵循共同分享经济快速发展成果原则,基于社会的公平正义,社会大众都有权利享受经济发展与增长的成果。在社会保障基金的支出管理中,我们还需要考虑到这样一些群体,包括无法参加社会劳动的残疾人、缺乏劳动能力的老年人及未成年人等,他们如果无法享受社会保障制度,是没有办法分享经济发展成果的。所以社会保障待遇支出应当通过扩大制度的覆盖面尽可能使全体国民不同程度地享受到社会保障,分享经济发展成果。

社会保障基金的支付项目囊括了社会保障基金的最终支出范围,一般分为社会保障待遇支出和社会保障管理支出两个项目。社会保障基金支出的方式较多,不过常见的基本方式只有三种,分别是货币支付、实物支付以及服务支付。货币支付是运用最多的支付方式,货币作为一般等价物其灵活性与适应性都很强,支付形式简单快捷,领取者也能拥有较大的支配权。实物支付是指政府直接为享有社会保障的社会成员提供物质,相较于货币支付而言较为复杂。但是实物支付在对灾害救助、贫困救助中的直接发放救灾济贫物资时,能够体现它解决问题的直接性。最后,服务支付是指为社会成员提供服务以及服务设施,以实现社会保障目标为目的,是一种辅助性支出。

总之,社会保障基金的收支管理不得违规投资运营,不得用于平衡其他政府预算。应该根据不同的社会保险种类分别建立不同的账户,采用分账核算并执行国家统一的会计制度。社会保障基金的收支管理目标就在于确定基金的来源和支出的正确性与合理合法性。

5.4　社会保障基金的投资运营

社会保障基金的投资运营是为了保证延期支付的存储下来的部分社会保险基金能够弥补遇到通货膨胀时期的贬值。所谓的社会保障基金的投资运营,就是将社会保险基金投入经济活动,旨在获得相应的收益。

5.4.1　社会保障基金投资运营的必要性

社会保障基金的收取到支出存在时间差,会有结余的社会保障基金。社会保障基金的投资运营针对的主要就是这部分结余的资金。在社会保障基金的整个管理运行过程中,已经累积的基金如何运营同基金的收取支付同样重要。社会保障基金常常具有长期性和规模较大的特征,其本身就面临许多风险。风险类型主要包括:通货膨胀风险、投资运行风险、偿债能力不足风险等。因此累积基金必须采用有效的运营方式争取最大的投资收益才能够经受潜在风险的考验。

社会保障基金选择累积制模式的国家,社会保障机构都拥有一笔累积资金。无论累积资金有多少,如果不对其进行有偿运营,在遭遇风险时便会束手无策。累积的资金面临的风险最常见的是通货膨胀,通货膨胀是市场经济中的客观现象,它会随着经济的周期性波动呈现出周期性变化。通货膨胀会造成资金的贬值,社会保障基金会面临较大的风险。尤其是社会保险基金中的养老保险基金,因为它要经过长期的累积进行支付,通货膨胀会减弱其实际购买力。

社会保障基金投资运营的意义有以下几个方面:一是它有利于保证社会保障基金的保值增值,能弥补物价整体水平上升或货币相对贬值的缺失,抵御通货膨胀的冲击,增强社会保障基金给付能力;二是它可以减轻政府、社会、企业及个人的负担,保证受益人福利不会因为时间流逝而有所减少,或许还可以增加受保人未来的福利。此外,社会保障基金投资运营也可以带来社会总产出的增长,促进社会经济又好又快地发展。

5.4.2 社会保障基金投资运营原则

社会保障基金的投资运营需要遵循一定的原则,主要有安全性原则、获益性原则和流动性原则。安全性和获益性原则表面上会有冲突性的体现,因为人们常说"高风险、高收益"。但这里我们可以这样来理解,社会保障基金的投资运营应该在保证社会保障基金投资运行的安全基础之上,再去追求收益,最后才是满足资金的流动性原则。另外,多元性原则与公益性原则通常作为前面三个原则的补充。

1)安全性原则

社会保障基金投资运行的安全性体现为"低风险",为了降低投资运行风险,通常会采取以下几种方法:一是进行分散投资;二是在投资组合中确定一定的低风险金融工具投资比例,并严格限制高风险金融工具的投资比例;三是重视投资的长远性,进行有规划的投资,确保在整体的投资总额中,长期与中长期投资工具占有较高比重。

2)获益性原则

社会保障基金建立的目的就是确保社会保障得以落实,社会保障基金由于自身面临一些风险,比如通货膨胀带来的影响导致货币贬值。因此务必要保证社会保障基金的获益性,只有将获得的收益用于社会保障基金的补充,才能保证社会保障基金的正常运行。为了保证其获益性,在投资组合中也必须保证有适当比例的高风险投资工具存在,并且在进行资金的投资运营过程中要把握时机看准方向。

3)流动性原则

社会保障基金同时具有社会保障项目的多样性与社会保障支出临时性的特征,这些特征决定了社会保障基金一定要具备一定的流动性。在运营时确保其在贬值的情况下能够随时变现,不同的保障项目对流动性的要求也不相同。养老保险基金的流动性相较于医疗保险金的流动性较弱。为了保证社会保障基金的流动性,在进行项目投资组合时,应将高流动性的金融工具与低流动性的金融工具按适当的比例进行投资组合。

4)多元化原则与公益性原则

多元化原则又称为分散化和组合性原则,分散投资风险,即不能把所有的“鸡蛋”都放在同一个“篮子”里。应该以多样化的投资方式在不同的地区投资不同的项目,并形成有效的投资组合。公益性原则主要是指社会保障体现了政府社会管理的职能,是一种政府行为,因此社会保障基金投资运营在追求经济效益的同时必须考虑社会公共利益,公益性也是区别社会保障基金与其他金融投资的特征之一。

5.4.3　社会保障基金投资运营的项目

1)政府公债

政府公债是社会保障基金投资最广泛的一个项目,特别是一些工业化国家,其社会保险基金全部都投资于政府公债。购买政府长期公债是美国社会保障基金的主要去处,英国主要购买政府发行的国债(国债属于公债),拉美国家最为普遍的投资项目也是政府公债。如果政府进行适当的干预,使公债利率高于同期通货膨胀水平和商业银行存款利率,这样就可保证投资于政府公债的基金能够获得一定水平的投资收益。

2)金融资产

金融资产是指对金融工具的持有,这里的金融资产包括各大银行的大额存款,政府或者企业担保性证券、抵押债券、股票等。为了获得较高的投资收益,国家在严格制订社会保障基金的投资规则和投资限额的前提下,准许投资部分金融资产。金融债券与股票往往可获得较高的收益,但是其风险也较大。所以在选择时需要经过专业人士慎重考虑。

3)住房贷款

住房贷款是社会保障基金的重要投资对象,住房贷款与社会保险政策可结合运用,既能获得投资收益又能确保住房保障等目标实现。不过这种项目往往带有某种公益投资性质,相应的贷款利率较低,收益也就相对较低。

4)各类有形资产

社会保险基金投资于有形资产,主要是基础设施的建设,如修建公路、机场,医院及医疗设施、特殊群体住房建设等。社会保障基金用于有形资产的投资后其公益性特征过于明显,投资于有形资产的份额比较低,不过从长期来看它也具备一定的收入回报。

社会保障基金的投资运营应在遵守法律法规以及相关规定的前提下,注意基金的投资方向、投资数量、投资结构及组合协调性。需要注意的是,各类投资项目在风险性、获益性、安全性、流动性等方面也各有差异。基金投资政策的实施效果则较大程度地取决于如何合理、有效地处置各类投资项目。因此,运作机构在进行基金投资运营时应注意投资期限规定、投资组合的合理性、优化投资结构,采取适当措施实现社会保障基金的保值增值。

5.4.4 社会保障基金投资运营方式

各种投资项目既有收益也有风险,由于各国资本市场的发展程度以及对基金投资风险的管理能力有所差异,相同的投资工具在不同国家之间的风险和收益都有着明显区别。所以社会保障基金投资运营在实践中要视具体情况不同而选择不同的组合投资方式。

基金投资风险管理能力较强的国家,国家对社会保障基金投资方式管制较少,可供选择的投资方式较多;反之,资本市场发育不完善、基金风险预测能力较弱的国家,国家对社会保障基金投资方式的门槛较高。稳健型投资运营方式、风险型投资运营方式、组合式投资运营方式构成了社会保障基金的投资运营方式。其中,稳健型保证基金在一个规定的风险之内获得投资收益,特点是风险低、收益稳定、收益低。风险型追求的是投资收益最大化的目标,其特点是风险高、收益不稳定、收益高,如股票、房地产或创建投资基金。组合式投资运营方式是前面两种方式的综合运用,既有稳定的投资又尝试进行风险性投资,能否顺利进行就取决于投资运营方式的组合是否恰当。

5.5 社会保障基金管理体制

社会保障基金管理体制是社会保障管理制度和管理方法的总和,它对中央与地方、地方各级之间、国家和企事业单位之间有关社会保障管理的权限、职责等作出了规定,是社会保障管理的重要内容①。

5.5.1 社会保障基金管理机构

从纵向上看,社会保障基金的管理机构按照权限可划分为高层管理机构、中层管理机构以及基层管理机构。高层管理机构主要负责社会保障的全面立法,制定社会保障政策,实施监督,属于领导和决策层次;中层管理机构负责具体贯彻社会保障的立法和政策,制定地方性实施细则和补充规定,属于辅助和传递层次;基层管理机构的职责是执行国家法令和上级机关的要求,属于社会保障的执行层次。在我国,高层管理机构有人力资源和社会保障部、民政部等相关中央机关;中层管理机构有省、自治区、直辖市的人力资源和社会保障厅(局)、民政厅(局)等机关;基层管理机构包括区(县)的人力资源和社会保障局、民政局等机关。

从横向上看,社会保障基金的管理机构按照职能性质可分为社会保障主管机构、社会保障经办机构、社会保障基金经营机构及社会保障监督机构四个机构②。这四个机构各司其职,首先,社会保障主管机构的主要职责是负责社会保障政策的决策以及协调管理;其次,社会保障经办机构的主要职责是负责社会保障费的征缴和社会保障待遇的发

---

①② 孙光德,董克用.社会保障概论[M].5 版.北京:中国人民大学出版社,2016:52.

放；再次，社会保障基金经营机构的主要职责是负责社会保障基金的保值增值以及基金的投资运营；最后，社会保障监督机构的主要职责是负责全方位的监督管理社会保障事业的实施。

从管理形式上看，主要有两种社保基金的管理机构形式，一种形式是具有独立性质的独立机构，由政府部门直接负责管理；另一种形式是具有自治性的各种协会以及受政府委托管理社会保险业务的工会组织，它们都受政府的监督。

一般来说，第一种形式是由政府内的一个或是多个部门管理监管社会保障政策的实施，由政府部门直接管理的独立机构承担社会保障业务。比如，我国社会保障基金的管理体制可以概括为“分类管理”和“分散管理”两个特征。所谓分类管理，是指我国社会保障基金基本上是按照社会保障项目的分类进行管理的，即分为社会救助基金、社会保险基金、社会福利基金、慈善基金等进行管理。所谓分散管理，是指我国社会保障基金由不同的部门进行管理。如社会救助基金和社会福利基金主要由民政部门负责管理和监督，社会保险基金由人力资源和社会保障部门进行管理和监督。

第二种形式通常由政府指定的部门进行监督，理事会、基金会等自治性的各种协会对社会保障的具体经办进行管理。这种形式的典型代表国家是法国和德国。例如，在法国，负责颁布社会保险法规并进行一般监督的部门是社会事务部；管理养老保险的是全国养老保险基金会；管理伤残、医疗保险的是全国医疗保险基金会；负责管理失业保险的是由劳资双方组成的就业组织理事会；社会救助和社会福利基金均来源于政府的税收，由政府直接管理。

5.5.2　社会保障基金管理模式

社会保障基金可以划分为两种管理模式，即私营竞争型管理模式和政府集中型管理模式。

私营竞争型管理模式是指政府合理地运用市场规则，管理社会保障基金的机构具有私营性质，对该机构进行监督和管理是政府的主要职责。智利是私营竞争型管理模式的典型代表。十几家养老保险基金管理公司管理着智利的养老保险基金，人们可以任意选择参加一个公司的养老保险基金，并且在每个管理公司之间的个人账户具有极大的灵活性，可以自由流动。由于该模式很少受政治影响，因此资金的配置最佳，可实现最大化的投资收益，有利于完善和发展国内的金融市场。但是，这种模式也存在一些问题，比如容易导致管理成本上升，并且私营投资管理的分散化时常造成经济的规模效应消失。

政府集中型管理模式是指由政府或者是受政府委托的公共管理部门负责管理社会保障基金的一种模式。选择使用这种模式的大多是发达国家，当然也有中国、印度等发展中国家，其中具有典型代表性的是新加坡的中央公积金制度（CPF）。政府的中央公积金局决定了公积金存款利率，同时，它对中央公积金直接进行全面的管理。中央公积金局通过基本投资计划、增进投资计划、非住宅房地产计划等投资计划，实现公积金资产的增值。这种管理模式具有规模经济效应，降低了管理成本（管理成本一般控制在所缴费用的 1%以内），实现了国家、社会的最大化发展目标。但是政府集中型管理也存在一些问题,比如该模式容易导致效率低下、基金收益率不高以及被挪用等。

5.5.3 社会保障基金的监管

社会保障基金的监管是指国家授权专门机构依法对社会保障基金的征缴、运营、发放等过程进行监督管理的过程,是社会保障基金管理过程中的重要一环,是保障基金安全并实现基金保值增值的必不可少的过程①。社会保障基金的监管内容分为五大方面:一是选择与确定社会保障基金运营机构;二是制定相关监管规则;三是对社会保障基金运营指标体系的设计;四是实施社会保障基金的现场监管与非现场监管;五是保障社会保障基金的长期稳定运行以及实现社会政策目标。

社会保障基金在投资运营过程中,由于其数量巨大,因此必须防范和规避风险,若不能及时地发现问题,就可能造成重大损失,从而导致社会保障基金不能及时支付,不利于社会稳定以及经济的健康发展,容易产生政治风险,因此国家对基金必须实行严格的监督管理。基金监管的目标简单来说就是为了消除或降低这些不安全因素,最大限度地保障基金的安全。具体来说,基金监管要达到的目标就是:维护劳动者的合法权益、保障社会保障基金安全完整、实现社会保障基金保值增值以及维持社会稳定。

社会保障基金监管在发展的过程中,形成了一系列的原则,主要有以下基本原则:

①公正性原则。该原则要求在履行监管职能时,监管机构必须以客观事实为依据,以法律为准绳。运用经济、行政以及法律手段,监督检查经办机构和有关机构的违规违纪行为。

②安全性原则。该原则要求社会保障基金的监管必须以维护社会稳定为目标,这是基金监管的首要原则。

③法制化原则。该原则要求以法律为准绳,明确监管机构的监督管理职责、法律地位、行为标准和管理办法,以及明确监管机构与其他机构之间的关系。同时,运用法律确定监管对象的权利、义务以及管理和运营的行为准则。

④独立性原则。该原则要求监管机构与监督对象、其他机构既要密切合作,又要划清职责界限,互不干涉;监管机构对经办机构和运营机构执法时,应保持相对独立性。

⑤审慎性原则。该原则要求监管机构的监督检查要适度,要管而不死、活而不乱。

⑥科学性原则。该原则要求监管机构要以先进的科学技术为手段,建立健全相关监测评估体系和法律体系,做到监管的科学性、合理性。

不管选择何种社会保障基金管理模式、管理机构和监管方式,一个相对健全的社会保障基金管理体制应具备以下三个特点:第一,有一个国家行政主管部门负责统一管理社会保障,或者有一个或多个行政主管部门主管不同类型的社保项目;第二,社会保障主管部门和经办机构两者必须分开,社会保障经办机构要接受社会保障主管部门的监督;第三,建立健全相关法律法规体系,从而实现两大目标:一是实现社保基金的保值增值,二是保证社会保障基金的运营安全。

---

① 孙光德,董克用.社会保障概论[M].5版.北京:中国人民大学出版社,2016:53.

5.6　国外社会保障基金的运行及管理实践

国外的社会保障制度有着悠久的历史,它在产生、发展、运行管理过程中,积累了十分丰富的经验和教训,国外社会保障制度在一定程度上维护了社会的稳定。其中,具有典型代表的主要的发达国家有美国、德国以及新兴发展中国家新加坡。虽然各国在经济背景、政治背景、文化背景以及社会背景上都有很大的不同,但我们可以探索它们当年所走过的道路,总结其经验教训,对完善我国社会保障基金运行机制有着借鉴意义。

5.6.1　德国社会保障基金运行实践

德国是世界上首个以立法的形式建立现代社会保障制度的国家,早在 19 世纪德国就开始了相关的社会保障工作。以下阐述了德国的社保制度的发展概况以及社会保障基金的运行实践,为完善我国的社会保障基金运行机制提供借鉴。

1)筹集方面

从社保基金的筹集方式上看,由于各个社保项目的管理机构、缴纳者、缴纳比例的不同,德国社保基金根据不同的社保项目制定了不同的政策。在 2007 年,德国出台了养老保险的缴费标准相关法律,其中规定,雇主和雇员的养老保险缴费标准分别缴纳工资总额的 9.95%(矿业主养老保险缴费标准为 16.45%),自雇者养老保险缴费标准相对较高,缴费标准高达 19.9%。缴费不够或是无法缴费的低收入群体,由专区和市属社会事务办公室或者受专区委托的乡镇社会事务办公室对他们的生计情况进行调查,若这些低收入群体符合相关的条件,他们就能够获得社会的救济性养老金,由公共开支承担其费用。根据 2008 年的标准,医疗保险费的缴费标准为雇主和雇员分别缴纳工资的 7%,社会保障费的缴费标准为养老金领取人员和养老金管理机构收入的 7%。其中,社会保险费归入七大类医疗保险机构,该保险机构负责向医疗机构支付费用,州政府负责医院的基础设施建设,其产生的相关建设费用由公共开支支付。德国失业保险由联邦就业机构负责管理,其缴费标准为工资的 2.1%。德国的工伤保险缴费标准因工作的风险程度不同各异,所以由雇主缴费,比如 2004 年的缴费标准平均为月收入的 1.33%。同时,德国有一个典型的福利项目——由政府全部出资的家庭补贴,若出现社会保障费的收入不够支出的情况时,那么将由国家财政负责拨付。

2)收支方面

从社保基金的收支方式上看,现收现付制是德国实行的社会保障模式,这种模式是指各种保险费的开支由当期的缴费来支付。比如在养老金方面,从 1957 年开始,德国实行现收现付制,其缴费比例主要通过相关法定程序决定;在 1992 年又进行了一次改革,其次年基金的缴费比例以及基金支付数通过年度的预测来确定。

3)监管方面

从社保基金的监管方式上看,德国有专门的养老金保险机构负责管理养老保险金,并且规定其不能够用于投资,养老保险金机构接受全民的监督。同时,根据不同的社保项目德国设立了专门的监管机构,各司其职。例如,由十七家养老金管理机构运营管理的养老基金,其整个收支流程由联邦劳动与社会事务部进行监督管理,医保机构由联邦保险监事会(BVA)进行监督管理,失业保险的整个流程由联邦劳动与社会事务部进行监督管理,家庭补贴整个流程由联邦家庭、老年、妇女与青年部进行监督管理。德国的各类社会保障机构具有相对独立性,在法律范围内进行独立的自我管理,由社会保险金的缴纳者共同参与决策。

5.6.2 智利社会保障基金运行实践

基金制保障模式的典型代表国家是智利。20 世纪 80 年代,智利成功地完成了社会保障制度改革,其社会保障体系主要包括养老保险、失业保险、社会救助、全国医疗体系失业保险等方面。同时,智利的养老保险财务机制也作了调整,该财务机制是基于个人账户的"完全积累"制,主要由民营机构运营,政府负责实施立法和监督以及最终承担保底风险。

1)投资方面

智利采取的社保基金投资运作措施主要有三个方面:第一,是实行市场化运作,引入竞争机制,将养老基金交给私营基金管理公司,私营基金管理公司负责养老基金的管理,各个私营基金管理公司在市场上充分竞争,各自发挥最大的优势争取养老保险金客户。第二,是立足于安全的考虑,政府对社会保险基金管理进行严格的监督管理。它规定了养老保险基金投资的项目和限额,比如抵押债券最高限额为 80%,政府债券和私营以及公共公司发行的债券最高限额为 50%,由金融机构担保的存款和证券最高限额为 30%~50%,公司股票、房地产、外国债券、生产性资产最高限额为 10%等。第三,社会保障基金作为资本进行投资,从而实现基金的保值和增值。对基金进行合理的投资,同时扩大了社会保障基金投资的范围,在购买股票、住房抵押贷款、海外投资、基金投资等方面进行了全方位、多元化的尝试。

2)管理方面

从资金的运营管理上看,在过去,智利职工的养老金归国家统一管理,现在由专业的私营养老基金管理公司来进行运营和管理,并且私营养老基金管理公司业务单一,专业化强,只从事养老基金及相关业务。私营养老基金管理公司完全按照市场规律进行日常经营管理活动的运作,具体业务内容有:负责管理投保人的个人账户、发放和管理投保人的退休金、依法投资养老基金、保证进行低风险和多样化的金融投资以及依法向投保人提供有关的详细信息和服务等。私营养老基金管理公司的利润主要来源于两个部分:一方面的利润为投保人向管理公司交纳的管理费;另一方面经营得好的管理公司可以为投保人获得比较高的利息回报,那么公司自身的盈利以及股票价格也将上涨。

3)监管方面

在监管方面,智利的社保基金监管强调"一公司一基金""一人一账户"的养老基金管理结构,基金监管的透明度显著提高;成立了养老金管理公司总监署负责监管各个公司的经营状况、服务质量、投资状况、基金的保值增值状况等,国家不直接参与养老金的管理。若出现了两种情况,一是管理公司没有能力获得充足的资金以保证基金的最低盈利,二是管理公司没有最低资本金来开展活动时,那么国家就会以债权人身份参加管理公司的清算并且补足差额,宣告公司解散,但是公司破产后,投保人的利益一般不会受到影响。

5.7　中国社会保障基金存在的问题及其对策

5.7.1　中国社会保障基金管理存在的问题

随着我国社会经济的发展和社会保障事业的不断进步,我国社会保障基金规模逐年增大,社会保障基金的管理更加重要。但当前我国在社会保障基金管理方面存在的问题,与社会发展趋势之间的矛盾不断深化,社会保障基金管理的滞后,阻碍了我国社会保障事业的发展。我国社会保障基金管理存在的问题,集中体现在以下几点。

1)基金筹集分散且层次低,保值增值性差

我国的社会保障基金主要来源于三种渠道:国家、单位、个人,由三方按照一定的比例分担,但是在实际执行过程中企业缓缴费或不缴费的情况时有发生,导致社会保障基金的来源无法得到保证。相关法律制度的欠缺和企业经营效益差、投保人意识薄弱是造成这种现象发生的主要原因。目前,社会基金投资渠道较狭窄,投资品种较单一,对投资渠道以及投资方向的过多限制,也使得社会保障基金的盈利能力较差,造成的后果就是社会保障基金的保值增值困难,从而其收益性难以保证。

2)管理效率较低,管理体系冗杂

现阶段,参与管理社会保障基金的部门冗杂,多头管理的现象突出,从事社会保障工作的各个部门都独自设立了社会保障办理机构,社会统筹被行业统筹所代替。社保基金统筹管理的效果不好,阻碍了社保基金社会调剂功能的发挥。与此同时,由于参与管理社保基金的部门过多,导致了社保基金在管理过程中缺乏严格的审查监督,随意性大,透明度低,从另一方面增加了管理成本,使社保基金在实际执行过程中的不安全性大大地增加了。

3)基金财政监督不力,收支难以相互制约

社会保障基金财政监督不力主要体现在两个方面,缺乏预算约束和财务制度不健全。当前,我国的社会保障基金属于财政预算外的资金安排,未建立起独立的社会保障预算管理制度,对许多社会保险基金的收支安排财政不具有约束力。同时,我国的社保基金经办机构的财务管理缺乏统一的政策和制度,现有资金管理模式是收支两条线,财政专户的管理体现为混账管理,即使财政部等主管机构出台了一系列的相关政策,但这些政策在实际执行中缺乏监督,时常发生部门利益侵害整体利益的行为。

4)社会化程度低,缺乏法律保障

虽然出台了《社会保险法》,但是至今还没有制定相应的社会保障基金管理方面的法律,造成社保基金的征收缺乏有效的法律保障,也不存在强制性的法律约束,造成社会保障基金征收方面的困难。社会保障基金管理机构的社会化管理责任意识淡薄,对社会保险基金的管理还停留在简单的"收"和"支"水平上,对企业依赖过度,社会服务难以满足当前社会保障基金快速发展的需要。

5.7.2 解决中国社会保障基金管理存在问题的对策

基于上述中国社会保障基金管理存在的问题,我国在发展和完善社会保障基金管理方面,应该从以下几点做起。

1)提高基金的统筹层次,建立多层次的投资体系

在国家指导之下,由税务部门根据企业或个人的实际效益或收入,确定社会保障基金缴纳的标准,实行省级或地市级统筹,从而提升统筹的层次,增加社会保障基金的征缴力度,确保在可能范围内社会保障基金的最大化收入。取消当前对于社会保障基金投资的行政限制,赋予市场部门政策内独立投资的权利,鼓励其运用市场机制,按照自身的专业判断进行灵活性投资组合。

2)提高基金的管理效率,建立纵横制约式管理体制

结合当前管理部门多、分工不明确的情况,在现有部门的基础之上,整合部门之间合作和制约机制,建立既相互独立,又相互制衡约束的管理模式。将基金的筹集归为税务部门,支出归属社会保障部门,基金发放委托给银行部门,保值增值通过招标或委托的形式托管给市场部门,基金的管理则归为财政部门。各个部门各司其职,独立行使职能的同时保持相互牵制作用,从各方面提高管理的效率。

3)充分运用监督手段,建立健全社会保障基金的监督机制

运用好财政、审计、税务、社保、舆论等各种监督手段,各部门的权利职责应当明确,避免责任不清。同时,进行全方位监管,保证社会保障制度的公平、公开和透明,达到社会保障基金的预期效果。

4)充分运用法律手段,完善社会保障基金管理的法制建设

要完善社会保障基金管理制度,就需要采取法律手段,确保社保基金管理法律的完整性。通过专门立法明确社会保障基金征缴渠道和财务制度;明确管理主体的身份界定和准入条件、权利和义务,建立健全准入制度和退出机制;明确违法成本,提高管理主体的执法意识,营造出一个有法必依、违法必究的良好法制环境。

【本章小结】

社会保障基金是国家和社会从所拥有的社会财富中提取出来,然后进行保存累积用以救助或者补偿享受社会保障的对象的资金。社会保障基金相当重要,它是社会保障目标实现与社会保障制度正常运行的物质基础。本章首先介绍了社会保障基金的内涵,并对社会保障基金的筹集模式(即现收现付制、完全累积制、部分累积制)一一进行分析;其次对社会保障收支管理、投资运营进行详细介绍,特别强调了在进行投资运营时需要遵循的原则以及投资运营在不同国家选择投资的方式;再次介绍了社会保障基金管理体制以及德国、智利等国家社会保障基金的运行情况;最后分析了当前我国社会保障基金管理存在的问题,针对存在的问题提出了解决对策。

【探索】

1.今后社会保障基金的含义与特征会不会发生变化,会怎样进行变化?

2.结合现代社会保障基金的发展,分析社会保障基金监管的必要性、重要性以及必须坚持的原则是什么?

3.分析国内外社会保障基金的运行及管理的未来发展趋势。

4.中国进入了新时代,该怎样进一步完善社会保障基金的发展?

第6章　社会保障立法与管理

【学习目标】

1.掌握社会保障立法相关基础理论,包括其价值取向和功能以及基本原则

2.社会保障立法具体内容及法治结构

3.了解国外社会保障立法实践历程,以及给我国社会保障立法与管理经验

4.了解中国社会保障立法实践历程,掌握我国社会保障立法与管理存在的问题以及未来发展方向

社会保障立法不仅支撑了社会保障制度的构建,还维护了社会保障制度的运行。社会保障制度建立的根本在于社会保障立法,社会保障制度运行过程的关键在于社会保障管理,社会保障立法是建立社会保障制度的根本基础,有效的社会保障法是确保社会保障制度运行的基本要求。立法先行是制定社会保障制度的基本原则,社会保障制度的发展与运行,离不开社会保障立法的成熟与完善。

6.1　社会保障立法基础理论

立法理念体现着法的思想和精神,立法精神对社会保障法的立法目的、立法任务、立法宗旨等根本问题起着决定性的指导作用,因此世界各国都从源头上以社会保障立法来规范社会保障制度。另外,社会保障法还是现代法律体现不可或缺的一部分,也是建立社会保障体系的基本要求。

6.1.1　社会保障法的价值取向和功能

社会保障法的价值在于满足人的需求,在运行的时候能够实现对人的积极意义,为人的全面发展做贡献,法的价值取向可以概括为保障人权、追求正义和社会安全。这些价值不是相互对立的,而是相辅相成,互为条件的,并共同组成了社会保障法的价值体系。立法的功能在于民事权利明确规定了对人民权利的保护,包括对其人身、财产和言论自由的保护,也相应地规定了公民参与国家和社会事务的权利,以及公民公平就业和

享受基本社会风险保障的权利。因此,人民的基本权利和国家紧紧联系在一起,国家要保障公民的基本需求,需要建立一个完善的社会权利体系,在体系内社会成员要服从社会保障制度的规定,在行使权利的同时承担义务,社会成员要在制度的框架内活动,这是政府构建社会保障体系的基本条件。

1)社会保障法的价值取向

法的价值是立法者在制定法律时所融入的精神所在,可以体现出法的根本目的,立法宗旨以及它所发挥的作用。人们在理解法的价值时,往往从法律与人的关系上看,即法的价值在于它所能够满足人的要求,对公民具有实用性、积极性,同时可以带来维护社会安定的现实意义。

基于以上的原因,公平、公正、秩序、自由、平等、效率、安全等内容通常作为法的价值出现,但因不同的部门法在目标对象、运行方式和基本作用方面有偏差,从而在体现法律价值的时候才有重点方向上的不同。

(1)保障人权

人权是指作为"人"应享有的权利,人权的主要含义是指在一定的社会历史背景条件下每个人因其本质和尊严享有的或应有的对待。人权的特点是人天生即拥有,不可剥夺和放弃,也不可让渡。人权的内容具有多样性,主要包括生存权、发展权、政治权、经济权、文化权和社会权等。在人权体系中,生存权和发展权是至关重要的,是其他权利产生和发展的前提,失去了生存权和发展权,其他的权利既无法享有也无法行使。

社会保障制度所倡导的对生命的尊重体现了法的价值,它所保障的是人对生命延续的要求。在现代社会保障体系中,生存权保障的理念融入社会保障的内容中,社会保险体现着对人的基本生活的保障,社会救济体现着对贫困者的保障,社会福利体现着对全体公民的保障,社会抚恤体现着对一些特殊群体的保障,这些保障都以维护公民的基本生存要求为宗旨。当公民的基本生活无法得到保障时,社会保障是行使生存权的必要条件和有力手段。

社会保障制度用立法的方式将维护公民基本生活看作一项基本权利,国家采取强制的行政手段加以监督,已经在世界范围内得到了立法认可。社会保障法的立法原则来源于宪法对公民社会保障权的要求,社会保障法是以保障公民行使社会保障权为目标的,它用一系列的法律的建立来完善社会保障制度体系,不但从内容上进一步确定和深化了社会保障权,并且将政府对公民的"帮助"固定为一项责任和义务,强制性地规定政府为公民的基本生活需求提供保障,使公民能够在无法行使基本生存权时得到政府的资助和扶持,体现了社会保障法对基本人权的维护和对法的理念的追求。

(2)追求正义

正义的出现,往往与公平、公正、平等、合理等相联系,正义是人善的本质,是社会所追求的最崇高的理想,也是现代社会制度的价值理念之一。对于正义的定义,美国正义理论的代表人物罗尔斯提出:"正义之于社会制度的价值就像真理之于思想体系的价值一样。真理不管多么完美和精致,一旦失去了真实这一特点,就必须进行修正或拒绝;类似地,制定法律和制度条例,不管多么完善和全面,只要失去了正义这一特点,就必须进行改善。真理和正义是人类生存和发展最重要的价值,是法律大力弘扬与着力实现的价值取向,也是衡量法律善恶的评价标准”。

参考罗尔斯关于正义的理论,正义分为三种,即实质正义、形式正义和程序正义。实质正义指实现社会的实体目标和个体的实体性义务的正义;形式正义是指“关于规则的正义”或法治,是指法律适用方面的正义,其基本含义是严格地平等对待法律所规定的对象;程序正义则是居于实质正义和形式正义之间,它是指法律规则在制定和适用时要具有正当性。

从罗尔斯的观点中得出,在法的各个部门中民法是体现形式正义的典型代表。传统民法以个人为本位,以平等自愿、等价有偿为基本原则,对所有“平等”的民事主体提供“平等”的法律保护。但是,传统民法的这种“平等”保护只是保障了表面上的平等,因为它保护的对象即民事主体,具有客观存在的个体差异,在身体素质、基础技能、家庭状况、资源丰富程度上都有不同。

这些先天或后天因素造成的差别都制约着他们的竞争能力,导致分配的不均,出现贫富分化。而传统民法却无视这种差异和不平等,以抽象的人格平等掩盖实际的主体差别,以形式上的平等方式保护实质不平等,结果是资源压倒性地集中于条件优越的公民,使拥有丰富资源的人享有更多的资源,而缺乏资源者更加资源匮乏,因此,越保障表面上的平等,社会矛盾就会越激化。

为了实现实际意义上的正义,传统民法中的“平等”是远远不够的,还需要“具体情况具体分析”。表面正义的不合理促进了社会保障法的完善与发展,它规定社会全体公民平等享有社会保障的权利。社会保障体系将实际不平等的保障对象都纳入体系中来,只有所有保障对象都有平等享受基本生活权利的资格,社会成员才能共享发展成果。并且社会保障法又重视再分配环节中的相关要求,让社会上较多的资源从资源丰富的一端转移至资源匮乏的一端,从负担较轻者转移到负担较重者,从强势转移到弱势。最后,在体现公平理念的基础上,社会保障法对规定的保障对象提供更多的资源,缩小了贫富差距,弱化了分配上的不公平导致的消极作用,从而实现结果平等。所以社会保障法在实质和表现上都体现了公平正义的法的精神和理念,实现分配公平,追求实质正义是社会保障法的立法初衷和根本归宿,也是重要的价值观念的体现。

(3)社会安全

安全是个人发展的必要条件,也是社会进步和发展的重要条件。美国著名心理学家马斯洛提出的需要层次理论指出,安全作为人们需求中的第二层次,是全社会的共同追求,与人类的生存与发展密不可分,因此在法律范围内,安全是必须满足的必要条件和目标。英国著名法学家霍布斯指出“人的安全乃是至高无上的法律”。然而,不同的法律侧重点不一样,追求的安全价值意义也不一样,如公法看重国家长治久安和领土完整,私法则重点在于私人的人身及财产安全,社会法将重点放在社会的安定和谐。

安全为社会的发展提供必要的保障,为社会秩序的稳定提供重要支撑,为私人财产安全提供基本的保护,它体现在个人、社会、政治、经济等多个方面中。其中,又以个人的安全为最基础的层次,生存安全是社会秩序实现的基础,而国家的长治久安,政治稳定和经济的全面健康发展又离不开社会的稳定运行。因此要实现种种高层次的安全,必须先从公民的个人安全作为解决问题的突破口。

社会保障法是以化解社会风险,为全体公民基本生活提供基本保障为目标的法律规范。保障全体公民的基本生活并不断提高生活质量、改善贫富差距,是立法的目标和宗旨;提供一个公平正义的社会发展氛围,实现学有所教、劳有所得、病有所医、老有所养、住有所居是社会保障法的理想追求。社会保障制度是社会安全体系关键的组成部分,从保障个体的生活需求出发,为资源匮乏者、弱势群体、失业人员等提供经济扶持和保障服务,为他们解决生活上无法克服的问题,从而使他们能够充分行使生存权。正是因为保障了个体的生活基本需要,才能使得全体社会成员能共享秩序和谐的社会,消除他们对生活的顾虑,使他们全身心投入社会建设,追求自身的全面发展。

只有当个人的基本生活得到保障后,树立充分的个人自信,才会使得社会成员更遵守社会秩序,谋求个人的全面发展,共同建设和谐社会,实现共同富裕。但相反,如果大多数人得不到基本的生活保障,会导致一些个人过激行为和社会秩序的崩溃,这会严重影响政治稳定和经济的健康发展。因此社会保障法律制度被看作是“社会安全网”和“社会减震器”,也是“抵御市场经济风险的最后一道防线”。从这些分析可以得知,社会的安全和稳定,是社会保障法的价值取向之一。

2)社会保障法的功能

第一,规范功能。规范国家义务、政府责任和公民权利与义务,如公共财政的社会保障预算责任、社会保障基金监督责任、社会保障税收和减免责任、社会保险经办机构责任,以及用人单位缴纳税费责任、公民参保登记和缴纳税费责任等。没有法定的、统一的责任机制,社会保障制度安排就不会有强制性规则,很可能陷入混乱,失去其保障功能。例如,国家基本养老保险中的个人缴费是贡献还是储蓄,定位不清、产权不清,因而在国家粗放发展期被长期挪用,由此形成超过万亿元的巨额空账,加重了中国老龄社会峰值期的赡养负担。

第二,整合功能。由于社会条件所限,很多大陆法系国家先行针对特殊群体制定了《社会保险法》《社会救助法》等,如德国《雇员医疗保险法》,即使制定《社会保障法》,也是碎片法律的编纂,不是体系的整合,这些法律的执行机构和信息系统均可能是碎片的。英美法系国家先行从社会保障体系入手进行立法,如美国《社会保障法》,社会保障制度安排碎片化现象没有前者那样严重。人类进入计算机和信息时代,即网络社会和网络经济时代,社会保障政策体系和服务体系均应当是一个整体的系统,社会保障法的重要功能是整合碎片的制度安排进入一个统一的系统,可以是一档多制的,但服务系统必须是一个号码、一个账户、一个窗口。

6.1.2　社会保障立法的基本原则和形式

法律角度的基本原则是指能够作为制定规则的价值观念,是一种根本的全面性、稳定性的原理和准则。而社会保障法中的基本原则,是指社会保障制度制定中必须遵循的,能够体现社会保障法的立法原理、价值导向和本质属性。这些原则将指导社会保障法的制定,并确保执行过程顺利,成为社会保障法的基础和根源。法的形式是法的内容的具体表现形式,社会保障法的形式是指社会保障法中的具体内容要点和结构。社会保障法是一个地位独立的部门法。它由一系列的规范性法律文件组成,这些规范性文件并不是没有规律地组合在一起,而是协调地排列,其功能需要互补,内容结构要有层次,效力也要相辅相成,从而构建出结构合理、制度配套的社会保障法律体系。

1)社会保障立法的基本原则

社会保障法的原则指的是社会保障法内在的,对社会保障法律规范起主导作用的准绳。这些原则不仅对社会保障法所要调节的社会关系做出了基本要求,还在原则上规范和指导了社会保障法如何调节。

(1)权利保障原则

权利保障,就是将社会保障固定为国家的义务和公民享有的权利。根据《经济、社会、文化权利国际公约》和国际劳工组织的公约和建议书,成员国有提供社会保障的义务,成员国公民有享受社会保障的权利。①

2004年"国家尊重和保障人权"被写入《宪法》,成为《宪法》中一项纲领性条例,社会保障对生存权的保障是社会保障立法的最根本的原则之一。在现代社会,保障人权最重要的是保障生存权,而各国的宪法保障公民生存权最根本的方式就是通过保障公民的基本生活需要来完成的。

(2)社会共同责任原则

社会保障立法目的是通过建立法律体系来构建一种社会共同责任机制,从而做到风险由社会成员均摊。从国家来看,要为公民提供基本生活保障,对一些引申的保障规定进行管理和完善,并从思想上和精神上调动公民进行自我保障的积极性;另一方面,除了政府的强制性措施以外,企业、非营利组织、社区、家庭和个体也在社会保障体系中发挥重要的作用,共同构建一个社会保障主体多元化,筹资来源丰富,保障方式多样的社会保障法律体系。

(3)与社会经济发展水平相适应原则

一国的社会保障发展水平和它的经济发展水平相适应,社会保障水平也会受到经济发展状况的制约。因此国家在制定有关社会保障的基本法规时,需要结合本国的实际经济发展情况、国家的综合实力和社会发展状况来考虑国家政府、社会和全体成员可以负担的情况。结合我国的实际情况来分析,经济尚未达到发达水平,人民生活水平普遍较低。所以对于现阶段的政府来讲,在制定社会保障制度时,主要目的是满足社会成员的基本生活需要。此外,与社会经济发展水平相适应原则还体现在选择社会保障制度的内容和模型上。例如,对于我国这样的人口大国,各省市经济发展水平不均衡,在以往建立社会保障的制度经验不够的情况下,就需要建立一个与社会主义市场经济体制相适应的完善的社会保障制度。因此我国和其他国家无论是发达国家还是发展中国家的情况都是不尽相同的,别国的经验只是对我们有一定的借鉴作用,不能照搬照抄,要从最根本的国情出发,建立一个具有中国特色的社会保障法律制度体系。

---

① 孙光德,董克用.社会保障概论[M].5版.北京:中国人民大学出版社,2016:80.

(4)社会公平原则

社会保障本质上是对国民收入的分配和再分配，是一种以社会公平为基础的国民收入转移。这是现代社会保障制度维系社会长期稳定、和谐发展，保障经济长期发展的根本要求。所以，社会保障这一政府机制是为了实现公平建立的，这种公平是要和经济发展的效果结合起来的，否则将影响经济发展，阻碍社会问题的解决。在发达国家，福利制度被逐渐推行，社会保障开始对经济产生负面效应，因为高福利在形式上体现出“公平”，却以牺牲经济效益为代价。比如保障项目增加、待遇标准提升，这些让失业者与在业者之间收入相差不大，导致大量失业者不再愿意从业。正因如此，社会成员在社会保障中的责任开始被强调，以法律的形式规定社会成员个人缴纳的社会保障基金，将社会保障基金的获取份额多少与其对社会保障基金的供给份额联系在一起，分配方针是多劳动、多贡献，社会保障待遇就越高，以此来激发劳动者主动性，从而促使社会成员积极缴纳社会保障费，为获得更高的社会保障而努力劳动。

(5)普遍性与特殊性相结合原则

任何法律都应当是一种普遍的规范，社会保障立法也应考虑是否能够适用于全体社会成员以及是否能够解决全体成员的需求，这是普遍性原则；同时，在承认普遍性的原则的前提下，又要认识到全体社会成员不是同时处在相同的阶级的，甚至社会成员的个体与个体之间都存在着差异，因此社会个体成员的需求也是具有多样性的。所以针对不同的社会成员需要制定内容有别的法律来保障他们的需求，这就是特殊性原则。而且，在不同地区尤其是像中国这样幅员辽阔、人口众多、地区发展不平衡、阶层结构日益复杂化的国家，不能在社会保障方面实行“一刀切”，应在坚持全国范围的统一社会保障法律制度的同时，适当照顾不同地区的特殊情况，因地制宜。

2)社会保障法的形式

所谓社会保障法的形式，是指社会保障法律规范的表现形式，即有关社会保障的规范性法律文件。中国社会保障法的形式包括以下几个层次或部分：

(1)宪法

宪法是一个国家的根本大法，也是指导社会保障法律、法规构建和运行社会保障等制度的根本依据。2004 年 3 月第十届全国人大二次会议通过《中华人民共和国宪法修正案》，该法案首次将“国家建立健全同经济发展水平相适应的社会保障制度”写进宪法，这一举措表明我国已将建立社会保障制度体系提上日程，与此同时，现行《宪法》第 44 条规定：“国家依照法律规定实行企业事业组织的职工和国家机关工作人员的退休制度。退休人员的生活受到国家和社会的保障。”第 45 条还规定：“中华人民共和国公民在年老、疾病或者丧失劳动能力的情况下，有从国家和社会获得物质帮助的权利，国家发展为公民享受这些权利所需要的社会保险、社会救济和医疗卫生事业，国家和社会保障残废军人的生活，抚恤烈士家属，优待军人家属。国家和社会帮助安排盲、聋、哑和其他有残疾的公民的劳动、生活和教育。”《宪法》的这些规定，构成了中国社会保障法的基本渊源。①

---

① 孙光德，董克用.社会保障概论[M].5 版.北京：中国人民大学出版社，2016：82.

(2)法律

法律是指由国家最高权力机关及其常设机关,即全国人民代表大会及其常务委员会所颁布的规范性文件。它由基本法律和其他法律组成,前者由全国人民代表大会制定和修改,全面地规定和调整国家及社会生活中某方面的基本社会关系;后者由全国人大常委会制定和修改,通常规定和调整基本法律调整的问题以外的比较具体的社会关系。于2010年10月28日通过,2011年7月1日正式施行的《中华人民共和国社会保险法》,第一次专门规定了社会保险制度建立的相关内容。1990年12月28日第七届全国人大常委会第十七次会议通过的《中华人民共和国残疾人保障法》规定了关于残疾人的保障和福利等内容。另外,《中华人民共和国劳动法》(1994年7月5日)中专门规定了"社会保险与福利"一章,《中华人民共和国老年人权益保障法》(1996年8月29日)中规定了"社会保障"一章等。

(3)行政法规

行政法规是国家最高行政机关国务院制定的规范性法律文件,按照国务院2001年11月16日公布的《行政法规制定程序条例》中指出,行政法规包括"条例""规定""办法"三种,国务院根据全国人民代表大会及其常务委员会的授权制定的暂行性法规,称作"暂行条例"或者"暂行规定",已有多部关于社会保障方面的行政法规,比如1999年颁布的《社会保险费征缴暂行条例》,2004年颁布的《劳动保障监察条例》以及2010年12月修改的《工伤保险条例》(2011年1月1日起施行)等。

(4)地方性法规、自治条例和单行条例

所谓地方性法规,是由省、自治区、直辖市的人民代表大会及其常委会所制定的规范性法律文件,一般被称为"条例""办法""实施细则",而根据宪法规定,民族自治地方的人民代表大会及其常委会有权按照当地民族具体的政治、经济、文化特点,制定适合本民族的自治条例和单行条例。例如,西藏自治区于1998年1月9日颁布的《西藏自治区实施〈中华人民共和国残疾人保障法〉办法》等。

(5)部门规章和地方规章

部门规章和地方规章统称为行政规章。部门规章是指国务院各部委和某些其他工作部门发布的规范性法律文件,如人力资源和社会保障部2011年7月1日开始施行的《实施〈中华人民共和国社会保险法〉若干规定》、民政部2007年7月颁布的《伤残抚恤管理办法》等,地方法规是较大的市及经济特区市人民政府制定的规章,由省、自治区、直辖市人民政府以及国务院批准施行,如2007年北京市颁布的《北京市城乡无社会保障老年居民养老保障办法》等。社会保障的行政规章在一定程度上填补了法律空白,但由于立法层次过低,影响了社会保障的可靠性和权威性。

(6)法律解释

法律解释是指国家机关的规范性解释,包括最高国家权力机关(全国人民代表大会及其常务委员会)、最高司法机关(最高人民法院、最高人民检察院)的解释,中央国家行政机关(国务院)的解释,地方国家权力机关和行政机关的解释。如1996年11月12日颁布的《最高人民法院关于实行社会保险的企业破产后各种社会保险统筹费用应缴纳至何时的批复》等。

(7)条约与协定

条约与协定是指中国参与的国际组织(如国际劳工组织等)所通过的相关国际条约与协定,经国家最高权力机关批准后生效。[①] 如 1987 年 9 月 5 日经第六届全国人民代表大会常委会批准的第 69 届国际劳工大会通过的第 159 号公约《残疾人职业康复和就业公约》等。经过立法机关批准或签署的公约,作为中国国内社会保障法的形式而存在,以保障其得以有效实施。

6.2　社会保障立法内容及法制结构

社会保障法是调整社会保障关系以及与社会保障有密切联系的其他关系的法律规范的总称。社会保障法着眼于公民的生存权与发展权,为保证社会成员的基本生活需要并不断改善生活水平,以解决社会中某些特殊群体的生活困难。调整是在国家、社会和全体社会成员之间,以经济扶助、社会帮扶为主要内容的社会保障关系的法律规范的集合。社会保障法覆盖范围广,内容全面,因此在制定法律内容时其内部的层级秩序显得尤其重要。内容应层层递进,结构完整合理,才能为法律有效的实施提供保障。

6.2.1　社会保障立法的主要内容

社会保障法的建立着眼于解决社会成员的生存保障问题,同时推动经济又好又快发展,将这两点作为基本出发点和落脚点。因此,现代社会保障法一方面是保障社会成员基本生存、维护社会安全的法律,另一方面也是维护社会稳定和和谐的法律。

1)社会保障法的概念及特征

社会保障法可以从实质意义上和形式意义上来理解,实质意义上的社会保障法是指调整社会保障关系以及与社会保障有密切联系的其他关系的法律规范的综合,亦即无论以何种法律形式出现,只要规范对象为社会保障关系以及与其有密切关系的其他关系,就是实质意义上的社会保障法。形式意义上的社会保障法是指国家机关(包括国务院、省级人民代表大会等)以正式的法律、法规形式,并冠以与社会保障内容相关的名称的规范性文件,如《社会保险法》《失业保险条例》等。

社会保障法指的是用以调整社会保障关系的法律规范,具体指的是在保障社会成员基本生活需要并不断提升生活水平的过程中,调整国家、社会和全体社会成员之间所产生的涉及社会保障关系的制度规范。社会保障立法的独立性主要体现在以下四个方面:①它具有独立的调整对象。当今,人们已经认识到社会保障法律关系的综合性和复杂性;同时,随着保障模式和制度在全世界范围的改革,将有更多新的调整对象及法律关系需要被认识。②它需要特定的调整原则。如社会保险要坚持权利与义务相对应、公平与

① 孙光德,董克用.社会保障概论[M].5 版.北京:中国人民大学出版社,2016:82-83.

效率相统一、待遇水平与生产力发展水平相适应的立法原则，创造适应知识经济时代的新原则。③它已经形成专门的内容体系，基于国际劳工组织 102 号公约——《社会保障最低标准公约》，社会保险立法的基本内容体系已经形成，21 世纪社会保险制度将沿着多支柱的道路发展，内容将更加丰富。④它具有跨部门发展的趋势。社会保险始终是在公法范围内，多支柱发展趋势让它向私法领域延伸，形成跨领域的新兴法律部门，人类社会进入了 21 世纪，社会保障法学研究与立法实践不断丰富和深化，在中国也正在进入独立发展阶段，社会保障法也独立于劳动法，员工的社会保障与劳动法具有密切的联系，并具有延伸性和互补性。社会保障法和劳动法都属于社会法范畴，是社会法的主要内容。

2）社会保障法的特征

社会保障法是现代法律体系中不可缺少的一环，作为一个独立的部门法，它不仅具有法的普遍特征，还具有特殊的作为独立法律部门的特征。

（1）安全性

社会保障法通过立法对社会保障的内容进行规定，其中包括保障的对象、范围、手段等，从而使特定的生活困难群众的基本生活得到保障。由于社会成员包括劳动者在社会生活以及劳动过程中，难免会遇到各种风险和事故，通过社会保障制度，能够使社会成员和劳动者在受到意外和风险时不至于生活无着落，从而使社会每一个成员都能得到必要的安全保障。安全性这一特征，为社会成员生活的安定氛围创造了良好的条件，既体现了政府在社会保障问题上应有的态度和必须承担的责任，也为保障对象构建了一个“安全网”，使社会成员有平衡感。

（2）强制性

社会保障由国家通过立法强制实施，就社会保险而言，投保的对象包括劳动者和用人单位，法律规定投保的对象都必须参加保险，规定的对象没有随意做选择的权利，也不能退出参保活动，法律规定的保险种类和费用也要严格执行，规定的对象不能自由协商决定。所以，社会保险是由国家强制管理，集中控制，对投保后自身的利益受到损失的被保险人给予现金和医疗服务，属于政策性保险。社会保障从社会利益出发，保障社会成员的安全和利益，虽然缴纳强制性的社会保险可能会从一定程度上暂时使社会成员的利益受到损害，但从社会集体的角度出发，国家仍需使用强制性的措施，来维护社会保障制度的正常运作。社会保障的强制性是国家对社会经济生活实行国家干预的表现，也是社会保障制度得以存在和实施的保证。

（3）普遍性

对于我国而言，虽然不同所有制类型的社会成员和各种其他领域的保障对象在适用的方式上有不同，但社会成员无论是在农村或城市，国有制企业或集体所有制企业，已就业或失业，都一致且不被排斥地享有社会保障提供的基本生活的物质保障。对社会保障本身而言，社会成员除了基金的筹集方式、保障的领域、项目、标准和形式等不同，并不会存在有无保障资金的差异。

（4）平等性

社会保障法规定我国公民拥有平等享受社会保障的权利。社会成员发生了无法应对的生存困难,国家都依法平等地提供基本的生活保障。既要保证每个社会成员享有这个权利,也要防止一些人违反法律享有权利外的特权。

(5)鼓励性

社会保障的鼓励性是从保障对象的主观上进行改造。法律中的某些内容,如规定中对暂时或永久失去劳动能力的劳动者提供保障,直接将物质保障与劳动量挂钩,劳动量大且时间多的劳动者能够获得较多的物质资源,相反则较少。差异性的社会保障,在鼓励劳动者积极创造财富、实现人生价值方面,有显著的作用。

3)社会保障法的主要内容

社会保障关系是指社会保障法里相关对象的相互关系,包括调整对象、主体和客体等。社会保障法的调整对象是指政府、社会和公民在社会保障活动中产生并形成的各类经济社会关系,主要有政府与公民之间,社会保障部门与国家之间,社会保障各部门与公民之间,社会保障部门与企业或其他组织之间,企业与劳动者之间以及在社会保障执行中的相互关系、监督关系等其他存在于社会保障法执行中的关系。

社会保障法所针对的调整对象,是在社会保障法的运行过程中产生的社会保障关系,主要包括政府、用人单位或组织和公民在社会保障法所运行的范围内发生的各类经济社会关系。具体来讲,调整对象包括以下几种:

①政府与公民的关系,政府包含中央政府和地方政府,公民指的是全体社会成员,这一关系中需要明确的是政府进行社会保障管理时的责任和宗旨以及全体社会成员依法享有的基本生活保障的权利等。

②政府与社会保障机构的关系,这一关系中,政府对于社会保障机构的实施进程进行管理,并对其财政进行监督和审核等。

③社会保障机构与公民的关系,社会保障实施机构在为全体社会成员提供社会保障资金的同时,全体社会成员也为社会保障实施机构进行资金筹集。在这一对关系中,要明确双方的权利义务,是运行社会保障最关键的一环。

④社会保障机构与用人单位之间的关系,各企业或组织等用人单位负责征收社会保障所需要的资金,社会保障机构负责提供征集到的资金。

⑤企业、用人单位与劳动者之间的关系,在这一对关系中,重点是对企业及用人单位进行约束,使其承担起社会保障的责任,同时保护劳动者享有基本生活保障的权利不受侵犯。

⑥社会保障执行中的管理制度,即社会保障运行过程中对其进行管理的机构的设置和设置后处理各部门之间的关系。

⑦社会保障执行中的监督制度,包括设置各监督机构以及确保监督过程中权力与职能的协调划分及运行。

⑧其他社会保障关系,比如社会保障系统中各个子系统、社会保障基金与政府财政及市场的关系等,对这些关系社会保障法也做了相应的规定。

(1)社会保障法律制度的主体

在社会保障法的制度体系中,社会保障法律制度的主体就是依法规定行使权利和承担义务的对象。法律对主体的相关内容包括条件、资格等做出明确的规定,同时也规定了主体在社会保障过程中的权利与义务。

主体的活动贯穿着社会保障过程的始终,在运行过程中,主体具有多样性。最重要的主体是政府,政府代表国家在社会保障运行过程中进行宏观调控,主要是通过相关的政府部门的活动来实现。政府除了直接参与到社会保障运行过程中,还要承担社会保障的责任,政府为社会保障的各环节提供财政支撑,因此是最重要的主体。政府的主体作用在分税制和财政分级责任制的条件下体现在地方各级政府的行为活动中。其次是实施社会保障的相关机构,这些机构在社会保障法律制度运行过程中具体实施各种事务。实施机构既向企业、各类组织、社会成员等收取保险费,又维持社会保障项目的运行。再次是企业、社会团体及官方机构。企业等主体与社会保障实施机构一样,都是社会保障法制关系中的主体。它们在向社会保障机构提供资金的同时,还要直接提供单位员工福利等。最后是各类社会成员及其家庭,主要是指对社会有贡献的劳动者。社会保障制度从本质上说是为全体社会成员而制定的福利性保障制度,城乡居民作为社会保障制度的直接受益者,同时也需要缴纳社会保障费用给社会保障的实施机构,同样也属于当然主体。这四类的活动对象共同构成了社会保障的主体,但它们与社会保障的关系不同,这决定了社会保障实施机构和劳动者是完全主体,而政府、企业等则是特殊主体。这些社会保障制度的主体构成体现了社会保障事业的社会性、公益性、福利性。

(2)社会保障法律制度的客体

在社会保障法律制度运行过程中,各关系主体行使相应的权利也承担相应的义务,而这些权利义务所实施的对象和目标就是社会保障法律制度的客体。从实际执行过程情况来看,社会保障法律制度的客体包括各种物质利益以及自然人。社会保障的对象,大多数都是财产物资或者是个人的身体、生命。其中,灾害救助等保障的是财产物资(包括养殖业生产和无生命的家庭财产)等,而另外的一些常见的社会保障的对象则是个人的生命或身体等。从社会保障的宗旨来看,它的目的主要是帮助公民守住维持基本生活的物质条件,这种物质保障又是通过提供劳务或支付资金的方式来实现的。所以,人作为最主要的保障对象,是社会保障法律制度中最重要的客体,而财产等物质资料则是部分规定中的特殊客体。

从社会保障法律体系的结构来看,不仅取决于法律理论,也取决于社会保障制度本身的内容、结构。从理论方面来说,国家的现行法规条例按照一定的规律要划分成不同的法律部门才能在各个部门法运转的时候形成相辅相成的整体。同时,单个法律部门也有其体系结构,即某一法律部门中的各项法律规范也可以按照某种标准组合成有序的整体。因此,从法律体系理论层面来讲,社会保障法是一个独立的法律部门,是属于整个国家法律体系的一部分,与此同时,它又有自身的特殊体系结构。现代法治国家的法律体系通常由若干低层次的法律部门所构成,形成一个由低层到高层的金字塔形结构,而这一金字塔拆分为若干小金字塔即子法律体系,社会保障法律体系正是这些小金字塔中的一个。社会保障法律体系主要分为两个部分,第一部分是社会保障专门法律体系,还有一部分是社会保障相关法律体系。第一部分的社会保障专门法律体系指的是专门用于规范国家社会保障的法律体系，它确保国家的基本法律顺利制定并且可以有秩序的运行，如《社会保险法》《社会福利法》《社会救助法》等。同时，社会保障相关法律体系指的是某些国家制定的包含与社会保障内容相关法律所构成的体系，如《公务员法》《劳动法》等。

6.2.2　社会保障法制结构

社会保障法调整的表现是多样化的法律主体在社会保障过程中产生复杂的社会经济关系，它不仅由个别法律或一些相同层次的法律所构成，而是一个由很多逻辑连贯的相关法律条例所构成的系统。社会保障法制系统通常可以被分为四个层次。

1）社会保障法制系统的层次

最高层次是宪法层次，即各国宪法中对国民权益的保障或直接对社会保障制度的原则规范，这是社会保障立法活动的根本依据。

第二层次是社会保障领域的综合性或单项性法律，它由国家立法机关制定，是社会保障制度的基本依据。

第三层次是社会保障领域的行政法规，它由国家行政机关颁行，是社会保障制度实施的具体依据。

第四层次是由地方性的行政机关或立法机关根据本地区实际情况制定的适合本地区运行的社会保障法规，这些地方性法规以全国性社会保障法律、法规作为指导，同时照顾到地区差异性特点，它对本地区的社会保障计划、项目也承担相应的责任。

2）社会保障法的基本结构

在宪法对社会保障事务从原则上进行规范后，其他层次的社会保障法律、法规一般由以下几部分内容组成：

①总则部分，主要表述本法的立法依据、宗旨、基本原则、项目构成、适用范围、用语释义等。

②社会保障基金的筹措，包括社会保障基金的征集渠道、征缴方法、费用缴纳比例、基金运用管理的原则和方式等。

③社会保障待遇的给付和享受资格，主要包括给付条件、保障标准、享受者的权利与义务关系等。

④管理机构与管理体制，主要包括管理机构的名称、责任、职责范围、监督与隶属关系等。

⑤法律责任，主要包括社会保障管理机构、保障对象等相关关系各方各自的权利、责任和法律约束方式等。

⑥争议处理，主要包括对社会保障法律实施过程中引起的争议的协调处理原则和方法等。

⑦附则，一般包括生效时间、解释权限等。

6.3 国外社会保障立法实践与经验

第二次世界大战后,资本主义世界各国在经济上有了不同程度的发展,由于产业结构的调整,重工业和其他一些劳动力密集型产业衰落,大批工人失业或被迫改换工作。面对庞大的失业大军和需要解决的日益严重的社会问题,社会保障法的发展进入了新的阶段。

6.3.1 国外社会保障法发展的历史

社会保障法律制度是随着资本国家经济的发展而逐渐发展起来的社会制度。社会保障法始于英国,而正式制度的建立始于德国,美国是对社会保障进行最为全面和系统的规定的国家,而且至此之后,"社会保障"一词被世界各国及世界劳动组织所接受,成为一个统一而规范的称谓。

1)社会保障法雏形期

英国的社会保障法律制度,以传统社会救济制度为基础发展起来。英国在1601年颁布了世界上首部《济贫法》。该法产生于农业经济为主体的社会中,它在内容上有很大的局限性:提出政府济贫只是出于统治者的恩惠,着重强调它是对劳动者的惩罚而忽视了它对需求者的帮助。但是该法是人类历史上首次用专门的法律形式来对社会保障事项进行规定,明确国家有责任对底层贫民采取积极手段进行救济。它的颁布标志着社会保障由临时性转向制度化,由随意性转向法律化,意味着西方社会保障制度开始逐步形成。18世纪下半叶开始的工业革命使得英国社会问题再次出现。新《济贫法》为现代社会保障立法打下了基础,形成政府直接参与社会保障的传统并为后来欧美各国的社会保障立法树立起了典范。

(1)《济贫法》

1601年,英国政府颁布了《济贫法》,这部法律是在传统社会救济制度的基础上发展起来的国家救济制度。尽管英国政府颁布的这部《济贫法》是为了解决"不工作"的流浪者引发的社会问题,迫使其进行劳动的一部带有"惩罚"性质的救助法律制度,但是它的颁布标志着人类历史上第一次用正式制度的方式,对社会保障制度进行了统一的规定,解决了当时依靠教会和世俗社会慈善救济的不足。

《济贫法》规定的救济对象有三种:①有劳动能力的贫民;②无劳动能力的贫民;③无依无靠的孤儿。救济措施包括:①建立地方行政、征税机构;②帮助有劳动能力的人找到劳动场所;③对盲人和老人等丧失劳动能力的人进行资助,建立收容所;④帮助贫民学艺,建立习艺场所;⑤宣扬父母子女应有的社会责任;⑥向富裕的地区征税然后用来补贴贫穷地区。

但是这部《济贫法》带有一定的时代局限性,政府的救济行为并非慷慨之举,获得救济的人往往以丧失个人尊严、个人自由和政治权利为前提。因为当时主导英国政府行为的新教教义以及伦理观认为贫穷是万恶的源泉,它造成了道德原则的沦丧扭曲,而且还因为伴随而来的刑事犯罪影响了社会秩序的安定,正因如此,新教竭力要求压制和惩戒贫穷者。因此,政府对贫民的救济就成为一种“惩罚和矫正”相结合的手段,来达到稳定社会秩序、保障富人阶级利益的目的。

(2)新《济贫法》

1834 年,英国议会颁布了新《济贫法》。决定不再发放救济金给济贫院以外的穷人,逼迫他们重新回到习艺所去学艺。新《济贫法》是在国王威廉四世的组织下对原有的《济贫法》进行了改革,它同时也建立了首个全国性行政机构——济贫委员会,该委员会是在废止由各教区掌握的济贫行政管理权,合并临近若干教区的基础上建立起来的。将济贫权限集中起来,解决了地方济贫管理腐败与不称职的问题,开始在全国范围内建立起统一的社会保障制度。新《济贫法》认为救济穷人不是消极行动,而是积极的社会福利手段。把接收社会救助定为公民的合法权利,强调了人人都有生存的权利,对穷人给予救济变成了国家和社会的应尽义务。但新《济贫法》领取救济的条件极为苛刻,它只对住进济贫院的人进行接济,对无业贫民取消一切金钱和实物的救济,强迫他们只能去到习艺所从事一些待遇低却又繁重的劳动。

前后两部《济贫法》对稳定当时的社会和促进、巩固资本主义经济产生了积极的作用,也为世界各国建立相应的社会保障制度发挥了范本式的作用,而随着工业化的发展,社会保障制度以此为契机在世界各国蓬勃发展起来。

2)社会保障法形成期

社会保障法的核心制度社会保险法并没有顺势在工业革命发源之地英国发展起来,而是在更适应工业化发展的德国形成和壮大起来。19 世纪 80 年代,德国不仅完成了国家的统一而且国家经济发展迅猛,很快成为欧洲工业化国家的“老大”。但是随着资本主义经济的发展,德国的阶级矛盾也日益加剧,劳资矛盾随之爆发。为了安抚工人阶级调和劳资矛盾,稳定刚刚建立的德意志帝国的统治大厦,首相俾斯麦进行了一系列的社会改革,社会保险法律体系的形成就是这次改革的成果。

1881 年 11 月 17 日,德皇发表了《黄金诏书》,正式建立“社会保险”,采取一系列措施来对工人生活待遇进行改善,以立法手段建立起更加完善的社会保险制度。1883 年德国又制定出世界上首部《疾病保险法》,该法用于手工和非手工工人患病时的生活和医疗保险;1884 年制定《工伤保险法》,补偿因工受伤的劳动者;1889 年制定了《老年残废保险法》,使全体工业劳动者在老年和残废时有足够的生活保障。以上三法为德国社会保障奠定了法律基础。1911 年,德国制定了《孤儿寡妇保险法》,与以上三法一起组成《社会保险法典礼》史称“帝国社会保险法典”。1923 年又颁布了《帝国矿工保险法》,1927 年制定《职业介绍和失业保险法》。这样,德国创立了一个以社会保险为主的完善社会保险制度。

上述社会保险法的建立标志着社会保障制度的形成,而以此为核心内容的社会保障制度很快成为欧洲其他工业化国家建立本国社会保障制度的模本。法国于 1894 年制定了《劳动工伤补偿法》;1910 年又颁布了《劳动者农民年金保险》,在工人和农民人中强制性执行的年金制度;1928 年又制定了《社会保险法》,在全国范围内推行疾病、死亡、老龄、残疾、生育等各类保险。英国也在 1908 年制定了《老人年金保险法》,该法规定年逾 70 岁且年收入少于 21 英镑的老年人可以每周领取 1 先令作为养老金;1911 年又制定《国民保险法》,规定了健康及失业保险。而意大利在 1898 年和 1910 年分别颁布了《老龄残废保险法》和《生育保险法》。瑞典早在 19 世纪后半期就出现了医疗保险相关的合作组织,又在 1901 年制定了《工伤补偿法》,1913 年制定了《老龄金制度》;1918 年颁布了《工伤事故保险法》;1926 年制定《国民保险法》;1934 年颁布《失业保险法》。

各国都建立起各自的社会保障法律体系,这不仅标志着社会保障制度作为一项独立的制度被国家纳入正式制度内,同时也意味着社会保障法以独立的法律体系出现。

3)社会保障法成长期

19 世纪末到 20 世纪初,欧美国家建立的社会保险法律制度作为经济发展的重要手段发挥了积极的作用,但是以 1929 年的一场波及全世界的经济危机为分界线,社会保障法的新的发展由此展开。1929 年经济危机的发生,打破了"市场万能"的神话,新的经济理论的构建要求政府介入市场经济中,通过宏观调控的手段,解决市场无法解决的问题,如不完全的竞争市场、公共物品的供给问题和外部性现象。美国虽然在 19 世纪末 20 世纪初经过经济的强劲发展已经占据了"世界经济霸主"的地位,但是社会保障制度相对落后,因此在经济危机发生之后,无产者和老年人因为生活无着、流离失所所引发的阶级矛盾尖锐化。为了解救陷入经济危机困境的美国,同时也为了平息因为经济危机而酿成的社会危机给美国社会带来的巨大震荡,福兰克林·罗斯福当选为总统之后制定并实施了他的铁腕政策新政。新政理论的基石恰恰就是由国家向全社会实施社会救济、社会保险和社会福利,强调国家对经济生活的干预,通过拉动社会的有效需求来带动经济的复苏和发展。正如罗斯福总统于 1934 年 6 月 8 日在其文中所言:根据我国宪法,建立联邦政府的目的之一就是增进全民福祉,保障福利的提供也就是我们的明确职责。在我看来,家庭安全、社会保障、生活保障这三大任务是我们能向美国人民提出的最低限度的承诺。

在新政的基础上,1935 年参众两院通过并颁布了《社会保障法》,并成立了执行法律的联邦社会保障署。该部《社会保障法》称本法案旨在增进公共福利,通过建立老年救济金制度,使各州得以向老人、盲人和残废儿童提供可靠的生活保障。确保妇幼保健公共卫生和失业补助法的施行。法案共 10 章,规定了各种补助款、救济金,最重要的内容是规定了老年人、失业人员和未成年儿童的保障。

《社会保障法》的主要内容有:社会保障是大机器生产的客观需要;以"普遍权利"为核心的社会保障制度作为建国方略;初期社会保障项目应包括失业、养老、家庭保险,实行家庭平安、生活保障、社会保障;实行"以工代赈"的现代社会救助,反对消极的救济行为;实行以地方为主的失业社会保险和强制性、多层次的养老保险,社会保险必须促进自我保障意识的确立;社会保障项目必须逐渐展开。

1935 年的《社会保障法》是美国历史上非常重要而关键的法律,它成为美国社会保障事业体系化的基础。尤其是对"社会保障"一词的确立和使用,为世界各国对社会保障制度进行研究和使用确立了统一而规范的名称,也成为我们对现代社会保障制度发展进行探索的一个新的历史起点。

6.3.2　国外社会保障法模式

1)自由保险模式——美国

有学者称其为多元化社会保障模式或自由保险型。其特点为社会保障的实施分别由联邦政府、州及地方政府和团体及私人组织来承担;社会保障形成了以社会保险为中心,以社会救助和社会福利为补充的保障网络;社会保障制度的推行主要以立法为依据,实施强制性保险,尽管社会保障的覆盖面很广,但是保障的程度很低;社会保障制度中的社会保险项目主要以雇主和雇员缴费为主,国家主要承担的是社会福利和社会救助的责任,例如主要为伤残、年老和医疗保险提供津贴;除了社会保障部分,公民还通过私人或补充保险来弥补社会保障的不足。

2)福利国家模式——瑞典

有学者称其为福利国家型社会保障模式。其高福利的社会保障为公民提供了从"从摇篮到坟墓"的一切社会保障,涉及社会生活的各个领域,包括儿童服务、教育保障、住房保障、残疾保障、医疗保障、最低生活补助金、工伤补贴、失业保险、老年人保障等;社会保障水平高,而且强调均等化,即全体公民,不论收入高低、身体残疾与否、年龄大小,都会均等地享有各种社会福利和社会服务;社会保障基金主要由国家和企业来承担,依靠高额的个人所得税来维持这种高福利支出的财政需要。

3)投保资助模式——德国

作为世界上最早进行社会保险立法的国家德国的社会保障模式被称为"投保资助型"模式,这种模式强调了公民参与社会保障的强制性,并且定期缴纳社会保险费从而享有申请保险待遇的权利;国家在社会保障管理中发挥着积极的作用,通过完善而有效的社会保障制度体系,促使劳资关系融洽和睦;社会保险、社会赡养、社会救助和社会补贴是德国主要的社会保障制度,社会保险中的失业保险、养老保险、事故保险和医疗保险被誉为德国社会保障体系的四大支柱。

4)个人积累模式——新加坡

新加坡的保障模式是以公积金制度为核心的个人积累模式,法律规定只要是参加工作获得工资或薪金收入的人都必须参加该制度,个人公积金按工资收入的一定比例由雇主和雇员共同负担,所有权归个人所有,退休之后按月发放。国家只是充当监督者的角色由官方性质的公积金局负责管理。这种模式强调个人的自我保障,缺乏互济性。

6.3.3　国外社会保障法的特点

尽管各国所推行的社会保障模式不同,但是有一个共同的特点就是各国社会保障政策的实施和推行都建立在一套完善的法律制度的基础之上,通过立法规定保障人和被保障人之间的权利和义务。就这些具有典型代表的国家社会保障法实施情况而言,国外社会保障法律制度的特点如下:

①社会保障法是通过比照经济发展的水平和社会生活的需求并经过不断的修订、调适而形成的社会保障法律体系。因此,各国的社会保障法不具有雷同性,即缺少一般法律制度所具有的移植和照搬的意义。例如,罗斯福新政时期之后的70多年时间里,美国的社会保障制度经历了继续发展和扩大时期到调整巩固时期,直至奥巴马政府在21世纪进行了社会保障的重大改革,完善了国家医疗保障制度,这一切说明了美国模式的存在除了与它们的经济、文化相匹配,更重要的是与每一位执政者的执政理念以及推行的政策相一致。

②国外社会保障法是以社会保障基本法为起点逐步发展而形成的社会保障法律体系。社会保障法不同于传统意义上的民法、刑法,法律涉及的社会生活领域广,跨越的学科门类多,立法技术手段复杂,各国首先制定了一部原则性的基本法来统领其他社会保障子法律的发展,为子法律提供立法的价值目标和立法宗旨。如1935年美国颁布实施《社会保障法》之后,历届总统分别在住宅、教育培训、老年残疾遗嘱等方面进行了立法,包括2010年奥巴马政府通过的以医保改革为背景的医保法案,这些立法都是旨在实现1935年《社会保障法》的目标。本法案旨在增进公共福利,通过建立一个联邦的老年救济金制度,使一些州得以为老人、盲人、受抚养的和残废儿童提供更为可靠的生活保障,为妇幼保健公共卫生和失业补助法的实行做出妥善的安排。法国则拥有一部社会保障法典,其中容纳了上千部社会保障方面的法律,这是大陆法系立法的模式和习惯。

③在现代社会,世界各国都有自成体系的社会保障法,而且基于调整对象的复杂性,各国社会保障法涉及的保障项目较多包含社会生活中的各个方面,因此就立法的数量而言,社会保障法典统率之下的社会保障法律数量庞大,立法的种类也是名目繁多。

④各国社会保障法的基本理念是实现社会公平从而实现社会的长治久安。人类社会发展的历史是一部人类追求社会公平、平等的历史。而作为一项社会制度,法律同样也是用自身特定的调整手段和方法来追求社会所需要的平等或公平价值。不同的研究者对平等或公平给出了不同的理解和界定,如罗尔斯在其《正义论》中提到,人类社会的正义问题乃是社会中分配的公正,他用“分蛋糕”的例子证明了这一点;而朗斯曼在其《相对劣势与社会正义》一书中也提到在一个有争议的社会,必然有财富的不断移转,从最富有的移转到最贫穷的人,除非在最贫穷以上的人能够根据上述的原则来证明他们拥有较多的财富权利,在缺乏这些特殊条件时,其财富移转逐渐向中间平均数回归。与之相反的是市场经济所遵循的“优胜劣汰”的基本规律决定了人类社会必然是一个有差别的阶层社会。因此,为了抵消市场经济发展给人类社会带来的副作用,我们通过社会保障法律制度,运用社会保障工具,以国家为主导来对公民初次分配的财富进行再分配。在不损害富人的财产利益的基础上,将社会财富转移至穷人或疾病、失业、老年人等弱势群体,达到社会的财富平衡,从而实现社会的平等或公平。因此,这种转移的理论基础之一就是建立在社会公平之上的。

6.3.4 国外社会保障法的发展趋势

进入21世纪,伴随着知识经济和信息时代的开启和发展,人类社会的财富积累也达到规模空前的程度,似乎人类社会已经摆脱了贫困、疾病、失业、年老等工业化社会带来的各种社会问题,但是恰恰相反,在实际生活中这些问题不但没有解决,而且有加剧的趋势。例如,2008 年的经济危机破坏作用的辐射效果产生了这些数据:日本在 2009 年上半年的失业率达到 5.2%,美国为 9.5%,欧盟为 10.9%,失业人口都是以百万计,而失业问题带来的连锁反应例如财政危机、社会暴力事件也日益频繁。因此,正如国际劳动组织所获得的调查报告所显示的,社会保障制度不仅仅是反对贫困,而有着更为深远的目的,这就是必须维持生活水平和质量,增加个人的安全感。经济更加繁荣并不能取消社会保障,必须防患于未然,看到预防性措施的重要地位。因此,把分散的社会保障法规统一起来并尽可能加以巩固同时应该用最明白易懂的语言草拟法规。当然,法律随着社会制度的发展和变革进行及时的修订势所必然,但是纵观世界各国的社会保障制度,似乎在进入 21 世纪之后,面临着对制度进行变革以适应更加多元化的社会保障需求的诸多困惑,而问题的关键依然是“公平优先、兼顾效率”的基本原则能不能有效实现。例如“高福利”国家的典范瑞典,因为社会保障的财政支出超过其收入,所以国家为这种高福利背上了沉重的包袱;美国社会保险中,国家不对工薪阶层提供医疗保险,而是由雇主和雇员承担责任,附加雇主通过向私有商业保险购买医疗保险而提供给员工的补充商业保险,而这种医疗保险模式因为其“高支出、低效率、欠公平”等问题长期困扰着民主党人,奥巴马政府于 2010 年 3 月签署的医疗保险改革法案,为美国实现医疗保障的全民覆盖铺平了道路,该法案被称为美国社会保障体系 45 年来最大变革。独树一帜的智利社会保障模式,其养老保险私营化的模式在许多社会保障学的专家看来,属于逆潮流而上的失败的模式,“这种改革只能在革命或反革命的斗争情况下出现,况且这种改革经过 10 多年的实践并未实现其诺言,在其他拉美国家的推广情况亦不理想,从而得出发达福利国家不可能采纳智利模式的结论并告诫说智利经验的负面教训应当是那些坚信私营化替代社会统筹将增加大众福利的人民警醒”。

除了本国社会保障立法的发展,在全球经济一体化发展的大趋势下,社会保障法治的国际合作日益增多,通过召开国际会议,制定有关社会保险的国际公约和共同纲领,阐述普遍适用的原则、标准和行动方案;而作为国际劳工组织、国际卫生组织、国家社会保障协会、国际社会工作者协会以及国际社会福利协会等在社会保障立法方面也有所贡献,尤其是国际劳工组织,从 1919 年制定《国际劳工组织章程》起,有关社会保障事务的国际劳工公约和建议书就有几十个,成为社会保障国际立法的权威机构。

6.3.5　国外社会保障给我国的经验启示

任何一个国家社会保障制度的建立,都有其特定的历史背景和社会环境,立法模式、制度内容都要受到本国政治、经济、文化、历史传统等多种因素的制约或影响,其他国家是无法机械地模仿或简单地抄袭。但是先进文明的成果是人类的共同财富,值得相互借鉴。我国在建立健全社会保障法律制度的过程中,一方面应立足于本国具体国情,走本土化道路;另一方面也应该学习和借鉴其他国家的成功经验。这对建立健全中国社会保险法制具有重要意义。

①建立社会保险法制的前提条件是有法可依,根据宪法原则社会保障是国家、企业和个人之间产生的权利义务关系。建立健全的立法和执法体系才能实施宪法原则。国外经验表明,无论是在发达国家还是在不发达的亚非国家,均在依法建立社会保障制度体系。

在欧洲,国家社会保障相关的立法已经有 100 多年的历史,经历过不断的补充已经逐渐形成一个完整的体系。新加坡的《公积金法》在多次修订后,将完全积累原则与社会互济原则进行了有机结合。完善的社会保障法律可以保证缴费、数据管理、待遇支付和基金投资运营的顺利进行。国家、企业和个人都有各自的责任,每个环节都有法可依、有章可循,特别是社会保障基金的投资运营,需要在一个与《公司法》《金融法》《托管法》等相关法律协调发展和严格监管的规范体系内运作,以确保缴费人的利益。

在中国,无法可依、无章可循导致各级政府机构的举措不到位,企业个人逃避缴纳社会保险费,道德风险制裁能力有限,公民的合法权益得不到保障,已经阻碍了社会保障制度的建立。当下,推进中国社会保障制度建设的首要任务就是制定出《社会保障法》以及相关的法律法规。但是,保证社会保障立法质量的基本条件是充分的科学假定,因此,教育发展与社会保障理论研究同等重要,都是中国亟待发展的事业。

②建立社会保障法制的必要条件是执法必严,社会保障法律得以实施的条件是有法必依。建立健全社会保障法的监督体系作为社会保障法制建设的一个重要组成部分,主要任务包括以下几部分:a.选择适当的监督机制。国际经验表明,通用模式是受益人参与的社会组织监督和业务监督相结合,多个国家建立了政府、专家和缴费人组成的“社会保障监督委员会”。b.制定的监督监管程序需要保证严格的同时易操作,它主要由资格准入与退出、常规报告、定期与定点检查组成。c.培养建立一支专业的实施监督监管队伍。

上述讨论的是保证社会保障法律得以实施的行政管理条件,其实施成本很高。在社会保障立法中导入利益激励因素和市场竞争原则可以降低执法成本,如降低确定给付(DB)分配比例,转向确定缴费(DC)分配比例,可以提高参与人缴费的积极性和提高监督资金管理的主人翁意识。

③保护诉权是社会保障法制的一个重要组成部分,法律只是赋予公民享有该权利的可能,而国家的责任则是保证公民实现该权利。从西方国家的历史实践中我们可以看出:a.在社会保障领域需要完善的立法体系、执法体系以及司法体系,同时司法体系不仅需要有健全的机构,还需要有一支高素质的专业法官和兼职法官队伍;b.在社会保障领域应用独立司法原则,人们的社会权利才能得到相应的保障;c.当前的西方国家社会保障司法原则、组织和程序,不仅继承了传统的欧洲理论和实践经验,而且根据实际需要进行了反复的改革,在各国均有别具一格的特殊原则和程序处理社会保障争议。

西方国家社会保障领域的司法制度也不可避免地面临着 20 世纪 80 年代以来,信息技术的发展和普及带来的市场经济和民主政治全球化发展的挑战。面对高额的开支和漫长的诉讼程序,为了提高工作效率和降低成本,许多欧盟国家正在酝酿司法制度的改革,如减少审级,实行三级审理的国家朝着两级审理的方向努力。又如,发挥民间调解和行政协调的作用,在法院的门外筑起防线,既使争议得到及时处理,又可减轻法院的开支和负担。

中国正在选择处理劳动与社会保障领域争议的适合中国国情的模式。借鉴国际经验可以做出下列选择:a.研究"社会法和社会权益争议"的概念,同时发展社会法的执法机构与程序和争议处理机制;b.发挥企业调解和地方仲裁机制的优势,在仲裁机构和司法机构之间合理分工和有机合作,因此需要区分个体争议和集体争议、社会权益争议的权利纠纷和利益纠纷、诉权的广义概念和狭义概念;c.建设由专业法官和陪审法官组成的特别法庭执行特别程序(简易程序)处理社会法领域的争议,如劳动争议、社会保障争议等。

④社会保障制度的建立和完善必须以强制性立法为基础,社会保障制度的运行和实施,需要健全的立法体系来保障。德国首创社会保险制度、美国推行综合性社会保障制度,英国创立福利型社会保障制度,都以制定和完善相应的社会保障法为标志。我国在改革和完善社会保障制度过程中,一定要借鉴各国"立法先行"的成功经验,加强立法工作,克服立法滞后的缺陷,把社会保障的各项政策和措施纳入法制轨道,实现社会保障的规范化、制度化、法律化。社会保障制度只有被全面纳入国家的法制体系才会有坚强的生命力。

⑤社会保障制度从建立到完善,是一个循序渐进的过程。任何国家的社会保障制度都不是一蹴而就的,在创建初期都不可能尽善尽美,必然地要根据社会的发展需要进行不断的修正和调整,才能逐步走向成熟、趋于完善。形成于 19 世纪末的德国社会保险制度,直到 19 世纪中叶才得以基本健全。美国著名的《社会保障法》已被无数次修改,在经过了 70 多年的发展和四次立法高潮以后,美国才形成具有多样化特点的比较完整的社会保障法律体系。目前,我国正处在社会保障制度全面改革的重要时期,一定要处理好废旧与立新的关系、继承与创新的关系、雪中送炭与锦上添花的关系,以现有社会保障制度的基本框架和基本制度为基础,根据社会主义市场经济体制的特点和要求,兼顾社会的实际需要和客观限制,逐步完善社会保障的各项制度。

⑥社会保障水平要与经济发展水平相适应。国家的经济实力、社会的物质积累,是社会保障制度得以实现的物质基础。经济发展水平决定着社会保障的规模、结构和总体水平,超越经济承受能力而追求过高水平的社会保障,结果只能是阻碍经济的发展,助长国民的惰性,削弱社会保障的功能。以英国为代表的"福利国家"的实践结果为我国的社会保障立法提供了前车之鉴。我国在社会保障制度的建设中,既要追求制度的完备,又要结合我国经济发展的实际水平,充分认识我国人口多、底子薄、各地发展不平衡等具体国情,量力而行,确定切合实际、适应经济发展水平的保障范围、保障项目、保障标准。应坚持低起点、可持续的原则,随着经济发展水平的提高,由小到大地扩大覆盖范围,由少到多地增加保障项目,由低到高地提高保障水平,逐步发展我国的社会保障事业。

⑦社会保障应强调政府责任,发挥政府的主导作用。市场经济中的社会保障基于政府职责而启动,政府是社会保障关系中无可争议的责任主体,承担着不可推卸的对公民提供经济帮助和生活保障的义务,它不仅是社会保障制度的设计者、立法者,还是社会保

障制度运行过程的组织者、管理者与监督者,承担完善立法、财政支持、组织实施、监督管理的责任,以及及时处理争议责任。在社会保障中强调国家干预、政府主导,可以有效地防止和解决市场经济带来的分配不公、生存风险等社会问题,实现社会公平,保障公民的生存权利。在我国建立和实施社会保障制度的过程中,发挥政府的主导作用同样十分重要,必不可少。

6.4 中国社会保障立法实践与发展

我国社会保障法的发展有着特定的发展背景和轨迹,如独特的儒家文化影响、历史发展的不同路径以及经济模式的变革,这些都是影响社会保障法律制度产生、发展和完善的因素,同样也使我国的社会保障法与其他资本主义工业化国家的社会保障法大相径庭,从而形成了具有中国本土特色的法律制度。

6.4.1 国内历程

1)中华人民共和国成立以前的社会保障立法概况

远在两千多年以前,中国就出现了零星的社会保障思想。历代封建王朝也曾采取过一些保障黎民百姓生存的措施。但是中国的社会保障立法基本处于空白状态,直到20世纪以后,在西方工业化进程的影响下,社会保障立法才开始在中国萌芽。我国最早的社会保障立法文件主要有:北洋军阀政府的《矿山条例》(1914年)、《劳动保险草案》(1929年);国民党政府的《工厂法》(1931年)、《最低工资法》(1936年)以及有关职工福利的四项立法(1943年)等,其中《矿山条例》是我国最早的社会保障法律规范。

从土地革命、抗日战争到解放战争时期,中国共产党领导的革命根据地和解放区政府,曾制定过一系列涉及社会保障内容的法规和文件,如《中华苏维埃共和国劳动法》(1931年)、《关于改善工作人员生活办法草案》(1940年)、《东北公管企业战时暂行劳动保险条例》(1948年)等。这些立法实践为中华人民共和国成立后的社会保障法制建设积累了宝贵经验。

2)中华人民共和国成立以后的社会保障立法历程

(1)前30年的社会保障立法

在中华人民共和国成立以后我国开始建立了现代意义上的社会保障法律制度。中华人民共和国刚成立,党和政府就很重视社会保障的法制建设。1949年《中国人民政治协商会议共同纲领》作为临时宪法曾有“逐步实行社会保障制度”的规定;1954年的第二部《宪法》规定中华人民共和国劳动者在年老、疾病或者丧失劳动能力的时候,有获得物质帮助的权利。国家举办社会保险、社会救济和群众卫生事业,并且逐步扩大这些设施,以保证劳动者享受这种权利。《共同纲领》为中华人民共和国创建社会保障法律制度提供了最根本的宪法依据。

①中华人民共和国成立初期，是我国社会保障法律制度的创立阶段。我国的社会保障法制建设是从建立社会保险制度开始的。1951 年，政务院颁布《中华人民共和国劳动保险条例》，并经 1953 年、1956 年两次修订，对企业职工的生育、疾病、工伤、老年等生活待遇、医疗保健和社会福利等社会保障内容都做出了规定。《劳动保险条例》是中华人民共和国成立后的第一部社会保险法规，也是中华人民共和国成立初期最重要的一个综合性社会保障立法，它初步构筑了我国企业职工劳动保险制度的基本框架，确立了“国家保障”与“企业保障”相结合的基本格局，奠定了我国与计划经济体制相适应的社会保险制度的基础。

与此同时，我国还逐步建立起国家机关和事业单位工作人员的社会保险制度。主要的立法包括 1952 年的《各级人民政府工作人员在患病期间待遇暂行办法》、1950 年的《国家机关工作人员退休处理暂行规定》、1954 年的《关于女工作人员生育假期的规定》和《国家机关工作人员退职暂行规定》等，内容涉及国家机关和事业单位工作人员的公费医疗、女工保护、退休退职、伤亡抚恤等许多方面。

这一时期，国家有关社会救济、社会福利和社会优抚等保障项目的法规、规章也陆续颁布出台，主要有 1950 年的《救济失业工人暂行办法》、1953 年的《农村灾荒救济粮款发放办法》、1956 年的《职工生活困难补助方法》以及 1950 年的《革命残废军人优待抚恤暂行条例》等五个关于军人优抚的条例等。

②1957 年以后的十年，我国社会保障法制建设的主要任务是对社会保障制度进行适当调整，以适应全面展开社会主义经济建设的需要。1957 年和 1958 年国务院颁布了《关于工人、职员退职处理的暂行规定》与《关于工人、职员退休处理的暂行规定》，这是我国第一次对养老保险进行统一立法，开始对企业职工和国家机关工作人员实行统一的退休离职制度。1965 年卫生部和财政部联合发出了《关于改进公费医疗管理问题的通知》，1966 年劳动部和全国总工会发布了《关于改进企业职工医疗制度几个问题的通知》，对公费医疗和劳保医疗制度进行了改革，解决医疗支出过大、浪费严重的问题。此外，国家颁布了《关于精简职工安置办法的若干规定》（1962 年）、《关于精简退职的老职工生活困难救济问题的通知》（1965 年）等法律文件，妥善安置城镇精简职工的生活，并逐步创建农村合作医疗制度。这一时期农村五保户保障制度、军烈属优待制度也都有相应的调整。

③“文化大革命”时期，是我国的社会保障法制建设受到巨大挫折、社会保障制度遭到严重破坏的时期。主管救灾救济、社会福利等事务的内务部被撤销，负责劳动保险事务的工会陷入瘫痪，劳动部门的管理职能被削弱，社会保障工作无人管理。1969 年财政部发出《关于国营企业财务工作中几项制度的改革意见》草案，迫使初见成效的劳动保险基金筹集、管理和使用制度停止，劳动保险变成了“企业保险”“单位保险”。同时也严重干扰了社会救济、军人优抚、职工福利工作。

（2）改革开放后的社会保障立法

①1978 年以后，我国迈入了改革开放时期，开始以经济建设为中心，社会保障的法制建设也进入一个恢复和探索的新阶段。这一阶段社会保障法制建设的工作重点，在于配合经济体制改革的进程和适应劳动用工制度改革的需要，一方面恢复和重建被“十年动

乱”中断了的社会保障制度,另一方面根据新形势的需要,为改革和发展社会保障法律体系进行探索性的尝试。

1985 年 9 月通过了《中共中央关于制定国民经济和社会发展第七个五年计划的建议》,首次提出“社会保障”这一概念,明确要建立包括社会保险、社会救助、社会福利、社会优抚等在内的“社会保障制度”,社会保障立法的步伐不断加快。这一阶段颁布实施了一系列法规、规章。1978 年《国务院关于安置老弱病残干部的暂行办法》、1983 年《中国人民解放军志愿兵退出现役安置暂行办法》、1980 年《国务院关于老干部离职休养的暂行规定》、1989 年《关于公费医疗管理办法的通知》、1986 年《国营企业职工待业保险暂行规定》、1992 年《人事部关于机关、事业单位养老保险制度改革的有关问题的通知》、1988 年《女职工劳动保护条例》、1991 年《国务院关于企业职工养老保险制度改革的决定》等,目的在于改革企业职工养老保险制度、改革公费医疗制度、建立失业保险制度。

②1993 年中共中央颁布了《关于建立社会主义市场经济体制若干问题的决定》,提出了关于我国社会保障制度的进一步改革的一些原则性要求:要建立社会保障体系,实行社会统筹和个人账户相结合的养老、医疗保险制度,完善失业保障体系和社会救济制度,提供最基本的社会保障。经济体制逐渐由计划经济转向市场经济,建立新的与社会主义市场经济体制相适应的社会保障法律体系开始变得越来越重要,中国的社会保障法律制度开始进入一个全面改革和完善的阶段。

1993 年,我国进一步深化了养老保险制度的改革,把“社会统筹和个人账户相结合”的制度模式确定为我国城镇企业职工基本养老保险制度的基本模式。1998 年《关于建立城镇职工基本医疗保险制度的决定》、1999 年《失业保险条例》和 2003 年《工伤保险条例》的颁布,标志着我国已初步建立了与市场经济相适应的失业保险制度、城镇职工医疗保险制度和工伤保险制度。1999 年制定了《城市居民最低生活保障条例》,在社会救济法律制度中建立起城镇居民最低生活保障制度。2004 年《军人抚恤优待条例》的修改、2006 年《农村五保供养工作条例》的修订,推动了社会优抚、农村扶贫制度的发展。

至此,我国在社会保障立法上取得了令人瞩目的成就。全国人大及其常委会制定了一系列涉及社会保障内容的法律,如《未成年人保护法》《职业病防治法》《妇女权益保障法》《残疾人保障法》《老年人权益保障法》《劳动法》《母婴保健法》《社会保险法》《就业促进法》和《劳动合同法》等。社会保障行政法规、部门规章、地方性法规、地方政府规章相继出台,其立法涉及面之广、法规数量之多,是我国社会保障立法史上的首次。

(3)《社会保险法》的颁布

我国从 20 世纪末开始着眼于国家级的社会保障专项立法。1993 年由原劳动部牵头组织起草《中华人民共和国社会保险法》(以下称《社会保险法》),从调查研究、酝酿起草、征求意见、审议修改,到全国人大常委会四次审议并最终高票通过,十六年磨一剑,《社会保险法》于 2010 年 10 月 28 日由十一届全国人大常委会第十七次会议审议通过,自 2011 年 7 月 1 日起施行。

《社会保险法》是我国社会保障法律体系中起支架作用的重要法律。它的诞生弥补了我国社会保障立法中法律缺位的缺憾,是我国社会保障领域第一部基础性法律,也是中华人民共和国成立以来第一部社会保险制度的综合性法律。它的颁布实施,是我国社会保险制度建设从长期改革试验走向成熟、定型的客观标志,使我国社会保险制度进入可持续稳定发展的法制化轨道。

《社会保险法》共12章98条,在全面总结我国社会保险制度改革发展实践经验的基础上,广泛借鉴世界各国有益做法,确立了我国社会保险制度的总体框架、基本方针、基本原则和基本制度,涵盖面广,内容丰富,充分体现了公平优先、覆盖全民、统筹城乡、突出维权、明确责任、规范管理的立法理念。其主要内容包括:

①确立了我国社会保险体系的基本框架。规定国家建立基本养老保险、基本医疗保险、工伤保险、失业保险、生育保险等社会保险制度,保障公民在年老、疾病、工伤、失业、生育等情况下,依法从国家和社会获得物质帮助的权利。

②确定了社会保险制度的基本方针。坚持"广覆盖、保基本、多层次、可持续"方针,坚持社会保险水平与经济社会发展水平相适应。

③规定了社会保险制度的筹资渠道。明确了用人单位、个人和政府在社会保险筹资中的责任。

④规定了各项社会保险的待遇项目和享受条件。以保障参加社会保险的个人及时足额领取社会保险待遇,并扩大了参保人员的各项社会保险权益。

⑤完善了社会保险费征缴制度。在总结《社会保险费征缴暂行条例》实施经验的基础上,增强了征缴的强制性,为加强征缴工作提供了更有力的法律保障。

⑥强化了社会保险基金管理和监督制度。规定了由人大监督、行政监督、社会监督共同构成的比较完善的社会保险监督体系,以维护社会保险基金安全和社保信息安全。

⑦完善了社会保险经办服务的内容。对社保经办机构的职责做出了比较全面的规定。

⑧规定了违反《社会保险法》应当承担的法律责任。

6.4.2　中国社会保障法存在的问题

任何一个制度都会在与实践的磨合中凸显出制度本身存在的问题,尽管我国社会保障立法工作已经取得了一定的成绩但是存在的缺陷如下:

第一,立法工作滞后,除了作为基本法的《社会保险法》,其他领域的法律制度建设有待跟进,因此社会保障法律体系难以在短时期内形成。

第二,立法层次低,稳定性和权威性不足。

第三,社会保障立法的规定比较混乱,在保障制度中存在着部门分制、政出多门、多头管理的现象。

第四,立法内容不完备,难以适应社会保障的统一管理和协调且还存在社会保障覆盖面窄、社会保障程度低和社会保障费用负担畸轻畸重等现象。

第五,社会保障法律责任的缺失,使得法律的监督机制无法发挥其应有的作用,实施机制弱化,当事人享有的权利难以兑现和保障。

第六,国际化程度差,在经济全球化发展趋势之下,中国已经加入了WTO组织,但是社会保障法的内容无法与国际化的劳动、资本等因素相对接。

6.4.3 我国社会保障立法的未来发展趋势

民生保障的迫切要求,经济体制的转型,经济全球化的历史背景,这些都对我国社会保障法制建设提出了更高的要求,建立健全社会保障制度刻不容缓。面对社会保障立法的不足和问题,我们应该分析客观原因,积极努力寻找到对应的行之有效的解决方法和改革途径,加大法制建设力度,加快推进我国的社会保障法律制度走向成熟和完善。社会保障法的完善离不开质和量两个方面。就质的规定而言,首先要求社会保障法律体系中的主干法律跟与其配套的法规、规章等之间有机的联系在一起,共同形成一个逻辑严密的多层次的法律结构;其次,需要它们的内容上协调一致、互不矛盾、互不抵触,保证法制统一和两者统筹兼顾、互相协调。就量而言,首先,社会保障法律体系需要有直接的宪法作为依据;其次,在社会保障法律体系中,对于社会保险、社会福利、社会救助、军人保障等需要有专门的法律;此外,在社会保障法律体系中还不可缺少与上述法律、法规相配套的若干条例、规章等。以此作为标准,完善中国社会保障法应该从以下几个方面着手:

1)明晰立法规划,强调社会保障立法体系的完整性

我国社会保障立法中的国家立法缺位,直接导致了行政立法和地方性立法的畸形繁荣,由于缺乏国家立法提供立法依据和基本框架,行政立法和地方性立法往往出现各自为政、割裂分散的局面,这些都严重影响了社会保障制度的建立与完善。因此我国在改革和完善社会保障制度过程中,应对立法规划进行科学设计和统筹规划,从宏观上把握社会保障法制建设的发展方向和发展规模。应当重视和加强最高立法机关对社会保障的专门立法工作,尽快制定社会保障基本法和单项法,健全社会保障法的体系结构。至于采用综合立法模式还是选择分散立法模式、是先制定基本法还是先制定单项法的问题,一方面可以借鉴外国的成功经验,另一方面更应立足于我国的具体国情和立法环境。从目前我国的实际情况看,在短时期内制定综合性的社会保障基本法客观上还存在较大困难,也就是说目前采用综合立法模式的立法条件还不成熟,而采用多步单项并立的分散立法模式比较切实可行。所以国家在已有《社会保险法》的基础上,还需有计划地逐个制定其他保障项目的单项法律,在条件成熟的时候再出台综合性的《社会保障法典》,最终构建"一法统驭,多法并存"的社会保障法律体系。

2)规范立法体制,追求社会保障立法形式的科学性

如果说以前行政立法政出多门、地方性立法过于分散,是由于社会保障制度在改革过程中"尝试"的某种需要,那么现在随着改革目标的明确、随着我国社会保障制度进入总体设计和整体推进的阶段,应该高度重视社会保障立法在体系上的统一性、内容上的协调性、适用上的权威性。在加强国家立法的同时,严格规范社会保障的行政立法和地方性立法,要明确立法权限、规范立法形式、讲求立法技术,提高立法质量。对质量差、内容乱、形式又不规范的行政立法和地方性立法,该清理的清理,该修改的修改,该统一的统一,保证社会保障法律规范自身的统一、协调和稳定。

3）完善立法内容，注重社会保障立法内容的全面性

一个完善的社会保障法律体系，其立法的内容应该全面涵盖所有社会保障项目和社会保障的全过程，并且使各个项目、各个环节能够相互协调和彼此衔接，只有这样才能为社会保障事业的全面展开和整体发展提供法律依据，为全体社会成员提供全方位、多角度的社会保障。

在完善我国社会保障体系的过程中，一定要处理好局部与整体、城市与农村、实体法与程序法的相互关系，立法工作既要强调重点，又要统筹兼顾，既要区分轻重缓急，又要注意协调统一。在优先确立和完善社会保险制度的同时，兼顾社会救助、社会福利和社会优抚等其他保障制度的协调发展。在优先对城市居民、企业职工落实和实现社会保障的同时，也要有计划地有步骤地把广大农民纳入社会保障的范畴，应当根据农村实际情况重视农村社会保障的制度建设，积极探索建立农村社会保障体系的具体途径与方式，逐步缩小城乡保障差距，最终实现覆盖全体国民、城乡统筹的一体化的社会保障体系。

4）强化实施机制，保证社会保障法的强制性与权威性

我国社会保障法实施机制薄弱的主要原因，是缺乏法律责任和制裁措施的规定。其实，一个具体的法律规范应当由假定、处理和制裁三部分内容构成，制裁部分最直接体现法律规范的强制力和约束力，是法律规范能够得以实施的保障。缺少法律责任和制裁措施的规定，是法律规范本身的硬伤和缺陷，它直接影响法律规范的威慑作用，从而导致规范效果难以奏效。对资金的征缴办法、缴费主体的义务、基金的管理运作、支付标准的计算等内容要么仅仅规定了义务却没有规定不履行义务的法律责任，要么即便规定了相应的法律责任，但是制裁力度明显不够导致立法的缺陷。社会保障制度运行的过程中，国家强制是社会保障制度的特点之一，凭借国家强制手段建立起来的社会保障制度需要强有力的实施机制来保障其贯彻实施。所以要强化社会保障法的执法刚性和强制力度，建立健全科学、高效、安全的社会保障管理机制、监督机制、社会保障争议处理机制防止和减少违法犯罪行为的发生；同时完善相应的法律责任制度，及时惩处和制裁违法行为，追究违法者的法律责任。只有这样才能保障社会保障制度健康、有序、良性地运行。

5）地方立法转变为中央立法

当前，中国社会保障立法主要是地方立法。各省、自治区和直辖市都各自颁布了一些地方性法规、规章，以此来确保当地的社会保障项目顺利施行，这是社会保障制度在部分地区综合试点改革或部分单位带头试点的需要。但在进入社会保障制度整体推进阶段时，必须有计划地制定面向全国的社会保障法律法规。对社会保障进行立法，可以保证社会保障制度在全国范围内走向统一。因此，地区立法先行改革的基础上，也要为中央立法创造条件，努力实现中央立法指导地方立法。

6）由分散立法转变为集中立法

社会保障制度的改革在目前尚处于探索阶段，当前的社会保障立法分散。比如缺少综合性的社会保险法律，仅有养老保险、失业保险、医疗保险等单项保障法规；在社会福利跟补助方面，更是只做到“头痛医头、脚痛医脚”。国务院与其相关职能部门大多只是

公布解决某一具体问题具体指示意见,导致出现数以百计的社会保障有关法律法规。过度分散的立法,有碍于社会保障的全面发展,也不利于社会保障项目的均衡协调发展。因此,现阶段的首要任务是集中立法。比如制定集中性的《社会保险法》《社会福利法》《社会救助法》等,用这些集中制定的法规去统领其他法律法规,促进整个社会保障法系统全面的发展,在整体上保证社会保障制度正常运行工作。需要注意的是,社会保障立法也不能过度集中,有关人士主张制定一部全面的《社会保障法》,这显然不现实。

7)由行政立法转变为人民代表大会立法

社会保障事业是代表全体社会的国家意志,它应该用国家立法机关立法来确保施行,再统率各类地方行政法规来具体实现。缺少人民代表大会立法,难以保证社会保障制度正常工作,不可避免地会影响各部门间的利益分割,最终会有碍于社会保障制度的统一。我们之前经历过行政立法阶段,之前所设立的行政法规为人民代表大会立法打下了基础,现在应该逐渐过渡到全国人民代表大会立法。从国家立法机关的角度考虑,应当对社会保障方面的法制建设进行关注,同时还要集中注意力制定基本的社会保障法律,比如《社会保险法》《军人保障法》《社会救助法》《社会福利法》等法律就需要早日出台。整个社会保障法制系统的建设需要人民代表大会立法来提供最高保证。

【本章小结】

社会保障与法制建设有着不可分割的密切联系,社会保障法正是两者结合的产物。对社会保障而言,社会保障法是其构建、确立并不断完善的必要基础,也是其有效、有序、良性运行的根本保证。社会保障法调整社会保障关系,规范社会保障活动,已成为世界各国法律体系的重要组成部分,是社会法的核心。完善的社会保障法律体系是一个国家社会保障制度趋于成熟的基本标志,也是体现一个国家社会文明程度的标志之一。我国的社会保障法律建设尚处于探索、发展、不断完善之中,应该立足于现在、展望未来,尽快建立健全与我国具体国情和经济发展需要相适应的社会保障法律体系。

【探索】

1.社会保障服务供给中的政府责任是怎么样的?

2.农村和城市的社会保障立法有区别吗?

3.和谐社会语境下公民社会保障权如何通过立法得以保障?

4.我国社会保障立法还存在哪些问题,该如何完善?

第 7 章　养老保险

【学习目标】

1.掌握养老保险的基本内容

2.了解养老保险的筹资模式

3.了解国外主要国家养老保险制度及其借鉴意义

4.把握中国养老保险的发展历程与未来方向

7.1　养老保险概述

当今社会,随着社会经济的不断发展前进、人们生活水平不断提高、人均预期寿命持续增长,越来越多的国家迈入了老年型社会,人口老龄化随同社会发展的形势对各国的养老保障提出了越来越严峻的挑战。随着老年人生活存在高风险的普遍性和社会化程度的不断提高,养老保险已变成当今社会各国的重大社会热点之一。因而,养老保险在确保社会成员的基本养老生活上发挥着非同小可的功效,已经变成各国社会保障体系至关重要的组成部分。本章主要介绍作为社会保险制度中重要部分的养老保险。

7.1.1　养老保险的产生与发展

养老保险成为社会制度,是逐渐演变来的。以往传统的农耕文明时期,家庭作为家庭成员养老保障的唯一提供者。工业社会之后,因为生产、生活的社会化,以前单纯性属个人或家庭的养老问题就逐步脱离家庭框架,不断演变为一个社会问题,养老保险变成处理这一社会疑难问题的重要选择。人口老龄化进程的不断推进,工业化的迅猛发展和家庭保障功能的不断削弱,使构建养老保险保障体系变成必然趋势,快速地在各国社会保障框架上占有了非常显要的位置。一个国家或者地区社会保障体系的水平在很大水平上依赖于养老保险体系的水平。19 世纪 80 年代俾斯麦在位期间,国家、雇主和雇员三方一起出资确立了社会养老保险制度,至 20 世纪 40 年代末英国创建了全世界第一个具有普遍性质的养老保险体系,至 50 年代新加坡创建中央公积金制度,80 年代初智利施行了养老私有化改制和社会养老保险制度改制,19 世纪 80 年代到 20 世纪 80 年代保险制度模式不断丰富和发展。养老保险制度的多元化前进步伐不断证明,公众对养老保险的认知越来越明晰,各国政府对养老保险的调控也越来越大。各国需要正确剖析各种养老保险模式的成败利弊,在强调本国国情的基础上,挑选适合国情的社会制度模式,甚至确立独特的制度模式。

我国养老保险发展起步较晚,直到改革开放以后才开始逐步探索并建立。中华人民共和国成立不久,我国开始小范围探索养老保险制度,但其覆盖范围局限于城镇职工。直到 1986 年 10 月,民政部在"全国农村基层社会保障工作会议"上明确把农村基层社会保障体制改革纳入到议事日程,中国农村社会养老保险制度开始进入到实质性探索的时期。到 1992 年,民政部实施《县级农村社会养老保险基本方案(试行)》,在全国范围内正式开始试点和推广农村社会养老保险制度,开启了"旧农保"时代。由于进入 21 世纪以来,我国加入世贸组织以后经济发展快速,生产方式发展转变,以家庭联产承包为主的小农生产方式难以适应现代工业化、农业产业化要求。同时随着我国的城市化进程加快,农村人口加速流动,家庭结构缩小,土地已经不再是农村居民生活和养老的主要保障基础。为了应对现代化、社会化大生产的发展需求,地方政府纷纷开始探索建立农村社会养老保险模式。2010 年颁布实施的《社会保险法》和 2014 年城乡居民基本养老保险制度统一实施推动了我国养老保险走向一体化。于 2014 年 7 月发布《城乡养老保险制度衔接暂行办法》,将职工养老、农村养老、城镇居民养老进行整合,开始打破社会养老保险的"城乡二元结构",标志着我国步入城乡统筹社会养老保险时期。

7.1.2 养老保险的特点

1)以退休年龄作为投保受益的重要条件

享受养老社会保险待遇的基本前提是投保者必须达到法定的退休年龄,这是养老社会保险制度中的最重要的规定条件。这项规定使得养老社会保险与其他社会保险形式有了重要的区别标志。医疗保险的受益前提是投保人因患病产生就医行为,失业保险的受益前提是投保人因失业导致出现生活风险,生育保险的受益前提是投保人的生育行为,工伤保险的受益前提是投保人因工受伤导致出现生活风险,唯独养老保险待遇的基本前提是投保者必须达到法定的退休年龄。

养老社会保险的这个特点使得受益群体的规模及其保险金支付总额,在很大程度上受国家关于退休年龄规定的影响。因而科学地规定退休年龄,就显得十分重要。科学地规定退休年龄,要求既能体现人类生老病死的自然规律,又要符合经济社会发展规律;既要考虑人的生理特点,又要考虑劳动力代际之间的正常替换;既要考虑受保者的生存质量,又要考虑一定时期社会经济的承受能力。如果法定退休年龄定得过高,就违背了人的生理特点,不利于老年人的身心健康。如果法定退休年龄定得过低,国家和社会将投入大笔的养老保险资金,将会造成不必要的财政困难。

2)社会成员对养老保险具有普遍需求

年老是不可避免的自然规律,每个社会成员都希望安养晚年,拥有一个美好的晚年生活。而养老保险通过按时按规定缴纳保险费用,年老退休后就可以为参保人员提供养老保险金保障其老年生活。由于养老社会保险属于长期给付项目,养老保险受益关系一旦形成,投保者便长期享受,直至死亡,因而这个项目受到社会成员的广泛关注,社会成员对养老保险具有普遍需求。

3)保险资金的积累具有长期性

养老社会保险通常是社会成员退休前参加保险、积累保险资金,退休后享用受益,因而养老保险金的积累与保险金的支付之间有比较长的时间。这种状况的存在,对积累型的养老保险金就提出了保值、增值的要求,以保证养老金的支付标准随着经济和物价水平提高而适当提高。

4)保障方式的多层次性

由于养老保险具有需求的普遍性,加上全球老年化现象的加剧,当今世界各国的法定养老保险基金都不同程度地出现了“银根吃紧”的现象。国家基本养老保险困难重重,急需其他保险方式的支持与配合。养老保险有基本、企业补充、个人储蓄养老保险三个层次,许多国家采取多层次保障体系。后两个层次中,企业和个人既可以把养老保险费放入统一社保设立的养老保险基金账户中进行保存,也可以在商业保险公司进行投保。

7.1.3　构建养老保险制度的原则

1)权利与资格条件相对应的原则

通常,享受养老保险权利应当具备一定的资格条件,这也是社会保险权利与义务基本对等的原则要求。同时,在不同的国家,对于资格条件的规定也是不同的,一般包括劳动义务与贡献、投保期限等。因此,实施这一原则的具体形式大体可以分为以下几种:

(1)养老保险的享受权利与劳动义务相对等原则

这一原则要求享受养老保险必须以参保的劳动者达到一定年龄后退出工作岗位为条件。国家以立法形式确定了统一的退休年龄标准,当劳动者到了退休年龄之后,既要妥善安排劳动者退出工作岗位,又要保障其获得物质上的生活支持和各种形式的社会服务以保障其基本生活的权利。根据此原则,政府必须把劳动者退休前为社会所做劳动贡献的时间长短和贡献大小作为养老金待遇水平的重要参考标准,以此来确定养老保险的待遇水平。

(2)养老保险的享受权利与投保相对等原则

这一原则意味着享受养老保险应当以承担相应的保险费用作为前提。想要享受和获得老年社会保险的各种待遇和权利,投保人必须参保并缴纳相应的保险费用。一般来讲,缴纳保险费用的时间越长,享受到的养老保险待遇就越高;超过法定的投保年限就可享受更高的待遇;不到法定的投保年限就少得或无法得养老金。

(3)保险待遇与工作贡献相关联的原则

虽然当前的各国养老保险和福利都是以承认所有的老年人在年轻的时候对社会的发展和进步做出了贡献为前提,但在实际操作上,即便是在老年人养老福利待遇水平高、覆盖面广的福利国家,养老保险待遇仍是依据贡献的多少进行差别区分的。在具体实施中,养老金和福利待遇也要根据多种条件确定。例如,我国目前对社会贡献不同的退休人员在退休待遇上有着明显的差别,最明显的就是离休人员的待遇水平要高于退休人员的待遇。

2)保障基本生活水平的原则

养老金是老年人生活主要的甚至是唯一的经济来源,因此,在养老保险制度的设计中,首先应明确的就是使养老金水平合理化,能够满足一定时期内老年人的基本生活开支需求。在确定养老金待遇时,既要考虑到与原在业时工资收入有适当的差别,还要考虑到与在业时的生活水平不能差距悬殊、生活质量下降过多。此外,由于养老金待遇是以终身给付的形式进行支付的,因此还要必须考虑在制度设计中如何抵消物价上涨对老年人生活水平的影响,保证实际养老金收入水平不会降低。

3)共享社会经济发展成果的原则

在经济社会不断发展的当下,人们的物质生活日益丰富,整体消费水平也不断提高,如果老年人的收入水平长时间保持不变,即使考虑到物价上涨的因素,给予一定的补贴,也会出现收入水平相对下降的状况,使之与在业者的生活水平差距过大。虽然老年人已经退出了劳动力市场,但他们在过去的几十年的劳动中,为社会进步和经济发展做出了应有的贡献。实行适度的分享原则,有利于退休者继续发挥余热,并鼓励在业者安心工作,努力生产。分享原则的实施,一般是由国家根据一定时期生产发展水平和人民生活的改善程度,并考虑在业者工资水平的增长,相应地调整和提高养老金待遇标准,或者是不定期地向退休者发放一定数额的生活补贴。

7.2 养老保险的筹资模式

通常情况下,养老保险基金的资金筹集包含三个要素:一是筹集主体,即由谁来筹集。通常都是由政府来承担的,包括中央与地方政府,但也有企业来充当筹集主体的。二是筹集客体,即由谁来出资。通常情况下是企业来出资,但享受养老保险服务的个体也往往需要承担一定的义务。此外,作为筹集主体的政府也在必要的时候可能充当资金筹集的客体,即当基金收支出现赤字情况时。三是筹集对象及比例,即以何种标准作为筹集基金的基本依据。养老保险基金的筹集是对社会产品和国民收入的分配和再分配,因此,一般是以个人的收入——货币工资作为筹集基金的基本依据。另外,基金的筹集比例涉及政府、企业和个人的承受能力,也涉及所筹集的基金是否能够满足养老保险的需要。

7.2.1 养老保险基金的筹集方式

养老保险基金的筹集方式也被称为养老保险基金的资金征收方式。它包括征税制、缴费制和自由筹资三种方式。一般自由筹资方式属于公民自愿参与式的非制度性方式,在这里不着重说明。而征税制和缴费制属于由政府立法,并强制实施的筹资方式。

征税制是指通过税收形式(如开征社会保险税)获取资金并形成保险基金,具有统一性、强制性、法治化的特点。① 目前以西方发达国家为主的世界上大多数国家都采用这种方式,占推行社会保险国家总数的 60%左右。征税制有利于提高养老保险的社会化程度,负担公平是其主要的优势。但征税制存在明显的问题,比如权利与义务不够明确,目的性不强,需要大量财政支出,容易造成财政赤字,在人口老龄化日益严重的情况下,会给国民造成沉重的税收负担,或有降低养老保险给付的可能。

缴费制就是按照统一的保险费率缴纳社会保险费,或按照社会保险项目的不同而设计不同的费率进行缴纳,从而形成社会保险基金。② 缴费制在制度设计上为标准制定等方面保留了一定的灵活多样性,但是法律约束性方面很显然地比征税制要低。缴费制非常明确地回应了社会保险的权利与义务关系,人们对它的认可度高,认同其目的性,可以应对一些老龄化带来的问题。但是,缴费制也暴露出一些弊端,例如不同缴费对象之间存在差别性和阶层性。

7.2.2　养老保险税(费)率的确定

在征税制和缴费制中无论采取哪一种筹集方式,都会在制定相应的税或费的比率上遇到相关问题。它们都与企业及劳动者的经济承受能力、政府的财政补贴、社会经济的发展状况有极大的关系。另外,还要考虑的一个重要问题就是养老保险的给付能否满足老年人的基本需要。

1)养老保险税率的确定

在采用征税制时,因为是短时期内的(年度)横向平衡,一般会被纳入到政府的财政预算中。从目前世界各国的征税制情况来看,其征税的形式可以说是多种多样的,如社会保险税、个人所得税、特别商品消费税、一般消费税等。但不管怎样,在确定税率时需要考虑以下几个影响因素:第一,课税对象与纳税人。根据征税形式的不同,课税对象一般是企业和个人的工资收入。对于没有固定工资收入的个人,一般是以个人的收入总额度为其课税对象。而纳税人则一般泛指全体社会公民。第二,税率的确定。通常情况下是以一定时期社会平均工资的一定比例作为税率。确定税率不仅需要考虑其模式,而且需要和其社会发展水平相适应,还应当全面测算养老保险金的预期支出(退休人员本人的生活费用、医疗和保健费用、死亡安葬费用、遗属抚恤费用等都是要考虑的因素)充分考虑退休人员的生活质量等。第三,起征线和纳税人的负担。为保证负担公平,使税收能够具有调节收入的社会再分配功能,保障全体国民的生活水平,起征线的确定一般都要和最低生活保障线、最低工资收入线等一起考虑,以避免增加生活贫困者的负担。对于企业和个人,一般是企业与个人各负担 50%,但也有许多国家是企业的负担率高于个人,这是由各国的国情所决定的。另外,政府为了减轻纳税人的负担,一般会在政策上给

---

① 杨翠迎.社会保障学[M].上海:复旦大学出版社,2015:118.

② 杨翠迎.社会保障学[M].上海:复旦大学出版社,2015:119.

予优惠,如企业的纳税额可以计入生产成本,个人的纳税额免交所得税等。国际上一般把纳税比例达工资总额的25%(社会保险总税率)左右视为警戒线,接近或超过这一比例都会给企业、个人甚至社会带来很大的负面影响。

2)养老保险费率的确定

采用缴费制时,也会涉及缴费费率的确定问题。其中有来自于企业的缴费率和来自个人的缴费率,两者之和就构成了总缴费率。企业和个人缴费的多少取决于缴费率与个人收入、企业职工的工资总额。对个人来讲,一般对缴费工资额有上下限的规定,超过上限的部分不作为缴费计算的基础,低于下限的个人则免交养老保险费。缴费率过高会影响到当前个人的生活水平,过低又会影响到将来养老金的给付。对于企业来讲,缴费率过高会影响到企业的生产成本,从而影响企业的竞争力以及企业的生存。

在企业和个人、个人和个人之间的缴费比例方面,目前世界上有以下几种形式:第一,等比例制。即企业与个人的缴费率相同。第二,差别比例制。即企业和个人的缴费率不同,或企业高于个人,或个人高于企业。第三,均一制。不同个体之间的缴费比例与其收入无关,都按照统一缴费率交纳养老保险费。第四,累进缴费率。即缴费率随个人工资收入的多少而不同,工资收入越高,缴费率也越高。

7.2.3 养老保险基金的筹集模式

养老保险基金的筹集模式分为三种:即现收现付式、完全积累式以及部分积累式。

1)现收现付式

这种筹资模式广泛适用于大部分社会保障计划,现收现付式要求以近期内横向收支平衡原则作为指导来计划和实施筹集基金工作。现收现付式的特点是国民收入在不同群体之间进行转移支付,例如在职公民向失业公民转移支付。现收现付式的费率调整灵活,计算方便,操作简单,有利于保持收支平衡,实现社会保障的互助共济的功能。此外,养老保险基金的积累少,进而在一定程度上可避免通货膨胀带来的基金贬值风险。其缺点也比较明显,不同群体之间的转移支付会使不同时期、不同群体之间参与保障计划的公民投入的供款和得到的收益失衡,在社会人口老龄化情况十分严重的情况下,支付压力大,收支容易失衡,从而影响整个制度的运作和发展。

2)完全积累式

完全积累式的筹资模式适用于住房公积金计划、养老保险计划等,要求以远期纵向收支平衡原则作为指导来进行筹集基金工作。换句话讲就是现时筹资已备将来之用,因此这种筹资模式也被称为完全基金模式。完全积累式通过与经济相适应的收费率实现基金积累,能够防范社会经济风险所带来的支付保险金的压力。累积的资金不仅仅可以通过注资促进经济和资本市场的前进,还可以提高人们的保险意识。与此同时,完全积累式也存在着一些明显的弊端。最突出的就是积累基金的增值、保值问题,基金的投资增值压力大且易受工资变动、物价涨跌等因素的影响,有较大的贬值风险。此外,采用个人账户的方式使得社会保险的再分配功能弱化,互助性功能削弱匮乏。

3）部分积累式

部分积累式筹资模式比较适用于养老保险等社会保障计划，是把近期横向收支平衡原则与远期纵向收支平衡原则结合起来的一种筹资模式。在实施中，需要通过预测确定一个高于或者基本满足当前支付需求的收费率，进行养老保险资金的收缴。筹得资金既能满足现时的支付需要，也要为未来支付需求保留一定的储备。这种筹资模式是汲取了现收现付式和基金积累式两种筹资模式的特点，即不同群体间的转移支付和自身收入延期支付并存，因此，这种筹资模式也称部分基金模式。部分积累式下所筹措的资金不仅为养老制度中的受益人提供了保障，而且也为新制度中的投保人积累了未来的保障基金。与现收现付式相比，部分积累式有了较多的资金沉淀积累，进而促进经济发展和资本市场的发育；与完全积累式相比，部分积累式基金增幅较缓，数额较少，养老基金的投资贬值风险也相应地变小。但由于处于并轨阶段，所以也会存在企业和职工个人的缴费数额增加、压力较大的问题。

7.2.4 养老保险的给付

1）养老保险给付的资格和条件

享受养老保险的给付，必须满足养老保险制度的一定资格和条件。资格和条件是根据一个国家的养老保险制度类型及其基本原则决定的。这些资格和条件一般都是复合型的，也就是需要满足两个或两个以上的条件才有权利享受养老保险的给付，应当说这充分表现出了权利和义务相对应的原则。这些资格和条件包括：第一，年龄的限制。世界各国一般都对享受养老保险待遇的年龄有一定的规定。但也有一定的浮动范围，并在其范围内对养老保险金进行减额或增额给付。第二，工龄或投保年限。即规定必须参加工作多少年或达到一定的投保年限，并达到一定的年龄后才有资格享受养老保险的给付。第三，居住期限条件。必须达到居住国规定的居住期限，并在一定的年龄后才有资格享受养老保险的给付。

2）养老保险支付责任模式

养老保险需要收支长期平衡，收取保险的目的是为了支付保险待遇。养老保险主要有两种支付责任模式：给付确定制和缴费确定制。

（1）给付确定制

给付确定制是指在确定保险费率前先考虑预期的未来养老金水平，根据预期的养老金水平再来确定养老金缴费率。保险组织者确定好了养老金缴费率，参保人若向其缴纳了保险费，那么保险组织者与参保者将达成协定，不论期间发生任何风险都要向参保者提供约定好的养老金金额。

（2）缴费确定制

缴费确定制是指先确定现在养老金的缴费额，通过现有的缴费水平再来决定以后的养老金水平，也就是“以收定支”。缴费确定制一般应用于个人账户中的资金运作，养老保险组织者根据参保人现有的缴费能力或意愿收费，或许还会负责保险基金运作，但并不承诺所收保险费今后能达到怎样的支付水平,其间发生的各种基金风险主要由参保人自己承担。①

这两种给付保险模式具有不同的特点,给付确定型的再分配能力强,对低收入的成员有利;缴费确定型却完全相反,再分配功能弱,对高收入的成员有利。

7.3 国外养老保障制度及其借鉴意义

7.3.1 国外养老保险制度的主要模式

各个国家的养老保险制度都有着鲜明的本国特色,不同国家的养老保险制度不尽相同。根据其总体设计可将其分为四种模式,即国家统筹模式、投保资助模式、强制储蓄模式和福利国家模式。

1)国家统筹模式

国家统筹模式由国家承担劳动者的全部养老责任,国家事先对社会保障费用作预留和扣除,个人不缴纳保障费,保障对象为全体公民,其宗旨是"最充分地满足无劳动能力者的需要,保护劳动者的健康并维持其工作能力"。劳动者离开工作岗位之后,都可享受国家提供的社会保险待遇,资金全部来自国家的财政拨款。这种模式在少数社会主义国家实行,苏联是这一类型的首创与代表,我国改革开放前也实行过这种方式,国家把养老保险作为一项制度来实施,该制度是计划经济的产物。

国家统筹模式养老保险在一定历史时期起到了十分积极的作用,不仅保证了劳动者在退休后的日常生活,而且维护了社会的稳定团结。随着时代发展,经济水平的提高和人口逐渐老龄化,国家统筹模式养老保险制度的很多弊端也逐渐暴露了出来,例如资金单纯来自国家财政拨款,使国家财政负担巨大;再比如劳动者本人不缴纳任何费用,造成劳动者缺乏自我保障意识,国家和企业的包袱越来越沉重等。

2)投保资助模式

投保资助模式又称为自保公助模式,是社会共同负担、社会共济的养老保险模式。这种模式由劳动者个人参保,国家提供一定的资助。该模式的社会保险受保对象包括了所有劳动者和未工作的普通公民。其中,受保对象需要承担相应的义务,工作的社会公民必须拿出工资的固定比率缴纳养老保险费用;未工作的社会公民须向社会保险机构定期缴纳一定的养老保险费用以保证能够在将来享受社会保险。同时,企业抑或是雇主也必须承担相应的责任,缴纳一定比例定期保险费。

依据投保的情况不同,领取的保险金分为三个层次:第一层次是国家法定退休金,包括普遍养老金和雇员退休金两种。普遍养老金覆盖全体国民,不管有无工作及收入多少,只要达到规定的年龄,并履行过相应的义务,即向社会保险机构缴纳过符合规定的保

---

① 潘锦棠.社会保障学[M].2版.大连:东北财经大学出版社,2015.

险费,每一个老年人都有权利享受此保险金。通常,在实行普遍养老金的国家,公务员有补充退休金。雇员退休金,只有企业的雇员才能享受,雇主和政府工作人员没有此保险。雇员缴费一般按照工资的一定比例进行,工资过低不缴费,工资超过一定数额以上的部分也无须缴费。第二层次为企业补充退休金(企业年金)。这种保险一般由企业实施,企业为吸引、留住优秀员工,提高雇员退休生活水平实施该保险,具体投保及领取办法由企业自行规定。各企业实行的补充退休金标准各不相同,但一般由雇主投保,雇员中途离开企业一般无权领取补充退休金。第三层次为个人养老保险,包括养老储蓄、养老互助储蓄及人寿保险等。未被企业养老保险覆盖的个体劳动者以及希望提高老年保障水平的人可以按照自己的需要参加个人养老保险。

投保资助模式起源于德国,后为美国和日本等效仿,是目前世界上大多数国家实行的养老保险方式。中国也在19世纪90年代,借鉴该模式进行改革,根据我国的国情进行适度的调整,以适应中国的社会发展水平。

3)强制储蓄模式

强制储蓄模式仅依靠企业和劳动者个人缴纳保险费,与此同时国家给予一定的政策优惠。以新加坡为典型代表,在少数亚非发展中国家实行。强制储蓄模式的典型特点是由中央政府决策,并自上而下地组织开展强制储蓄。因为有中央政府的这种作用和政府在税收以及利率方面的政策优惠,才使这种模式有社会保障的性质。

新加坡的基本做法是由政府制定《中央公积金法》,并成立中央公积金局,由其对资金进行日常管理;所有劳动者都有属于自己个人的社会保险卡,记录自己个人的缴费情况;政府对养老保险金缴费进行税收和利率的优惠。

在这种模式下,可积累大量的社会保险基金,配以良好的资金运营管理,可以为退休者提供较高水平的保障。新加坡的公积金制度建立以来,运转良好,在为退休者提供了充足退休金的同时,而且还有相当大的结余。截至2012年6月底,新加坡中央公积金规模为2 192.67亿新元。国家利用公积金购买国家债券,解决了居民住房建设资金短缺的问题;通过公积金在国家建设项目上的投资,还实现了国家经济的高速增长,并进一步提高了劳动者收入水平,为公积金提供了更多的资金来源,形成了良性循环。但是这种模式也存在一定的局限性,要求企业和劳动者的投保费率较高,这必须是在经济发展速度较快、水平较高的情况下才能实行。此外,公积金制度给国家和中央政府带来了过大的工作量和责任,在经济发生波动的情况下或出现货币贬值等问题时,中央政府难以保证兑现社会保障的承诺。

4)福利国家模式

福利国家模式是在英国、北欧国家及其他英联邦国家普遍推行的养老保险制度。该制度作为福利政策的一项主要内容,强调普遍性和人道主义,把所有老年人作为普遍养老金的发放对象,退休者还享受与收入关联的年金,并实行普遍养老金制度。

福利国家模式形成于第二次世界大战前后,1948年英国工党政府宣布英国成为福利国家。福利国家制度下实行的普遍养老保险,有两种运作系统:一种是定额制,以北欧和英国为代表,保障对象是公务员,采取直接现金给付办法;第二种是工资收入所得比例制,以德国为代表,保障对象是全体劳动者,要求强制性加人,经费来源于保险税费。20世纪70年代以来,福利国家模式逐渐暴露出一些问题,政府为了保持高水平的福利待遇,不得不实行高税收,导致高负担,最终导致社会福利的危机。福利国家在危机面前,必须采取改革措施,从而造成了政治上的被动局面。

7.3.2 国外养老保障制度实践经验

1)养老保障制度立法先行

国外发达国家普遍通过立法来实现养老保险制度的运行,一般都需要对养老保险法进行修改才能实现养老保障制度的改革。在修改养老保险法的过程中,各方都要对新的方案进行充分的论证,以保证新出台政策的有效性。各国都通过法律的形式明确规定了政府、企业和个人在养老保险中的权利和义务,并通过一系列的细则保证养老保险的可行性。

2)养老保障制度覆盖范围广

在国外保险保障型养老模式中,养老保险一般都是强制的社会保险。有的国家通过养老保险税的形式统一,而有的国家通过养老保险费的形式缴纳,但不管以何种方式,其基本养老保险都几乎覆盖了所有劳动者,福利国家型和国家保险型更是将全民作为其保障的对象。

3)建立了多层次的养老保障制度

从发达国家现有的养老保障制度来看,各国为了解决人口老龄化、财政资金紧张、待遇分配不公平以及养老保险缺乏效率等问题,许多国家都建立了多层次的养老保障制度。无论是以德国为代表的保险保障模式,还是以瑞典为代表的福利国家型保障模式,无不以建立多层次的养老保障制度为目标。国家政府通过立法来规范基本养老金的资金筹集、给付范围和给付标准,以保证全体劳动者在年老时可以享受到基本的养老金,从而保证所有老年人的基本生活需求;同时,政府通过税收等优惠措施,引导企业为员工提供企业年金,退休的员工可以通过获得企业年金来提升年老时的生活品质。同时,政府也鼓励个人通过在市场上购买个人养老保险来实现不同劳动者的不同需求,从而在多层次的养老保障制度实施过程中实现养老保险体系多元化的发展。对最基础的养老保险来说,国家一般给予一定的财政补贴,同时在分配时更加强调公平性,而对企业年金来说更加强调激励和效率。

7.3.3 国外养老保障制度对我国的借鉴意义

1)制定养老保障法律,明确我国养老保障制度的目标

各国构建养老保障体系的目标是不同的,这导致了各国养老保障制度的多元化。如美国建立养老保险制度更加注重效率,而瑞典的养老保障制度更加强调公平,日本则强调受益人对社会贡献的大小。我国首先应当明确建立养老保障制度的目标,并通过目标

来确定适合我国养老保障制度的模式,并通过立法来保证养老保障制度目标的实现。通过立法,来明确规范从养老保险中的企业、个人和政府的各自相对应的权利和义务,并对基本养老保险的覆盖范围、资金来源、养老金的发放标准做出统一规定,使基本养老保险有法可依。对违反基本养老保险制度的相关行为应给予相应的处罚,从而保证基本养老保险制度的持续稳定运行。在我国的其他养老保障制度中也应有明确的法律规定,以规范其发展如机关企事业单位的养老金、私有企业年金以及其他各项补充性的养老保险等。

2)降低养老保险缴费比例,扩大养老保险覆盖范围

我国各个省份的基本养老保险要求缴纳费用的比例不完全相同,一般要求企业代替员工缴纳其工资总数的20%(2019年5月1日起单位可降至16%),个人缴纳工资总数的8%,合计为28%。其中,个人缴纳的部分计入个人账户、企业缴纳的部分计入统筹账户。从世界各国的养老保险缴费比例来看,我国养老保险的替代率较低。所以,我国养老保险缴费较高,而养老保险的水平又较低,导致部分职工不愿参加养老保险。因此,从长远来看我国应降低缴纳费用的比例,并逐步扩大养老保险的涵盖范围。

3)分清养老责任,转制成本应由社会承担

目前,几乎所有的养老金支出都消耗在养老金转制成本的消化上。转制成本属于向市场经济转型所需付出代价的一部分,因为这种转型的红利将会被今后许多代人共享,所以让所有分享到改革好处的人来共同承担他们的养老金费用是合理的。因此,中国应将养老金转制成本从现有社会养老保险中分离出来,转化为一种长期国债,让全社会来共同承担。让一代人来全部承担所有转制成本,不仅会给在职职工带来经济压力,而且让他们感到自己的社会保障权益受损,故而导致部分职工不愿参加基本养老保险。把转制成本当成一种长期国债,通过每一年偿还利息的方式,逐步降低债务水平,可以减轻养老保险基金支付压力,也可以通过出卖一部分国有资产等方式,逐渐缓解转制成本,或者通过经济增长的长效机制来逐步抵减转制养老金。这样既能保证转制养老金的有效支付,也能确保在职员工的养老保险权益不致受损。

4)逐步做实个人账户,拓展个人账户功能

在供款基准制上,养老保险基金统一以通过个人账户实账管理,也可以采用名义账户的形式管理。名义账户管理方式是将资金集中起来进行统一的管理,个人账户上只是记录养老金的名义积累额,居民依法对名义账户里的资金进行投资。因此,名义账户的回报率一般为给定的国债利率。个人账户实账管理,可以使养老保险的产权更加清晰,而且居民可以用账户里的钱进行选择性投资,从而有利于提高账户中资本的回报率,同时对居民积极参与养老保险有很大的激励作用。我国目前实行个人账户的实账管理方式的基本养老保险模式,但由于保险基金承担了支付转制成本的作用,所以使个人账户成为空账。近年来,在政府的多方努力下,各地都在积极做实个人账户。但是个人账户空账现象依然较为严重,做实个人账户任重道远。个人账户做实以后,其养老金管理方,应该是多元化的,除了用来支付个人的养老金外,建议增加个人账户的其他金融功能,以

发挥个人账户资金的最大效益。

5)继续发展多层次的养老保障制度

养老保障制度应根据居民的不同要求,提供多样化的养老金服务,其中基本养老保险应由政府强制实施,但覆盖范围应包括全体劳动者。资金筹集可以由企业、个人和政府共同承担。其中,企业和个人负担不能过高。资金实施统一管理模式,资金标准以保障退休劳动者基本生活为目的。企业年金可以由企业自愿建立,政府给予一定的税收优惠。企业一般根据职工的贡献大小提供不同水平的养老金企业年金,以提高退休职工的生活水平,进而激励员工积极工作,多为企业作贡献,从而促进企业效率的提高。引导个人进行养老储蓄和促进商业养老保险发展,由国家统一筹划并制定出一定的鼓励政策通过提高储蓄利率来激励个人为防止老年风险而进行储蓄,并通过发展商业保险来为多样化的居民需求提供多层次的商业养老保险服务,从而构建起保障居民养老的有机无缝的完整养老保障网络体系。

7.4 我国养老保险制度的建立与发展

7.4.1 中国养老保险制度概况

我国的养老保险制度从1951年起步,属于典型的国家保障。总体而言,我国实行城乡二元式的计划经济体制,因此企业需要承担起保障责任,国企内职工以及国家机关内职工在生老病死过程中可以享受企业和机关对其进行的保障,但是农民主要是由自身家庭进行自我保障。

随着中国的改革开放、计划经济体制向市场经济体制的转轨,原有的保障方式已经越来越不适应时代的要求。国有企业开始进行管理体制的改革,职工再也没有铁饭碗可以端,劳动力要求自主择业、自由流动,也不愿几十年被束缚在同一个工作单位。我国养老保险发展起步较晚,直到改革开放以后才开始尝试并逐步建立。1986年民政部在“全国农村基层社会保障工作会议”上开始明确将农村基层社会保障体制改革提上日程,标志着中国农村社会养老保险制度进入到了实质性探索时期。1992年民政部正式颁布实施《县级农村社会养老保险基本方案(试行)》,标志着农村社会养老保险制度的试点和推广工作在全国开始开展,开启了“旧农保”时代。进入21世纪以来,我国加入世贸组织以后经济快速发展,以家庭联产承包为主的小农生产方式难以适应现代工业化、农业产业化要求,生产方式发展转变,家庭结构缩小,农村人口加速流动。同时随着我国的城市化进程加快,土地已经不再是农村居民生活和养老的主要保障基础。为了应对现代化、社会化大生产的发展需求,在中央政府的推动下各地逐步探索建立农村社会养老保险模式。2008年在《中共中央关于推进农村改革发展若干重大问题的决定》中我国首次提出“按照个人缴费、集体补助、政府补贴相结合的要求,建立新型农村社会养老保险制度”。2009年我国正式在全国范围内建立农村社会养老保险制度,首批试点覆盖全国10%的县级地域,之后逐年提高,并于2012年基本实现全国覆盖。在这之后,农村养老保险制度建设的步伐逐步加快,从“新农保”到城乡统筹社会养老保险时期,逐步实现将职工养老保险、农村社会养老保险以及城镇居民养老保险衔接转换,打破社会养老保险的“城乡二元结构”。从此,我国逐步建立起由社会统筹的基本养老保险、企业补充养老保险和个人储蓄性养老保险组成的多层次的养老保险体系。

1)基本养老保险制度

在我国,基本养老保险作为养老保险体系中的“第一支柱”表现为个人账户与社会统筹相结合的制度形式,其中养老保险金的筹措主要是由国家、单位和个人共同承担。社会统筹实行现收现付,而个人账户则要求完全积累,强调养老金在个人账户部分的激励作用和劳动贡献区别。因此,该制度在传统养老保险制度的优势基础上还继承吸收了个人账户的诸多长处,不仅彰显了社会互济、分散风险、保障性强等传统社会保险的特征,更是激发了劳动者自我保障的意识和积极性。因此,中国基本养老保险制度的不断完善和发展,必将为世界养老保险的发展提供宝贵的经验并产生深远的影响。①

2)企业年金

企业年金作为多层次养老保险体系的“第二支柱”逐渐在我国发挥着愈加重要的作用。这种年金主要是采用国家宏观调控、企业自主决策执行的一种保险制度形式,其中资金筹措的方式大致有现收现付制、部分积累制和完全积累制三种类型,企业可独自全部负担保险费用,也可以要求员工与企业按照规定的比例共同负担费用。

3)个人储蓄性养老保险

我国多层次养老保险体系的“第三支柱”是职工个人储蓄性养老保险,职工可以自愿选择是否参加并自主决定如何选择经办机构。此种养老保险可以保证曾经具有经济能力的个体在失去劳动能力后可提高其基本生活水平。由社会保险机构经办的职工个人储蓄性养老保险,其实施的具体办法和方案主要由社会保险主管部门进行制定,社保单位会为个人在银行专门开设养老保险账户,参保个人在自身工资水平的基础上按照法定比例缴纳部分数额的个人储蓄性养老保险费用,将其计入银行的个人账户中并可按照高于同期城乡居民储蓄存款利率计息,所得利息记入个人账户,本息一并归职工个人所有,此项规定有利于提高个人参与储蓄性养老保险的积极性。职工达到法定退休年龄经批准退休后,凭个人账户将储蓄性养老保险金一次总付或分次支付给本人。职工跨地区流动,个人账户的储蓄性养老保险金应随之转移。②

7.4.2　我国城镇职工基本养老保险制度

1)我国城镇职工基本养老保险的产生与发展

中华人民共和国成立不久,我国开始小范围探索养老保险制度。1953年修订的《中

① 吕学静.社会保障国际比较[M].北京:首都经济贸易大学出版社,2007:148.

② 吕学静.社会保障国际比较[M].北京:首都经济贸易大学出版社,2007:149.

华人民共和国劳动保险条例》规定，商业、民航、金融、粮食、水产、外贸、地质、造林、石油、供销合作、国营农牧场等产业部门按规定实行养老保险制度，这些部门的企业需要缴纳企业职工工资总额的30%作为社会保险基金，作为保险基金用于职工退职退休等后的专用资金。1955年国务院颁布的《国家机关工作人员退休处理暂行办法》，首次明确规定了国家机关工作人员的退休条件和退休待遇。1958年2月颁布的《关于工人、职工退休处理的暂行规定》，是我国首部统一养老保险制度的单独法规，对企事业单位和机关人民团体的工作人员实行统一的养老保险制度。但到"文化大革命"时期，当时运行良好的养老保险制度遭到破坏，企业无法负担社会保险基金的缴纳任务，社保机构被撤销，养老保险工作的管理无法正常开展。直到党的十一届三中全会后，养老保险等社会保险工作才得以恢复重建。1995年3月发布的《关于深化企业职工养老保险制度改革的通知》中明确了我国企业职工养老保险制度改革的目标和"社会统筹与个人账户相结合"的原则，对基本养老保险的计发办法、个人账户管理等重要问题进行改革。在实际的职工养老保险制度的试点改革实践中，各个地区所采取的关于"社会统筹与个人账户相结合"的实施方案各不相同，尤其是个人账户的方面非常不一致。直到1997年《关于建立统一的企业职工基本养老保险制度的决定》的出台，才进一步地统一全国的改革方案。2005年国务院下文进一步扩大基本养老保险覆盖范围，推进改革基本养老金的计发办法，并且逐步做实个人账户，至此，我国职工基本养老保险制度逐步开始全面发展。

2）我国城镇职工基本养老保险制度的内容

根据我国现行有关基本养老保险的政策规范，该制度主要包括如下内容：

(1)覆盖范围

我国现行基本养老保险制度的覆盖范围包括国有企业、外商投资企业、城镇集体企业、城镇私营企业以及其他城镇企业及其职工，实现企业化管理的事业单位及其职工。同时，省、自治区、直辖市人民政府可以以自身实际情况为依据，将城镇自由职业人员、城镇个体工商户纳入基本养老保险范围。①

(2)领取条件

根据现行的政策，领取养老保险所需要具有的条件：①劳动者个人年龄达到法定的退休年龄并完成办理退休的手续；②劳动者个人和所在单位依法参加基本养老保险并且定期按规定履行缴费义务；③个人缴费时间累计满15年(含视同缴费年限)。《国务院关于工人退休、退职的暂行办法》规定法定退休年龄为：男年满60周岁、女干部年满55周岁、女工人年满50周岁；从事特殊工种的劳动者，男性年满55周岁、女性年满45周岁；因病或非因工致残完全丧失劳动能力的，由医院证明并经劳动鉴定委员会确认完全丧失劳动能力的，男年满50周岁、女年满45周岁。另外，在国有企业改革过程中，一些人员安置任务比较重的企业中符合条件的职工，可以根据1994年国务院发布的《关于在若干城市试行国有企业破产有关问题的通知》和1997年发布的《关于在若干城市试行国有企业兼并破产和职工再就业有关问题的补充通知》办理退休手续。同时，考虑到纺织行业的特

① 《国务院关于建立统一的企业职工基本养老保险制度的决定》，1997年。

殊性，对纺织行业职工的退休办法另行规定，其依据是劳动和社会保障部 1998 年发布的《关于做好纺织行业压锭减员分流安置工作的通知》与劳动和社会保障部 1998 年发布的《关于切实做好纺织行业压锭减员分流安置工作的补充通知》，这两个通知规定，有压锭任务的纺织行业，具备以下 4 个条件的下岗职工可以提前退休：纺纱、织布两个工种中的挡车工；工龄满 20 年，在挡车工岗位上连续工作满 10 年且办理提前退休时仍在挡车工岗位上；距国家规定的退休年龄不足 10 年；技能单一，再就业有困难。在符合这四项条件的基础上，总人数还需要进行调控，必须控制在一定的指标范围内。

(3)基金来源

根据现行政策规定，基本养老保险基金来源于企业缴费与劳动者个人缴费。其中，企业缴纳基本养老保险费，一般缴纳费用数额需超过企业总工资额的 20%，具体的缴纳比例由各省、自治区、直辖市政府自行确定。部分的省、自治区、直辖市由于存在离退休人员数量多、养老保险负担重的现象，在确定缴费标准时需要超过企业工资总额 20%的，需上报劳动和社会保障部、财政部审批。[①] 职工个人从 1997 年起按本人工资收入的 4%缴纳基本养老保险费，逐步提高到 8%。城镇个体工商户本人、私营企业主、自由职业者等非工薪收入者，可以按照当地职工平均工资作为缴费基数，并由个人按照规定的费率向所在地区的社会保险机构缴费。

(4)筹资方式

根据现行政策，基本养老保险采取征费制。其中，企业缴费全部记入社会统筹基金，个人缴费全部记入个人账户，前者充当社会统筹基金的来源，后者则属于职工自己所有，但当职工或退休人员死亡时，其个人账户内的个人缴费部分养老金可以按继承法由他人继承。

社会统筹是指社保资金在政府的指导下，依法以统一的原则和标准，按规定把分散在各企业、各部门的资金集中起来，实施统一的管理、分配和使用。[②]社会统筹的好处主要有两个：一是实现养老保险社会化，改变过去充分供给与分散管理之间的不合理模式，逐渐实现各地区直至全国养老保险体系的一体化；二是解决分散管理情况下各个企业之间出现的不均负担问题。当然，需要强调的，社会统筹并不是排斥个人积累保障基金。

个人账户，指的是个人基金账户，针对我国目前的基本养老保险制度，其有三层含义：一是个人账户基金强制实施以个人缴纳为主，企业缴纳为辅的办法。二是个人账户归职工个人所有、使用，不作为社会互济。在职时，采取完全积累方式实施基金管理；退休后，按月支付发放。三是基本养老金的个人账户的支付，与在职时职工本人的贡献和工资相关。

实施社会统筹能充分体现出养老保险互济性，并便于体现统一标准、运作的优越性。实施个人账户则充分的调动了职工个人的积极性，减少乃至避免了社会保障中的风险，尤其是道德风险，良好地体现了权利与义务对等的关系。从管理的角度来看，还提高了管理的透明度，增加了管理机构的责任感。同时，在市场经济条件下，还促进了劳动力的流动。

---

①② 《国务院关于建立统一的企业职工基本养老保险制度的决定》，1997 年。

(5)计发办法

计发办法,是养老保险制度中的关键一环,涉及广大参保人员的根本利益。依据新政策的规定,多缴多得,以形成"多工作、多缴费、多得养老金"的正向激励机制,并且这样也更加适合退休人员的平均寿命的现实情况。

新政策还对不同时间参保的职工,有不同的规定,即"老人"老办法、"新人"新办法、"中人"逐步过渡。

①"老人"是指2006年1月1日前已经离退休的参保人员,仍按原来的规定发给基本老金,同时随基本养老金调整而增加养老保险待遇。

②"新人"是指1997年在养老保险制度实施以后参加工作的劳动者。"新人"需要累计缴纳满15年,并在退休后以月单位发放基本养老金。其中,基本养老金由两个部分组成,即统一发放的基础养老金和个人账户中的养老金。基础养老金的月标准是以退休当年所在地上一年度的在岗职工月平均工资以及退休职工个人的指数化月平均缴费工资的平均值为基数,缴费每满一年以1%每年的增幅增发基础养老金。职工的个人账户的养老金标准则采用个人账户储存额总数除以计发月数的方式计算,其中计发月数以利息、职工本人退休年龄、退休时城镇人口的平均预期寿命等因素为依据确定。①

③"中人"是指1997年养老保险实施前参加工作、2006年1月1日后退休的参保人员,缴费时间累计满15年的"中人",除了发放基本的基础养老金和个人账户养老金这两种养老金的基础上,还向"中人"发放过渡性的养老金。过渡性养老金计算标准为职工1997年后工作年限的总缴费工资的指数化的1.4%,但具体还得由各地政府按照基本待遇水平来确定。对于达到退休年龄但缴费年限不满15年的人员,不发放基础养老金;个人账户内储蓄一次性发放给本人,终止保险。②

3)我国城镇职工基本养老保险制度改革的难点——养老保险转制成本的消化问题

(1)转制成本的含义和规模

基本养老保险制度筹资模式由现收现付制向社会统筹与个人账户相结合(以下简称"统账结合")的部分积累制转变。

任何一种制度变迁都会伴随着转制成本,养老保险制度也不例外。养老保险涉及三部分人的利益:第一部分是已经退休的职工("老人");第二部分是在原制度下参加工作但尚未退休的职工("中人");第三部分是新制度后参加工作的人("新人")。在原有现收现付制下,"老人"的全额养老金和"中人"在工作以后已经积累起来的养老保障要求权没有得到体现,在实行了新制度以后,"老人"的养老金由谁支付,"中人"的个人账户的"空账"部分由谁承担,这就构成了养老保险的转制成本。从政府的角度来看,转制成本转化成了政府的隐性债务。

(2)转制成本的负担方式

在养老保险制度转换时,我国政府并未选择负担转制成本,而是由统账制度中社会

① 《国务院关于建立统一的企业职工基本养老保险制度的决定》,1997年。

② 《国务院关于开展城镇居民社会养老保险试点的指导意见》,2011年。

统筹部分的保费收入来消化新旧制度交替的成本。当新收缴的养老保险基金统筹部分不足以支付退休人员的养老金时,计入个人账户的资金同时就用作支出了,由此使"个人账户"变成了"空账户"。

用统账制度负担转制成本带来一系列问题:一是对个人账户的本利和具有所有权,当"中人"和"新人"成为"老人"时,个人账户的空账运行将构成未来的巨额债务,同时个人账户失去了保障能力,必然对以后的新人造成更沉重的负担。二是为了维护现有制度的顺利运转,将老人和中人的要求权费用转嫁给现在的就业者,必然会导致保费率的上升,从而收缴率降低,现有制度收支平衡将受到严重的威胁,出现欠账问题,新制度的健康发展没有保障。

(3)转制成本应采取的消化方式的思路

首先需要解决养老保险的个人账户空账运行问题。面对个人账户的空账问题,部分学者认为,个人账户制度在我国不可行,个人账户制度无益于解决人口老龄化问题,还加大了老年人的贫富差距,也无力降低企业和个人缴费率,同时面临着投资失败的风险。其实空账问题并非是制度设计造成的,个人账户制有利于基金的积累,将在未来减轻政府的负担。但个人账户的健康发展首先要将空账部分做实,然后经过严格的监管和控制,这样才会实现资金积累的良性发展。而且,几十年的现收现付制度引发的国家和企业负担越来越重的事实已经说明现收现付制不可行。做实个人账户,有三个层次的含义:第一层是要将当期收缴的个人账户基金做实,不再挤占和挪用新产生的个人账户基金;第二层是要将制度改革后的账面欠账部分补足;第三层是要将历史欠账补足,以及对于"中人"隐性债务的补偿。

要解决空账问题,就要解决空账背后的深层次问题,隐性债务是空账产生的根本原因。社会统筹基金与个人账户基金的合并管理又为资金的借用提供了方便,社会保险机构管理与监督的一体化又使得对资金的使用无从把关。要解决隐性债务问题,首先,要对"老人"和"中人"的历史债务做出精算,明确其应当得到的合理补偿,政府要对这一历史债务的解决提出明确的方案,国家、企业、个人合理分担责任。其次,国家要分步骤、分阶段地实施解决方案。在国家对于历史债务明确承担责任的前提下,个人账户才有可能真正做实。在做实个人账户时:一是"新人"现期缴纳的个人账户基金不能挪作他用;二是将制度实施起"中人"个人账户上的账面资金补足;三是对"老人"的个人账户中的空账一并做实。在个人账户做实的基础上,进一步探索养老保险基金市场化运作,提高基金的增值率。

人们在总结智利成功实现养老保险筹资模式转轨,从现收现付模式向个人账户模式改革的经验时,认为由政府全面承担所有社会保障成本、进而投入巨额资金支持新的模式的建立是顺利转轨的一个重要方面。考虑到我国的社会保障水平较低,目前的人口年龄结构尚较年轻等因素,同时据世界银行测算,我国政府为了推进社会保障模式的转轨所需要承担的社会保障债务的规模会比智利小,但实现这一目标对我国政府来讲也将会是一项艰巨的任务。国家为此可以采取的措施有加大财政支出、开征新税种、变现部分国有资产、发行特种国债等。

7.4.3 我国城镇居民社会养老保险制度

根据《中华人民共和国国民经济和社会发展第十二个五年规划纲要》《中华人民共和国社会保险法》(以下简称《社会保险法》)的规定,《国务院关于开展城镇居民社会养老保险试点的指导意见》(以下简称《指导意见》)于 2011 年 6 月 7 日正式发布。2011 年 7 月 1 日《指导意见》规定城镇居民社会养老保险试点工作在全国各地进行开展,要求于 2012 年基本实现城镇居民养老保险制度全覆盖。《指导意见》是在继 2009 年新型农村社会养老保险试点后,党中央与国务院又一重大战略部署和指导方针。它对于加快和完善我国城乡居民社会保障体系建设具有深远影响和重大意义。

1)城镇居民社会养老保险制度的基本内容

以下对《指导意见》作概括性的解读。

(1)基本原则

《指导意见》规定,城镇居民养老保险试点以"保基本、广覆盖、有弹性、可持续"为基本原则。一是从城镇居民的实际情况出发,与经济发展及各方面的承受能力相适应;二是个人(家庭)和政府合理分担责任,权利与义务相对应;三是政府主导和居民自愿相结合,引导城镇居民普遍参保;四是中央确定基本原则和主要政策,地方制定具体办法,城镇居民养老保险实行属地管理。

(2)参保范围

《指导意见》规定,年满 16 周岁(不含在校学生)、不符合职工基本养老保险参保条件的城镇非从业居民,可以在户籍地自愿参加城镇居民养老保险。

(3)基金筹集

城镇居民养老保险基金主要由个人缴费和政府补贴构成:①个人缴费。参加城镇居民养老保险的城镇居民应当按规定缴纳养老保险费。缴费标准目前设为每年 100 元、200 元、300 元、400 元、500 元、600 元、700 元、800 元、900 元、1 000元 10 个档次,地方人民政府可以根据实际情况增设缴费档次。参保人自主选择档次缴费,多缴多得。国家依据经济发展和城镇居民人均可支配收入增长等情况适时调整缴费档次。②政府补贴。政府对符合待遇领取条件的参保人全额支付城镇居民养老保险基础养老金。其中,东部地区给予 50%的补助,中西部地区给予全额补助,地方人民政府应对参保人员缴费给予补贴,补贴标准不低于每人每年 30 元;对鼓励选择较高档次标准缴费的地区,由省(自治区、直辖市)人民政府确定其具体标准和办法。对城镇重度残疾人等缴费困难群体,地方人民政府为其代缴部分或全部最低标准的养老保险费。③政府充分鼓励其他社会组织和个人为参保人缴费提供资助。①

(4)建立个人账户

养老保险个人账户的参保人员终身记录由国家统一建立。个人缴费、地方人民政府对参保人的缴费补贴及其他来源的缴费资助,全部记入个人账户。个人账户储存额目前

① 《国务院关于开展城镇居民社会养老保险试点的指导意见》,2011 年。

每年参考中国人民银行公布的金融机构人民币一年期存款利率计息。

(5)养老金待遇及领取条件

养老金待遇由基础养老金和个人账户养老金构成,支付终身。中央确定的基础养老金标准为每人每月55元。地方人民政府可以根据实际情况提高基础养老金标准,对长期缴费的城镇居民,可适当加发基础养老金,提高和加发部分的资金由地方人民政府支出。个人账户养老金的月计发标准为个人账户储存额除以139(与现行职工基本养老保险及新农保个人账户养老金计发系数相同)。参保人员死亡,个人账户中的资金余额,除政府补贴外,可以依法继承,政府补贴余额用于继续支付其他参保人的养老金。

城镇居民养老保险制度实施时,已年满60周岁,未享受职工基本养老保险待遇以及国家规定的其他养老待遇的,不用缴费,可按月领取基础养老金。[①]

(6)基金管理与监督

城镇居民养老保险基金纳入社会保障基金财政专户,实行收支两条线管理,单独记账、核算,按有关规定实现保值增值。试点阶段,城镇居民养老保险基金暂以试点县(区、市、旗,以下简称"试点县")为单位管理。随着试点的扩大和推开,逐步提高管理层次,有条件的地方也可直接实行省级管理。

城镇居民养老保险基金监督实行政府与社会监督相结合的做法。各级人力资源社会保障部门要切实履行城镇居民养老保险基金的监管职责,制定和完善城镇居民养老保险各项业务管理规章制度,规范业务程序,建立健全内控制度和基金稽核制度,对基金的筹集、上解、划拨、发放进行监控和定期检查,并定期披露城镇居民养老保险基金筹集和支付信息,做到公开透明,加强社会监督。财政、监察、审计部门按各自职责实施监督,严禁挤占挪用,确保基金安全。各地社会保险经办机构和居委会每年在社区范围内对城镇居民的待遇领取资格进行公示,接受群众监督。

2)城镇居民社会养老保险制度的基本特点

城镇居民社会养老保险制度由政府主导建立,实行个人缴费、政府补贴相结合,社会统筹和个人账户相结合。它始终与国家制定的社会保障建设总体方针保持一致,但其更强调"有弹性"这个特点。总的来说,城镇居民社会养老保险制度具有以下四个基本特点:

(1)广覆盖、保基本、建机制

社会养老保险应当与实际国情和经济社会发展阶段相匹配,与国家、社会和个人的承受能力相适应。"基本保障"实际上是指当前的建设重点,即建立覆盖全民的保障制度,使筹融资标准和待遇标准适应经济前进和承受能力的各个方面,从低水平做起,首先就要解决"从无到有"的问题。随着社会经济不断发展进步,逐渐地完善社保制度,进而提高保障水平,并逐步把"由低到高"问题妥善解决。从基本养老金标准看,由政府财政全额支付提供基本保障,因此最低基本养老金的标准不能够过高。而要在现今国情下实现保障对象、保障项目等范围的广覆盖,唯有一个基本保障才能保证金融基金投资者的

---

① 《国务院关于开展城镇居民社会养老保险试点的指导意见》,2011年。

可持续性。客观上讲,我国当前的基本养老金标准是55元/月,这与当前的国家整体经济的发展水平不相适应,但在目前我国中西部地带的经济社会发展不平衡,政府财力也较为有限,基本养老金标准也可以为城市带来更多城市弹性,也实现了养老保障的"大覆盖"和"可持续"。

(2)自愿参、重激励、有弹性

制度规定坚持民众个人自愿参保,采用财政补贴的手段,激励引导,以吸引更多的居民自愿参保,从而来扩大覆盖面。制度在缴费标准方面设置了多个参保档次,参保人可以自主选择参保档次,并且鼓励多缴多得,保证权利与义务相对应。考虑到城市居民个体经济条件的差异,弹性原则充分体现在支付标准中。当前的支付标准可以分为10个等级:100元、200元、300元、400元、500元、600元、700元、800元、900元、1 000元/年。基层人民政府可以依据本地的实际情况,增加十个支付等级。① 国家依据经济发展水平和城镇居民的人均可支配收入水平,来提高支付水平,及时调整支付等级。

(3)政府推、居民进、共担责

城镇居民社会养老保险注重权利与义务相对应,其表现在于实行政府主导和居民自愿相结合,个人(家庭)和政府合理分担责任。个人享受养老保险以承担缴费义务为前提,建制度、保基本、扶贫弱是政府的重要职责,即为所有参保的退休职工提供养老金以保障其基本生活,对无力负担保险费用的困难群体,由政府为其代缴保险费用参保。此外,在新制度建立初期,政府应承担首要责任。

(4)政府的投入责任体现在既补"入口",又补"出口"

"入口"补贴是城市居民在保险缴费过程中给予的财政补贴。地方人民政府应当对被保险人的出资给予补贴。补贴标准为每人每年不低于30元。选择较高等级标准的,可以给予适当的鼓励。对于那些难以支付的人,如城市严重残疾人士,地方政府应为特殊困难群体代为支付缴纳所有或者部分最低标准养老保险的保险费用。对于合乎领取条件的,应全额给付城镇居民基本养老金。"出口"补贴是指在支付养老金时给予财政补贴。其中,中央财政对中西部地带给予基本养老金标准的全额补贴,对东部地带给予50%的补贴。

7.4.4 我国新型农村养老保险

在2009年以前,中国90%以上的农民是没有养老金的。新型农村养老保险制度从2009年开始实施。领取新型农村养老保险的老人,平均每人每年是690元,其中没有缴纳养老保险费者养老金完全由中央和地方财政支付。严格来说,新型养老保险并不是一种"保险",而是一种"福利"。

从新农村养老保险试点推行开始,大部分新农村养老保险试点地带,统筹单位重点负责实施县级农村养老保险管理服务中心、乡镇劳动和社会保障机构、村级协办单位三级管理的基本模式。其中大多数是在县级管理阶段对新农村养老保险基金管理和监督

---

① 《国务院关于开展城镇居民社会养老保险试点的指导意见》,2011年。

的一系列工作。

新农村养老保险的县级统筹是指基本养老保险制度的统一、缴费标准和补贴政策的统一、基本养老保险待遇政策的统一、资金管理和应用的统一、业务规则和资金来源的统一。受县域内的格局体系的限制,基金只好在小范围内管理和运行,只好自行周转。此外,由于不同的总体规划单位导致政策间不统一,互相联系困难。新农村养老保险总体规划水平低下,导致了政策碎片化、抗风险能力差等一系列问题。

新型农村养老保险的领取高峰在2045年以后,因为人口老龄化,新型农村养老保险基金的积累周期大约有35年,所以,为了农保基本使用效率的提高,基金应交由高级别部门进行全面统筹规划。统筹层次的提高有益于促进新型农村养老保险基金投资环的形成。促进其资金规模的扩大,拓宽投资渠道,提高基金投放率和增值效益。

7.4.5 中国社会养老"双轨"制

1)双轨制的概念及特征

(1)双轨制概念

中国的养老保险模式是随着经济发展和社会制度的改革而改变的,而双轨制的养老制度模式,是中国特色社会主义市场经济下的产物。所谓双轨制是指企业退休人员和机关事业单位退休人员实行不同性质的养老制度。一方面,企业退休人员按照国家规定的标准缴纳保险费用;另一方面,事业单位由国家负责拨款发放养老金。

(2)双轨制的主要特点

我国双轨制社会养老保险制度的重要特征:首先是不同的统筹方式,企业人员依照既定的标准由单位和职工自行支付养老金,机关和事业单位实行财政拨款。其次,两类不同主体支付的渠道也不一样,企业退休者有属于自己的账户支付,而事业单位由国家发放。再次,国家规定的两类主体对养老金的支付标准不一样。两类主体退居二线后的实际收入区别很大。政府机构的养老金标准远高于企业退休老人的养老金标准,目前的差距是企业退休人员的3~5倍。

2)双轨制存在的问题

一是机关事业单位职工退休福利与企业职工退休福利存在较大差距,对公平性提出质疑。在双轨制的差别待遇下,公务员不仅养老金很高,而且在30年工作时长内由纳税人为其缴纳养老保险。企业职工只能领取公务员退休金的23%,但必须缴纳10万元以上的养老保险。双轨制养老金制度反映了典型的不公平政策和贫富差距。

二是虽然这两类主体在制度上是双轨制,但两种制度间存在着时间短、不合理等问题,阻碍英才的合理流动,不仅给人口流动时养老保险异乡接收和转移造成困难,还给改制带来障碍,如机关公务员已实行辞退制度、部分科研机构等事业单位转制为企业、事业单位开始实行全员聘用制等。

3)改革"双轨"制的思路

企业员工的养老保险制度改革以来,收到了良好的成效,国家根据这个改革方向,着手对事业单位的员工养老制度进行改革。在制度的统筹方面,国家事业单位的养老制度要与企业职工的养老制度融合,保证制度的连接性,从而构成主要的养老保障体系。所以,从根本上解决问题的途径就是要统一这两项基本养老政策,同时要减轻利益相关者的损失,要求政府尽最大的努力协调各方利益来维护制度的改革的持续进行。

(1)公务员养老模式

在中国事业单位实行的基本养老制度是将基本养老保险与退休津贴相结合,具体是将社会统筹和个人账户相结合。另外,在两项制度的规模、缴费比率和支付方法上要保持一致。除每月基本养老金和个人账户养老金外,还应为改制实施前参加工作、实施后退休且缴纳满15年的老年人口提供过渡养老保障金,调整养老保险的机制,构建起事业单位的津贴制度,从而缓解社会因事业单位养老津贴过高产生的矛盾。根据上述养老金筹算,改制后员工的老年福利应由基本养老金和津贴构成,大概为它们之和的80%。

(2)养老保险制度应分类管理

对于事业单位的养老保险制度来说,都应当归于城镇企业职工养老保险制度进行管理并由国家进行统一拨款。同时,在机构内部施行"基本养老+补充养老"的保险方法。另外,我国事业单位的养老制度运行要严格按照国家政策制定的原则来运行,这可以参考自己机关部门规定公务员养老保险金的各类设置标准来运行并确定补充养老金的标准。以深圳市为例,2007年,深圳率先开展公务员聘任制改制试点,兑现公务员聘任制,探索建立"社会养老保险职业年金"养老保障新模式,实现公务员与职工、职工养老的统一。2008年,国务院决定在广东等五个省市开展事业单位养老保险制度改制试点。在总结公务员养老保障制度改制经验的基础上,深圳市发布了《深圳市事业单位职工养老保障试行办法》并顺利实施。其中最重要的是建立了职业年金制度,这是对单位内工作人员的奖励,用这样的方法来激励他们提高服务效率,争取高额福利,从侧面反映了国家对政策的重视,这也是养老保险制度的一部分。在该市颁布的第三期养老保险制度中对"新人"的规定进行了调整,提出了"社会养老保险+职业年金"的养老保障制度,由深圳市事业单位在职人员试行。深圳市人民政府、人力资源和社会保障局负责人说,这一改制使政府机构和企业的养老金制度得以运转。国家养老保险制度在实行单轨制方面迈出了重要一步,扫除了政府机构人手流向企业的障碍,为深化政府机构岗位管理和就业制度提供了保障。

经由二十多年的不断改制,我国企业职工养老保险制度已经形成了企业、个人和国家共同出资的模式,但20世纪50年代建立的政府机构工作人员退休制度仍在继续,保留了个人不缴费和养老金财政分配的旧模式。养老"双轨制"带来的重要问题:一是机构和企业员工的养老福利存在较大差距,对老年福利的公平性提出质疑;二是养老制度中机构和企业之间存在双轨制。新兴市场,制度之间缺乏合理的转移和继承安排,阻碍了英才的合理流动。

4)养老金并轨改革

中国人口年龄结构与养老保险制度的福利效应主要表现在以下几个方面:其一,中国人口年龄结构将在未来数十年内有较大的变化,人口老龄化是不可避免的趋势,尤其是城镇人口的年龄结构将更老化,传统养老保险制度的可持续运行面临严峻的考验。其二,中国的城镇养老保险制度在1997年以前基本上采用的是传统的现收现付制,1997年后的改革引入了个人账户制。但个人账户的空账,使养老保险制度实质上还是现收现付制的性质。其三,采用局部均衡的分析框架,即价格和工资为外生给定,比较现收现付制和基金制两种制度的收益,在可预见的未来,现收现付制的相对收益率较高。与此等价的另一个解释是中国经济处于动态无效状态,因此在未来相当长的时期内中国的养老保险制度还是应当采用现收现付制。鉴于这个结论,论证了现收现付制在中国的可持续性。其四,人数年龄结构的变化和养老保险制度的引入,将对一个经济体的储蓄、消费和劳动力供给产生深远的影响,故而影响经济增长。因而,在人口年龄结构变化的客观环境下,应利用一个更为普遍的分析框架来研讨选择不同养老保险制度的福利效果。

7.5 案例分析

【案例一】探索社会养老保险"五支柱"模式

西方国家在第二次世界大战时期,新型社会保障和福利制度基于《贝弗里奇报告》得以建立。在抑制社会不公、避免社会分化、消除社会绝对贫困等方面这一制度起到了非常积极的作用,但高福利需要高支出作为支撑,各国政府都背上了过重的财政负担,影响国家的国际竞争力。

就这一情况,世界银行于2005年12月提出了"五支柱"模式,以确保老年人的经济安全和基本生活。非缴费型的"零支柱"主要是为终身贫困者与不适用其他任何社会养老保险制度的老年人或者完全、部分丧失劳动能力者提供社会养老保险,以实现福利制度"兜底"作用;强制性的社会保障年金制度为缴费型的"第一支柱",这一支柱主要通过财富的再分配,为老年人提供最低生活水平的终身保障;通过个人和用人单位在职期间缴纳的一定费用建立职业年金制度,为强制性的"第二支柱";通过个人的商业保险和理财,旨在保障年老(或者丧失工作能力)后的生活质量,为自愿性的"第三支柱";最后非正规保障的"第四支柱"主要来自子女供养、亲戚资助以及家庭间资金转移等,以补全前四个支柱覆盖外人群。

我国各类人员在不同社会时期的社会养老保险金在筹集方式上有很大的差别。那么基于世界银行提出的"五支柱"模式,我国的社会养老保险制度可以从以下五个方面进行建构。

一是进一步建立健全非缴费型的"零支柱",为终身贫困者以及不适用任何社会养老保险制度的老年人或者丧失劳动能力者提供社会养老保险,发挥出制度"兜底"作用。与民生领域现有制度整合,采用合适的随收随付的模式提供基本的生活保障,从而保证社会保障兜底功能。

二是进一步健全完善缴费型的"第一支柱",给予有正式工作并稳定持续缴纳养老金的公民构建社会养老保险制度。以现收现付模式为缴纳基础,通过国家、供职单位以及参保个人三方按照适当的比例共同缴费,按照随收随付的给付制进行下一步操作,使基本养老保险责任共同分担的原则得以体现。

三是进一步健全完善强制性的“第二支柱”,应该给予有正式工作的公民构建职业年金制度,该项支柱是建立在“第一支柱”的基础之上,对职工养老保险制度的有效补充。具体操作过程可以体现为:参考参保个人工作单位的实际情况之后,由供职单位按照单位经济效益和个人按照实际收入的一定比例缴纳职业年金,这些年金的累积就能建立职业年金基金。

四是进一步健全完善自愿性的“第三支柱”,政府大力鼓励并且支持个人和企业自愿进行商业性保险储蓄,建立商业保险储蓄基金。如购买商业性人寿保险等方式,以应对其他支柱因设计不全面而带来的制度风险。

五是进一步健全完善非正规社会保障的“第四支柱”,这一支柱是通过子女赡养、亲戚帮助以及家庭间的资金流动等方式,健全类似于传统伦理的家庭式养老保障制度。

从以上五方面的设想可知,我国的不同群体有不同的需要,抓住这一特点,我国可以探索建立社会养老保险“五支柱”模式。目前,我国社会养老保险制度的多层次保险体系中,基本养老金制度和社会养老保险金制度位于基层,基本覆盖了全体公民,制度实行随收随付制,以实现消除贫穷和对国民收入再分配的目标;现有的第二层为职业社会养老金,几乎覆盖所有正式职业的公民,包含的养老保障制度主要有城乡居民社会养老保险、城镇企业职工社会养老保险以及国家公职人员的社会养老保险,它们都是由个人和用人单位共同缴费,实行的是“个人账户+社会统筹”相结合的模式;第三层为自愿性的商业社会保险,目的是应对其他层面可能带来的制度风险;最后一层是通过子女赡养、亲戚帮助以及家庭间的资金流动等方式,健全传统伦理的家庭式养老保险制度,多渠道、多方位、多层次提升老年人生活水平。①

分析与思考

我国社会养老保险的未来发展趋势是什么?

【案例二】联合消费养老金合格计划

联合消费养老金合格计划(CCPP)是全新的个人养老金计划,是在原有社会养老保障体系上做了一个创造性补充。在受托方中国老龄事业发展基金会监督下,发起方北京新德浓信息技术有限公司研发构建了“小确幸”平台,用户通过“小确幸”消费获得的养老金将存入托管方中国工商银行,由投管方中国工商银行养老金部进行投管。小确幸是由北京新德浓信息技术有限公司研究开发的一款App,用户通过该App去京东、携程等平台进行购物消费,就能获得商家回馈的一定比例的养老金,这笔养老金会直接存入用户工商银行的消费养老金子账户,待达到法定退休年龄(男60岁、女55岁),便可一次性支取使用,未领取的还可以继承。简单来说,用户的每一笔消费都由商家回馈一部分,成为用户未来的个人养老金。这个计划被称为联合消费养老金合格计划(Confederate Consumer Pension Plan,CCPP),指由发起、受托、托管、投管联合构成的养老金资产管理

---

① 覃平. 探索社会养老保险“五支柱”模式[N].中国社会科学报,2019-03-28(007).

方式。消费者在发生消费行为之后，合作商家以现金、实物、积分等形式返利，这些返利通过“小确幸”这个App依法转换消费者的养老金权益，以专门的消费养老计划进行操作管理，在消费者达到其规定的年限后，最终一次性返还给消费者作为其养老金。个人能通过消费积分、消费返利、消费奖励等消费附加值形式实现个人消费养老金累积。

用户仅仅只需通过在“小确幸”App进行注册，然后进行授权并选择将商家让利资金转换成个人养老金即可。用户无须为参与这一项目额外付费，只需要在生活中进行正常的购物等活动，这样日常的操作就可以使一笔笔消费变为未来的相应的收益。这种收获几乎是零成本、零门槛、可持续、可控制的，到其所规定的年龄后便可一次性领取自己的个人养老金。

分析与思考

1.联合消费养老金合格计划的优势是什么？

2.信息技术对社会保障事业的启示和影响有哪些？

【本章小结】

本章首先从整体上对养老保险进行概述，梳理了养老保险的产生与发展，养老保险具有以退休年龄作为投保受益的重要条件、社会成员对养老保险具有普遍需求、保险资金的积累具有长期性、保障方式的多层次性等特点。养老保险制度的构建遵循了权利与资格条件相对应、保障基本生活水平、共享社会经济发展成果的原则。养老保险制度的有效运转，在很大程度上取决于如何有效地选择养老保险基金的资金筹集。本章探讨了养老保险基金的筹集方式、筹集模式、税（费）率确定、保险给付，进而深入了解养老保险基金的资金筹集。

各个国家的养老保险制度都有着鲜明的国家特色，不同国家的养老保险制度不尽相同。根据其总体设计可将其分为四种模式，即国家统筹模式、投保资助模式、强制储蓄模式和福利国家模式。我国养老保险发展起步较晚，直到改革开放以后才开始建立。养老保险制度建设的步伐从中华人民共和国成立初期的仅针对国家机关工作人员的养老保险到职工养老保险、从“旧农保”到“新农保”，从城乡分割到城乡统筹社会养老保险时期，逐步实现将职工养老保险、农村社会养老保险以及城镇居民养老保险衔接转换，打破社会养老保险的“城乡二元结构”。从此，我国逐步建立起由社会统筹的基本养老保险、企业补充养老保险和个人储蓄性养老保险组成的多层次的养老保险体系。

【探索】

1.什么是现收现付式和完全积累式？两者各有什么利弊？
2.什么是给付确定制和缴费确定制？
3.简述我国养老保险制度的结构和内容。
4.简述我国养老保险制度的演变历史。
5.我国养老保障制度存在哪些问题,其改革方向是什么？
6.当前我国社会养老保障制度建设的重点是什么？

第 8 章　医疗保险

【学习目标】

1.掌握医疗保险的实施原则、筹资机制以及费用偿付方式

2.理解医疗保险的几种模式尤其是社会医疗保险模式的运作

3.了解我国医疗保险制度的改革与发展历程

8.1　医疗保险概述

医疗保险制度在社会保障体系各组成部分中,是世界上首个以立法形式设立的制度,为社会公民提供基本的医疗保障,为全社会的健康提供保障。因为医疗保险与社会成员的生活和健康息息相关,世界各国十分重视对医疗保险的建立和完善,大多数国家都建立了一个适应国家发展的医疗保险制度体系。① 医疗保险分为两种类型,一类是由政府直接提供,另一类是社会上流通的商业保险,本章谈论的主要是由政府提供的保险。一般来说,医疗保险是指由政府制定的法律法规引导下的由社会机构办理的,能够为社会成员的疾病提供保障的保险制度。国家和社会在医疗保险制度的指导下对保障对象提供一定的援助以化解疾病带来的风险。社会医疗保险的运行原理是由社会来共同分担疾病风险,利用基金的共济性来促使企业和社会成员个人缴纳相应比例的费用,政府对缴纳的费用进行平衡,保证社会成员在受到疾病威胁时能够不受负担地享受医疗保险服务,从而保证正常的生产和生活。本章主要从医疗保障制度的沿革、医疗保险的基本内容以及国内外医疗保障的实践等角度,多方面、全方位地阐释医疗保险及其制度。

8.1.1　医疗保险的含义

医疗保障制度是社会保障制度构成中的重要一环,医疗保险可以为公民健康提供基本的保障。政府支持医疗保险发展是为了保障公民的健康水平。对劳动者来说,健康是

① 安仲文,高丹.社会保障学[M].2 版.大连:东北财经大学出版社,2013:8.

他们的最大幸福,劳动者有健康的身体才能给社会创造财富,才能获得正常的经济收入,才能改善物质文化生活;对国家来说,发展医疗保健事业,改善卫生条件,增加医疗设施,增进人民的健康水平不仅是一种社会责任,而且是发展生产、繁荣经济、不断改善人民物质生活的一项主要措施。从长远看,医疗保险还关系到民族的未来和国家的繁荣昌盛。所以,医疗保险是社会保险体系中的重要的组成部分。19 世纪 80 年代,德国政府设立了具有医疗保险雏形的疾病保险,是为了当社会成员中有人因疾病困扰而无法提供生产力时,政府能够按照规定的标准给予补助。关于医疗保险的定义很多,国际劳工组织对其有标准化的定义,即社会成员特别是社会劳动力在身体受疾病困扰导致无法进行劳动时,政府一次性按时为保险对象提供相应的补助的社会制度。在这种定义内容中,医疗保险指的是健康保险,这代表着医疗保险的功能有了变化,本身的关于疾病和技术等方面的功能逐渐转化为咨询和指导方面的功能。医疗保险在国家层面的功能是为受疾病困扰的劳动者提供一定的经济补偿,保障劳动者的身心健康,通过立法的形式建立的一项为劳动者提供经济支持和技术支持的制度。医疗保险主张社会的风险由成员共担,疾病产生的损失由社会成员共补,相互帮助,相互救济。

医疗保险与社会成员的健康和生活息息相关,对提高社会成员生产和生活质量意义重大。但由于医疗保险作为社会保障的一部分,在世界各国之间的运行方式、含义和外延都具有差异性,它们在世界范围内的名称也不一样,这使得我国学者对医疗保险的定义也具有差异性。本章参考郑功成教授对医疗保险的定义,即从社会保险的定义中对医疗保险进行定义,把医疗保险看作其中的具体组成部分。

这种定义由以下五层含义组成:

第一,医疗保险由国家立法强制实施。早在 19 世纪,德国颁布的《疾病社会保险法》标志着第一部社会保险法律的诞生。自此,全世界有 110 多个国家陆续关注社会医疗保险领域,并建立相关的法律来保障公民的权利。各国的制度都有权威性和强制性的特点,都对医疗保险主体的权利义务进行了立法规范,而且规定了医疗保险运行过程中的范围、待遇以及运行程序等。在某种程度上体现了政府主导下的医疗保险和企业主导下的商业保险的差别。

第二,医疗保险的保障对象是社会劳动者,特别是工薪阶层。这和其他的险种有类似的目的,都是解放劳动者的生产力,减少他们因难以维持健康和基本生活造成的负担。

第三,医疗保险重视权利义务的结合和社会成员间的共同救济。疾病对于单个社会成员及其家庭来说是难以预估的,但是对一个人数庞大的团体来说,是可以根据大数法则来预估的。所以在社会保险系统中通过精算,来确定保障对象的缴费义务,并将此义务作为保障对象获得医疗保障权利的基本条件。同时通过精算也确定保障对象获取医疗保障或医疗补偿的权利,以履行义务来保障权利的行使。然而,对单个社会成员而言,患病的概率是不可预估的,因此能够享受到医疗保险待遇的成员和受益的程度也是不确定的,但正是由于这种不可预估性,保险精算和社会共济才能在资金筹集和资金的使用上起作用。

第四,医疗保险可以保障社会成员的健康,主要内容为疾病。社会成员尤其是劳动者要承担的风险很多，其中与生活最相关的事件不仅有疾病，还有生育、工伤等。医疗保险保障的是劳动者的疾病部分，而工伤和生育方面的主要保障制度是工伤保险制度和生育保险制度。另外，一些国家有制定针对女性职工生育的医疗保险，或者对女性职工给予部分福利来实现对女性职工生育的保障。

第五，医疗保险对比社会保障系统的其他部分来说，最显著的特征是社会化，因为提供医疗保险的任务只能由第三方机构来承担，所以医疗保障制度的运行不可能单独在社会保险机构内部。特别强调的是，医疗保险不仅与商业保险和健康保险有本质的区别，其与医疗保障的差别也是不容忽视的。虽然一些国家和地区混淆了两者的概念，但对两个有差别的概念来讲，医疗保障的概念要比医疗保险大，后者只是前者的一种方法。医疗保障的制度还有很多，例如农村合作医疗、社会医疗救助、疾病防治等。

8.1.2　医疗保险的特征

医疗保险在社会保险体系中发挥着重要的作用，不仅具有社会保险的共同特征，还具有费用的复杂性和保障对象的普遍性，具体体现为：

①医疗保险的普遍性体现在，疾病风险是一种普遍的风险，是社会成员在生命的每个阶段都有概率遇到的。这种风险和生育、失业等风险不一样，其他风险只发生在某类社会成员中或只发生在社会成员生命的某一阶段中。对个体而言，疾病风险在每个阶段都有可能发生，因此疾病对于每个社会成员具有不可预估和不可避免的特征，这也是医疗保险制定的基本前提，即覆盖每个社会成员的生命的每个阶段。

②医疗保险的复杂性体现在医疗保险的覆盖面广，是一个具有融合性的保险系统。首先，它不仅保障参保人、供给人和管理人、提供者，还覆盖了各用人单位，各主体间具有复杂的权利义务关系。其次，在解决上述主体关系的基础之上，医疗保险具有一种引导和调控的功能，它需要根据制度规定指导社会成员的行为，尤其是医保的需求者和供给者，使他们的行为合法合理化。

③医疗保险的短期性与经常性。对每一个社会成员来说都有一定的概率面临疾病的风险，这种风险是不可预估和难以避免的，所以医疗保险发生的频率高，具有短时间和高频率的特点。而其他类型的保险例如生育保险，一般来说是可预测的，相较于医疗保险来说也是长期性的。医疗保险的不同点在于，从某种程度上来说，是由疾病的发生决定的，合约中规定的疾病一旦发生，医疗保险程序就开始运作，对保险人的补偿也随之进行。

④医疗保险采取以实际医疗支付情况来进行补偿，主要发生在患者支付医疗疾病费用之后，根据医疗保险的基本制度来决定补偿费用和形式。因此医疗保障在支付标准上与其他保障有所不同，不是依据保险者缴纳的费用多少来给予相同的补偿，而是依据所患的疾病，也就是因疾病种类的不同享有不同的医疗保障。

⑤医疗费用具有不可预估和不可避免的特征。如上文所说，社会成员无法预料何时发病以及疾病的种类，所以在支付医疗保险时依据疾病种类来支付保险金额，针对不同的疾病会有较大的区别。但是对单个社会成员来说，患疾病种类的不同伴随着时间地点

的不同要支付差异的医疗费用,相同的,患疾病种类不同的受保人即使在同一时间地点,支付的医疗费用也有所不同。这成为医疗保险难以预估和避免的一个重要原因。

8.1.3 医疗保险的性质与功能

医疗保险和其他各社会保险项目类似,具有以下几个方面的性质:

①公益性与福利性。众所周知,医疗保险不以营利为目的,社会成员缴纳的基金遵循以收定支的基本原则,主要目的是减少劳动者的疾病风险,免除后顾之忧。

②普遍性。医疗保险的覆盖范围具有广泛性,究其原因一方面是社会成员都有患疾病的风险,其次,保险的形式是根据大数法则来制定的,从而能够化解社会重大风险。所以医疗保险只有覆盖范围广才能保障大众的共同利益,通过社会的共济化解社会成员的健康风险。

③强制性。医疗保险由国家强制立法实施并制定各种制度来保障实施,并且只有通过政府强制的行政手段才可以使保险基金有效征集、缴纳,并按法律规定使用。

④互济性和公平性。在社会集体中,尽管每个人都面临疾病风险,但这种风险因人而异,不是集中发生的。政府通过医疗保险来调节疾病风险的平衡,实现在个人、企业等之间的风险调节,即“年轻人帮助老年人,健康人扶助有病人,人人都有老的时候,人人都有生病的时候,人人都有得到别人帮助的机会”。也能够在某种意义上实现收入的再分配,化解社会重大风险,促进社会和谐,经济持续稳定发展,提高劳动者的积极性,免除其后顾之忧。

因为各国的医疗保障程度与经济水平息息相关,且制度运作时涉及的对象具有多样化,程序复杂,管理与监督体制也存在很多问题,导致世界各国开始对社会保障制度优化改善,这种趋势在某种程度上影响着医疗保险制度的改革。这种改革具有以下几种趋势:政府责任的弱化、个人的责任开始突出;提高社会成员缴费比率和对费用的监管更具体等。例如:加强市场监管,促进主体竞争,完善政策规划,避免浪费。

医疗保险具有以下几个方面的功能:

①有利于促进生产力的发展。医疗保险的发展是社会经济发展到一定程度的结果,同时医疗保险制度的完善和程序的实施也对社会经济的发展具有促进作用。劳动力对于社会发展十分重要,是构成社会发展最重要的因子。但劳动者却面临着重要的风险即疾病风险,因此对疾病风险的控制就变得格外重要,对疾病的治疗是实现社会经济发展的前提条件,治疗所需的费用是实现社会经济发展的必要成本。政府通过对医疗保险的支持,降低了劳动者因疾病而减少生产量的概率,促进劳动者身体素质的提升,为投入良好的劳动质量奠定基础。另外,医疗保险不但能够保障劳动者的生活状况不受疾病影响,还可以为社会提供健康的生产力保证,从而促进科技创新,提高国民身体素质,使社会生产稳定秩序地进行,创造社会财富。

②平衡收入,促进公平。首先,通过收取医疗保险费和报销医疗保险服务费来调整收入差距。它是政府调节收入平衡的重要手段。其次,在考虑工人健康保险,工作年龄,工作条件差异和工作规模等工作条件时,医疗保险略有差异,但其通常与劳动力的数量

和质量不直接相关,可以为工人提供平等的医疗机会,根据工人的具体情况提供服务,给予保障,从而合理规范社会秩序,实现社会有效分配。

③维护社会稳定。医疗保险为患疾病的工作者提供经济支持,防止疾病恶化和疾病恶性循环,减轻疾病引起的社会焦虑,协调社会关系和社会矛盾,是促进社会稳定的重要机制。

④促进社会文明和进步。医疗保险是一种帮助型社会系统,建立医疗保险制度,根据经济实力有效增加医疗费用,积极发展各类医疗事业,加强疾病防治,改善卫生条件,促进全民健康。同时也促进了社会和谐,维护了社会稳定。

8.1.4　医疗保险的基本内容

医疗保险的基本内容主要以对象来划分,其中又主要划分为医疗保险的当事人和对象。当事人包括国家的权威机关、保险机构、各大医院、被保险人以及各单位的雇主。

(1)政府

自国家产生以后,人们对政府就持有不同的理论和观点。尽管人们对政府的态度和观点不尽一致,但能够形成共识的是任何社会都离不开政府的管理和调控。医疗保险的运行中政府的力量是不可忽视的,政府的义务主要包括:①对医疗保险立法进行严格的管控,根据社会实际情况制定有关的政策法规来指导医疗保险的运行;②建立完善的医疗保险体系,在宏观上要统筹调控医疗保险各个部分的发展平衡,微观上要对医疗保险的各个具体领域进行观察、规划、变革和发展;③在制定合理医疗保险制度的基础上对其运行情况进行监督和管控,预防运行中的失衡状况,保证制度的良好实施;④在发展医疗保险事业的基础上,配套发展社会卫生事业,为医疗保险事业的发展提供辅助力量;⑤在财政方面,政府对医疗保险要提供相应的支持,特别是在服务和药品方面要由政府全力管控,统筹调节。政府力量虽然没有渗透医疗保险运行的细节方面,但对各个国家而言,政府的确起到了统筹的作用,因为政府的强制性以及组织能力能够最有效地保证医疗保险的运行和改革。因为各国医疗保险发展历程不一样,对医疗保险的干预程度也分为了两种类别:一种是进行全方位管控,包括服务的内容,如英国;另一种是只管控医疗而不全方位干预服务的内容,如加拿大。

(2)医疗保险机构

这些机构主要受国家的委托,负责对医疗保险基金进行管理。在大多数情况下,医疗保险机构均是公营机构,但也有由雇主与劳动者代表组成自治管理机构的,如德国等。医疗保险机构具有独特性,与其他机构相对比的一个显著差异体现在它能够保障参保人员的健康并为其提供基本的医疗服务。相对来说,医疗保险机构有单独经营的权利,但不以营利为目的,这是它与其他机构的原则上的不同。医疗保险机构的主要任务就是遵循国家制定的相关法律来维持内部各机制的运转。在实际运作流程中,医疗保险机构不但要直接受国家的调控和制约,还要承担相应的社会责任,例如监控医疗保险事物、管控医疗药品的分配、管理医疗保险基金、管理机构的服务事业,制定关于医疗费用的相关配套法律并付诸实施,还要对外包的社会医疗服务机构进行有效的监督和管控。

(3)医疗服务供给者

医疗保险机构作为总体管控医疗保险事业的机构,由于职能有限不能直接提供各种医疗保险服务,因此由各医院、医生和药店作为医疗服务的供给者。首先,保险对象因为患病与各大医院建立联系,向医院付费。在我国,不是所有的医院都有资格供给基本的社会医疗服务,只有政府规定有资质的医院即定点医院才能为患者提供基本的医疗服务。其次,各定点医院里的医生也是医疗保险的供给者,体现在医生对患者的病情进行全方位诊断,掌握患者情况,决定医疗流程和费用支出。最后,由药店负责患者对医疗药品的需求,是患者医疗保险末端环节的供给者。由此可见,政府规定的定点医院、医生和药店都承担了医疗保险中与患者建立服务、供销联系的责任。因此在医疗保险中,医疗服务供给方、医疗服务需求方与医疗保险付费方分别构成了三对权利义务关系,服务提供与费用支付存在着脱节,这种特殊现象是医疗保险各主体之间关系复杂化的基本原因。

(4)医疗服务需求者

需求者即受保人,也可被视作患者。需求者接受投保者为其办理的社会医疗保险,并享有基本医疗服务和社会医疗设施,在享受这些权利的同时也负担缴纳医疗服务的义务。特殊地,当国家内部实行雇主责任制或实行最低工资制时,由政府规定的主体来对医疗服务费用负责,这样受保者就不用履行缴纳保险费的义务。另外,一些领取社会医疗保险福利之前,曾经负有缴纳费用义务但现在还未享受到基本医疗保险服务的社会成员,和一些未就业的人员,如果他们的家人有政府认定的投保人身份,可以将医疗保险权利共享于家庭,那么这些社会成员可以享受连带的医疗保险权利。

(5)雇主

雇主作为与患者有合同关系的主体,也要负起为雇员缴纳保险的责任,且雇主只负有缴纳费用的义务。在不同国家,雇主、劳动者个人双方分担医疗保险的缴费责任是一般的做法,而政府则在一定情况下加入其中。医疗保险的受保人即在国家制度的医疗保险制度中强制参与保险,履行缴纳费用的义务,依法享受医疗服务的自然人。随着医疗保险事业发展的进程,各个国家都建立起了完善的医疗保险制度体系,因此体系的完备程度可以从某种程度上衡量国家的经济和社会发展情况。从各国的情况来看,北欧、北美各国以及日本、加拿大等国的医疗保险覆盖范围较广。因为医疗保险范围是为经济社会发展制订的配套措施,所以覆盖率高的国家和地区通常有较高的经济发展水平作为支撑,但也与一个国家或地区国民的价值取向与政策选择直接相关。如美国是世界第一大经济强国,但迄今仍然有数千万人缺乏医疗保障,在克林顿任总统期间,曾经提出过完善美国医疗保障体系的法案但未获得国会通过,很显然,美国医疗保障制度的缺陷并非是经济因素影响的结果。

为了防止出现逆向选择的风险,保证不同收入和不同健康状况的成员能够在同等条件下参加保险,各国的社会医疗保险制度都是通过法律强制实施的,而并非个人的自由选择。根据大数法则,参加医疗保险的人越多,医疗保险基金越具有足够的抵抗风险和互济的能力。因此,医疗保险发展的理想状态其实是覆盖全民的医疗保险。然而,由于各国政治、经济发展不平衡,文化背景不同,“全民皆保险”只在有限的国家中得以实现。

从各国医疗保险的政策实践来看,参保人群的范围大致可以分为以下几种;

①医疗保险适用于全国居民,如英国、瑞典、新加坡等;

②医疗保险仅服务于缴纳医疗费用的就业人员;

③家庭连带保险的保障对象。

在立法规范参保人员范围时,一般还需要专门考虑如下人员的特殊性:一是自我雇用人员和高收入人群;二是无收入和低收入的贫困人群;三是政府官员和特殊职业人群,如军人、医院及私人诊所从业人员等。这些人群是实施统一的医疗保险制度还是分立专门制度,是需要慎重考虑并做出政策选择的。

英国的医疗保险体系在于“让每一个社会成员以免费或低价享受医疗卫生”。在瑞典,病人到医院就诊只需支付数额很少的门诊费和住院期间的生活费用(具体标准由各省自行决定),不必支付医疗费用和药费,并可享受与缴费水平相关的标准不同的疾病补贴、康复补助等待遇,无业或低收入者可以在社保办公室办理基本医疗补贴保险从而领取补贴。新加坡的保健储蓄计划从 1984 年开始实行,覆盖全民,每一个有工作的人包括个体都按法律要求参加保健储蓄,用于本人及家庭成员的医疗费用。

在许多发达国家和发展中国家,医疗保险一般适用于一定规模或一定地区的工商企业的职工。至于其发展情况,国与国之间的差异较大。收入低于一定水平的大多数工人是法律规定强制参加保险的,而独立劳动者、自我雇佣劳动者通常允许自愿参加。农村居民、农业劳动者等对象一般是最后纳入医疗保险体系的。

8.2　医疗保险的筹资机制与偿付方式

医疗保险的基金是由政府强制规定的,各类机构在社会范围内筹集、用于社会范围内共济互助预防重大基本风险的资金。这类资金主要是用于化解社会疾病风险,遵循大数原则和风险共济原则,由政府规定的主体人缴纳,来化解社会成员因患病造成的健康风险。因此,基金缴纳的来源分为个人、单位、政府和其他主体,社会成员人数众多,是缴纳医疗保险的费用的主要来源。国家承担的部分是指政府资助医疗保险的资金,其主要方式有为政府雇员缴纳保险费、对没有能力缴费的人进行的补贴,在医疗保险基金出现赤字时给予补助等。医疗保险基金的筹集方式有多种,具体包括固定保险金额,与工资或者收入挂钩,按区域缴纳等。固定保险金额即确定一个固定的额度向承担缴费义务者征集医疗保险费。与工资或收入挂钩是按照工资或收入的百分比缴纳,按区域缴纳是按照各区域内卫生基本设施的条件来确定几种保险费级别。最常见的医疗保险缴纳方式是以工资为标准,这样的方法考虑了社会成员的生活水平和缴费能力,使社会成员在既能支付足额的医疗保险费用的情况下也保留了足够的生活费用,使医疗保险的运行可以持续。这样的缴费方式同样有利于国家掌握社会成员的支付能力和收入情况,对调控国家经济有重要作用,也方便了国家按标准征收医疗保险费用,大大降低了征收的难度。

社会成员所缴纳的资金是医疗保险运行的财政基础,是由政府监管下的指定机构对社会成员进行筹集。在社会医疗保险资金筹集的过程中,往往具有强制性,体现出社会风险共济的原则。而在财务运行方面,医疗保险和其他保险类似,采用现收现付、积累资金、混合制三种机制,但现收现付制还是大多数国家财务机制的主要方式。中国非常重视医疗保险筹资的稳定可持续,对资金来源、缴费标准、各方责任等均有明确的规定,基本医保制度健康持续运行近20年,稳定可持续的筹资机制功不可没。但从审计结果看,应保未保、应缴未缴、应收未收的问题在许多地方仍然存在。究其原因,一些地方政府、用人单位和个人的责任不到位是问题的症结所在,亟待统一制度政策,加强法制建设,完善医保缴费参保政策。

8.2.1 医疗保险的筹资机制

医疗保险的运作需要资金的支持,其筹集的过程复杂,渠道多元。主要渠道包括政府强制性征收,企业为员工缴纳,公共财政拨款以及基金本身收取的利息和其他收入。许多国家的缴费方式为固定保险费金额制即政府规定缴纳费用的固定金额,公民按照固定的金额缴纳医疗保险费用给经办机构;还有一种方法是与工资或收入挂钩制,即缴纳的费用比率由工资和收入决定,大多数国家采用与工资挂钩的形式来向社会成员征收基本医疗保险。类似地,针对不同的对象,费率也不一样,有时针对同一对象的不同时期征收的费率也不一样。以日本和中国的缴费比率为例进行比较,中国的缴费流程和比率是由统筹层次决定的,统筹层次越低缴纳的费用越低,统筹层次一致的地区缴纳的费用往往也一致。在日本,不同的企业缴纳的费率不一致,大企业和中小企业的雇主和雇员缴纳的费用有较大的区别,在大企业的医疗保险缴纳中,雇员与雇主缴纳的比率一致,在中小企业的医疗保险缴纳中,雇员缴纳的比率要低于雇主缴纳的比率。另外,日本对于参与全民健康保险的社会成员,实行区别于上述规律的缴纳方式即按照经济状况来缴纳,费用高于普通的雇员保险。在本章中强调的财务机制方面,包括筹集资金的原则、筹集资金的来源和筹集资金的方式等内容。从每个国家的财务机制运行方式可以看出国家是怎样看待本国的医疗保险运行,又是如何通过医疗保险资金的管理来实现化解全体社会疾病风险这一大问题的。医疗保险的基金筹集过程同样需要兼顾公平与效率这一对关系,医疗保险筹集的公平可以体现在四个方面:一是按社会成员的实际经济负担情况进行收取体现了公平;二是权利与义务的相对体现了公平;三是使用者与其他社会成员之间的公平;四是代际公平。医疗保险筹集的效率可以体现在三个方面:一是基金的筹集促进了社会的生产和生活积极性;二是基金的筹集有利于医疗保险服务的进步;三是基金的筹集有利于增强社会成员的主体意识。

1)筹资原则

从各个国家运行医疗保险基金的历程来看,在筹集过程中会遵循五个基本原则:

(1)法制化原则

医疗保险基金的筹集是一个规模较大的过程,筹集的过程中因涉及多方的参与导致利益相悖的逐利行为,因此在筹集的过程中要严格按照法律的规定来实施,避免发生医疗保险基金的盗用等违法行为。

(2)基本保障原则

医疗保险是对社会成员的基本需求进行保障,即与维持生命有关的最低层次的医疗需求,对于更高层次的享受性的医疗需求,政府则不予保障。

(3)相对稳定原则

因为医疗保险与社会成员是息息相关的,任何一个环节的更改必然要耗费大量的社会成本,因此医疗保险的筹集方式和筹集金额在确定之后要保持短期的不更改。

(4)统一费率原则

缴费流程和比率是由统筹层次决定的,统筹层次越低缴纳的费用越低,统筹层次一致的地区缴纳的费用往往也一致。

(5)共同负担原则

基金缴纳的来源分为个人、单位、政府和其他主体,社会成员人数众多,是缴纳医疗保险费用的主要来源。国家承担的部分是指政府资助医疗保险的资金,其主要方式有为政府雇员缴纳保险费、对没有能力缴费的人进行的补贴,在医疗保险基金出现赤字时给予补助等。

除此之外,医疗保险还遵循两个基本规律:

(1)以支定收、收支平衡、略有结余

医疗保险的运作原理是将社会成员缴纳的保险费筹集起来形成一个社会共济体,基金的运作收益用来化解社会成员的重大疾病风险。医疗保险运作的过程要遵循这个基本规律。通过在社会筹集的资金总额来决定支出的方式和分配给社会成员的比率。同时,要保证医疗保险的收入和支出在一定程度上的平衡,这样的方法有利于政府观察社会成员收入的变化,通过这种变化来决定支出,可以避免政府医疗保险基金陷入收不抵支的僵局。

(2)保障基本医疗需求

同上文的基本保障原则一致,国家医疗保险保障的是社会公民最基本的医疗服务需求,国家医疗保险的基金是用于全体社会公民的基本医疗保障的,更高层次的医疗需求国家不予保障。因此国家要合理地设置基本医疗保障的标准,过低会导致公民基本的权利得不到保障,过高则会导致企业和国家收不抵支。

2)筹资来源

医疗保险基金的筹集由国家统筹,政府财政拨款是基金的重要组成部分,其次用人单位的雇主为雇员缴纳固定的医疗保险费也是基金的组成部分。其余的部分来自个人保险费、基金的运行收益和另外的收入。在医疗保险基金中,政府、用人单位和社会成员是主要部分,其他收入包括医疗保险机构罚没的滞纳金、社会团体或个人的捐赠等。三种主要资金来源的不同组合,会形成不同的基金筹资模式。目前,社会医疗保险基金筹集模式主要有以下四种。

①政府全额负担,即由政府全额负担或基本负担医疗保险费用。

②个人全额负担。由个人全额负担的医疗保险有:个人参加的商业医疗保险;互助

医疗保险等补充形式的医疗保险;一些没有单位的工作人员的医疗保险,如自由职业人员等的医疗保险。

③政府和个人共同负担,主要适用于没有职业或收入很低的人群。

④政府、用人单位和个人三方共担。这是大多数国家采用的方式。在三方负担的比例上,各国的情况有所不同,特别是企业和个人的负担比例,各国差距比较大。[①]

3)筹资方式

对于社会成员来说,缴纳的医疗保险费是按一定的标准来规定的,有四种具体的标准:一是固定金额即由政府规定的适合经济发展情况的具体费率,二是与社会成员的工资相对应的费率,三是与社会成员除收入以外的具体经济状况相对应的费率,四是按照区域发展情况来决定区域内的统一费率。最常见的医疗保险缴纳方式是以工资为标准,这样的方法考虑了社会成员的生活水平和缴费能力,使社会成员在既能支付足额的医疗保险费用的情况下也保留了足够的生活费用,使医疗保险的运行可以持续。这样的缴费方式同样有利于国家掌握社会成员的支付能力和收入情况,对调控国家经济有重要作用,也方便了国家按标准征收医疗保险费用,大大降低了征收的难度。

8.2.2 医疗保险的偿付方式

医疗保险的偿付是医疗保险运行中的对接部分,是将费用偿付到各参保人的环节。主要指保险机构依据医疗保险的相关制度规定,对法律规定的参保人符合医疗保险制度规定的费用进行补偿和报销,这部分费用由国家严格审核从医疗保险基金中进行给付。医疗保险的偿付过程开始于受保人发生疾病以后,由指定的机构审核受保人的资质,根据疾病的种类或服务的类型对受保人进行补偿。补偿过程中要办理相应的手续,如凭证和转诊文件等。在我国只要符合受保人投保的程序与法律一致,就可以得到相应的医疗保险偿付。但一般来说,各个国家都会对被保险人加入医疗保险的时间做出一定的期限限制。总的来说,医疗保险的偿付项目的范围和标准根据不同国家条件的不同会有不同。在一些福利国家,除患者的医疗费用外,还逐渐增加了预防、免疫、早期诊断、保健、老年护理、疗养康复等。另外,有的国家只对劳动者本人即被保险人提供保险待遇,而有的国家对被保险人无工作的直系亲属也提供保险给付待遇。

1)医疗保险的偿付特点和原则

各国的医疗保险都具有相似的特征,这些特征主要是:

①医疗保险费用的补偿较为复杂。医疗保险的偿付方法具有多样性,偿付的流程具有复杂性,主要体现在三个方面:第一,医疗保险不同于其他商业保险,是一个大规模的由国家调控的保险,因此在医疗保险的偿付过程中参与者具有多样性,包括参保者、政府、企业、医疗机构等。因此进行费用偿付时,既可以发放给参保者,也可以发放给医疗保险的供给者。第二,社会成员的数量决定了疾病具有复杂性,因此不同的疾病种类导致不同的药物补偿,政府对各种药物的偿付必须有统一的规则,才能确保社会成员及时

---

① 谢冰.社会保障概论[M].2版.武汉:武汉大学出版社,2015:8.

享受到社会医疗的保障。第三,偿付方式具有多样性,从医疗保险发展的历史和总结的经验来看,多样化的偿付方式往往能提升效率和避免出现不正当的行为。

②医疗保险的偿付环节将传统患者与医生的关系转变为参保者与供给者的关系。传统的社会医疗服务是患者自行就医并直接与医生接触,患者的医疗费用直接支付给医生。而自社会医疗保险制度实施后,这样的关系发生了改变,患者作为保险的参保人,将医疗费用支付给指定的医疗机构,在医院即医疗服务的供给者处就诊之后,指定的医疗机构将患者的医疗费用代支付给医疗服务的供给者,成了三个主体的行为。这样的改变大大降低了患者与医疗服务提供方的经济矛盾,缓解了患者因经济问题而得不到治疗的难题。

③医疗保险的主体具有多样性,直接与偿付过程相关的是经办机构与定点医疗机构。医疗保险机构对患者的医疗费用进行具体核实,与指定的医疗机构签订报销合同以保障双方的利益。由指定的机构向受保人提供服务并向医疗保险机构领取偿付金额,同时医疗保险机构对指定机构的医疗服务进行监督和管理,因此两者之间是一种法律关系。

④医疗费用的偿付不是无限的。由于患者所患疾病的不同,医疗保险偿付的金额也不同,因此对一些特殊疾病的偿付可能覆盖不足。医疗保险只是保障患者最基本的医疗需求,因此收取的医疗保险费用是有限的,从而患者享受到的医疗服务和供给也是有限的。

医疗保险费用补偿规定的条件是对参保人偿付资格的审核,参保人要享受国家医疗保险的偿付或报销需要办理一系列的手续和遵守国家医疗保险的相关制度。在参保人患病之后,满足国家规定的医疗给付制度后才能享受相应的费用报销和补偿,如不满足制度规定的给付标准或手续不完善,则无法享受医疗保险的给付。但在实际上,不是每个人的医疗保险待遇都是完全平等的,虽然法律规定每个社会成员都有权利享受医疗费用的给付即权利平等,但是根据社会成员患病种类和经济状况的不同,医疗保险的实际偿付范围也有所不同。所以国家规定的医疗保险费用的标准在付诸实施时是根据主体来变化的,但医疗保险的给付普遍遵循三个基本原则:

①公正原则。医疗保险给付应保证每个受保人都有均等的就医权利和机会。

②适当原则。参保人所享有的医疗服务和待遇,应该以医疗保险的财力为标准,并能保证受保人获得适当的医疗照顾。

③连续性原则。医疗保险给付应保证被保险人获得所有必需的医疗服务。

2)医疗保险医疗服务需方的偿付方式

所谓需方指的是在医疗保险服务中的参保人,医疗保险需方的偿付方式是指由机构偿还参保人就医时支付的医疗费用的方式。具体有以下几种方法:

(1)起付线法

这种方法是指患者在患疾病去指定医院就医以后,先自己垫付一定比例的医疗费用,并按照一定的标准享受医疗机构的补偿。这种自行支付额度的方法叫作起付线法。在执行起付线法时也分为不同的支付方式,可以通过一年的支付费用累计、一次看诊的费用支付,也可以按照不同疾病就诊的类型支付。

使用这种偿付方式的优点有三个:第一,集中社会财富,使保险费用按照最高标准进行保障;第二,可以避免参保人因和费用支付流程脱节而产生的浪费行为;第三,减少了机构直接支付大量款项的程序,有效提高了医疗机构的工作效率,从而提高了供给参保人基本医疗服务的质量。

(2)按比例分担法

按比例分担法是一种共同负担的支付方法,这种方法的核心在于共同承担,即保险机构和参保人双方各自按比例支付费用的方法。这个比例由政府根据社会成员的收入情况来决定,称为共同付费率。这个比例可以根据社会经济的发展状况而变化,具体做法是将医疗费用划分为按金额递增的区域,在金额越少的区域,社会成员的付费率较低,在金额较多的区域,社会成员的付费率较高。

这种方法便于操作,并根据社会经济发展情况变动,具有可操作性和适应性,国家可以有效调控医疗保险费用的比例。

(3)封顶线法

封顶线法也被称为最高限额保险法。它是用一个规定的封顶线来区别必须偿付部分和免偿付部分,机构在必须偿付部分范围内进行支付,其余部分由被保险人支付。这种缴费方法与起付线法相反,封顶线法虽然提供最低保额,但是基于基本医疗服务的最低保额,也能有效避免患者对享受性医疗服务的追求。另外,通过对最高保额的限制可以提高患者日常去医院预防检查的频率,鼓励患者在疾病初期进行治疗,避免小病拖成大病。

以上缴费方法是各个国家常用的医疗保险缴费方法,但因各种方法有利有弊,所以在执行时往往将多种方法结合起来实施,避免因使用一种方法导致的弊端,有利于医疗保险基金的长期运行。

3)医疗保险医疗供方的偿付方式

医疗供方即按规定成立的医疗机构,是指为社会成员提供基本社会医疗保险的主体。医疗保险供方的偿付方式是指医疗供方在对被保障者提供支付时采取的方式。

医疗保险医疗服务供方的偿付方式具有多样性,最常见的有以下几种:

(1)按服务项目付费

这种按照项目种类来支付医疗保险费用的方式是迄今为止各国最普遍的偿付方式。具体方式是政府规定的经办机构通过调查患者所接受的各类具体医疗服务项目来进行补偿。不同的服务项目费用偿付的标准不同,经办机构按照服务项目的种类来对患者进行偿付,且偿付行为发生在患者享受医疗保险服务之后。

这种偿付方式有许多优点,分别为:①医疗保险费用评估方法较为方便,各执行主体能够理解。②医疗服务不是在限制的区域内展开的,可以充分迎合患者的多样化需求,覆盖范围较广。同时这种支付方式也有一些不足,表现为:①在患者接受服务之后再进行偿付,政府便无法在医疗保险行为执行前对一些机构进行直接监督,会导致操作的延迟性和患者的一些不理性行为。②因为医疗保险服务的项目复杂,服务类型种类较多,政府需要监督的对象较多,审核流程长、难度大。

(2)按服务单元付费

除了按服务项目付费这种方式之外,还可以按照服务单元来进行付费,即将参与医疗服务中的各项流程或具体对象作为一个评估单位,如看诊次数、住院日数等。从患者就医的时间长度可以判断出患者就医的方式,具体分为门诊和住院,在这两种就医方式的评估中,大都采用人均标准。

①平均门诊费用人均标准。

门诊费用的补偿通常采用人均门诊费用的标准,这种标准的计算方法是用单位时间内总计费用除以人次。确定人均标准之后,政府指定的经办机构就可以按照这种标准对患者在门诊就医的费用进行报销。

②平均住院费用标准。

住院费用的补偿通常采用人均住院费用的标准,这种标准的计算方法是结合出院的人数和出院人数的住院天数,计算出单个社会成员住院时间的平均值。确定人均标准之后,政府指定的经办机构就可以按照标准对患者住院的费用进行报销。

不同国家政府依据本国国情使用不同的偿付方式,在西欧最常见的是按服务单元付费法。这种方法的优点体现在:第一,将住院费用与医生挂钩,从而促使医生提高自己的工作效率和看诊的次数。第二,能够有效地降低药品的费用。第三,更加方便政府对医疗费用的支付进行监督和管理。

(3)按病种付费

这种付费方式体现出了医疗保险保障的对象即患者的疾病种类。按病种付费从治疗过程的角度来划分医疗服务,将患者的基本信息细化并分门别类,划分为大量不同的组别形成疾病的不同级别。级别越高的说明疾病的严重程度越高,报销的费用越高;级别越低的说明疾病的严重程度越低,报销的费用越低。最后由政府指定的经办机构进行与级别相对应的费用补偿。

医疗保险制度确立之后许多国家采用按病种付费的方式进行偿付。按病种付费的优点在于:①按病种付费能够有效控制医院对医疗费用的高定价,促使各大医院降低医疗服务的费用,形成公平竞争的市场氛围。②国家医疗保障部门可以根据疾病的种类了解社会成员的健康状况,使预防和调查特殊疾病时有迹可循。但按病种付费的缺点在于难以对各类复杂的疾病分组,医院可能会做出诱导性消费的行为。

(4)按人头付费

这种付费方式不同于以上三种方式,是通过对主体就诊数量来进行偿付。这种方法的具体计算方式是在一年的时间单位内,具有政府认定资质的社会保险经办机构一次性补偿一份保险费用作为基金,款项到达医院后由医院对各类就诊患者进行治疗,并不得向患者另外收取费用。这种付费方式产生于患者就诊之前,它的优点在于:①医院能够自觉控制成本,避免了诱导性消费行为。②可以增加患者预防性治疗的频率,避免小病拖成大病现象的产生。这种付费方式的缺陷在于可能存在服务质量下降,出现一些严重的疾病因高额的费用成本而得不到医治的现象。

(5)总额预算制

这是一种由财政制度演化出来的偿付方式,由年度偿还的医疗保险总额来确定下一年的预算金额,保险经办机构指定出一年的预算金额后,在一年中不再筹集资金进行偿付。在一年的时间单位内,医院支付的医疗成本从预算中扣除,并自负盈亏。

这种具有财政特点的预算方式的优点体现在:①医院作为医疗费用使用的主体获得了极大的自主权,可以从医疗技术的角度分配医疗成本。②预算制的支付方法简单,易于操作,可以减少管理人员,增加医疗服务效率。但这个方法有一个明显的不足之处是预算总额的确定有难度。

(6)按工资标准偿付

以社会成员的工资作为参考来制定偿付标准的方法叫作工资标准偿付法。这种方法不是根据社会成员的工资来作为偿付标准制定的根据,而是根据医院工作人员的工作和职位来确定偿付的费用。这种偿付方式通过衡量医院工作者的工作时间和服务质量来评估劳动量,通过发放经费的方式来对医疗保险工作者进行补偿。这种偿付方式广泛应用于西欧与东欧国家。

按工资标准的偿付方式的优点体现在可以根据医疗工作人员的实际工资来制定补偿标准,有利于保障他们的权利。这种方式的不足之处体现在无法调动员工的积极性,容易影响服务的效率和质量。以上各种支付方式各有利弊,没有一个是完美无缺的,因此在现实中,很少采用单一的支付方式,通常是选择两种或两种以上的支付方式混合使用。

8.3 国外医疗保险制度及其借鉴意义

8.3.1 世界医疗保险存在的问题及其主要改革措施

在第二次世界大战结束后,世界经济得到快速发展,这为医疗卫生事业的发展打下了坚实的基础。20世纪末,已有105个国家及地区制定出不同的医疗保险制度。但随之而来的是各国普遍面临医疗费用急剧增长超过国民经济增长速度的问题。各国政府采取相应措施,改革医疗保险体制,控制医疗费用。

1)医疗保险的问题

(1)医疗费用快速上升,体现为以下几点

第一,医疗费用占国内生产总值比例增加。1960—1989年,7个经济发达国家,英国、美国、加拿大、德国、法国、日本、意大利的医疗费用占国内生产总值比例分别增长:48.7%、58.1%、59.5%、70.0%、94.99%、102.3%、123.3%。1960—1970年,美国的人均医疗费用增加145.8%,1970—1980年又增加202.0%,1980—1990年增加137.2%,总体而言,30年间人均医疗费用增长为17.6倍。

第二,医疗费用占国民生产总值比例的平均增长率升高。1970—1989年,24个经济发达国家医疗费用占国民生产总值比例的平均值从5.4%到7.6%,增加41%。人均医疗费用由 175 美元上升至1 094美元，增加 525%。

第三，发展中国家医疗费用增加。过去 8 年，韩国医疗费用每年增加 25.9%，不考虑物价因素的情况下，其增长速度仍保持在 12%～14%。它是世界上医疗费用增长速度最快的国家之一。医疗费用的急剧上涨给各国政府和人民带来日益沉重的经济压力。

(2) 卫生资源分配不合理，体现为以下几点

第一，医疗占用资源多。

美国整个医疗卫生系统中从事医疗的人数达到 3/4。联邦政府对医院投入 58%的医疗卫生系统资源而地方政府也对医院投入 36%的资源。因此，医院所消耗的医疗卫生系统费用高达 30%。为了实施创伤性医疗服务和检查性医疗服务项目，美国不断购买高精尖设备，耗费太多资源。与之相反的是，美国对初级保健方面投入很少。这导致美国各个阶层的公民都没能在预防、免疫这些健康促进服务中得到应有的权益。

第二，人力资金投入巨大且比例失调。

据统计，德国每年需要的医科院校毕业生大概为6 000名，而实际上各医科院校的招生却有10 000名。同时，全科医生与专科医生之间的比例应该为 6∶4，而实际比例却恰恰相反为 4∶6。

第三，昂贵设备购置过多。

配备心脏移植设备的医院加拿大有 32 家，而绝大多数国家至少有 1 台 CT 扫描机。英国只有 1 台体外震波碎石仪(ESNL)，加拿大有 4 台，而韩国有 26 台。

第四，医疗服务与卫生资源分配提供之间严重不平衡。

美国于 1980 年开展的相关抽样调查统计表明，65 岁以下的美国公民中有3 700万人无医疗保险，这占到了全国总人数的 15%；同时 19～24 岁的青年人中有 30%的人没有医疗保险；而在单身或离异者中，无医疗保险的人数也达到 25%(31%西班牙母语的人、11%的白人和 21%的黑人无医疗保险)，南方和西部没参加医疗保险的人数占各自总人口的 19%。

(3) 卫生资源的使用效益低

近年来的相关调查表明，在德国现有住院治疗患者中，不需要住院治疗的患者人数占了约 17%。德国的 10 万张病床在一些人看来是完全多余的，这些病床大概占了总数的 15%。美国的兰德公司在 1974—1982 年做的相关调查表明，美国 23%的住院治疗没有充分的必要性；此外住院患者中有 17%是可以通过院外治疗痊愈的。最近几年，美国医疗床位的使用率长期保持在 63%～65%，通过改进偿付办法，至少可以将床位的使用率提高 20%。

2) 主要改革措施

(1) 对需方费用控制机制进行强化

控制需方费用指的是由患者来分担相关医疗费用的一部分，借此来加强患者费用意识。各国改革的主要措施有：

第一，适当增加患者的费用自付比例和项目，减少不必要的需求。

德国 1981 年 12 月制定了《医院医疗费用控制法》等法案。其中规定，提高个人自付

挂号费、提高药品费和治疗费中的个人负担比例。1993 年又推出《卫生结构法》。为鼓励病人减少住院治疗,增加门诊治疗,新法规定:每次门诊治疗的交通费超过 20 马克者,可由保险公司承担。目前德国又在酝酿医疗保险的第三步改革,从 1996 年开始,将医院床位减少1 511个,并制定医院平均费用水平和控制医疗人数。2003 年 11 月,德国推出医疗保险改革方案。2004 年在全国 750 家医院进行使用总量维持的付费政策试点。日本采取的具体措施是,将个人支付门诊费用的比例由 10%提高为 20%。

第二,提高药品费用的分担份额。

20 世纪 80 年代,欧洲除西班牙和希腊外的大多数国家,药品费用的平均增长速度与医疗总费用的平均增长速度相比要高出 17.6%。各国为控制药品费用所采取的改革措施主要有以下几方面:一是提高药费的自付标准。比如英国在 1985—1990 年,把每种药品的自付金额从 1.30 英镑提升到 3.0 英镑。二是对不同药品的自付比例提出不同的规定。比如葡萄牙就曾先后三次对 4 类药品的自付比例做出规定和调整。

第三,提高医疗服务价格,尽量减少免费服务。

医疗服务主要有三个环节,包括门诊、检查和住院治疗。相关改革措施有如下几点:一是规定住院天数较少的患者自付费用;二是提高住院费标准,比如德国在 1991 年将 14 天内的每日住院费用标准由 10 马克提高为 15 马克;三是提高患者在门诊以及诊断检查这两项的自付费用;四是减少或取消某些免费服务项目,例如从 1998 年开始英国正式取消免费牙科检查和免费视力检查。

第四,加强预防和健康促进。

主要采取了以下措施:一是改革偿付方式。为了加强预防,英国将原有依据服务类型为医生提供疫苗接种的服务改为依据工作业绩给员工发放奖金。二是加强健康促进。各国已制定国家健康促进法案。1989 年,德国法律规定了疾病基金会对健康促进所承担的责任。

(2)加强供应费用控制

供应费用控制是通过对医院预算、医院规模控制和非医院治疗方案等控制手段的发展,使医疗服务提供者有意识地调整其服务行为,控制不合理的费用上升,各国的主要改革措施是:

第一,加强医院费用控制。

医疗消费的特殊性决定了供应商在消费中的主导作用。因此,各国的改革措施主要是加强对供应商即医院的成本控制。首先是全额预算。英国、爱尔兰、西班牙、意大利、葡萄牙和加拿大是实施医疗机构全额预算的国家;丹麦是地方政府实施医疗机构全额预算的国家。确定预算后通常不会添加预算,医院只能在预算的“笼子”里仔细计算,并自觉地调整其服务行为。其次是弹性预算。1986 年,德国推出了弹性预算系统(Flexible Budget),确定住院日收费标准后。如果医院利用率高于预算目标,可增加 25.9%的盈余;如果医院的使用率低于预算目标,则将承担 25%的损失。

第二,加强诊所的成本控制。

加强政府对诊所费用控制的措施如下:首先按就诊人数挨个进行偿付。1989 年,爱尔兰终止了最初根据就诊和出诊数量偿付的方法。由于医生的服务行为,按人头偿付的服务次数可能会超过实际需要的范围,可控性差。其次是调整相对价格。1987 年,德国调整了不同服务项目的相对价格,降低了诊断项目的价格,并提高了治疗项目的价格。

第三,加强医疗监督。

许多国家都规定了药物使用范围和医生行为准则,以此对过度的医疗行为和药物成本进行控制。首先是规范药物使用。德国、法国、丹麦、西班牙、葡萄牙、爱尔兰和英国制定了药品使用规范。1989 年,德国对药品成本设定了法定上限。英国为医生的处方设定了指示性预算(Indicative Budgets)。其次是规定医生行为准则。比如德国、法国、荷兰和比利时已经实施相关准则。

第四,控制人力资源投资。

英国将 75.9%的 NHS 资金用于医生、护士和其他员工。因此,医疗成本控制的一个重要方面就是控制医生等人力资源的投入。首先是削减不必要的医务人员。1983 年,英国政府计划削减8 000名旧卫生系统员工。其次是对医学院校的学生人数进行限制。一直以来,英国入读医学院的学生人数都是依据医生的需求量决定的。意大利实施控制措施后,1980—1989 年招生人数下降了 629 名。

第五,改革卫生体制。

卫生费用的控制虽然在许多国家取得了成效,但仅仅控制费用并不能从根本上解决卫生服务的公平和效率问题。20 世纪 80 年代末以来,整个世界的社会、政治、经济、人口、技术、疾病等因素变化又给各国带来很多新问题。这些都迫使各国继续探讨医疗服务更有效的筹资和提供方式,探讨如何更好地为全民提供高质量的保健。因此到 20 世纪 80 年代末、90 年代初,在世界范围内掀起了卫生制度改革的浪潮。1990 年,英国议会下院通过了《卫生保健服务和社区保健法》,计划在 1996 年形成一个新的体制框架。主要改革措施是在 NHS 中引入市场机制,在医疗服务与双方之间建立“内部市场”关系。医院和一些医院联合托管机构组成提供方,而购买方则由卫生行政部门和一些全科医生组成,政府将与供应商建立合同关系。医院享有相当大的财政和人事自主权。作为居民健康利益的代表,卫生行政部门应当负责制定出医疗服务的范围、内容、质量标准和成本水平。然后与供应商就年度采购计划进行协商,各区与医院分别签订合同,分期付款。同时,一些掌握医学经验和管理技能的医生被允许掌握一部分资金(英国的27 000名全科医生中约占 800 名),他们可以代表患者向更高水平的医院购买专业医疗服务。在初级保健服务中,全科医生是服务的提供者,而在转诊系统中他们是购买专科医疗服务的购买者。总体来说,卫生当局所持资金占 70%,一些全科医生所持资金占 30%。

为了改变医保费用增长过快这一被动局面,法国在 1998 年 4 月 24 日通过了四部法律:一部是功能性法律,而另外三部是执法性法律。这三部执法性法律分为以下几方面内容:一是将医疗保险行为转变为一项全国性的法律制度,即以居民收入为缴费基础,彻底改变以工资收入为缴费基础的传统;二是确定医疗保险支出法,即采用预算合同制度;三是建立住院医疗费用的财务承包办法。为此,到 1998 年 1 月 1 日,法国共推出并实施了一百五十项具体措施。就这样,法国开始对最大的社会保险制度——医疗保险制度进行重大改革。与传统不一样的是,保费的筹资方式将变为征收 7.5%的个人收入“社会救助税”(CSG)。同时改革医疗保险基金的管理体制,用“生命卡”和“医生卡”进行医疗。在法国人看来,这些改革已经触及了社会保险制度的基础,从而带来了深刻的变化。

2000 年 4 月,日本政府推出了一项新的社会保险制度——护理保险。它的主要目的是解决日本的养老问题,并控制日益增长的医疗赤字。日本的基层政府——市、町、村都是这一保险制度的同级实施机构。日本的市町村多达3 300个,各村人口数量不同,且存在发展不平衡现象。针对大城市,建立网络来开展护理保险;对于小城镇和乡村,可以结合几个町、村来形成一个网络点,进而开展互利保险。其具体方法如下:

强制支付护理保险适用于 40 岁以上的人。在护理保险基金中,个人缴费占 50%,国家支付占 50%。65 岁及以上的个人缴费部分从其养老金中扣除;40—64 岁的这部分人在缴纳医疗保险费的同时需缴纳护理保险费(如果是企业职工,则企业与个人各承担一半)。国家承担的那一半资金安排如下:中央财政出 25%,地方政府出 12.5%,市、町、村出剩下的 12.5%。在享受护理服务的同时,日本各地都实行统一的护理标准。护理人员的资格和等级由专业人员决定,证书由主治医师签发,具体需要认定 85 个项目。

8.3.2 对中国医疗保险制度的启示

将个人医疗账户与社会统筹医疗资金相结合,建立起基本医疗保险制度模式,然后再逐步形成各种形式的医疗保障制度,在这个过程中,要学会在结合我国国情的基础上借鉴国外医疗保障制度的经验和教训。将社会统筹与个人账户结合起来,这对医疗资金的社会统筹有利,同时也对个人医疗账户的积累有作用,帮助个人增强节约医疗费用的意识,提高个人自我保障能力。

(1)医疗保障水平必须适应国情且在各方面都具备承受能力

西方国家建立起“从摇篮到坟墓”这样全面的福利制度,但这样的福利体系也成为这些国家社会和经济的沉重负担。福利水平是僵化的,一旦它被提高,就会骑虎难下。这为我们提供了从现实出发设定合理的医疗保障水平的启示,“低水平,广覆盖”是必须遵循的基本原则。

①“低水平”是基于我国的基本国情。我们必须清醒地意识到,中国现在仍处于社会主义初级阶段,存在人口数量众多,经济发展极不平衡的问题。做任何事情,我们都需要为大多数人去考虑,必须适应社会生产力的发展水平,不能好高骛远,时刻坚持从实际出发,保持实事求是。只有确保实现低标准的医疗保障水平,才能确保改革成功,基本医疗保险才能为我们雪中送炭。目前,我们必须把注意力放在大多数人的基本医疗需求上,针对他们的具体需求来为他们提供相应的医疗服务。

②“广覆盖”是指基本医疗保险应涵盖全市所有企业及员工,包括民营企业、外商投资企业和个体工商户等。这是市场经济国家普遍的一种做法,它能在我国建立基本医疗保险制度的过程中为我们提供很大帮助。

(2)费用控制机制是医疗保险制度改革的核心

①建立合理的医疗保险费筹集机制。

目前,在许多国家,存在医疗费用增长过快,进而导致医疗保险资金无法维持的问题。我们必须吸取这些国家的教训，并提前做好计划，改变过去由国家财政和企业来承担全部医疗费用的方式，采取一种雇主与员工共同按比例承担的方式。这将会大大拓宽医疗费用的筹集渠道，同时确保员工在医疗过程中可以有一个稳定的资金来源保障，建立由社会来协调管理的基本医疗保险基金。重点是，用人单位和员工共同支付医疗保险费用，这也可以帮助员工提高自我保护意识和医疗费用支出意识。

②建立医疗费用支出控制机制。

保证医疗保险制度正常运行的关键是合理控制医疗费用的支出。医疗费用的特点是即时性，预测困难且道德风险大。根据国际上成功改革医疗保障制度的经验，我们有必要建立医疗费用支出控制机制，关键要制定医疗支付范围和标准化制度。

③建立并完善医疗保险基金的监督管理机制。

基本医疗保险基金对企业职工来说是“救命钱”，必须把钱花在刀刃上，才能让职工医疗保险发挥最大用处。

(3)任何一个体制都必须做到以下几点：深化医药卫生体制改革、对卫生资源配置进行优化、将资源的分配效率和利用率最大化

一些国家卫生资源分配不均、医疗机构和相关医疗人员数量增长过快，我国卫生体系中也存在着这些问题。我国卫生事业不断发展，一些突出问题也随之出现，比如卫生事业的发展缺乏全面规划、机构重叠、重复购买大型设备、严重浪费卫生资源等。为解决这些问题需要做到以下几个方面：

①在全行业实施卫生管理工作。需要卫生行政部门转变职能，改变医疗机构之前的行政隶属关系和所有制，积极规划管理区域卫生，采用法律、行政、经济等多种手段来加强宏观管理，逐步对整个卫生行业实现高效管理。各级卫生行政部门同时要从“办医院”变为“管医院”。

②坚决关闭、停止、合并、转移、搬迁区域内不符合规划原则的医疗机构。

③应该加快对医务人员的数量进行控制。同时，对现有专科医生和全科医生的培训结构做出调整，把重点放在全科医生上，以此来适应疾病格局转变，从而加强我们社区卫生服务。为了顺利实现医疗体制改革，需要调动广大医务人员积极参与、配合和支持。

④双向逐级转诊制度需要得到建立健全，基层医师要成为卫生系统的“看门人”。

⑤积极规划区域卫生，进一步对卫生资源配置进行优化。区域卫生规划指的是先分析预测该地区居民的健康状况、调查人口结构、了解卫生服务需求，然后以此来找出该地区存在的主要卫生问题。卫生服务体系由多项服务组成，包括医疗、预防、保健、康复、健康教育、计划生育技术指导等。在对重大健康问题制定发展规划并实施管理时，各子系统必须充分考虑和协调相关方面，并将其纳入整体布局中，借此来提升整体功能和综合效益。

⑥医药需要分账、分管，这样可以有效阻止医疗机构与药品营销者之间发生直接的经济利益往来，导致用药品零售企业来替代医院门诊药房，同时应当加强会计核算和注重纳税监管。

⑦调整医疗服务价格。调整医疗服务不合理的收费价格，发挥医务人员的价值。增

加或调整医疗费用、护理费以及注册费;适当增加住院费和手术费;超大型医疗设备的检查费需要适当降低;特殊医疗服务的价格可以适当放宽。

(4)加强社区卫生服务,建设有中国特色的基层卫生服务,组建高度集中在大城市的社区卫生服务组织

将太多注意力放在高水平的医疗服务上,而忽视了基层卫生服务和社区服务,这点也是发展中国家卫生系统中普遍存在的一个问题。为了使我们的卫生系统真正实现低成本高效率,今后必须优先发展初级卫生保健服务和社区卫生服务。

国内有研究表明,门诊病例中有64.8%可以在基层解决,76.8%的住院慢性病患者可以在基层或通过家庭卫生服务得到解决。如果能在治疗过程中对病人进行合理安排,就可以直接节省40%的医疗费用。正因如此,我们希望参保人可以先去基层的医疗机构治疗,也希望全科医生能深入社区、家庭中,为人们提供医疗服务,帮助人们预防和治疗一些常见疾病,同时还应当开展医疗保健、康复和健康相关的教育,这将会成为未来基本医疗保险发展的一个大方向。

(5)政府必须承担相应的责任

政府作为最后的保护网,需要做到:为公共卫生、卫生基础设施发展和精神疾病、肺结核等特殊疾病的治疗提供资金;为老年人、儿童、穷人、军人等特殊人群提供医疗服务;帮助全国卫生服务保持平衡。政府可以先履行基本经济责任,随着经济发展,在国家财政和经济允许的情况下再逐步扩大经济责任。

8.4 我国医疗保险制度的建立与发展

中国的医疗保险制度经过几十年的改革与发展,已经基本完成了从公费、劳保医疗到社会保险制度的历史性转变,初步建立起覆盖城乡全体居民的医疗保障体系。然而,医疗保险的实施往往要涉及十分复杂的医疗、药品等众多领域,所以,中国医疗保险制度的改革进程依然任重而道远。

8.4.1 城镇职工基本医疗保险制度的建立与发展

中华人民共和国成立初期就创建了中国传统医疗保险制度,它由政府机关的公共医疗保障制度和国有企业单位的劳动保险医疗制度组成。20世纪80年代,中国开始探索医疗保险制度的改革,改革进程可分为以下两个阶段:

第一阶段是从改革开放初期到1994年。这一阶段开始由个人分担部分医疗费用,企业职工的大病医疗费用由社会统筹。

第二阶段是从1995年到现在,建立的社会医疗保险制度采取社会统筹与个人账户相结合。1994年3月,经国务院批准,确定了江苏省镇江市和江西省九江市按照个人账户和社会统筹相结合的模式,对员工医疗保险制度进行了改革,这就是所谓的"两江"模式。1996年4月,国务院总结了"两江"试点方案,并在此基础上将试点范围扩大到29个

省、自治区、直辖市。1998 年 12 月,国务院继续对试点经验进行总结并在此基础上,提出了《国务院关于建立城镇职工基本医疗保险制度的决定》。截至 2000 年,全国绝大多数地区都已组织和实施了医疗保险制度改革方案,标志着我国已经建立起新制度。

8.4.2　新型农村合作医疗制度的建立与发展

中国农村合作医疗兴起于 20 世纪五六十年代农业合作化高潮时期。到 70 年代,全国行政村的 90%以上都已实现覆盖。但改革开放之后,随着家庭联产承包责任制的推广和实施,最初以农业合作社为依托的合作医疗制度开始消失,再加之经济发展水平低、资金来源有限、风险分担和互济作用无从发挥,以及干部和群众享受医疗服务的不公平等原因,传统农村合作医疗覆盖率急剧降低。到 1985 年,全国继续坚持合作医疗的行政村不到 5%。

20 世纪 90 年代开始,合作医疗的恢复和重建被称为"二次合作医疗时期"。2002 年 10 月,国务院发布《关于进一步加强农村卫生工作的决定》,明确提出建立以重大疾病一体化为基础的新型农村合作医疗制度。2003 年,国务院办公厅转发了卫生部等部门《关于进一步推进新型农村合作医疗试点工作的指导意见》。自 2003 年以来,新型农村合作医疗迅速传遍全国。2006 年 1 月,卫生部等七部委联合发布了《关于加快新型农村合作医疗试点工作的通知》。截至 2012 年年底,全国2 566个县(市、区)实施了新型农村合作医疗制度,新型农村合作医疗参与率达到 98.1%;2012 年 1—9 月,全国新型农村合作医疗总支出1 717.1亿元,受益 11.5 亿人次。截至 2015 年年底,全国新农合筹资总额达3 286.6亿元。这表明新的农村合作医疗制度已初步建立。

8.4.3　城镇居民基本医疗保险制度的建立

城镇居民基本医疗保险制度旨在解决城市地区非就业人群医疗保险问题,特别是针对儿童、老年人和残疾人。2007 年 7 月,国务院发布了《国务院关于开展城镇居民基本医疗保险试点的指导意见》,首批确定 79 个试点城市,计划三年逐步推广到全国。指导要求通过试点,探索和完善城镇居民基本医疗保险政策体系,建立合理的筹资机制,健全的管理制度和规范的操作体系,逐步建立基本医疗保障。以重大疾病为主体的城镇居民保险制度试点工作要坚持"低水平,覆盖面广,居民自愿,地方管理协调"的原则,全面实施后,基本医疗保险将覆盖所有城镇。截至 2017 年年底,城镇居民基本医疗保险的参保人数达 87 343 万人。

8.4.4　中国医疗保险制度改革评估与建议

1)改革成就

中国在医疗保险制度改革上取得了显著成就,主要体现在以下几个转变上:

(1)医疗保障的理念:由服务于国企转变为以人为本

在改革开放初期,医疗保险制度改革只是作为国有企业改革的配套措施而存在。它是为了帮助国有企业减轻社会负担,减轻企业经营社会压力。当时,大多数人都认为,国有企业承担了过多的社会责任会导致效率低下。因此,社会需要接替企业的社会责任,而企业的目标应该简化。据此,国有企业向社会推出了附属医院和劳保医疗,企业内部的“劳保医疗”等“单位保障”逐渐变为“社会保障”。

随着中共十八大和十八届一中、二中、三中全会的召开,“全面建设小康社会”的战略任务日益明确。在这种情况下,社会医疗保险改革开始成为政府开展全面建设小康社会战略举措的一部分,它的地位和目的发生了根本性变化。城镇居民基本医疗保险用于解决城市非从业人员医疗保险问题,特别是儿童、老年人、残疾人等。相比于早期的城镇职工基本医疗保险,这是一个标志性的突破,它表明社会医疗保险的目的已经从服务企业改革正式转变为以人为本。同样,成立新型农村合作医疗就是为了保证农民可以获得基本医疗服务。

(2)覆盖人群:从强势群体到弱势群体

理论上,社会保障包括医疗保险,应该首先保障弱势群体的利益。然而在中国的实践中,首先保障的却是强势群体,而后再延伸至弱势人群。在计划经济时期,公共医疗保险和劳动保险、医疗保险主要针对的是政府机构和国有企业的职工。大多数农民、城市非雇员和许多集体企业的雇员都没有被覆盖。改革开放后这种情况仍然持续了很长一段时间。

1998 年以来,特别是自 21 世纪初以来,社会医疗保险的覆盖面迅速扩大。城镇职工基本医疗保险正式实施后,所覆盖的范围不再仅限于国有企业职工,集体企业和民营企业也从中获益,到目前为止已全面覆盖各类企业。新型农村合作医疗制度实施以来,城乡居民参加社会医疗保险的人数不断增加,参与率逐年提高。2007 年引入的城镇居民医疗保险更是让城镇非就业人员也能参加保险,实现了全民覆盖。截至 2015 年年底,城镇基本医疗保险的参保人数达到 66 600 万人,较 2014 年增加 6 800 万人。其中,城镇职工基本医疗保险参保人数为 28 900 万人,城镇居民基本医疗保险的参保人数为 37 700 万人。与此同时,新农合人数达 6.7 亿人,参合率为 98.8%。

(3)保障性质:从福利待遇转变为社会保障

计划经济时期存在的公共医疗和劳动保险医疗制度只保障一些非弱势群体的利益。即使到了改革开放初期,医疗保险制度改革也只是帮助国有企业改革的配套组成部分,目的是缓解国有企业改革的阻力。因此,当时的社会医疗保险不能代表真正意义上的社会保障,而只是基于身份的一种福利待遇。21 世纪,为了构建和谐社会,社会医疗保险逐步恢复了原貌,从基于身份的福利逐步转变为真正的社会保障。

(4)改革策略:从单相改革到“三改联动”

医疗保险制度改革的过程中,控制医疗费用增长的关键是控制医疗费用的支付方式。因此,各地都非常重视控制医疗费用的支付方式。例如在后付制中,引入起付线方法、封顶方法和共同支付方法,并采用了按人数付费或总预付费系统。在吸取了十几年医疗保险制度改革的实践经验后,发现医药保障中的一些关键问题无法单独依靠医疗保险制度来解决,比如药品价格过高、医生乱开处方、医疗费用急剧上涨等问题。2000 年 6 月,针对医疗领域国务院全面规划部署了三项重要改革,即医疗卫生体制改革,改革医疗保险制度改革,改革药品流通体制改革,也被称为“三改联动”。2000—2008 年,“三改联动”一直未能取得实质性进展,但我们要坚信“三改联动”的战略方针是正确的。

2)基本经验

①坚持低标准的保障措施,保持可持续发展不动摇。城镇职工基本医疗保险,新型农村合作医疗和城镇居民基本医疗保险,两者都很看重“基本”。坚持低标准的保障,有利于医疗保险业的可持续发展。若采取高标准的保障,在碰到经济波动时,难免会出现支付困难的问题,在这种情况下刚化的利益将会阻碍保障标准的降低。2007 年,因为法国政府推出“特殊退休制度改革”,导致铁路工人罢工反对就是一个反面例子。

②坚持“渐进式”改革,尊重既得利益。中国医疗保险覆盖范围的扩大始于非弱势群体,并逐渐蔓延到弱势群体。在尊重既得利益的前提下进行渐进式改革,因此抵抗力较小。

③发挥企业作用,降低运营成本。从 1994 年的“两江”模式出发,各种医疗保险制度改革试点模式的共同模式是,以企业为单位逐个进行资金筹集。为什么资金筹集要以企业为单位来进行?原因是与员工相比,以逐个企业为单位进行缴费可以降低筹集资金的成本。如果能与养老保险、生育保险、工伤保险及失业保险挂钩,则筹集资金的成本将更低。不仅如此,集体保险本身也有能力克服逆向选择。

④坚持重大疾病的统筹为主,降低严重疾病的风险。城镇职工基本医疗保险,新型农村合作医疗和城镇居民基本医疗保险均以统筹的方式预防重大疾病。为什么保大病?因为保险是一种用来分散风险的制度安排,会给参保人带来风险溢价,风险溢价的大小取决于保险事故的损失。假设其他条件不变,则保险事故损失越大,风险溢价越高。

因此,医疗保险应该优先保障重大疾病,从而为人们分散财务风险,避免“因病重返贫困”。保小病的风险溢价就相对小很多,很难弥补保险产生的交易成本。这也可以解释医疗保险个人账户所存在的低效率的问题。

⑤广泛使用“试点”方法。试点法作为中国经济体制改革的基本方法,也是用来探索医疗保险制度改革的主要手段。事实上,试点就是市场的演变,在城镇职工基本医疗保险制度建立之前的十年,首先于 1989 年开展了辽宁丹东、吉林四平、湖北黄石、湖南株洲这四个城市的医疗保险制度改革试点,对深圳市海南省进行了社会保障综合改革试点。“两江”试点项目始于 1994 年,1996 年开始对 58 个城市的医疗保障体系进行试点改革。为了建立城镇居民基本医疗保险,国务院决定于 2007 年 7 月在 79 个城市开展试点。在大量试点的基础上,新型农村合作医疗制度逐步得到推广。

3)政策建议

①引入竞争机制,管办分离。自从开展“两江”试点以来,医疗保险制度改革一直是由政府来组织实施,包括制度设计、组织建设以及医疗保险服务。这样的组织形式导致管办不分,直接后果就是医疗保险机构中出现软预算约束,使医疗保险机构失去谈判动力。这也是医疗保险机构未能发挥大规模谈判作用的根本原因之一。事实上,政府在社会医疗保险中发挥的真正作用是筹集资金而不是直接提供医疗保险,可以引入市场中营

利性和非营利性保险机构来实现医疗保险的组织和提供,这在国际上具有成熟的经验。在德国社会中,由高度自治的保险机构来管理医疗保险。美国的医疗保险和穷人医疗援助计划也通过合同形式将大量业务委托给商业保险机构以及健康维护组织。中国江苏省江阴市政府于2001年正式提出建立新的农村合作医疗制度,委托太平洋保险公司开展新型农村合作医疗,截至2013年,江苏省至少有中国人寿、太平洋人寿保险、新华人寿和中华联合四家公司参加到24个县(市、区)的新农村地区合作医疗当中,政府只负责支付给商业保险机构管理费用。

②全面推进"三改联动"。三项改革之间的关系尚未明确,这是"三改联动"未能取得实质性进展的重要原因。在"三改联动"中,三项改革不仅是并列的,而是具有主要和次要关系。其中,医疗卫生体制改革是"三改联动"的主要矛盾,相比之下,医疗保险制度改革和药品流通体制改革则是次要矛盾。这取决于医生的特殊地位,只能通过医生的处方来实现患者的医疗消费,病患的处方药只能通过医生开处方来出售。简而言之,医生是所有医疗费用的来源。在医疗卫生体制改革中,关键是要建立医生的市场声誉机制,规范医疗供应商的行为。因此,在医疗卫生领域有必要将行政事务分开,做到管办分离,解除卫生行政部门和国有医院的"父子"关系。作为医疗保险制度改革和药品流通体制改革的基础,一旦医疗卫生体制改革取得突破性进展,医疗保险制度和药品流通领域的诸多矛盾也会随之解决。

③因地制宜,大胆试点。实践已经证明了试点法的有效性。在完善中国社会医疗保险制度的过程中,应该结合各地具体情况,因地制宜,借鉴相应的契约形式,切忌"一刀切"。

8.5 案例分析

【案例一】医保报销逐步实现"全国通"

自从全国推进医保跨省异地就医住院费用直接结算以来,截至2018年3月,全国已经有8 763家跨省异地就医联网协议医疗机构,79万人次进行了备案登记,30多万人次使用了异地就医费用结算。

异地就医联网结算其实最大的好处就是不需要自费,更不需要两地辗转等待报销了,便利了外乡的朋友们。在异地就医结算系统启动之前,在异地住院看病需要自己先垫付钱,出院之后回到参保地报销,实在难以想象的折腾。单说异地医疗费审核周期长,得等上一段日子才能够走完报销流程,费时费力。现在异地结算,可以用社保卡直接结算。该报销多少都是直接报销,省时省心省力省钱,更加便利。

异地结算需要注意的问题:

1.报销范围,以就医城市为准。在异地就医时,报销的药品目录、诊疗项目、服务设施能不能报销,以就医的城市当地报销范围为准。

2.报销多少,参保地说了算。虽然报什么,要按就医地的标准来,但报多少,得按参保地的报销比例。比如报销的起付线、报销比例，以及最高报销限额，要看患者参保的“本地”标准。这样做是为了避免过多异地就医行为，瓜分就医地的城市基础医保基金，而导致不公平的现象。因为大部分异地就医会出现在医疗资源相对发达的城市，这些城市大多在医保政策上属于“交得多报得多”，如果允许异地就医人员以原来自己城市更低水平的医保缴费标准，享受异地同样的报销比例，是不公平的。

3.异地就医，有问题，找“异地”。去外地看病，如果服务过程中，医疗行为和费用等出现问题，可以找异地经办机关。异地的医院有责任为外地患者提供和本地患者一样的服务，包括信息记录、医疗行为监控，医疗费用的审核等。

4.异地就医手续齐全，却无法报销的，需要向地区社保经办机构申请报错处理机制。国家平台建立了报错联系处理机制和系统应急处理机制，随时响应处理问题。如果出现无法正常报销的问题，就要联系医疗人员向地区社保经办机构申请报错处理机制。

分析与思考

1.目前我国异地就医报销的尚存在的问题还有哪些？

2.如何完善我国医疗保险跨省报销？

【案例二】墨西哥“大众医疗保险计划”

墨西哥卫生部部长胡里奥·弗伦克，在2000年年底他上任之初，墨西哥医疗系统主要存在三低问题：公共卫生支出低、医疗保险覆盖率低、各州之间人均卫生支出的均衡性低。

贫困家庭因疾病而陷入更加贫困境地的事例屡见不鲜，这些给社会安定埋下了隐患。墨西哥是一个收入很不均衡的国家，因此，政府进行的医疗改革中很重要的一个战略就是加大覆盖面，建立一个可以涵盖全国的医疗保险体系，这就是“大众医疗保险计划”。

弗伦克上任之后迅速进入改革者的角色。墨西哥卫生系统改革从2001年起进入试运行阶段，这个名为“大众医疗保险”的计划在卫生部主持下，先期在阿瓜斯卡连特斯、坎佩切等五个州试点运行，政府拨给的启动资金达8亿美元。计划规定，每户家庭出具家庭成员的个人出生证明、收入证明，在通过有关卫生部门审批后缴纳一定的保险费用，就可以与政府签订医疗保险合同，签署合同的家庭在随后有效期为一年的时间内享受一定的医疗保险服务，服务内容包括一年一到两次体检，疫苗注射、门诊、手术和住院康复。2003年5月15日颁布相关法律，2004年1月1日起依法建立社会医疗保障系统，并在全国范围内正式启动改革。

改革在五年内取得初步成效，墨西哥医疗卫生支出占全国GDP的比重从2000年的5.7%升至6.8%；在最贫困人口中，拥有医保者的比例从7%增加到55%；从农村医疗站到大型专科医院，墨西哥在全国范围内新建起1 700个医疗机构；在财政分配、人均卫生支出上原本相差悬殊的32个州也在逐步缩小差距。弗伦克解释说，“我们所做的就是建立起一个吸纳进所有人的系统，然后让钱跟着人流动”。

通过总结全球医疗保险得出，全民基本医疗在经济上可负担。一个国家无须在变得富裕之后再建立基本的全面医疗保障。医疗保健是劳动密集型产业，而报酬低于医生和护士的社区卫生工作者可以在贫穷国家发挥很大的作用。贫穷国家在医疗方面的支出已很可观,但往往很低效。全民医保也很实用,它可以防止“搭便车”者把不参保的成本转嫁给参保人群——比如把急诊室挤得水泄不通或是传播传染病。全民医保并不一定意味着“大政府”,私营保险公司和供应商仍然可以发挥重要作用。

分析与思考

1.墨西哥“大众医疗计划”从哪几个方面进行改革?

2.墨西哥医改能给中国带来什么借鉴意义?

【本章小结】

医疗社会保险通过强制性社会保险原则和方法来筹集医疗资金,为法定范围内的社会成员在患病时提供医疗费用帮助。相对于其他的社会保险制度,医疗社会保险是涉及面最普遍的一项社会保险制度。医疗社会保险具有保障对象的普遍性、管理的复杂性、与其他保险项目的交叉性、医疗社会保险费用的不确定性等特点。医疗保险制度的模式包括社会医疗保险模式、商业保险模式、国家医疗保险模式和储蓄医疗保险模式。同时,医疗社会保险应遵循以支定收、收支平衡、略有结余的原则,保障基本医疗需求。根据社会共同负责的原则,医疗社会保险费用应该由被保险人(雇员)、其所在单位(雇主)和国家三方共同承担。基本医疗社会保险作为国家强制实施的医疗保险,其目的是保障职工“整体”的基本医疗需求。对一些特定社会群体的特殊医疗需求,应当根据需要与可能,建立多层次的医疗保障体系,具体包括补充性医疗保险、社会医疗救助和商业性医疗保险。

医疗社会保险费的分担方式主要包括定额自付、共付保险、扣除保险和限额保险。其支付方式从总体上可以分为后付制和预付制。后付制是指在医疗服务机构为医疗保险待遇享有者提供医疗服务之后,医疗保险机构与其结算账目,具体方式主要有按服务项目付费;预付制是指按某一预付指标推算出平均值作为标准费用,预先支付给医疗服务机构的医疗保险费用,具体方式主要有总额预付制、按人头付费、按病种付费等。

医疗费用的急剧增长是世界各国共同面临的一大难题,控制费用也成为医疗保险改革的中心问题。当前改革的主要趋势有以下几方面:从后付制转为预付制,从资金筹集和服务供给二者分离走向两者结合,从强调社会共济变为强调个人责任。医疗社会保险制度随着中国经济体制的转轨发生了根本性变革。当前我国居民医疗保障制度体系已经基本覆盖城乡,即在制度层面上初步形成了以基本医疗保险制度(包括城镇职工基本医疗保险、新型农村合作医疗、城镇居民基本医疗保险)为主体,以各种形式的补充医疗保险(公务员补充医疗保险、大额医疗互助、商业医疗保险和职工互助保险)为补充,以医疗社会救助为兜底的多层次医疗保障体系的基本框架。

【探索】

1.医疗社会保险有哪些主要特点?
2.当前国际医疗保险政策的主要趋势是什么?
3.为什么要实行个人医疗账户和社会统筹基金相结合的职工医疗保险制度?
4.我国医疗保障体系的基本框架是什么?
5.我国医疗卫生制度发展的目标是什么?
6.中外医疗保险制度的发展趋势是什么?
7.试分析城镇居民基本医疗保险政策与新型农村合作医疗政策的异同。

第 9 章　失业保险

【学习目标】

1.理解并掌握失业保险的定义、特点、模式

2.了解并熟悉失业保险的类型和基本框架

3.了解国外部分国家的失业保险制度

4.了解我国失业保险的历史沿革

5.分析我国失业保险存在的问题及完善对策

9.1　失业保险概述

一般来说,失业保障是一个较为广义和宽泛的概念,它基本上等同于“就业社会保障”这一名词。在职劳动者是社会保障的享受主体之一,这是因为劳动者作为劳动活动的主体,社会财富大部分是由他们创造的。因此,本小节对失业保险的定义和特点、失业及失业率的概念、失业保险制度的模式以及失业保险制度的意义等相关内容进行介绍和分析。

9.1.1　失业保险的定义及特点

失业保险是国家根据一定的法规,对暂时失去工作的劳动者提供基本生活保障的一种社会保险制度。其重点是通过建立失业保险基金,为失业者提供基本生活保障,以防范失业风险。政府负责建立和管理失业保险基金,并通过对失业者进行专业培训、给失业者介绍工作等形式促进失业者再就业。因此,一个国家有什么样的就业制度,就需要什么样的失业保险制度,失业保险与就业制度直接相关并为其服务,两者相辅相成,缺一不可。

失业保险作为社会保险的一个子系统,与其他险种相比,失业保险具有以下特点:

①强制性。强制性是实施失业保险的组织保证,主要体现在劳动者必须遵从国家颁布的失业保险法律,违背者将以法律论处。运用国家法律和行政的强制手段,从而保证

失业保险制度的顺利实施。

②预防性。失业保险基金的筹集是通过预先收缴进行的,一旦劳动者失业,就按照法律规定的范围和标准施行救助行动,避免劳动者因为失业中断工资收入而面临生活困难的情况,防止因失业者增多而出现社会动荡,从而更好地维持社会稳定。

③互济性。失业保险基金的收缴对象是所有的参保人员,而能够享受失业保险金的只是失业的少数人,并且不是完全按照缴纳保险费的多少给付保险金,个人享受的权利与承担的义务并不严格对等。众人投保,个人得惠,体现了劳动者之间的互济性。

④福利性。失业保险属于国民收入再分配的一种制度,具有非营利性质,失业保险费用由国家、企业、个人三方负担,个人负担的部分较少。它有利于劳动者在因为失业而丧失收入的状况下,获得基本生活的物质帮助和再就业服务。

⑤社会性。失业保险的社会性体现在失业保险实施范围比较广泛,享受失业保险的人为数众多,目的是保证劳动者在遭受失业风险时能够维持基本的生活需要,对整个政治、经济、社会生活的稳定性影响极大。

9.1.2 失业及失业率的概念

失业是相对就业而言的,是指劳动者在法定的劳动年龄之内,具有劳动能力并且愿意就业,然而劳动者却找不到工作的一种社会经济现象,也是劳动力与生产资料相分离的一种状态。根据这个定义来看,失业者需要具备三个条件:一是在法定劳动年龄之内,比如 16—67 周岁(我国是 16—60 周岁)被称为劳动年龄人口。二是具有劳动能力,能胜任某些工作。即便在法定年龄之内但没有劳动能力,如长期病人,也不能成为失业者。三是愿意工作,比如,正在积极寻找工作。如果不愿工作,自愿失业,那也不是失业者,如果另有角色,如学生、服役服刑人员,也不是失业者。失业从个人角度来看是一种现实状态,从社会角度来看是一种社会现象。

失业率是指在一定的时间里,失业人数占全国劳动力总人数的比率,一般用百分比来表示。它可以反映出劳动力市场的总量平衡问题,是衡量一个国家或地区失业状况以及就业水平的指标,在市场经济条件下,任何时间都可能存在着失业率。一般来说,一个国家的正常失业率应在 3%~6%,也就是说,若一个国家的就业率达到 94%~97%,就可以成为“充分就业”。

9.1.3 失业保险制度模式

世界各国失业保险制度各有特色,不尽相同。但从总体上来看,各国失业保险制度可以划分为三种类型:失业保险制度、失业救助制度、失业保险制度与失业救助制度并存。

①失业保险制度。大部分国家实行的都是这种制度模式。在这种模式下,个人一般需要缴费,一旦失业发生,个人即可以兑现失业保险。

②失业救助制度。失业救助制度是由政府或雇主为雇员承担失业风险的制度,个人无须缴费,一旦失业发生,政府或雇主必须承担救助责任,根据各种规定支付或者一次性

支付失业保险金或解雇费,或根据失业者申请,经过相关调查,对符合救助条件者予以失业救助。实行失业救助的国家和地区有澳大利亚、新西兰、中国香港等。

③失业保险制度与失业救助制度并存。失业保险制度与失业救助制度在一些国家并存,各司其职,互相补充,这些国家包括法国、英国、德国、荷兰、西班牙等。比如,在英国,失业救助一般用于两种情况:第一种情况是已经参加了失业保险,但是参保时间还不够的人;第二种情况是已经参加了失业保险,但是由于没有按时缴纳足额的失业保险金,而不具有资格领取到失业保险金的人。失业救助的对象主要是长期失业者,这项制度在英国两次世界大战之间扮演过十分重要的角色。

9.1.4 失业保险制度的意义

在市场经济条件下,失业问题是当今世界大多数国家面临的一个严重问题,失业是一种不可避免的社会现象。一个国家建立健全失业保险制度,对于劳动者抵御失业风险、维持家庭的基本生活、促进劳动者再就业、维持社会稳定和经济发展都有着很大的作用。

①实施失业保险制度,有利于保证劳动力再生产的顺利进行。在市场经济条件下,劳动者在劳动过程中,不可避免地遭受失业的威胁,影响正常的劳动收入,从而使劳动力再生产过程受到影响。实施失业保险制度,能够使劳动者在失业情况下获得必要的物质保障来维持基本生活,促进劳动者再就业,从而保证劳动力再生产的顺利进行。

②实施失业保险制度,有利于促进社会公平分配。失业保险制度是国家通过法律保证下的经济手段,对个人收入的分配实行直接的干预。国家通过税收征集的保险费,通过再分配功能,分配给丧失收入来源的劳动者,帮助他们解决生活困难。通过分配可以调节劳动者个人收入中产生的过大差距,弥补"事实上的不平等"的工资分配,让其维持在一个适度的水平上,以实现人们对社会公平的普遍要求。

③实施失业保险制度,有利于劳动力重新配置。当出现经济不景气,劳动力过剩时,将剩余劳动力引入"劳动力水库";当经济复苏时,劳动力水库再向市场供给劳动力。"劳动力水库"大小必须合适,即失业率要"合理"。各类用人单位也可以利用"劳动力水库"来调整自己的劳动力结构,这样失业保险就对劳动力市场产生了积极影响。

④实施失业保险制度,有利于促进经济的持续健康发展。其主要体现在两个方面:一方面,经济景气时,就业率高,上缴的失业保险费也多,这在一定程度上等于强制储蓄,抑制消费;另一方面,当经济不景气时,失业增多,但由于有失业金发放,消费水平不至于波动大大。失业保险制度在一定程度上保持了市场消费的稳定,可以促进经济的持续发展。

⑤实施失业保险制度,有利于维护社会稳定。失业是人生的一个重大的挫折,失业者失去了赖以生存的工资收入,如果得不到及时解决,就可能形成一种社会不安定因素。失业保险制度的存在,可以保障失业者的基本生活需要,在很大程度上消除了劳动者因为失业而产生的社会不稳定因素。

9.2　失业保险的类型和基本框架

市场机制必然引起劳动力的流动,失业问题不可避免。失业保险可以降低失业造成的劳动者收入的不确定性,维持劳动力的正常再生产。本小节对失业保险的类型和基本框架进行阐述和分析。

9.2.1　失业保险的类型

失业分类与失业理论有关,不同的失业理论就有不同的失业分类,并有失业治理的不同政策建议。目前,经济学理论界比较有影响的失业理论有三个:马克思主义失业理论、新古典主义失业理论和凯恩斯主义失业理论。

失业保险按照不同的划分方法,可作以下分类:

①根据劳动者是否强制性参加失业保险,可分为强制性失业保险和非强制性失业保险。其中,强制性失业保险是通过国家立法或政府制定相关的规章制度来实施的。用人单位或者是劳动者符合规定条件,则必须参加失业保险,且两者必须按照国家制定的法律法规履行相关的供款义务,一般由政府直接管理或委托一个机构负责管理。比如,实行强制性失业保险的国家有美国、加拿大等国家。而非强制性失业保险大多数是由工会组织实施的,由工会建立和管理失业基金,政府提供一定的资金支持,不参与管理。实行非强制性失业保险的国家有丹麦、冰岛等国家。

②根据失业者获取失业保险金的不同依据,可分为权利型失业保险和调查型失业保险。其中,权利型失业保险是指失业者只要符合规定的缴费年限、非自愿失业等条件,无须考虑失业者所在家庭的人均收入,就有权利领取到合法的失业保险金。同样,调查型失业保险亦由政府组织实施。调查型失业保险以收入调查为基础,根据调查结果,对"确认"无法生存的失业人员提供帮助。它由国家单方出资,享受者不必承担什么义务。严格来说,这种类型的失业保险不是社会保险,但是也被称作失业救济,如澳大利亚、阿根廷、新西兰等国家就实行失业补助。

③根据失业保险制度在层次上的不同安排,失业保险可分为单层次失业保险和多层次失业保险。其中,只有一个层次的失业保险制度称为单层次失业保险。然而,一般来说,多层次失业保险指调查型和权利型失业保险两者同时并存。具体包括三种方式:一是强制性失业保险和失业救济相结合;二是非强制性失业保险和失业救济相结合;三是强制性失业保险和非强制性失业保险相结合。第一种方式有失业救济和失业保险两种制度,对于不同的失业者适用不同的制度。在德国,若是失业者在规定的失业保险给付期到期后,依然没有找到工作而造成生活出现困难,失业者虽然不会被划入社会救济系统,但是会被划入领取失业救济金之列。失业者必须满足领取失业救助金的既定条件,同时需要接受国家劳工局对失业者家庭的经济状况调查,当确认失业者家庭满足条件后,再经过国家劳工局半年的考察期后才能发放失业救济金。第二种方式是非强制性失

业保险和失业救济相结合,在瑞典、芬兰等北欧国家比较典型。第三种方式的典型代表国家是日本,多年来,日本实行的是强制性失业保险和非强制性失业保险结合的方式。

9.2.2 失业保险的基本框架

失业制度由许多环节组成,环环相扣,自成体系,以达到失业保险的目的。失业保险的基本框架主要如下:

1)失业保险基金的筹措方式

失业保险基金筹措与社会保险基金筹措的基本原则一致,代表着基金筹集与基金支出基本平衡。其中,失业保险基金支出主要受到给付水平、给付次数、给付期限、被保险人的年龄构成和制度管理严格性等多种因素的协同影响。如果某一国家在经济平稳发展前提下,失业保险年度开支通常保持一个相对稳定的水平,这就使失业保险能够实行现收现付制的相关制度。

基于全世界范围内各个国家经济发展水平以及社会保险制度的指导思想、实施方式等不同,其失业保险制度的发展历程也不尽相同。因此,全世界范围内各国在失业保险基金筹集的具体渠道和负担比例上有着天壤之别,根据负担主体不同,其大致可以分为以下六种筹集方式:一是由政府、企业和个人三方共同负担。如加拿大、日本、德国等国家均属此筹集方法,但具体三方的承担比例视各国的保险政策而定,各不相同。二是由政府和企业双方共同负担。如美国(除三个州外)、意大利、冰岛等国家就是采用这种筹集方式,失业保险不用个人缴纳。三是由企业和个人双方共同负担。采用该方式的国家有法国、希腊等。四是由政府全部负担。如澳大利亚、新西兰,匈牙利等国家规定,失业保险费由政府全部负担,企业和个人都无须缴费。五是由企业一方全部负担。如印度尼西亚、阿根廷等国家实行的就是这种方式。以企业为主体并由企业全部负担的筹集方法均采取征收保险税的方法,全部由雇主负担。六是由个人全部负担。如南斯拉夫就实行这种负担方式。

2)失业保险基金的享受条件

保障失业者的基本生活,并促进其重新就业,这是失业保险的根本目的。为了避免制度实施过程中人们的逆向选择行为,各国都严格规定了享受失业保险待遇的资格条件,主要归纳为以下几个方面。

①失业者必须是法定劳动年龄。一定是介于法定最低劳动年龄和法定退休年龄之间的失业人员。这样,失业保险就排除了未成年人和已超过法定退休年龄的人。就未成年人而言,他们没有参加社会劳动的义务,也就不存在失业问题。就超过退休年龄的老年人而言,他们同样没有法定的劳动义务,其已经为社会做出了一定的奉献,应该按照相关政策规定确保他们享受养老保险,而不应该再将其列入失业保险的保障范围。

②失业者必须是非自愿性的失业。即失业者是因为个人无法控制的外在因素,而不是自愿失业或是不就业的。为了防止人们故意失业而领取失业保险金,形成“不劳而获”的局面,各国一般都规定了不给付失业保险金或者要经过一个较长时间等待期的情形:

a.无正当理由自动离职的;b.因过失而被辞退的;c.因劳资纠纷而罢工的;d.拒绝接受适当工作的;e.故意失掉就业机会的;f.拒绝接受职业培训的;g.不在职业介绍机构登记寻找职业者和拒绝职业介绍的。

③一定是已经参加了失业保险的失业者。各国失业保险制度一般都规定失业者在失业前参加失业保险并交足一定期限、数额的失业保险费,或者在失业援助的国家居住达到规定的期限,才能够获得享受失业保险待遇的资格。

④必须是有就业意愿和劳动能力的失业者。失业保险所保障的一定是具有劳动能力的失业者,否则就不是失业。而是否具有劳动能力则由职业介绍机构或失业保险经办机构根据申请人的体检报告来确定。失业者是否有就业意愿的确定相对比较困难,因为就业意愿是人们的主观意愿,一般使用相对客观的指标来测定。为了检验失业者是否有就业意愿,各国在有关法律中都做出了规定,一般有三个方面:一是居民失业后必须进行失业登记,而且是在规定期限内到失业保险经办机构或职业介绍机构登记,并要求失业者重新选择就业或明确表明要求工作的行为。二是失业期间必须定期与失业保险经办机构联系并主动汇报近况。这样做的目的是能够实时掌握失业者就业意愿的变化情况,同时也能够向失业者推送就业信息。三是失业人员务必接受职业培训或是与他们自身情况相适应的工作安排。若是他们拒绝了政府的工作安排,那么就认定其没有就业意愿,应当停止对他们发放失业保险金。如果失业者认为政府安排的工作不合适,失业者可提出异议,其失业保险经办机构再根据实际情况,综合考虑。

3)失业保险的给付标准

在失业期间,为使失业保险待遇既能满足失业者及其家属的基本生活需求,又不会造成“失业陷阱”,全世界范围内各国失业保险的给付一般基于以下三种原则:一是保障能够满足失业者及其家属的基本生活状况的原则;二是所受待遇必须低于原工资水平的原则;三是权利与义务相结合的原则。确定失业保险金给付金额基于以下三种方法:一是工资比例法,即与失业者失业前的工资水平相联系;二是均等法,对所有符合条件的失业者支付相同金额的失业保险;三是混合法,将工资比例法与均等法相结合。

4)失业保险的给付期限

失业保险是根据失业者的平均失业时间确定一个给付期限,而不可像其他社会保险那样无限给付,因为失业是暂时的或者是短期的。所以,失业保险的给付期限分为两种:一是给付等待期;二是最长给付期。

给付等待期即在劳动者失业以后,通常情况下不能立即领取失业保险金,必须要等待一个时期。因为要去调查和证实失业的状况是有一定难度的,需要一定的时间。这一方面可以减少处理大量申请小额给付的烦琐事务,另一方面可以防止冒领保险金。至于等待期时间的长短,一般与各国所实行的就业政策、失业保险基金的规模和财政状况等影响因素紧密联系。

最长给付期是指国际劳工组织通过调查各个国家的失业情况和失业者生活状况后作出的规定,失业保险金给付期限应为1年、不超过156个工作日、不低于78个工作日。

据此,各国和各地区都分别根据国情,制定了自己的失业保险金最长给付期。

9.3 国外失业保险制度及其借鉴意义

自1905年法国率先建立失业保险制度以来,在全世界范围内,失业保险制度在多个国家已经设立,尽管各个国家的失业保险制度存在着诸多区别,但失业保险在实践中的共性发展趋势仍然相当显著。因此,有必要对国外的失业保险制度熟悉了解。

9.3.1 世界范围内的失业保险

前面曾对失业保险从不同角度进行了划分,对各种失业保险制度类型有了大致的介绍。但鉴于失业社会保险和失业救助两者之间的显著差异,以及这两者在失业保险制度发展进程中带有明显的阶段性,还有必要对这两种类型的失业保险进行更深入的分析。

鉴于失业社会保险和失业救助两者在筹集方式、待遇领取条件、待遇水平、享受期限等方面都存在诸多的差异,可以将其称为保险模式和救助模式。就筹集方式而言,保险模式一般由雇主和雇员分摊,但是救助模式通常由公积金解决;在待遇领取条件方面,保险模式是依据失业者是否缴纳一定期限或一定额度的保险金为条件,而救助模式主要是依据失业者的家庭收入状况而定;在待遇水平方面,保险模式一般是依据失业者失业前的工资水平或社会平均工资水平、最低工资标准等而定,救助模式一般根据社会最低生活标准和失业者家庭情况而定;在享受期限方面,保险模式是根据失业者失业前缴纳保险费的额度或持续的时间等因素确定,而救助模式一般是依据失业者个人情况,尤其是依据年龄确定。总的来说,就制度的规范性而言,保险模式要强于救助模式,这是因为保险模式将失业者享受失业保护视为劳动者的一项正当权利,理所当然会促成其保障水平高于救助模式,正因如此,失业保障必然会从最初的救助模式逐渐过渡到保险模式。所有设立失业保障的国家中,绝大多数国家(约4/5)实施以保险模式为主的失业保障制度,这很明显地体现出了失业保险制度的优越性。

但是,失业保险制度的发展方向并不是单向的,就目前而言,随着失业保险制度所面对的强大压力,包括英、法、德等国家在内的许多国家,正在把保险模式和救助模式结合起来,从而衍生出了多层次全方位的失业保险制度,以充分发挥失业保险和失业救助各自的优势。

总而言之,失业保险经历过一个世纪的缓慢发展之后,衍生出了不同的失业保险制度类型,而失业保险的一个新趋势是不同模式相结合来共同防范和化解失业风险。

9.3.2 部分发达国家的失业保险

因为受到不同的政治、经济、文化的影响,各国的失业保险模式会有些不同,但是相同的是随着经济的发展与社会的进步,失业保险内容变得越来越丰富。部分发达国家的失业保险制度建设历史较长,在其社会保障体系中的作用更加突出,因此,有必要对世界上主要国家的失业保险制度有所了解，以便我们学习与借鉴。

1）法国的失业保险

法国是世界上率先建立失业保险的国家，于 1905 年首次立法。1958 年，法国颁布了劳动保险协定，在 1972 年针对 60 岁以上的失业者实行收入保障，在 1974 年对农业失业者进行相关保险，1979 年建立了有关独身者的失业补偿计划，在 1984 年时建立了双重保险制度，该制度具有强制性和救助性相结合的特征。法国的失业保险内容有以下几个方面。

①在覆盖范围上，在法国，除家务人员和季节性工人的全体受雇员工均享受失业保险的红利。同时针对一些行业还有专门的失业保险制度，如建筑、海运、航空等行业。此外，对一些特定人群，如离婚者、分居夫妇、有子女负担的独身妇女等，因长期失业而领取失业保险期限已到，政府可以向其发放失业津贴。

②在资金来源上，法国的失业保险资金由以下三方共同负担：个人、雇主和政府。其中受保人缴纳收入的 1.92%，加上年收入在104 760~419 040法郎的 0.5%；企业缴纳工资总额的 4.08%；政府负担综合方案的所有费用。

③在享受条件上，法国失业保险制度规定的享受条件包括：一是非自愿失业、未达到退休年龄、具有劳动能力并在就业协会登记注册且正在积极寻求就业的失业者；二是在最近 8 个月内至少工作了 4 个月的失业者；三是非季节性失业者。

④在失业保险待遇标准方面，失业保险的基本待遇是发放失业保险金，其计算公式是：基本津贴（每月）等于1 200法郎加上失业前月收入（每月不得低于 2 850 法郎）的 40%。领取失业保险金的期限与缴纳保险费的时间相对应，缴纳保险费时间越长，则领取期限越长。综合性方案中救济金的发放则要根据受保人的年龄、家庭人数、收入等情况而定。

⑤对失业保险的日常管理，劳资双方组成的理事会共同负责管理失业保险，其日常的管理工作主要是失业保险日常事务的管理以及失业保险金、失业救济金的发放。由法国社会保障部履行监督的职能。在没有设立上述机构的地区，一般由市政当局处理失业救济金支付事宜。

2）德国的失业保险

德国是第一个建立现代社会保障制度的国家，其失业保险首次立法是 1927 年，现行立法是 1969 年的《劳动促进法》《职业培训法》和 1974 年的《失业救济条件法》，德国建立的依然是失业保险加失业救助的双层次失业保障制度。

①在覆盖范围上，德国失业保险覆盖所有受雇人员，包括农业工人和家务工人、学徒和接受培训的人员，但临时工和家庭手工业者除外。

②在资金来源上，根据德国现行规定失业保险基金由雇主缴纳工资总额的 3.25%，政府根据就业促进法给予补贴，承担所有亏空，并负担失业援助的费用。劳资双方承担筹集失业保险金的主要任务，政府承担的主要是失业救济金拨款。

③在享受条件上，根据德国现行规定，享受失业保险待遇的条件包括：非自愿失业、

具有劳动能力并在失业介绍所登记表示愿意接受职业介绍的失业者;1 周工作少于 20 个小时;受保人最近 3 年内受雇不少于 360 天。

④就失业保险的待遇标准来讲,其标准主要基于失业者失业前的净工资(扣除工资税和各种保险费后的净收入)水平来计算,单身者领取净收入的 60%,抚养子女者领取净收入的 67%。领取时间则视受保人受雇时间的长短,从 16 周至 78 周不等。年老的失业者最长可领取失业保险金两年零八个月。对于无资格享受失业保险金的失业者或领取失业保险金期限已满仍无法就业的,政府经过收入调查后,会为其提供失业救济金,标准为原净工资的 57%,单身者为 53%,没有领取期限的限制。

⑤对失业保险的管理,德国的失业保险由联邦政府的劳动和社会福利部统一管理,失业保险基金实行全国统收统发,联邦劳动与社会福利部对州和地方劳动局实行管理。

3)英国的失业保险

英国是世界上最早宣布建成"福利国家"的国家,健全完备的社会保障制度为英国国民提供了"从摇篮到坟墓"的保障。英国失业保险的首次立法是 1911 年,较法国要晚,但较德国要早,现行立法于 1995 年开始执行。英国失业保险制度类型是由以下两种保障制度共同构成:即强制性失业保险和失业救助。

①覆盖范围。主要有:周收入在 62 英镑以上的雇员、自我雇用者、缴纳减额养老保险费的已婚妇女和遗孀。

②资金来源。英国失业保险的资金来源于社会保险缴费。

③享受条件。按照现行规定,享受失业保险待遇的条件包括:非自愿失业、不是因不良行为而失业、接受失业介绍所为其介绍的工作、具有劳动能力并愿意从事全时工作;在职业介绍所登记,每两周到介绍所填一次表;年龄在 18 周岁以上,或每周工作时间低于 16 小时的人,在近两个纳税年度中有一年缴纳了足额的失业保险缴费,并且缴费收入基数不应低于应税收入下限的 25 倍。对于收入调查型失业保险金即失业救助金,领取的条件是:由于达不到条件或超过领取期限,没有领取到权利型失业保险金;又没有其他收入或收入达不到某一标准。

④失业保险待遇标准。权利型失业保险的待遇为:年龄在 25 岁以上的失业者,每周为 49.15 英镑(1997 年);18—24 岁的失业者为 38.90 英镑:18 岁以下的失业者为 29.60 英镑。最长支付时间为 6 个月,等待期为 3 天。收入调查型失业保险即失业救助待遇则要根据年龄、家庭收入水平和家庭结构确定,最长支付期为 6 个月,期满仍未获得工作的,可申请其他救济金。

⑤失业保险的管理。英国采取政府设立专门部门对失业保险进行管理的管理体制,具体情况是:一是就业部负责失业保险金的申请和发放;二是卫生与社会保障部对失业保险费的缴纳以及失业档案进行管理;三是核发收入和调查津贴由补助津贴委员会负责管理。

4)美国的失业保险

美国是经济高度发达的国家,但其社会保障水平远不及其他发达国家,而且社会保障制度的建立也相对较晚。美国失业保险的法律依据是 1935 年颁布的《社会保障法》，属于强制性失业保险。

①覆盖范围。美国失业保险覆盖的受雇人员包括所有工商企业的雇员、受雇于农业部门的人员、受雇于非营利机构的人员、家庭佣工医院工作人员、受雇于高等学校的人员、海员、铁路工人等，覆盖的人口占劳动总人口的 90%。

②资金来源。根据现行规定，美国失业保险基金源于雇主缴纳的失业保险税，它分成联邦税和地方税两种，其中：联邦税为工资总额的 1%，州保险税由州自行决定。

③享受条件。根据现行规定，享受失业保险待遇的条件包括：非自愿失业、具有劳动能力并在职业介绍所登记表示愿意接受职业介绍的失业者；失业前受雇满一定周数。

④失业保险待遇标准。根据现行规定，美国失业保险金的水平一般为原工资的 50%。领取期限最长为 26 周，失业高峰期可延长至 39 周；如经济不景气，联邦政府还可决定延长支付期至 52 周，等待期一般为 7 天。

⑤失业保险的管理。美国的失业保险工作由联邦和州劳工部门的就业与培训机构承担。联邦一级由直属美国的劳工部的"就业与培训署"负责，其下设联邦失业保险服务机构具体负责，州一级由州劳工局设有的就业培训局负责。

5）日本的失业保险

日本是亚洲最发达的国家之一，其具有较完善的社会保障体系，失业保险制度很有特色。1947 年，日本第一次通过了《失业保险法》，日本国会于 1974 年颁布《雇用保险法》代替了之前颁布的《失业保险法》，现行制度属于强制性失业保险。

①覆盖范围。日本的雇用保险原则上强制对所有行业的所有企、事业单位都适用。但对农林产业中职工在 5 人以下的个体经营的企、事业单位任意适用，任意适用的企、事业单位需满足一定条件并经批准。而且雇用保险不适用从事 4 个月季节性工作的劳动者、短期季节劳动者、船员保险的受保者、公务员以及 65 岁以上且不是受雇于同一雇主者。

②资金来源。根据现行规定，日本的失业保险基金来源于雇主和雇员共同负担的保险费和国库资金的拨补。保险费率原则上为工资额的 1.45%（部分行业为 1.65% 或 1.75%），其中，1.1%（部分行业为 1.3%）用于支付失业保险金，劳资双方各负担 0.55%（部分行业为 0.65%），其余的 0.35%（部分行业为 0.45%）用于三项事业（改善事业、能力开发事业和就业福利事业），经费由雇主承担，国库资金负担的部分是：支付求职者的 1/4～1/3的保险金及雇用保险的行政管理经费。

③享受条件。根据现行规定，日本享受失业保险待遇的条件包括非自愿失业、有劳动能力并在职业安定所登记表示愿意接受职业介绍的失业者；每隔 4 周向职业安定所汇报一次；一般来说，在失业前，受保人在一年内至少有半年的投保记录，短工受保人在两年内至少有投保一年的记录，日工受保人在两个月内至少有 28 天的投保记录。

④失业保险待遇标准。按照支付的目的和性质，日本的失业保险金可分为三类：求职者保险金、连续就业保险金和促进就业保险金。支付求职者保险金的标准为失业者失业前工作水平的 60%～80%，其目的是确保失业者的基本生活，依据被保险者再就业的难

度和加入保险时间的长短支付期限从 90 天至 300 天不等，并有 7 天的等待期；支付促进就业保险金的目的是促进失业者再就业，它包括重新就业补助、常用就业准备金、必需的搬家费、广域求职活动费；支付连续就业保险金的目的是促进老年人和妇女连续就业，不因育儿、护理家人而终止工作，其最长支付期为 3 个月。

⑤失业保险的管理。由政府专门设立的部门来负责失业保险工作，统一由劳动厚生省职业安定局及其下设的 600 多个公共职业安定所负责劳动者参加雇用保险的办理和失业者失业待遇的领取等工作。

9.3.3 国外失业保险制度借鉴意义

通过上一小节的内容，我们了解了各个有代表性的国家的失业保险制度。失业保险制度作为社会保障制度中的一项重要内容，以各国的失业保险制度的设立以及实施的改革措施为实例分析，结果表明，我国在设立、实施及发展失业保险制度方面可以借鉴其他国家的以下几个方面，以实现我国失业保险发展的终极目标。

①通过立法促进就业。所有实行强制性失业保险模式的国家，它们的失业保险立法层次基本是基于国家最高层次的立法，如日本颁布的《雇用保险法》以及德国颁布的《就业促进法》。然而，在我国不管是国务院在 1986 年发布的《国营企业职工待业保险暂行规定》，还是 1999 年年初国务院颁布的《失业保险条例》，都是以国务院颁布的条例形式出台的、非国家最高形式的立法。由于我国颁布的失业保险制度并不是以最高形式的立法呈现，最终造成了对违法行为追究不力的后果，使本应该强制性实施的保险制度变为实际上的自愿保险。

②扩大失业保险的覆盖范围。失业保险制度作为社会保障制度中一项极为重要的内容，同样要体现其互济性、公平性的特点，对于劳动力市场上的就业者应当提供一视同仁的保险待遇。要建立两种不同的模式：不分经济类型以及用工形式。只要是有失业趋势的劳动者全员参与的失业保险制度，必须严格依据发展非公有制经济、多种就业形式和逐步统一城乡劳动力市场的要求，转移工作重点至以上领域和行业，将更多劳动人民纳入失业保险的体系中。同时，妥善解决员工在不同经济类型单位之间变换工作后的相关关系接续问题，坚决保障失业保险的按时接续，以防参保资源的流失。

③加大失业保险促进就业的功能。加大失业保险基金中用于就业促进的部分，将失业保险金的发放与参加就业培训相结合。失业保险在政策取向上发生了明显的变化，由之前提出的以生活保障为主转变为现目前提出的以就业保障为主，失业保险的重点突出，即提升失业人员的职业培训质量以及增加再就业工作数量；应将失业保险金定义为求职或者参加培训期间的相关生活补贴；失业保险机构应牢牢抓住失业保险的重点，而不只是为失业者发放失业补助金。同时，失业保险的期限应适当减短，这可以让失业人员有再次就业压力；发放失业金的给付标准与本人缴纳工资挂钩，一律按本人缴费工资的一定比例领取失业金，体现劳动贡献的差异，也能增强缴费积极性。

④制定基金的征缴规范准则，加强基金使用管理。必须按要求严格执行政策以及法律法规对失业保险参保范围、缴费基数和比例待遇支付的相关规定，务必要确保各项失

业保险制度的实施,规范失业保险基金的筹集使用、管理以及调剂的方法,从而才能确保失业保险基金的支付能力。同时,政府也要更进一步规范缴费基数,强化稽查核实,切实保证应收尽收,同时加强欠费征缴力度。一定要确保基金的安全,实现基金完全有能力应付任何意外,为失业保险制度的正常运转提供强有力支持。

⑤鼓励灵活就业。一般是指在劳动时间、收入报酬、保险福利、工作场地、劳动关系等方面不同于传统的建立在工业化和现代工厂制度基础上的主流就业形式,是一种正规就业形式外的其他就业形式,具有多样性、灵活性的特点。如小时工、自由撰稿人等均为灵活就业人员。这种就业形式具有很大的发展潜力,容易开发出适合下岗及失业人员特点的就业岗位,有利于完成政府提出的增加就业岗位的目标。比如上海市等地方政府,针对就业问题制定和实施了诸如优惠社会保险缴费、免费培训低息贷款、减免税费等很多优惠政策,使失业者再次就业的成本降低。

9.4　我国失业保险制度的建立与发展

我国的失业保险可以追溯到中华人民共和国成立初期,真正开始于改革开放以后,几十年的实践充分证明,建立失业保险制度,对暂时失去工作的劳动者给予帮助,保障他们的基本生活,提供再就业服务,是把失业造成的消极影响降到最低限度的有效措施,是经济发展、社会稳定的必要条件。

9.4.1　我国失业保险制度的发展历程

1)中华人民共和国成立初期的失业救济制度

我国的失业保险萌芽于 20 世纪 50 年代的失业救济。在 1950 年 6 月时,政务院颁布了《关于救济失业工人的指示》,当年 7 月劳动部也发布了《救济失业工人暂行办法》,目的是解决中华人民共和国成立前遗留下来的失业问题,保障失业工人的基本生活。同时,国家在失业严重的省份建立了统率全国失业救济工作的“失业救济委员会”。1951 年政务院发布了《中华人民共和国劳动保险条例》,到 1957 年我国宣布消灭了失业,并且采取了“统包统配”的劳动用工制度,这一阶段的失业保险工作被政府强有力的就业安置工作所代替,使其后 20 多年时间里我国失去了建立失业保险制度的基础。

2)改革开放以来失业保险制度的发展

我国的失业保险制度真正开始于改革开放以后,历史很短,在改革开放至今 40 多年的发展中,其大致可以划分为三个阶段:

①1986 年 7 月—1993 年 4 月,这个阶段是失业保险初步发挥作用的时期,确立了失业保险制度的基本框架。其标志是 1986 年 7 月国务院颁布的《国营企业职工待业保险暂行规定》(于 1986 年 10 月 1 日开始正式实行),这一法规明确了失业保险制度的主要内容,确立了这项制度的基本框架,该法规的颁布对推进我国经济体制改革起到了不可

忽视的作用,为以后的失业保险制度的完善与发展奠定了基础。

②1993 年 4 月—1999 年 1 月,这个阶段是失业保险制度开始发挥作用的时期,也是该制度进一步调整的阶段。其标志是国务院在 1993 年 4 月颁布的《国有企业职工待业保险规定》,该法规对原有的暂行规定作了进一步调整与完善:一是在覆盖范围上,扩大了其覆盖范围,并规定企业化管理的事业单位也需要依照执行;二是在统筹层次上,根据以往制度中统筹层次过高、不切实际情况的问题,规定在省和自治区建立调剂金,并将基金由省级统筹转变为市、县统筹;三是在缴费基数上,将企业标准工资总额调整为工资总额,并规定了费率的幅度;四是制定了罚则,使失业保险制度更加的完善。实践充分证明,这次对原有法规的修改和完善是我国失业保险制度发展的重要举措。

③1999 年 1 月—2010 年 10 月,这个阶段是失业保险逐渐成为基本生活保障主要形式的时期,失业保险制度逐步完善。其标志是 1999 年 1 月国务院发布的《失业保险条例》,《失业保险条例》的发布对我国失业保险制度的发展意义重大,是我国的失业保险制度由计划走向市场的一个重要标志,从此,失业保险制度又开启了一个新的阶段。

与 1993 年发布的《国有企业职工待业保险规定》相比,《失业保险条例》主要有以下几个方面的重要变化:一是将制度正式命名为"失业保险",将"待业救济金"修改为"失业保险金";二是在覆盖范围上,把失业保险覆盖范围扩大到了城镇各类企事业单位;三是在缴费比例上,调整了其缴费比例,提高了失业保险费的费率,同时增加了事业单位及其缴费的规定;四是在给付标准上,将失业保险金的给付标准同城镇居民最低生活保障线和最低工资相挂钩;五是在统筹层次上,提高了统筹层次,失业保险基金由省级统筹提高到了地、市级统筹,并且建立了省级失业保险调剂金制度;六是为了防止基金挪用、流失,确定了劳动、银行、财政互相监督制约的机制;七是为了防止基金流失,保证基金安全,明确规定了失业保险基金的支出项目;八是规定了社会化管理发放制度。

④2010 年 10 月至今。其标志是《社会保险法》的通过,该法律的颁布是失业保险制度由法规层面上升到了法律层面。它和 1999 年的《失业保险条例》相比有以下突破和发展:一是为失业保险的适用范围扩大提供了相应的法律依据,规定了职工应当参加失业保险;二是明确了失业人员参加基本医疗保险,解决了他们的医疗保障问题;三是规定失业保险实现省级统筹,使提高失业保险统筹层次有了法律依据;四是《社会保险法》加强了失业保险制度的可诉性。

总之,我国失业保险制度的建立是经济体制改革的需要,也是逐步完善社会保障体系的重大举措。失业保险制度建立的目的是解决企业职工失业后的基本生活问题,并为他们再就业提供帮助。它的建立和实施,能够有效地解决失业人员的基本生活问题,保障了他们失业后的基本生活及其再就业,成为社会主义条件下保护基本人权的重要内容。

9.4.2 我国现行失业保险制度的主要内容

1)失业保险的覆盖范围

2018 年 12 月发布的《中华人民共和国社会保险法》(2018 修正)的第四十四条规定:"职工应当参加失业保险,由用人单位和职工按照国家规定共同缴纳失业保险费。"里面提到的"职工"的含义是指劳动法意义上的劳动者,包括企事业单位、民办非企业单位、有雇工的个体工商户合伙组织、会计和律师事务所等用人单位的职工。

2)失业保险基金的筹集来源

失业保险基金的筹集来源主要有四种方式:一是政府、企业和劳动者共同分担式;二是政府和企业分担式;三是企业和劳动者分担式;四是政府直接负担式。其中,最普遍的方式是政府、企业和劳动者共同方式,有大约40%的实行失业保险制度的国家使用该方式。

在我国,其筹集来源主要有四种:一是企业和个人缴纳的失业保险费,这是其主要来源;二是基金利息,是将失业保险基金存入银行后,由银行按照国家规定的利率支付的利息;三是财政补贴,在失业保险基金出现收不抵支的情况时,由政府负担的部分;四是其他资金,包括在国家规定范围内运用多种形式获取失业保险金储备金的增值收入以及不按期缴纳失业保险费的滞纳金等。

3)失业人员享受失业保险待遇的条件

失业者需同时具备三个条件,才有享受失业保险待遇的资格。第一,不是因劳动者本人意愿中断就业的;第二,按照规定参加失业保险,并且所在的单位和失业者本人已按规定缴费满1年的;第三,失业者有再就业意愿,并且已在相关机构进行了失业登记的。

4)失业保险金的标准

失业保险金的标准,不能低于城市居民最低生活保障标准,由省、自治区、直辖市人民政府确定。

5)失业人员享受的失业保险待遇

失业者享受的失业保险待遇主要有三种:一是按月领取的失业保险金;二是领取失业保险金期间死亡的失业者的丧葬补助金;三是领取失业保险金期间死亡的失业者供养的配偶、直系亲属的抚恤金。若是失业者在领取失业保险金期间死亡的,应参照当地对在职职工死亡的规定,并从失业保险基金中支付给他们的遗属一次性丧葬补助金和抚恤金。失业者死亡如果同时符合领取基本养老保险丧葬补助金、工伤保险丧葬补助金和失业保险丧葬补助金条件的,其遗属只能选择其中的一项领取。此外,失业者在领取失业保险金期间,参加了基本医疗保险,由失业保险基金支付基本医疗保险费,失业者个人不用缴纳,并且可享受基本医疗保险待遇。

6)失业人员停止享受失业保险待遇的条件

在领取失业保险金期间,失业人员若发生如下情况,应停止失业保险金以及其他失业保险待遇的领取:重新找到工作;应征服役;享受基本养老保险待遇的;移居到境外的;被劳动教养或者被判刑收监执行,并且无正当理由拒不接受当地政府指定部门或者机构介绍的工作的;法律、行政法规规定的其他情形等。

7)失业保险金的领取期限

失业保险金的领取期限是根据失业者失业前在单位和本人累计缴费时间决定的。

其中,失业者累计缴费时间满1年不足5年的,其享受失业保险待遇期限最长不超过12个月;失业者累计缴费时间满5年不足10年的,其享受失业保险待遇的时间最长不超过18个月;失业者累计缴费时间在10年以上的,其享受失业保险待遇的时间最长不得超过两年。

另外,《失业保险条例》还对失业保险相关机构进行统筹和管理、对违法行为的处罚等做了规定。例如,全国的失业保险工作由国务院劳动与社会保障部门负责,县级以上地方政府劳动与社会保障部门主管本行政区域内的失业保险工作。

9.4.3 我国失业保险制度存在的问题

几十年的实践充分证明,建立失业保险制度,能有效降低失业造成的消极影响,是经济发展社会稳定的必要条件。失业保险制度经过多年的发展和完善,取得了很大的进展。但是在实行过程中反映出来的不足和问题也不少,从我国失业保险的实施情况看,其中存在的问题主要有以下几点。

①失业保险的覆盖面较窄,扩面工作不到位。虽然《失业保险条例》把失业保险扩大到了城镇非国有企事业单位,但是,目前我国失业保险的实施范围仍然主要限于国有企事业单位,其他性质的单位覆盖率很低。实际上,大部分国有企业职工参加了失业保险,而大部分非国有企业的员工还没有参加失业保险。此外,大部分的农村剩余劳动力和城镇企业下岗职工也没有参加失业保险,还有少部分失业了却因为各种情况而没有进行登记的失业者,但是官方统计的失业人口只包括城镇登记失业人口。

②统筹层次低,难以发挥地区之间的调剂作用。我国目前的失业保险基金绝大多数是实行市县统筹,统筹层次低、抵抗风险的能力不强,这样就容易导致地区之间的调剂作用难以发挥,而在西方国家大多数是由国家一级统筹。虽然,颁布的《社会保险法》中指出将失业保险实行省级统筹,但是实施的效果如何还有待进一步考察。

③失业保险制度对促进再就业的效果不明显。在我国,大多数失业者的文化程度较低,所掌握的技术水平、能力有限,工资收入也较低,在享受原工资相差不大的失业保险期间,他们重新寻找新工作的积极性会大大降低,导致失业保险制度在促进再就业方面的效果不太明显。

④失业保险基金征集难,欠费现象比较突出。在失业保险费的征缴过程中,缴费基数不太规范,欠费现象比较严重,有的单位故意拖欠缴费,有的单位经济效益不好暂时无法缴费,还有的失业单位缴费资金渠道不流通导致不能正常缴费等种种情况,都会影响足额收缴失业保险费。而且,失业保险基金管理缺乏有效的监督机制,一些地方出现挪用、侵吞、浪费的现象。这样在有些地区就出现了入不敷出的现象,失业人员的基本生活难以保障。

9.4.4 完善中国失业保险制度的对策

针对我国失业保险制度存在的问题,为发展和完善我国失业保险制度,改革建议如下。

①扩大失业保险的覆盖范围,增强基金在总量上保持均衡的能力。在社会保障制度比较完善的国家,其失业保险几乎覆盖了全社会所有劳动人员。因此,我国必须扩大失业保险的覆盖范围,逐步建立覆盖全社会的失业保险制度。无论是国有企业职工,还是非国有企业职工、事业单位中订立了劳动合同的职工等,都应纳入失业保险制度的保障范围。

②提高失业保险统筹层次,保证失业保险基金的支付能力。失业保险基金应提高统筹层次,实行在省级统筹基础上逐步过渡到国家统筹。当前,中西部地区失业保险基金不足的现象比较严重,有必要建立失业保险中央调剂金以保证其支付能力,中央调剂金筹集方式主要还是通过变现国有资产和增加中央财政预算补贴等方式,也可以从各省市失业保险基金中筹集一部分。中央调剂金在全国范围内实行地区间的调剂,确保失业负担较重的地区有能力支付失业保险基金。

③加大失业保险促进就业的功能。失业保险在政策取向上从以生活保障为主转向以就业保障为主,失业保险金应定位为求职或培训期间的生活补贴,而不仅仅是发钱。将失业保险金的发放与参加就业培训相结合,失业保险机构应做好失业人员的职业培训和再就业工作。同时,为增强失业者再就业的紧迫感,应适当缩短失业保险的期限,并且失业保险金应按本人缴费工资的一定比例领取,以体现劳动者的贡献差异,也能增强交费的积极性。

④强化制度和法制,规范失业保险基金的征缴和使用管理。失业保险基金是保障失业人员基本生活需要的物质基础。对这项基金不仅要征集好,而且要管好、用好。这就需要通过加强制度工作和法制工作来实现,强化制度和法制是发展失业保险的重要保证。我国必须加强法制的力度,通过立法来规范失业保险基金的管理,完善有关制度和法规。

9.5　案例分析

【案例】失业者得到经济补偿金后,能否再领取失业保险金?

李某是新疆某石油公司的一个职工。在某年8月的时候,李某所在的企业号召企业内职工同企业有偿解除劳动合同,达到裁员增效的目的。当时,李某与企业的劳动合同已经到期,就响应了企业的号召,解除了与企业之间的劳动合同,同时,李某的一部分同事也同企业解除了劳动合同。

按照我国《失业保险条例》中的规定:当职工与企业解除劳动合同后,失业保险相关部门应给失业职工发放失业保险金。李某所在的企业按时按规定向失业保险部门缴纳了失业保险金,但是,当地的失业保险部门却不予发放失业保险金。当地失业部门给出的理由是:该企业已经有偿解除了劳动合同,并且支付了职工生活费,那么,失业保险部门就不再发放失业保险金了。

分析与思考

1.案例中提到的失业保险部门的做法合法吗？企业有偿解除劳动合同后，相关的失业保险部门是否还需要发放失业保险金？

2.该企业的职工应当如何维护自己的合法权益？

【本章小结】

失业保险是国家根据一定的法规，对暂时失去工作的劳动者提供基本生活保障的一种社会保险制度。失业保险制度结构和内容由覆盖范围、资金筹集、资格条件、等待期、支付水平、支付办法、支付期限组成。

世界各国失业保险基金的筹集方式主要有：由雇主、受保人、政府三方共同负担；由雇主和受保人分担；由雇主和政府承担；完全由雇主负担；完全由政府负担。为失业保险规定给付上限也是世界各国失业保险制度的一项普遍内容，许多国家还设立了领取失业保险的等待期。

中国失业保险制度产生于中华人民共和国成立初期，在改革开放时期得到发展。1999 年国务院颁布实施的《失业保险条例》对失业保险的对象、资金来源、待遇标准、管理监督及处罚规则做了明确规定。

当前我国失业保险制度仍有待进一步完善，应在社会经济发展的基础上逐步扩大失业保险覆盖面，加大保障力度；提高统筹层次；强化制度和法制，确保失业保险基金的征收和管理。

【探索】

1.失业保险有何特殊性？

2.在什么样的条件下失业者不能领取失业保险金？

3.我国失业保险制度在实施过程中存在哪些主要问题？

4.在完善我国失业保险制度中应坚持什么原则，采取哪些措施？

5.国际上失业保险的改革趋势如何？我国失业保险制度的发展方向如何？

第 10 章　工伤保险

【学习目标】

1. 掌握工伤保险的基本概念、特点和制度结构
2. 了解世界工伤保险制度发展历史
3. 掌握现行中国工伤保险制度内容
4. 了解工伤预防和工伤康复的内容

10.1　工伤保险概述

工伤保险是五大社会保险项目之一,是建立时间长、体系完整、特点鲜明的社会保险。作为社会保险中的一个重要组成部分,工伤保险主要为遭遇工伤事故或处于高风险职业病的特殊人群服务,但由于工伤环境复杂,工伤情况多样,遭受工伤事故的企业与职工在没有及时解决矛盾的情形下,容易引发劳资争议和冲突,所以工伤保险在大多数国家也属于最早建立起来的险种。

10.1.1　工伤及工伤保险

对于"工伤"概念的界定是随着时代的发展而不断变化的,每个国家都有自己独特的解释。工伤是指在劳动过程中劳动者所遭受的伤害或者该职业造成的职业病伤害,也有将产业、职业、工作、工业伤害称作为工伤。1921 年国际劳动大会提及"由工作直接或间接引起的事故为工伤"。职业病和上下班交通事故在 1964 年的国际劳工大会上被纳入了工伤补偿中。通常情况下,工伤也分为可见的和隐形的,可见的工伤是指在职业活动范围内,由于种种条件所造成的伤害劳动者身体的工伤事故;隐形工伤是指因职业的特殊性,长期隐形潜伏在劳动者身边的慢性疾病或者职业病。

工伤保险是指在劳动过程中劳动者因遭受事故伤害或职业病伤害,导致暂时或永久丧失劳动能力甚至丧失生命,劳动者或劳动者遗属通过参保工伤保险从社会获得资金补偿等的一种社会保险制度。现代意义上的工伤保险包括工伤预防、工伤救助和补偿、工

伤恢复等内容,工伤保险的目的是减少工伤事故的发生,使劳动者能够重新获得自我劳动的能力。

早期的工伤保险只注重在劳动者因工致残或死亡时对劳动者或其遗属给予的经济赔偿和物质帮助,是更偏向于"工伤赔偿"的一种社会保险。但随着发展,工伤保险的内涵不断扩展,工伤保险承担的职能也不断地延伸,形成了现代意义上的工伤保险。工伤保险的内容不仅包括给予劳动者或其遗属经济帮助和物质保障,而且还包括稳定社会环境,提高企业在生产过程中的安全意识,有效降低事故发生率。并在后期通过康复的手段,使劳动者能够重新获得自我劳动的能力,形成工伤预防、工伤补偿和工伤康复三位一体的体系。

10.1.2 工伤保险的意义

1)缓解社会矛盾,维护社会稳定

工伤事故发生后应当及时处理,如果不能及时进行妥善的处理,很容易引发劳动者和企业之间的矛盾和冲突。如果工伤患者伤病不能得到及时治疗和康复,生活没有保障,他们对社会就会充满怨恨,形成潜在的社会不稳定因素。所以,通过工伤保险制度保障工伤劳动者的基本生活和合法权益,对于劳资和谐与社会稳定同样有着非常重要的意义。

2)降低工伤发生率,促进安全生产

工伤保险通过实行浮动费率机制,对那些工伤事故发生率下降的企业降低其缴费率,对那些工伤事故发生率上升的企业则提高其缴费率,借助利益杠杆机制促使企业主动地加强工伤预防,降低职业病和事故率。另外,作为工伤保险的管理机构,人力资源和社会保障行政部门也会借助政府的强制力,要求、督促和检查企业的安全生产。可以说,工伤保险和安全生产之间相辅相成,二者缺一不可。此外,工伤保险通过赔付和补偿使工伤患者及时得到治疗和康复,尽可能恢复其劳动能力,保护人力资源。

3)消除职工的后顾之忧,保障职工权益

劳动者一旦遭遇工伤,不仅收入中断,还要为救治身体伤害和职业病付出额外的医疗成本;不仅受伤个人要承受身体和精神上的巨大痛苦,其家庭也受到了一定的影响、背上了沉重的负担。所以,建立健全完整的工伤保险制度,为遭遇工伤的劳动者提供医疗救治、物质补偿以及康复服务体现了社会应有的公平正义,是保护劳动者合法权益,让劳动者能够安心工作所必需的。

10.1.3 工伤保险模式

世界各国工伤保险制度大体上可以分为以下两种类型:雇主责任制模式和社会保险模式。总体来说,社会保险模式在逐渐取代雇主责任制模式,但目前世界上依然有许多国家和许多企业选择实行雇主责任制。

1)雇主责任制模式

工伤雇主责任制是法律规定由雇主直接赔偿受害者,抑或雇主通过商业保险赔偿的方式为雇员投保,这种方式又被称为雇主责任保险。雇主责任制有雇主自理风险和向保险公司投保两种形式,自理风险是雇主不向保险公司为工伤事故投保,当劳动者遭遇职业伤害时由雇主直接给予赔付,如果在赔付过程中出现争议,可以申请法院或国家有关机构裁决;向保险公司投保是雇主为雇员购买的商业性质的工伤保险,保险公司根据各企业或行业发生工伤事故的概率核定保费水平,当工伤事故发生后由保险公司代替雇主赔付。

雇主责任制仍存在着很多弊端。如果采取雇主风险自理的形式,那些工伤事故频发或者遭遇重大工伤事故的企业往往承受不起巨大的工伤赔偿责任,特别是那些资金不足的小企业甚至因此而破产倒闭。对于劳动者而言,雇主赔付费时费力,劳动者在遭受身体伤害的同时还要遭受心理上的折磨。赔付大多是一次性的,那些永久丧失劳动能力的人生活长期缺少保障,一旦企业破产,遭遇工伤的劳动者甚至有可能得不到任何赔偿。即使采取商业保险的形式,商业信誉度也不能与政府信誉度相比。

雇主责任制也存在一定的好处,比如企业可根据自己行业的性质自由选择,对那些比较安全、较少发生工伤事故的企业来说可以节约工伤保险缴费成本。

2)社会保险模式

社会保险模式的观点认为,只有当工伤保障与社会保险制度相结合,才能真正使雇主做到承担相应的补偿责任。工伤保险作为社会保险的重要组成部分,极具其鲜明的特色。第一,工伤保险相关条例受国家法律保护、强制力执行;第二,工伤保险的事务由政府有关部门专项负责、统筹资金、健全机制;第三,工伤保险将补偿与保障相结合,既有一次性支付补偿,又有日后日常生活定期补偿保障;第四,国家保障工伤事故中的受害者及其家属,制定制度维护其利益,稳定社会环境,着眼社会效益。

社会保险模式下的工伤保险极大地弥补了雇主责任保险的缺陷,被绝大多数的国家采用并实施,大部分欧洲国家、拉美国家、部分亚洲国家都建立了工伤社会保险机制,其普及率更是高于养老、失业、医疗保障。但是工伤社会保险制度并不是当今仅存的工伤保障制度,尽管雇主责任保险存在一定的不足,但是仍然有一定的发展空间。所以工伤保障制度形式的建立要根据实际情况,选择适合的制度类型,以保证工伤保障机制功能的有效发挥。

实行社会保险制工伤保险的国家也大致可以分为以下三种类型:①工伤保险作为一项独立的制度存在,在基金和管理方面与其他社会保险项目相对分离,如德国、意大利和日本等;②工伤保险在基金方面是独立的,在行政管理方面却是与其他社会保险项目由同一机构来管理,如法国和奥地利;③工伤及其他意外事故包括在整个社会保险制度之中,如阿尔及利亚和巴拿马。

10.1.4　工伤社会保险的作用

第一,促进社会稳定。工伤保险能够合理处理事故,维护生产、生活秩序,能够保障职工的合法权益,维护社会稳定。

第二,保障职工的基本权利。工伤保险是国家立法强制实施的,作为五大社会保险项目之一,工伤保险既是国家履行的社会责任,也是职工可享受的基本权利。

第三,提高职工的工作积极性。工伤保险制度的实施,一方面可以提高职工医疗、生活等方面的保障水平,另一方面可以缓解职工在工作时的后顾之忧。这样做不仅能够提高职工对于工作的积极性,还能够体现国家和社会对于从业人员的关心和爱护。

第四,保护职工身心健康。工伤保险能够提高安全生产能力,并能与生产单位共同促进社会服务、安全教育、医疗康复等工作的开展。工伤保险也能有效地提高生产经营单位和职工在生活过程中的安全性,尽量防止或减少工伤、职业病,保护职工的生命安全,保证其身体健康。

10.2 工伤保险的特点与原则

工伤保险作为社会保险项目,同时也作为实行最早和范围最广泛的一种社会保险,其特点和原则也与其他社会保险相区别。工伤保险具有赔偿性、优厚性、强保障性、劳动者不缴纳保险费、差别费率与浮动费率结合的特点;遵守的原则是无过失补偿、个人不缴费、补偿直接经济损失、区别对待因工伤残与非因工伤残、工伤保险与预防康复相结合。

10.2.1 工伤保险的特点

1)赔偿性

当劳动者的生命受到威胁、财产受到侵害,甚至生命财产被剥夺时,工伤保险所具有的赔偿性特点就会发挥作用。相较于其他因为职工生活困难给予帮助和补偿的社会保险,工伤保险承担的是赔偿工伤职工的责任。对于因工伤亡的工人,工伤保险遵从“无过失赔偿”和“无责任赔偿”制。除了故意犯罪、醉酒或吸毒、自杀或自残三种情况外,无论责任在哪一方,企业(雇主)均依法负有补偿责任。

2)优厚性

工伤保险待遇因工伤事故的不同而不同,但是相较其他保险具有优厚、标准较高的特点。工伤保险的待遇主要包括工伤期间的工资、医疗、津贴、康复等与事故相关的费用,而且在工伤事故期间受害者及其家属将得到全面的保障。

3)强保障性

工伤保险的项目最多、最全面。医疗期间除开医疗费用外的护理、康复、后期重建等也将得到全面的保障。不仅有对受害者的一次性支付,也有保障受害者后期生活的定期补给待遇。

4)劳动者不缴纳保险费

工伤保险不同于养老保险等险种,劳动者不缴纳保险费,保险经费全部由企业(雇主)承担,有些国家规定统一的比例来征缴工伤保险费,大多数国家实行行业风险级差费率。

5)差别费率和浮动费率结合

区别于其他社会保险项目,工伤保险的费率按照差别费率和浮动费率实施。差别费率制定的标准是根据不同行业工伤风险程度确定行业的基准费率。高风险行业适用高基准费率,低风险行业适用低基准费率。每个行业内不同档次费率的确定标准则是根据该行业工伤保险基金使用、工伤发生率等情况。

浮动费率在差别费率的基础上,在一定时期内是根据各个企业安全生产的情况和工伤保险费的支出情况制定的,使企业费率上下浮动。安全生产状况好的企业下浮费率,安全生产状况差的企业上浮费率,这样做能够督促各企业抓好安全生产,减少事故发生。

10.2.2　工伤保险的原则

工伤保险的原则是根据职业所面临的风险情况设定的,作为世界上最早的一项社会保障制度,在实施过程中它应遵守以下五点原则:

1)无过失补偿原则

无过失补偿原则也叫责任原则,是指在劳动者工作过程中,除劳动者故意所为,其所遭受的工伤事故和职业病,企业(雇主)都应该按照法律规定的标准支付给劳动者相应的工伤保险待遇。关于"无过失补偿",企业应以国家政策为基础承担伤害保险的损失赔偿,工伤保险的支付金额也应当以实际需求为出发点,同时对因工伤残或死亡的补偿应以年金的形式体现,补偿金的给付不应当受到企业经营状况的影响,强制执行以确保受保人的补偿得到保障。

2)个人不缴费原则

工伤伤害是在生产劳动过程中所受到的伤害,属于职业性伤害,劳动者在此过程中可能会付出健康乃至生命的代价。因此,不同于养老、医疗等其他社会保险项目,工伤保险制度的费用全部由企业(雇主)负责,劳动者个人无须承担任何有关工伤保险的费用。

3)补偿直接经济损失的原则

劳动者在生产劳动过程中可能遭受不可逆转的伤害,甚至是生命的消逝,在这种情况下雇主应给予经济补偿。但是,这种补偿仅仅是对劳动者直接经济损失的补偿这种直接经济损失应区别于间接的经济损失。直接经济损失是劳动者工资收入方面的损失。间接经济损失是劳动者直接经济损失以外的其他经济损失,例如其他业余劳动收入等。间接经济损失并非每位受害者都有,也不同于直接经济收入具有固定性,因此间接经济损失一般情况下不列入经济补偿的范畴,这也体现了雇主与雇员分担风险的原则。

4)区别对待因工伤残与非因工伤残的原则

工伤保险制度建立的前提和出发点需要对因工和非因工进行区分。因工伤残是指在进行本职工作或执行任务过程中遭受的伤害,关于工伤补偿的条件各个国家没有明确提出,但是一般情况下补偿标准高于非因工伤害;非因工伤残的补偿待遇绝大多数国家低于工伤补偿的标准。

5)保险、预防与康复相结合的原则

工伤保险的首要任务是工伤补偿,除此之外工伤保险还兼具预防事故和事后对劳动者进行医疗和职业康复等工作。因此许多国家在工伤社会保险制度中将补偿、预防、康复三者相结合,这样的结合同时也符合社会保险的立法原则。

10.3 国外工伤保险制度及其借鉴意义

随着19世纪西方国家进入工业时代,机器生产不可避免地带来更多的工伤事故,给劳动者及其家属带来巨大的伤害,为了减少这一社会问题的危害性,工伤保险应运而生。

10.3.1 工伤保险发展历程及趋势

1)工伤保险发展历程

德国政府于1884年颁布了世界上第一个有关工伤保险的法律,即《劳工伤害保险法》,发达国家在实践中逐步将这一制度完善、发展,形成了较为成熟的制度。到20世纪初,几乎所有西方国家都在劳动法规中对职业伤害补偿做出具体规定。自20世纪60年代起,西方国家逐步把工伤保险的焦点放在了预防上面。到了20世纪末,工伤保险重视保障公民人权,形成了包括工伤预防、工伤康复和经济补偿在内的社会工伤保险体系。

从工伤归责的发展来看,工伤保险主要经历了三个阶段:雇员自身责任阶段、雇主过失阶段和雇主责任阶段。雇员自身责任阶段是指雇工在劳动过程中受到的职业伤害都由其本人承担一切后果,其理论依据认为给劳动者的工资标准中已经包含了对工伤岗位危险性的补偿。雇主过失赔偿阶段的适用原则是过错原则,即由于雇主的过错而给雇员造成了工伤伤害,此时雇主承担赔偿工伤伤害责任的前提是雇主有过错。最后雇主责任阶段规定无论雇主有无过失,一旦发生工伤事故,雇主都要承担责任,目前世界各国的工伤保险都采用这一原则。

2)工伤保险发展趋势

(1)广泛开展的社会保险项目——工伤保险

工伤保险制度在美洲地区有所发展,特别是在阿根廷、巴西、加拿大、墨西哥及美国等国家,发展效果显而易见;同时在亚太地区的澳大利亚、日本、韩国、印度等国家工伤保险制度也有了相应的完善;欧洲也一样,在工伤保险制度上做了较大的调整和改变;相对较为落后的非洲国家也逐步建立起工伤保险制度,例如突尼斯、津巴布韦等。有些国家强制工业部门职工必须参加工伤保险,为提高补偿标准采取了立法手段,上下班交通事故在意大利也被纳入工伤补偿范围。但是仍有部分国家的非正规就业部门职工没有覆盖工伤保险,缺少工伤保障。

(2)补偿、预防、康复三位一体社会工伤保险体系

工伤保险是通过设立相关基金,通过补偿等方式保障受伤职工及遗属实现其基本职

能。大多数国家的工伤保险机构将其基本职能划分为补偿、预防、康复三位一体的社会工伤保险。

在工伤保险费率方面，工资总额的1.4%~3.1%是大多数国家的费率平均水平。但各个国家之间，由于机构职能、经济发展水平和补偿能力的不同，费率存在较大的差别。费率较低的国家，如瑞典、奥地利的平均费率仅为工资总额的1.4%，在这些国家，工伤保险基金除了用于补偿外，还用在了预防和康复上面。目前，越来越多的国家计划在工伤保险机构中提高职工的医疗和康复责任，并将这项计划纳入社会发展计划中。也有部分国家调整了工伤保险机构在事故预防方面的职能，积极地推动预防工作的开展。

(3)工伤保险出现新的情况

大多数国家工伤保险的范围和待遇标准在经济水平提高后，都有了一定程度的拓宽和提高，并且针对经济的变化，工伤保险机构的职能也做出了一定的调整。

有些国家的工伤保险制度做出了一定的改变，在征收保险费用方面与其他社会保险费用合并收取。另外，由于浮动费率复杂的操作手法，许多国家都取消了这一制度，取而代之的是按统一的平均费率征收。与养老保险私有化趋势形成对比，工伤保险有私有化倾向的国家几乎没有，大多数国家依旧是由相关机构统筹安排。在职业病方面，就现阶段情况来看，国家对其重要性和关注度还不够，缺乏立法保障。

10.3.2　国外工伤保险制度的类型及范围

1)国外工伤保险制度的类型

社会工伤保险制度，即由国家立法保护、强制实施、统一缴费、统筹管理，如美国、英国、法国等国家均实行这种制度；雇主责任制的工伤保险制度，由国家颁布相关赔偿法，强制雇主主动承担全部工伤赔偿费用，或为其职工购买商业工伤保险，向商业保险公司缴纳工伤保险费，如埃塞俄比亚、冈比亚等20多个国家均实行这种制度。

2)国外工伤保险制度的范围

目前，大部分国家通过法律规定从业人员超过5人以上的企业必须强制为其职工缴纳工伤保险费用，在德国已经有80%的劳动者缴纳了工伤保险费用。发展中国家工伤保险的覆盖面相对狭隘，一般将小企业(20人以下)排除在外，但随着经济的发展以及劳动者要求劳动保护的呼声加强，有的国家也在扩大工伤保险的范围。另外，原来工伤保险只适用于工业上的意外事故，现在把工作原因造成的职业病如上下班途中的意外事故，因抢险、救援、救火以及社会公益活动或者因公出境出现的意外事故等也包括进来。工伤保险的范围虽然在扩大，但多数国家仍然坚持使用范围必须与工作或者职业的时间、地点相关的原则。

10.3.3　国外工伤保险的资金筹集

一般来说，工伤保险基金的收入与支出是根据职工工资单或报表进行的，并且每月按期进行。因此，对职工工资进行审核并扣除保险费，是社会保险经办机构主要的日常工作。有几个国家的职业伤害保险制度的缴费比率并不固定,例如印度尼西亚是针对不同行业制定不同的缴费比率;泰国则是根据以前几年事故的发生情况,制定一个适当的比例;印度尼西亚和泰国的做法都比较复杂,一般情况下采用工资等级制度缴费的办法,这会使工作程序大大简化。在大多数社会保险部门中,保费的收缴与管理是其最主要的工作。有些企业总会找出种种借口不按期缴纳或少缴纳保险费,这个问题很严重。有些国家已经采取了一些特别的法律程序,如收费滞纳金、法律诉讼等来解决这个问题。

在国外,工伤保险资金的缴纳金额是按照职工的工资比例筹集的。大部分国家工伤保险的费用全部由雇主承担,但也有一些国家职工个人也要承担少部分费用,主要是个体经营者参加工伤保险需要个人支付一定费用。还有一部分国家,政府以提供财政补贴或弥补亏空的形式负担部分工伤保险费用。

归纳起来,国外确定收缴保险费的办法大致有以下三种:

(1)个别确定法

个别确定法主要应用于雇主责任制保险模式中,先预测确定基本缴费额,再根据实际情况做出调整。

(2)集体确定法

集体确定法与单独确定法较为相似,不同之处在于,确定缴费额时依据的是相同经济活动中所有企业的经历,同一类型的企业确定一种费率。

(3)统一确定法

统一确定法是最能体现共同承担风险原则的方法,因为无论因素怎么变化,保险所缴纳的费用都是统一固定的,所有的数据和账目都是依据整个制度而定。这种最简单的方法不仅可以减少行政管理费用,而且还可以与其他统一的社会保险金一起征收。

10.3.4 国外工伤保险待遇标准

1)暂时伤残津贴和工伤补偿

按照无责任赔偿原则一律给付。职工在伤后4~6周内由企业支付工资,此后,由工伤保险部门给付工伤津贴,10~14周后按照伤残程度给付本人工资收入的20%~100%的伤残抚恤金。根据1964年《职业伤害赔偿公约》规定,对于暂时丧失劳动能力者的最低补偿水平,应达到本人工资的60%,绝大多数国家达到了这个标准,还有1/3的国家工伤补偿标准达不到本人工资的75%,也有的国家按照工资的80%~85%发放暂时的伤残津贴,有的国家如卢森堡按照工资收入的100%发放。

2)伤残抚恤金

永久残疾,根据残疾程度分为完全与部分两大类,但基本上都可以享受定期抚恤金。完全伤残者最低抚恤金是工资收入的80%,但是部分残疾抚恤金支付与工资收入损失成正比。享有养老保险待遇的,如低于工伤补偿待遇的应补足差额,但两者相加不得超过原工资收入的70%,如超过,一般采取保留伤残待遇、削减养老金的办法。

3)工伤死亡遗属抚恤金

根据1964年召开的国际劳工大会通过的《职业伤害赔偿公约》的规定,有两个孩子的遗属最低津贴额，应达到其丈夫工资的 5%，但是所有遗属的津贴费用总和不能超过死亡者原工资的 70%，遗属不管年龄、工作能力、是否抚养子女都无条件获得抚恤金，其得到的津贴也应达到受害者工资的 30%以上，对于还有两个孩子的女性遗属的抚恤金，不得低于其丈夫工资的 50%。未成年子女享受工伤遗属抚恤金待遇，一般在 16—18 岁之前（在校学习或者残疾的情况可以延长），每个子女可领取亡父或亡母原工资的 15%。有些国家甚至将遗属待遇的范围扩大到死者的父母和未成年的兄弟姐妹，一般加起来的遗属待遇支付，可以达到死者原工资的 60%~70%。

工伤保险待遇还包括工伤医疗保健费用，为伤残者提供所需的辅助器具，以及康复所需要的设施、护理费用、就业补助等。

10.4　我国工伤保险制度的建立与发展

中国的工伤保险制度始建于 20 世纪 50 年代，此后，为了适应经济社会发展和经济体制、社会结构变迁的需要，中国工伤保险制度经历了逐步发展和改革的过程。

10.4.1　工伤保险制度建立

中央人民政府政务院于 1951 年 2 月颁布了《劳动保险条例》，其中第十二条对因工伤事故受伤或者残疾的问题作出了明确的规定，由此标志着中华人民共和国工伤保险制度的建立。1953 年政务院颁布修正后的《劳动保险条例》以及《中华人民共和国劳动保险条例实施细则修正草案》，进一步明确了工伤保险的基本原则、实施范围、工伤范围以及工伤待遇等。此后，中国工伤保险制度不断调整，主要包括以下几个方面：

1）从广覆盖到单一覆盖

根据 1953 年《劳动保险条例》，工伤保险的适用范围具有部分所有制与广泛的用工形式，既包括国营企业，也包括公私合营、私营及合作社经营的企业；既包括正式职工，也包括学徒、临时工、季节工及试用人员。根据 1965 年的统计数据显示，相当于当年国营、公私合营、私营企业职工总数 94%的人享受了劳动保险待遇，但随着之后中国所有制结构发生重大变化，除国营企业和集体企业以外的所有制形式基本消失，工伤保险事实上只在国营企业实行，集体企业参照执行。

2）工伤范围不断扩大

1964 年 4 月《工伤事故问题解答》将工伤的范围从原来的三项扩大到七项。我国卫生部于 1957 年 2 月 28 日制定颁布的《职业病范围和职业病患者处理办法的规定》首次将 4 种职业病种类列入工伤保险的保障范围内。卫生部、财政部、劳动人事部、中华全国总工会于 1987 年修改并颁布了《职业病范围和职业病患者处理办法的规定》，将职业病的范围扩大到 99 种。

3）工伤保险待遇不断提高

1958 年 2 月颁布的《关于工人、职员退休处理的暂行规定》对工伤保险待遇做了调整,实际上提高了保险待遇;1978 年 5 月颁布的《关于安置工人退休、退职的暂行办法》再次提高了工伤保险的待遇,经过数次调整,工伤保险成为计划经济时期劳动保险制度中待遇最为优厚的项目。

10.4.2 工伤保险制度的完善

1)从社会保险到雇主责任(单位保险)

根据《劳动保险条例》,企业缴纳的劳动保险金中的 30%要上缴中华全国总工会,作为劳动保险统筹基金在全国范围内统筹使用。由于受到"文化大革命"的冲击,1969 年以后,国营企业停止提取劳动保险金,工伤保险待遇改在营业外列支。工伤保险演变为事实上的工伤雇主责任制,各单位各自负责职工的工伤赔付。

2)社会保险中的工伤保险

随着经济体制改革的不断深化,在计划经济时期建立起来的工伤保险制度越来越不能适应时代的要求,突出表现在覆盖范围窄、待遇水平低、统筹层次低、劳动争议多等若干方面。为此,1996 年原劳动部颁发《企业职工工伤保险试行办法》,并于同年 10 月 1 日在全国试行。《企业职工工伤保险试行办法》使工伤保险制度重新回到社会保险模式,国家将预防、康复、补偿三项工伤保险任务进行首次结合,明晰了工伤社会保险制度的基本内容。

①实行社会统筹,变"企业保险"为社会保险。企业统一向社保机构缴纳相关保险费额,由此形成统筹基金,并按规定向工伤职工进行相关补偿。社会统筹有利于分散企业工伤事故风险,同时保障企业职工的工伤保险权益。

②扩大覆盖范围,把工伤保险渗透到各个行业中的每个职工。

③规范工伤项目和工伤标准,使所有处理结果都能有据可依,公平维护各方权益,避免工伤矛盾。

④建立健全预防机制,将保险与实际生产安全结合起来,行业差别费率和企业浮动费率成为实施重点。

作为中国第一部关于工伤保险的专项法律,《企业职工工伤保险试行办法》有力地推动了中国工伤保险制度的改革。

3)工伤保险制度的完善

2003 年 4 月 27 日颁布,并规定 2004 年 1 月 1 日施行的《工伤保险条例》是中国第一部有关工伤保险的行政法规。该条例的颁布不仅提高了工伤保险在法律层面上的层次,又增强了其强制力和约束力,同时还扩大了工伤保险的适用范围,将企业和个体工商户也纳入进来,这也就意味着将所有企业雇员,包括农民工全部纳入工伤保险覆盖范围;被广泛应用的政策措施也通过法律法规的形式被确定下来;用人单位与职工的责任更明确,相关标准和工作程序更加科学规范。因此,《工伤保险条例》的颁布标志着新时期中国工伤保险制度得到全面完善。

国务院第 136 次常务会议于 2010 年 12 月 8 日通过了《国务院关于修改〈工伤保险

条例〉的决定》,会议决定于 2011 年 1 月 1 日起开始施行新修改的《工伤保险条例》。新修改的《工伤保险条例》主要从以下几个方面作出调整:第一,调整工伤保险覆盖人群范围;第二,改变原有的工伤认定标准;第三,简化相关处理程序;第四,提高补偿标准;第五,降低单位承担的补偿费用,提高基金支付的补偿费用等。2011 年 7 月 1 日起施行的《中华人民共和国社会保险法》为工伤保险增加了"代位补偿"的新内容,规定由第三人责任引发的工伤,工伤保险基金可以先行赔付。

关于职业病,随着经济的快速发展,新事物的产生及广泛应用,职工在职业过程中所遭受的职业病危害因素也变得多样化和复杂化,其范围和处理办法也有了新的调整。2013 年 2 月 19 日卫生部公布《职业病诊断与鉴定管理办法》(2013 年 4 月 10 日起施行),共七章六十三条。这七章是总则、诊断机构、诊断、鉴定、监督管理、法律责任和附则,同时宣布废止了 2002 年 3 月 28 日卫生部公布的同名旧办法。2013 年 12 月 23 日,国家卫生计生委、人力资源和社会保障部、安全监管总局、全国总工会四部门联合发布了《职业病分类和目录》,将职业病分为 10 类 132 种。这 10 类职业病几乎全面地考虑了各个方面中的各种情况,范围广、覆盖全。根据 2019 年国家人社部发布 2018 年就业、社会保障等工作情况通报,截至 2018 年年底,全国参加工伤保险人数为 2.39 亿人,比上年末增加了1 151万人,全国新开工工程建设项目工伤保险参保率为 99%。全年认定(视同)工伤 110 万人,评定伤残等级 56.9 万人,全年有 199 万人次享受工伤保险待遇。根据《2018 中国统计年鉴》中的数据显示,2017 年全年全国工伤保险基金收入 853.8 亿元,比上年增加 116.9 亿元;基金支出 662.3 亿元,比上年增加 52 亿元;年末基金累计结存1 606.9亿元。

10.4.3　中国工伤保险制度的内容

1)工伤保险资金来源

我国的工伤保险资金来源包括企业单位缴纳的工伤保险费、工伤保险基金的投资收入和利息收入、上调基金和下拨基金、转移性资金收入、财政补贴、滞纳金和罚金收入以及其他收入,其中企业单位缴纳的工伤保险费是主要来源。按照企业所处行业的工伤风险程度大小,将工伤保险缴费费率划分为三类:

一类为较小风险的行业(用人单位职工工资总额的 0.5%),例如,证券业、银行业、保险业等。

二类为中等风险行业(用人单位职工工资总额的 1.0%),例如,房地产业、环境管理业、娱乐业、农副食品加工业等。

三类为较大风险的行业(用人单位职工工资总额的 2.0%),例如,炼焦及核心燃料加工业、石油加工、化学原料及化学制品制造业等。

2)工伤认定

工伤认定是指根据国家政策及法规,判定职工受伤或患职业病的性质是因伤还是非因伤。具体来说,应考虑职工受伤、残疾或死亡是否与工作相关,或是由其他因素造成。

认定工伤的具体标准是由2011年1月1日开始实施的《工伤保险条例》规定的。职工有下列情形之一的,应当认定为工伤:“①在工作时间和工作场所内,因工作原因受到事故伤害的;②工作时间前后在工作场所内,从事与工作有关的预备性或者收尾性工作受到事故伤害的;③在工作时间和工作场所内,因履行工作职责受到暴力等意外伤害的;④患职业病的;⑤因工外出期间,由于工作原因受到伤害或者发生事故下落不明的;⑥在上下班途中,受到非本人主要责任的交通事故或者城市轨道交通、客运轮渡、火车事故伤害的;⑦法律、行政法规规定应当认定为工伤的其他情形。”[①]此外,职工有下列情形之一的,应视同工伤:“①在工作时间和工作岗位,突发疾病死亡或者在48小时之内经抢救无效死亡的;②在抢险救灾等维护国家利益、公共利益活动中受到伤害的;③职工原在军队服役,因战、因公负伤致残,已取得革命伤残军人证,到用人单位后旧伤复发的。”[②]同时,职工有下列情形之一的,不得认定为工伤或者视同工伤:“①故意犯罪的;②醉酒或者吸毒的;③自残或者自杀的。”[③]《工伤保险条例》规定了以上七种应当认定为工伤的情况,三种视同工伤的情形和三种不得认定工伤和视同工伤的情形。

3)工伤保险待遇问题

(1)医疗待遇

《工伤保险条例》规定工伤职工在医疗期间享受以下待遇:

①治疗工伤应当到签订了相应协议的医院就医,特殊情况可以就近就医。

②治疗工伤的费用应该符合相关目录和标准。目录和标准由国家相关部门规范并制定。

③治疗工伤期间所产生的相关补助费用应由医院出具相关证明,统筹地区外的交通、食宿等费用仍旧按统筹地区相关标准执行,由工伤保险基金支付。

④治疗工伤期间的其他非工伤疾病,不享受社会工伤保险相关待遇。

⑤工伤治疗期间符合规定所产生的工伤康复费用,由工伤保险基金统一支付。

(2)伤残待遇

《工伤保险条例》规定职工在评定工伤或职业病伤残等级后,享受以下待遇:

①一级到四级工伤伤残,可以享受以下待遇:按照伤残等级从工伤保险基金中领取相应的一次性伤残补助金,一级伤残可领取27个月的本人工资,二级为25个月的工资,三级为23个月的工资,四级为21个月的工资。关于按月支付的伤残津贴,一级伤残是本人工资的90%,二级是工资的85%,三级是工资的80%,四级是工资的75%。低于当地最低工资标准的伤残津贴差额,由基金补足。享受待遇的工伤职工达到退休年龄并办理退休手续后,停止以上工伤保险待遇,享受基本养老保险,两者之间产生的差额同样由基金补足。一级至四级伤残职工同时可享受单位以伤残津贴为基数参保的基本医疗保险。

②五级、六级伤残,可以享受以下待遇:按照伤残等级从工伤保险基金中领取相应的

① 2011年1月1日实施的《工伤保险条例》中第三章第十四条。

② 2011年1月1日实施的《工伤保险条例》中第三章第十五条。

③ 2011年1月1日实施的《工伤保险条例》中第三章第十六条。

一次性伤残补助金，五级伤残可领取 18 个月的本人工资，六级为 16 个月的工资；继续存有劳动关系的职工，安排其从事适当的工作。再次工作存在困难的，按月支付伤残津贴，五级伤残是本人工资的 70%，六级是工资的 60%，其他社会保险产生的费用也由单位承担。低于当地最低工资标准的伤残津贴差额，由基金补足。职工若终止与用人单位的劳动关系，可得到一次性工伤医疗补助金和一次性伤残就业补助金，补助金标准由政府规定。

③七级至十级伤残，可以享受以下待遇：按照伤残等级从工伤保险基金中领取相应的一次性伤残补助金，七级伤残可领取 13 个月的本人工资，八级为 11 个月的工资，九级为 9 个月的工资，十级为 7 个月的工资；劳动合同期已满或终止劳动关系的职工，可得到一次性工伤医疗补助金和一次性伤残就业补助金，补助金标准由政府规定。

(3)死亡待遇

《工伤保险条例》规定职工因工死亡，其近亲属可以得到以下补偿：

①6 个月的丧葬补助金（补助金的标准为该地区上年度职工每月平均工资）。

②为由死亡职工生前提供生活资金的亲属和无任何劳动能力的亲属发放一定工资比例的供养亲属抚恤金。抚恤金额的总和不得超过职工生前的工资，具体标准由社会保险行政部门制定。

③一次性工亡补助金应为人均可支配收入的 20 倍（可支配收入标准为上一年度全国城镇居民的可支配收入）。

4)工伤预防和工伤康复

工伤预防是所有工伤保险工作的第一步，只有预防工作做好了，工伤事故的发生率才会从根本上降低，甚至可以做到杜绝绝大部分的工伤事故。工伤康复是建立工伤保险的目的，即通过工伤康复，使劳动者逐步恢复劳动、生活的能力。

(1)工伤预防

工伤预防是针对工伤事故频发、高风险职业病做好提前预防工作，维护社会稳定，创造安全生产、工作条件，保护劳动者生命健康的措施。工伤预防工作在我国工伤保险中起步较晚，工伤预防工作主要依靠差别费率和浮动费率的机制、奖励机制以及宣传教育等工作来实现。我国是根据各行业的伤亡事故风险和职业危害程度划分职业伤害风险等级的，依据伤害风险等级制定的费率称为行业差别费率。差别费率制定的标准是根据不同行业工伤风险程度确定行业的基准费率。高风险行业适用高基准费率，低风险行业适用低基准费率。每个行业内不同档次费率的确定标准则是根据该行业工伤保险基金使用、工伤发生率等情况。根据各个企业安全生产的情况和不同行业的工伤风险程度，将行业划分为三个类别：一类为较小风险行业，二类为中等风险行业，三类为较大风险行业。

不同于养老、医疗、失业等其他社会保险制度，工伤保险制度实行差别费率制，不仅体现了工伤保险的原则，同时还体现其基本的职能，保障了劳动者生命安全和身体健康。浮动费率在差别费率的基础上，在一定时期内根据各个企业安全生产的情况和工伤保险费的支出情况制定，使企业费率上下浮动。一类较小风险行业不实行费率浮动；二类、三类行业费率实行浮动。初次缴费浮动费率的单位,按行业基准费率确定,以后由相关机构根据工伤发生率、职业病危害程度、单位工伤保险费用使用情况等因素,1~3 年浮动一次,关于费率浮动的具体办法由相关部门统一规定实施。安全生产状况好的企业下浮费率,安全生产状况差的企业上浮费率,这样做能够督促抓好安全生产,减少事故发生。

(2)工伤康复

工伤康复是对遭受工伤事故或患职业病的职工进行的相关康复工作。药物使用、度假疗养、残疾人再恢复等都属于工伤康复的内容。工伤康复主要是从医疗和职业两方面进行康复训练。医疗康复顾名思义就是在医学治疗方面的康复训练,例如在运动、语言、体能等的康复训练。职业康复就是通过各种方法,帮助需要康复的人员重获健康和自我劳动的能力。工伤康复希望工伤事故者在接受了医疗康复和职业康复训练后能够再次回到工作岗位,重新获得社会认可,积极参与社会活动,成为一个自力更生的人。

10.4.4 中国工伤保险制度的问题

由于人口、经济、环境等因素影响,我国是一个工伤事故频发、职业病危害严重的国家,工伤事故和职业病不仅危害人民生命、财产的安全,也阻碍经济的高效发展。在工伤保险事业的发展历程中,国家和企业投入了大量的资金,但由于众多因素的影响,与发达国家相比,我国的工伤保险事业仍旧存在一定的差距和较大的问题。

①覆盖面窄。我国的《工伤保险条例》中规定可以享受工伤保险待遇的主体是“职工”和“雇工”,而不是所有存在雇佣关系的任何劳动者。劳动关系不稳定甚至没有劳动关系的大量就业人员的工伤问题越来越突出。此外,用人单位瞒报、漏报工伤保险费,单位骗保的现象也时有发生,而且由于逆向选择大量存在,一些风险小的企业往往不愿意参保,甚至劳动者本人也不积极参保,这些都导致了我国工伤保险参保率过低。

②工伤保险体系不健全(三位一体)。由于我国是发展中国家,受经济水平的限制,从我国建立工伤保险制度以来,一直以工伤补偿为主。相对工伤补偿而言,工伤预防与工伤康复的功能明显薄弱。一方面,工伤保险缴费率设置不合理无法激励用人单位采取安全措施预防工伤事故的发生;另一方面,由于我国职业康复制度尚未成熟,工伤职业康复管理模式尚未统一,而且缺乏重新就业帮扶政策。

③法制建设落后。我国工伤保险的主要依据是《工伤保险条例》。首先,从法律角度来看,这只是一个行政法规,其约束力和执行力都较弱,没能对企业或雇主形成足够的强制约束。其次,工伤保险的相关法律存在不少漏洞,可操作性不强,在实施中容易出现矛盾。

④待遇标准不统一,待遇水平低。我国对工伤保险待遇的调整机制起始于 1996 年的《企业职工工伤保险实行办法》。2010 年的《工伤保险条例》规定,“由统筹地区劳动保障部门根据职工的平均工资和生活费用等情况适时调整”。但是这种调整受到行政因素的影响,常常跟不上物价上涨的水平,造成实际待遇水平低的问题。由于各地经济发展水平不一,经济发达地区的工伤保险基金收入高,经济欠发达地区的工伤保险基金收入低,然而经济欠发达地区的工伤事故发生率却更高,这将造成工伤待遇的差异过大,弱势

群体得不到保障。

⑤工伤保险制度落实困难。工伤保险制度落实的困难主要是获取赔付难度大,一方面是工伤认定困难,部分因取证困难造成的没有参加工伤保险的企业,往往以双方没有签订劳动合同或职工违章操作为由,不申报工伤认定,而劳动者往往在个人申报时也提供不出有效证据;另一方面是职业病赔付困难。这是因为我国的工伤保险起步较晚,对职业病的相关规定和认定都不健全,法律法规的制定相对落后,在执行上还存在不少困难。

⑥工伤保险制度管理人员水平参差不齐。管理人员自身的素质问题导致工伤保险工作的开展也存在一定的问题。各地之间的管理水平高低不齐,具有一定程度的差距,使工伤保险工作难以科学化、规范化地运行。相较于国外发达国家坚持管、办分离的原则,我国工伤保险更多的是管、办一体,这样的一体化体系不仅缺乏灵活性,也缺少相应的竞争和监督机制。

10.5　案例分析

【案例】与公司无劳动关系,能否认定工伤?

2017 年 4 月,颜某在驾驶混凝土搅拌车时侧翻受伤。经诊治,诊断为全身多处外伤、左桡骨远端骨折。受伤后公司告知颜某,混凝土搅拌车是挂靠在其单位经营的,其实际车主是安某和薛某,颜某所受伤害由安某和薛某负责。颜某遂向劳动仲裁部门提出仲裁申请,2017 年 8 月,仲裁部门作出终止决定书,决定终止审理案件,颜某诉至法院。

据悉,2011 年 4 月,甲公司分别与安某、薛某签订《车辆挂靠协议》,约定车辆挂靠在甲公司经营。同时双方签订了《挂靠运输协议》,约定车辆和驾驶人员参与甲公司的商品混凝土承运业务,驾驶人员工资由甲公司代为发放,甲公司可以向安某、薛某推荐或代为招聘符合条件的驾驶员,但用工关系仍属于两人。颜某系安某委托甲公司招用的驾驶员。

颜某在案件审理中并无证据证明甲公司与其有建立劳动关系的合意。2017 年 10 月,法院作出一审判决,驳回了颜某要求确认劳动关系及要求支付未签订劳动合同二倍工资的诉讼请求。

案件判决后,颜某以甲公司职工名义向市人社局提出工伤认定申请。2018 年 1 月,市人社局认定颜某所受伤害为工伤。对此,甲公司不服,向法院提起行政诉讼。

分析与思考

1.颜某的伤是否算工伤,判定为工伤的依据是什么?

2.公司不服从判决,向法院提出行政诉讼,根据相关条例,思考法院会做出什么判决结果,判决的依据又是什么?

3.根据上述案例,思考对于你而言在工伤保险制度的完善上面产生了什么启示?

【本章小结】

工伤保险是在劳动过程中劳动者因遭受的事故伤害或职业病伤害,导致暂时或永久丧失劳动能力甚至丧失生命,劳动者或劳动者遗属通过参保工伤保险从社会获得资金补偿、康复等的一种社会保险制度。

工伤保险具有赔偿性、优厚性、强保障性、劳动者不缴纳保险费、差别费率与浮动费率的特点。在实施过程中遵循无过失补偿、个人不缴费、补偿直接经济损失、区别对待因工伤残与非因工伤残、工伤保险与预防康复相结合的原则。

工伤保险制度的形成与发展先后经历了雇员自身责任阶段、雇主过失阶段和雇主责任阶段。当前世界各国的工伤保险制度可以分为雇主责任制模式和社会保险模式两种。但现阶段,社会保险模式在逐渐取代雇主责任制模式。

1951 年 2 月中央人民政府政务院颁布的《劳动保险条例》第十二条对因工负伤、残废的待遇作出了明确规定,标志着中华人民共和国工伤保险制度的建立。2011 年 1 月 1 日起施行新修改的《工伤保险条例》与 2011 年 7 月 1 日起施行的《社会保险法》成为工伤保险制度的法律依据。

在我国,工伤保险待遇包括医疗待遇、伤残待遇、死亡待遇三个部分。中国的工伤保险制度经历了从社会保险到雇主责任,再从雇主责任回归到社会保险的转变,随着经济的发展和工伤环境的复杂化,中国工伤保险制度也在不断地调整和完善。

【探索】

1.工伤保险的内涵是什么?
2.世界工伤保险制度经历了哪几个发展阶段?
3.简述工伤保险模式。
4.工伤保险的特点是什么?
5.简述我国工伤保险制度发展简史。
6.外国工伤保险基金的筹集办法有哪些?
7.我国的工伤保险待遇包括哪些内容?

第 11 章　生育保险

【学习目标】

1.掌握生育保险概念、内容和作用

2.明确生育保险的覆盖对象和给付条件

3.熟悉生育保险的特点和待遇

4.了解国内外生育保险制度的建立和发展

11.1　生育保险概述

生育保险起到保障女性权利的重要作用。生育保险不仅对女性家庭人口延续起到保障作用,也为社会持续不断产生劳动力提供保障。本章梳理了生育保险的概念、内容、作用和覆盖对象,详细介绍生育保险的基本情况。

11.1.1　生育保险的概念

生育保险是指法定范围内的生育责任承担者在怀孕、生育期间,政府通过立法来组织保障其经济、物质帮助、服务和身体恢复条件的一种社会保险制度。生育保险目的在于保障受保对象在此期间的基本生活需要和医疗保健需求,确保生育责任承担者的身体健康,促进社会人口再生产。

生育保险具有必要性,因为女性的生育行为既是自然行为,也是社会行为,而作为劳动群体中经济独立的一员,女性的劳动能力在生育期间具有特殊性。由于体力消耗、身体恢复等生理原因,她们需要暂时离开劳动岗位,适时修养,因此,社会角度的基本生活和治疗保障必不可少。生育保险这一社会角度的考量在于,女性生育行为一方面满足社会中家庭单元的物质精神需求与人口延续需求,另一方面为社会整体的劳动力延续与发展以及物质生产做出贡献。

11.1.2 生育保险的内容

生育保险发展至今,我们应该特别注意一点:生育保险的对象不止局限在“生育妇女”。尽管从生理上看妇女承担着生育子女的职责,但是从家庭责任和社会角色的角度看,父母双方均承担生育责任,因此前文中的“生育责任承担者”是对现代生育保险的保障对象更为精准的描述。理解生育社会保险的内涵,要注意理解以下几点内容:

①生育保险的实施具有法律强制性,政府通过立法确保该社会保障项目的实施。首先,生育保险制度的产生具有一定的历史条件与背景,不同国家处在不同的发展阶段,社会制度、经济发展状况不尽相同,同时在民族传统与文化风俗上具有差异性,各国背景的差异性赋予其生育保险制度各具特征的内容、形式和标准等。其次,生育保险的制度建立过程具有基本一致性,国家立法作为生育保险制度建立之初的法律保障,确立其性质、地位、作用和运行机制。

②生育保险的享受条件为生育责任承担者达到法定年龄且满足其他相关条件。生育责任承担者不仅指女性生育者,一些国家已将其对象扩展至男性职工的生育期未就业配偶,甚至扩大到所有的生育妇女及配偶。

③生育保险的目的是通过保障生育期母子生活和医疗需求,为生育责任承担者尽快恢复良好的生理状态创造必要条件。

④生育保险的具体项目包括三类:生育健康保险、生育经济保险和生育就业保险。这三项生育保险制度的规定在生育保险条例之中均有所体现。生育健康保险旨在保障女性从怀孕到生育整个过程中的健康,“女工劳动保护条例”和“生育保险条例”等条例从劳动量酌情减免及母婴健康方面考虑生育期母子健康,规定产前产后工时减免、孕期工作量减免、产假、提供母婴保护设施等。生育经济保障旨在针对女性生育休假期间的劳动收入损失以及婴儿抚育所需的消费和服务支出进行经济补偿,生育保险条例规定生育医疗费用报销、产假津贴、育婴补助以及节育费用报销等经济保障细则。生育就业保障旨在保障生育期前后女性可以公平就业,制度上规定不得因怀孕而解雇生育前后女工,怀孕、生育、哺乳期的女工不会被解雇;制度上规定政府应当建立公立托儿所和幼儿园,提供托幼补助,以保障女工重返工作岗位,这些措施在一定程度上缓解生育后女工在照顾婴幼儿上投入的时间和精力。

11.1.3 生育保险的作用

生育保险的作用可以分为三个层次:个人层面、企业层面和国家层面。这三个层次分别关系到个人利益、市场环境和社会生产。

1)对个人的作用

有益于妇女身体健康恢复。生育对于妇女而言是一项艰苦的劳动。妇女在健康上存在风险和损失,生育前后的一段时期里妇女机体发生明显变化,生理上体力消耗大,精神上心理压力重,甚至会产生疾病、抑郁、残疾甚至死亡的风险,必须耗时休养调息。同时,妇女在经济上也存在风险和损失,对于参与劳动的女性而言,无法继续正常投入劳动还要承受收入损失。生育保险为生育女性提供孕期保健、医疗服务等健康保障和生育津贴、带薪产假等经济保障,使她们安全健康地恢复身体并且重新投入工作。

有利于妇女获得平等就业权。根据劳动力市场的传统角色定义,男性往往处于相对强势的地位,女性的角色往往更偏重家庭,同时妇女生育前后的身体、精神和照料需求又会影响其自身的工作效率,以上两点导致劳动力市场上歧视女性现象频发。但是在现代社会化大生产中,女性参加劳动是社会发展的客观要求和必然趋势,这就导致妇女的就业与生育行为之间产生冲突。通过统筹社会基金,维护女性的平等就业权,生育保险起到了解决就业与生育矛盾的作用,促进妇女劳动力资源充分开发,提高女性的家庭和社会地位。

2)对企业的作用

生育保险有助于企业分散风险。同保险固有的风险分摊特点一致,生育保险的社会统筹原则决定了:一方面生育保险使个人生育风险在全社会中加以平衡,另一方面将企业间不同程度的生育风险在各企业间重新分摊。

生育保险促进企业形成公平竞争的环境。不同行业性质的企业可能拥有不同数量的女性职工,女性职工较多的企业如果承担全部的生育费用,必然会影响其市场竞争力;企业间的生育保险社会统筹制度可以有效地均衡行业异质性导致的生育费用差异,营造市场的公平竞争环境。除此以外,一些国家和地区的生育保险政策甚至考虑男性职工的生育福利,保障男性职工正常的工作效率和工作积极性,从另一个角度平衡企业间员工的生育差异。

3)对社会的作用

生育保险有助于保障优生优育以及劳动力的连续高质量的再生产。人类的繁衍决定了社会的存续,因此生育不仅关乎个人和家庭,也是极其重要的社会行为。社会的存在以现存劳动力为基础,社会的持续发展以代代新生的劳动力为基础,新劳动力健康的身体和正常的智力必须得到保障。生育保险通过对孕期、产期、哺乳期的生育女性提供保健保障,给予相应的产假和津贴,以社会统筹影响生育这一社会行为,保证新生婴幼儿的质量,为其健康成长提供良好的环境,保障人类的繁衍、优生优育和劳动力再生产的连续性及质量。

生育保险与各国人口政策的实施紧密联系,有助于人口增减目标的实现。目前一些西方国家和地区的人口出生率较低,甚至导致劳动力出现短缺,如欧洲国家普遍存在着低生育率这一社会危机。为了缓解该现状,许多国家不断完善生育保险,采取积极措施鼓励生育,从各个生育保障层面保证人口正的实施和实现。而对于另一些受到人口膨胀困扰或生育率较高的国家,如印度,生育保险则用以控制人口增长。

11.1.4　生育保险的覆盖对象

生育保险的覆盖对象与传统认识在诸多方面有差异,其中最为明显的是男性职工、男性职工家属、全体国民等,这些都与刻板印象里的生育保险覆盖对象不同,具体如下:

1)生育保险对象也包括男性

按照性别分,男性和女性均是生育保险的覆盖对象。不同于传统认知中把女性定义为生育保险的对象,生育保险覆盖对象也包括男性。如今,“父亲育儿假”已经在全世界40多个国家进行明确规定,包括了欧洲、美国等发达工业国家,且越来越多的国家将“父亲育儿假”列入计划,如加拿大于2018年宣布将推行新生儿父亲育儿假。我国也有“男育假”,晚育的男性享有7天左右的带薪休假期。女性完成生育行为,但家庭中的男女双方均应承担生育责任。因此,男性也应该是生育保险的对象。

2)生育保险覆盖职工未就业家属

生育保险通过缓和在职工(主要是男职工)的生育顾虑,保证其正常的劳动生产效率,同时,保障未参与就业的“全职太太”生育期间的基本生活,承认其家务劳动对社会的作用。一般而言,生育保险所指的“家属”是受保人的“配偶”,比利时、德国、法国、荷兰等国家的受保人“家属”甚至包括“女儿”在内。《社会保障最低标准公约》(102号公约)在1952年被国际劳工组织通过,其中第四十八条就对受保护人对象进行规定时,在涉及生育医疗津贴的三条规定中都特别强调“还包括这几类人中男性雇员的妻子”。该理念具有特殊意义:该理念不仅可以保证企业按照市场经济规则用工,还可以提升企业及员工缴纳生育保险的积极性。

3)生育保险对象按覆盖群体由小到大依次为就业女工、未就业配偶或者全体国民

生育保险主要惠及处于就业状态的女性雇员,男工未就业配偶往往也处于覆盖范围,少数国家全体国民均享受保险。在全民享受生育保险的国家,生育补助及医疗待遇惠及所有居民,这里的居民定义一般是指在本国有一定居住期限。例如:韩国规定除了其医疗援助项目所援助的低收入对象外,所有居民享受生育保险,包括非本国但是长期居住在韩国的居民;芬兰“生育现金补助”覆盖范围包括入境芬兰满180天等待期的移民。

4)生育保险对象按职业可以分为正规就业者和非正规就业者

我国城镇女职工因生育子女暂时中断工作可以得到“职工生育保险”的保障,但仍有数目较大的城镇女工,虽然同为城镇劳动者,但因为工作部门大多为“非正规部门”,或者就业方式为“非正规方式”,她们因为不能参加生育保险而不能享受生育保险的保障。在其他国家也存在同样的模式,这其中的差异主要体现为个体在正规部门参与正规就业,以及在非正规的部门参与非正规就业,“职工生育保险”往往只针对前者,而诸如个体户、家政保洁、家庭保姆、季节工、钟点工、短期合同工、现实中非全日制工人、劳务派遣等女工则被排除在外。上述两种就业方式的女工比例存在差别,前者少于后者,如国际劳工组织就在其报告中提到“采用非正规方式就业的妇女要比男性更为普遍”。而非正规部门缺少生育保险等社会保险,导致生育保险覆盖的对象比例也就相应较少,这不利于广大女性的利益保障。各国政府也意识到这一点,努力尝试将生育保险甚至整个社会保险体系扩展至非正规就业者,虽然这种构想会给财政和管理带来诸多困难,但也有相当多

的国家已经将非正规就业者纳入社保体系，如巴哈马、芬兰、菲律宾、葡萄牙、哥斯达黎加、斯洛伐克和突尼斯等国。

11.2　生育保险的特点和原则

生育保险的特点包括内容和目的的特殊性、对象覆盖面相对较窄、待遇期限的共享性和待遇享受的阶段性。它的原则体现在给付条件和待遇，给予条件一般包括缴费、居住年限、工作和公民资格，待遇也体现在产假津贴、医疗护理、生育补助和生育休假等多个方面。

11.2.1　生育保险的特点

生育保险相较社会保险中的其他保险项目具有其特殊性，这体现在所保内容和目的、覆盖面、待遇期、阶段性等方面，生育保险由于其特殊性往往具有一定的福利色彩。

1）保险内容和目的的特殊性

妇女生育存在风险，却是正常的生命进程生理经历和自然现象，所以除特殊情况外，一般无须特殊治疗，妇女住院治疗也不应当被当作“病人”。因此，针对生育期妇女的医疗服务主要包括检查、咨询、保健。检查医疗服务在法律上也有所体现，如我国《社会保险法》第五十五条明确规定，女职工在孕期、分娩和产后，因生育所发生的检查费由生育保险基金支付；咨询医疗服务通过提供相应咨询指导女性适应生育期工作和休养、保健和锻炼等各方面的冲突；保健医疗服务旨在为妊娠期、分娩期、产褥期内女性提供相应的营养补充、助产、护理、医药等一系列的保健服务，帮助她们顺利地度过生育期，保障母亲和婴儿的平安和健康。生育保险的目的是保障母婴双方的健康和安全，承担的社会责任重大。因此，在所有社会保险项目中，生育保险具有明显的福利性，其待遇水平一般较高。

2）保险对象覆盖面相对较窄

生育保险对象具有有限性。生育保险的对象一般是参加了保险的女性职工，并不覆盖所有妇女。各国对生育保险对象都存在一些限制性规定。但是随着经济进步和社会发展，一些国家和地区对生育保险对象的规定逐步打破此类限制，保险对象覆盖男性劳动力的配偶，甚至所有妇女；还有一些国家已将生育后的带薪假期扩展至男职工，使得他们可以在配偶生育后有时间照顾妻儿，如瑞典的生育保险制度规定新生儿父母双方均享受生育现金补助。

3）保险待遇期限的共享性

妇女生育具有产前和产后两个阶段都需要休养时间的特殊性，这决定了生育保险的假期也应包括两个阶段。妇女怀孕后生产前的一段时期里，行动不便，生理状态发生变化，无法正常工作；妇女生产后恢复身体、调整状态、照料婴儿又需要一段时间。在这两个阶段内,女职工都应得到相应保障,并享受生育保险的待遇。

4)保险待遇享受的阶段性

生育津贴、医疗服务、产假和育儿假期等各项生育保险待遇都明确规定享受待遇的时间阶段,超期即不能再享受相关经济和时间上的待遇。这是因为妇女生育这一生理现象与年老、疾病、伤残等伴随的病理变化不同,仅发生在一段时间内,且只是暂时导致的劳动力丧失和经济收入损失,妇女个人的劳动能力具有可恢复性,因此,生育保险待遇也就相应阶段性和暂时性地惠及生育责任人。

11.2.2 生育保险的给付条件

由于各国社会经济条件和具体状况不同,不同地区生育社会保险的给付条件也不尽相同。对世界各国生育保险制度进行总结概括,给付条件大体上有以下几种:

①视缴费为给付条件。社会保险通常遵循风险和责任分摊的特点,具有权利和义务对等的原则,在施行社会保险的国家和地区,生育保险往往具有社会保险相应的特点和原则,生育保险待遇者在享受生育保险前应参与风险分摊,履行参保义务。同时,缴纳一定的保险费才能保障生育保险的资金来源。因此,在此类生育社会保险制度下,只有按制度规定提前参保缴费才能享受生育社会保险给付和待遇。

②视居住年限为给付条件。有的国家和地区按居住年限计算,达到一定标准的女性即有资格享受生育社会保险给付和待遇。

③视工作为给付条件。世界上较多国家采取的政策是只有劳动女性才能享受生育社会保险给付和待遇,即"职工生育保险"。

④视公民资格为给付条件。有的国家规定具有本国公民资格和财产调查手续的公民,就可以享受生育社会保险给付和待遇。

11.2.3 生育保险的待遇

生育保险的待遇包括产假津贴、医疗护理、生育补助和生育休假,从时间和经济上给予生育责任人及其家庭以支持。

1)产假津贴

产假津贴又称"产假工资",补偿保险人在法定生育休假期间因劳动力暂失导致的工资收入损失。国际劳工组织《生育保护公约》(第103号公约)规定产假工资津贴最低标准为之前工资的2/3。各国产假津贴规定各有不同,有的国家没有津贴(如美国),有的低于原工资,有的高于原工资。

2)医疗护理

生育保险承担住院费、产前检查费、接生费等和生育相关的医疗护理费用。各国医护费用报销比例规定各有不同,有的实报实销,有的按固定金额报销。

3)生育补助

"婴儿补助"是一种生育补助,一般根据各国的福利水平和生育政策而定,如德国作为世界上生育率最低的国家之一，“婴儿补助”甚至是儿童补助是国家必须采取的政策。“保姆补助”是另一种生育补助，如在法国，生育父母可以通过法国省保护孕妇与婴儿局雇用具有合格资格证书的育儿保姆，就可以向社会分摊金联合征收机构进行生育补助申报，支付给保姆工资不超过五倍的最低工资。

4）生育休假

生育休假按对象和目的可以分为三类：产假、母亲产假期间的父亲育儿假以及母亲产假后父母双亲任何一方的育儿休假，可以概括为母育假、父育假和育儿假。1952 年修订通过的《生育保护公约》规定，妇女产假至少是 12 周，2000 年修改为至少 14 周。各国关于生育休假时长的规定也与生育政策相关，例如丹麦人口老龄化问题十分严重，国家法律明确规定生育女性从预产期开始计算产假可达 50 周；同时，婴儿的父亲有 34 周的“父母假”。

5）其他

比如保留工作岗位，即女性产后有权重回原单位工作岗位。

11.3　国外生育保险制度及其借鉴意义

11.3.1　国外生育保险的发展历程

生育保险的实施最开始是由于资本主义工业化的发展刺激着大量未婚妇女参与工业劳动，从而产生保障需求而建立起来的。最早对生育保险做出规定的是 1883 年由德国颁布的《疾病保险法》，与随后的保障法规如 1884 年《工人赔偿法》、1889 年《老年与病残强制保险法》具备相似的基本内涵，均规定国家以强制力量对存在疾病、伤残、生育等问题的劳动者在经济上予以援助，不仅顺应了妇女加入社会化大生产浪潮的个人需求，更代表着生育社会保障开始以制度形式进行管理。随着德国初创性的立法，越来越多的国家开始关注生育保护问题并针对女性劳动者制定了相应的生育保障措施，如丹麦、英国、瑞典、意大利等。在此背景下，最早于 1919 年第一届国际劳工大会通过的《保护生育公约》（第 3 号公约）就对妇女职工的生育和就业问题做出国际规范，1920 年的《农业女工劳动者生育前后保护建议书》逐渐将公约中的妇女覆盖范围拓宽到农业领域，这些规定促使着如法国、波兰、西班牙等国均开始对生育保险进行制度建设或内容补充。第二次世界大战之后，社会保障观念逐渐转变为追求公平和民主，同时妇女不断增强对自身权益的保护意识，因此 1952 年国际劳工组织根据颁布的《社会保障最低标准公约》（第 102 号公约）的相关准则形成了修订版的《保护生育公约》（第 103 号公约），对妇女生产期间应享受的假期、薪资、医疗等都做出了明确的规定；同年出台的《保护生育建议书》（第 95 号建议书）作为指导性文件开始对工作展开具体实施。此公约和建议书于 2000 年由国际劳工组织再次修订产生了全新的第 183 号公约以及第 191 号建议书，以国际统一标准规定扩宽受惠妇女范围、延长产假时间、降低部分国家津贴比率等。公约的内容被各国普遍接受,并开始将生育保险逐步纳入社会保险体系当中或者形成完整独立的生育保险制度,其中,基于欧洲是处于工业化生产的劳动力集中地,因此生育保险的建设尝试比较早。

迄今为止,许多国家都以公约规定为基础结合自身的不同情况建立起符合本国国情的生育保险制度,社会保障体系中不断增添和完善其生育保险的相关内容,即使不同国家因其社会发展进程和水平、人口结构、文化传统存在一定差异性而导致本国生育保险具体项目、受惠程度和实际运作情况有所不同,但是作为改善妇女权益的基本原则和相关内容大体上却是有相似之处。生育保险经过近一个世纪以来的发展进程,以逐渐完善充实的保障措施在世界不同国家展现着愈加重要的地位。

11.3.2 国外生育保险的主要内容

生育保险的发展起源于工业化生产中的妇女劳动力需求,目前在世界范围内绝大多数国家都在社会保障体系中涵盖了生育保险的相关规定,虽然具体规范和制度建设存在差异,但是可以从其受保范围、待遇水平以及各国生育立法来探索国外生育保险制度的主要内容。

1)受保范围

国外将生育保险的受保范围拓展得较宽,不仅有许多国家允许非工资妇女劳动者享受福利,甚至部分国家还规定所有符合法定公民身份的本国妇女都应有生育保险的受保资格,这种不设最低准则要求的生育保险对于发达国家改善人口结构、鼓励妇女生育起到了重要的作用,代表国家有芬兰、澳大利亚等国。除此之外,社会保障制度完善的大多数国家都会对覆盖范围做出限制,多体现为五个大类:

第一,国家仅在居住权方面进行规定,典型案例如冰岛的生育保险金受保范围就与有长期居住权的母亲挂钩,而卢森堡则要求受保单人需在本国定居 1 年及其以上时间,夫妻双人需在本国定居达到 3 年。

第二,国家在具体受保职业方面进行规定,如波兰、日本、丹麦等国就要求生育保险的范围应定位为具体的职位,凡在该职位工作均有受惠资格。

第三,国家在具体受保职业的从业时间方面进行规定,如加拿大就要求受保人在受保规定的工作中时限达到 10 至 14 周即可享受生育保险金。

第四,国家在保险费缴纳时限方面进行规定,一般要求受保人的保险费缴纳需达到一定时间,如墨西哥就允许生育之前 1 年时间内缴纳保费时限满 30 周的妇女有生育保险资格。

第五,除满足保险费缴纳时限以外,还需同时满足其规定的工作时间,在法国,受保妇女需在生育之前缴纳保险费达到 10 个月,而且分娩前 12 个月中的前 3 月工作时间达到 200 小时以上。

2)待遇标准水平

在国外,生育保险的待遇范围涵盖了生育补助金、医疗、生育津贴、产假以及儿童津贴等方面：

第一，生育补助金比例比较高，作为一种对收入的补偿，大多数的国家将补助金规定为达到生育前工资，如德国等。但部分国家仍会考虑待遇的总体均衡，将产假时间与补助金合理匹配，若产假时间已经较长，则相应地降低其补助金的比例，典型国家如芬兰就有 33 周的假期以及占生育前工资的 55%的生育补助金。

第二，医疗服务有保障，在生育前后，妇女和新生儿都需要接受相应的检查和医疗护理，大部分国家都将生育医疗列入医疗保健的类目中，并规定通过社会保险的经办机构来负责相关费用。

第三，生育津贴比较广泛，发达和发展中国家均可享受生育津贴，妇女除获得收入的补偿之外，还可获得现金或者实物的给付，"护理津贴""育婴津贴"等在法国、玻利维亚等国均有体现，甚至还有部分国家免费发放婴儿用品或购买物品的现金补贴。

第四，产假时间比较长，大多数国家将产假规定为 3 个月，有 20%的国家将其规定为 4 个月左右，如德国、瑞典产假时间甚至可以达到 1 年半，另有部分国家的产假时间会根据增加的生育次数而相应增加，代表国家有法国、波兰、保加利亚等。除了较长的产假时间，有一些欧洲国家还增加了半休假辅助规定，如瑞典就有 8 年的半休时间，比利时和法国的半休时间也分别达到 5 年和 3 年。

第五，儿童津贴水准比较高，德国、瑞典、法国的儿童津贴(3 个子女的家庭)可以达到每个月总计为 340 美元、450 美元以及 330 美元之多，较高的津贴水平可以提高发达国家妇女生育意愿，不仅体现了社会福利的思想，更是为促进社会的生产力做出了巨大的贡献。

3)生育立法和管理

许多发达国家围绕妇女权益保护和生育健康等问题建立了较完备的法律法规体系，比如《劳动法》《社会保障法》《生育保险法》等，在切实增进妇女和新生儿福利方面做出了明确具体的规定，并严格执法严惩违法，有效地维护其合法权益。但是由于生育保险以及医疗保险在具体实施过程中存在性质和标准水平上的相似性，目前大多数的国家都把生育保险以及医疗保险统一合并立法，以提高生育保险基金的支付实力和抗风险能力。在具体管理过程中，大部分的国家都结合了国家统一管理制和区域分管负责制，如德国就由国家的保险协会对全国范围内的健康险进行总体监督，而州保险协会则对疾病医疗和生育方面的法规实施进行具体管理和监督。

11.3.3　国外生育保险对我国的启示

我国的生育保险总体进程缓慢、起步晚、基础弱，我们可从国外的生育保险发展历程中吸取借鉴其成功的实践措施，以不断完善我国的生育保险体系，具体包括以下几个方面的启示：

第一，我国应加快扩大生育保险的受保覆盖面。我国的生育保险受保覆盖范围与国际公约的相关规定相比有较大差距，虽然《社会保险法》的实施使城镇中正规就业的妇女也获得享受保障的资格，但仍然不能实现全民生育保险。因此，我国应在受保范围中增添诸如城镇中非正规就业的妇女、农村或失业妇女、未婚生子的妇女以及男性劳动者等，以逐步实现全民生育保险的目标，其中男性劳动者主要是享受育儿假和节育手术的生育保险补助。

第二，我国应不断提高生育保险的待遇水平。相较于国外优厚的待遇水平，我国在产假时间、生育医疗保健费和津贴等方面都存在较大差距。国际公约中对于产假时间一般规定为不少于 14 周，而我国的产假时间大约在 90 天，不仅远少于发达国家，甚至无法满足国际的平均标准。其次，国际公约中对于生育津贴的规定是以维持妇女和新生儿的健康生活为基准，通常可以实现生育前收入的 100%。但是我国劳动者的工资可能仅是收入的 50%，因此在无奖金或福利的条件下，妇女劳动者即使依照全部工资享受生育津贴，也不能达到较高的收入水平。因此，我国应依据本国基本国情逐步提高生育保险的待遇水平，同时增强生育保险基金的支付能力和抗风险能力。

第三，我国应持续推进生育保险的立法进程。欧洲许多国家通常遵循立法机关制定法律规范、管理机关形成实施细则、各部门各地区严格执行的流程，不断建立和完善生育保险制度体系。除了欧洲发达国家的立法先行的成功实践，亚洲的大部分国家也出台了生育以及医疗方面的法律法规，如韩国、日本、印度等。但是我国的生育保险立法建设进程相较于国外而言比较缓慢而落后，不利于社会保障体系的整体性发展。因此，首先，我国应提高生育保险的立法层级，形成独立的《生育保险条例》，并在《社会保险法》当中不断增添和完善生育保险的相关内容；其次，我国应缓解各种立法之间业已存在的矛盾性，逐步实现不同法律法规之间的一致表达；最后，我国应提高生育保险立法内容的规范化，用统一而具有操作性的标准进行规范和管理，以减轻城乡生育保险待遇水平的较大差异。

11.4 我国生育保险制度的建立与发展

生育保险作为社会保险体系中的一项制度安排，在维护妇女权益过程中发挥着越来越重要的作用，我国从中华人民共和国成立初期就开始制定妇女保护相关法律法规，经过 70 余年的不断完善和补充，我国在扩大生育保险受保范围、延长产假时间、改变生育津贴发放标准、增加生育医疗费用津贴等方面取得显著成效，基本形成了一套完整规范的生育保险体系，总体而言，中国的生育保险制度大致经历了建立时期、“文化大革命”时期以及经济转轨时期几个阶段。

11.4.1 建立时期的我国生育保险制度

中华人民共和国成立之初，生育保险制度便开始逐步建立，1951 年制定的《中华人民共和国劳动保险条例》作为我国第一部社会保障的法律规范，与此后 1953 年制定的《劳动保险条例实施细则》均明确提出妇女工人以及妇女职工有权享受生育保险，并对其产假、生育津贴、医疗费用等待遇水平做出规定。随后，《国务院关于女工作人员生产假期的通知》于 1955 年颁布,使得事业单位或机关单位中的妇女职工也获得了相同的权益保障,企业负责女性职工生育保险费款项,而国家财政支出负责事业单位保险费。总体而言,生育保险建立初期受保范围较为广泛,内容全面具体且呈现出社会统筹的特征,产假津贴等补助比较合理完善,形成了沿用至今的一些框架和类目。

11.4.2　“文化大革命”时期的我国生育保险制度

在“文化大革命”时期,经济发展和社会政策都产生了一定改变,我国的生育保险也受到了部分影响。由于私营经济被逐渐进行改造,向国营经济转制,我国开始进入“计划经济”时代,此时“单位所有制”占据主要地位,这意味着企业保险不断替代着曾经的社会保险,而建设初期具有的统筹互济特点也有消失的趋势。1969 年制定的《关于国营企业财务工作中的几项制度的改革意见(草稿)》明确规定国营企业停止对劳动保险金以及工会经费的收取,此意见的颁布代表着我国的生育保险转变为企业保险的形式而非国家统筹式,每个企业只需负责本企业的妇女职工,因此更加适应单一化的企业用工制度。这一阶段的生育保险制度由于受计划经济的影响,逐渐摈弃曾经的社会化转而形成企业化形式,缺少灵活性和统筹互济性,为之后的调整与改革过程中阻碍妇女就业公平埋下隐患。

11.4.3　经济转轨时期的我国生育保险制度

随着“文化大革命”于 20 世纪 70 年代末的结束,我国逐渐由计划经济时代向社会主义市场经济时代转变,企业管理的体制机制开始转变为自负盈亏,考虑到企业承担的高昂的生育保险成本负担与利润最大化的原则产生冲突,各企业不断对用人制度进行改革,具体表现为削减妇女工人的人数抑或是不按规定履行生育保险相关要求,严重损害了妇女权益。此时的生育保险待遇水平因收入降低而大幅减少、产假时间远低于国际标准、受保范围也十分有限。因此,我国为缓解妇女工人集中的企业就业竞争压力以及促进妇女公平就业,将生育保险由企业转向社会,也使得我国生育保险基金发展为社会统筹,总之生育保险经历了以下阶段的改革和发展:

1)生育保险的缓慢改革

我国的生育保险制度改革大体是从 20 世纪 80 年代开始的,1982 年颁布的《关于女职工保胎休息和病假超过 6 个月生育后的待遇规定》对保胎休假时间大于 6 个月的女职工该享有相关救济金的规定做出指示。我国随后在 1986 年《女职工保健工作暂行规定(试行草案)》的内容基础上于 1988 年制定了《女职工劳动保护规定》,这是我国在经济转轨时期适应新的时代特征对女职工实行劳动保护的完整系统的法律规范。此规定修正了妇女职工的生育待遇,一定程度上缓解了其因生育引致的劳动困难和自身健康问题,维护了各地育龄妇女工人的合法劳动权益。具体来说,1988 年出台的劳动保护规定有几点影响:第一,我国将育龄女职工的产假时间增加为 90 天,远长于曾经的 56 天;第二,以规定的形式正式认可了 70 年代末所表现出的生育保险制度的企业化;第三,要求废止 1953 年颁布的《中华人民共和国劳动保险条例(修正草案)》提及的妇女职工所应享受的生育相关待遇的内容,被同时废止的还有1955年制定的《国务院关于女工作人员生产假期的通知》。

2)各地对生育保险制度逐渐进行改革探索

在经济转轨时期,曾经的生育保险制度开始不适应市场经济的时代环境,国家总体发展进程缓慢无法形成统一标准,因此全国各地便展开了对生育保险制度的改革和尝试,大致显示出两种形式:第一,对生育保险的基金进行社会统筹,比如江苏南通在1988年颁布了《南通市全民、大集体企业女职工生养基金统筹暂行办法》,此规定要求社会统筹机构专门负责承担妇女职工的生育津贴或医疗补助等费用,而这些费用是由各企业统计所有职工人数并按照人数年度性地交付形成生养基金所得;相似地,湖南株洲市也于同年尝试了基金的社会统筹办法,银行分配具体的劳动部门进行统筹,此类部门负责对受法律保护的生育期女性职工按照每月的数额发放生育补助和津贴,而这些费用同样地由企业从劳动者工资总量中以相应比例扣除上缴为保险费。在这一阶段,各地对生育保险不断尝试着基金的社会统筹,涵盖了包括绍兴、曲阜、德州、昆明等几十个市级城市和县级地区。第二,生育保险的费用由夫妻各自所在企业对半承担,比如1988年在辽宁鞍山市制定的《鞍山市保护老人、妇女、儿童合法权益的规定》就明确对夫妇各地所在企业平均负担生育津贴做出要求,但是男职工若是处在部队内、在外地工作或是机关人员,则全部费用都由女职工单位上缴,同时苏州等地也施行相似的规定。总之,这两项尝试对于缓解企业压力提高其竞争力产生了积极影响,也一定程度上维护了妇女公平就业的权益,但是具体实行过程中存在费用收缴的困难以及操作上的复杂性,加之各个地方政府出台的规定不具有相当的权威性和统一性,因此我国急需对此颁布国家层面上的法律规范。

3)生育保险由企业保险转为社会统筹

在此前各地不统一的法规暴露问题背景下,1994年出台的《中华人民共和国劳动法》明确对女性劳动者生育时期应享有的特殊保护待遇做出规定,随后,我国为进一步严格规范生育保险实施并配合劳动法的要求,在同年的12月制定出台了《企业职工生育保险试行办法》(后简称《试行办法》)用做维护妇女权益的法律保障,它标志着我国第一次有了全国性的统一规范,生育保险进入全面改革发展时期。《试行办法》当中包括的全新内容有:①这一规定的出发点和落脚点是平衡各企业之间承担的生育保险费,以法律的形式切实维护妇女职工公平就业、公平享有生育津贴和医疗补偿的权利;②国家劳动部门下属的社会保险经办机构负责对保费进行管理或发放,而这些保费是各个企业按照工资总额的一定比例进行缴纳所得;③生育保险基金的发放类目中包含生育津贴以及生育医疗保健费用等,而生育津贴主要是参照该企业在前一个工作年度中妇女职工月均工资数额来发放。根据这些文件的相继出台,1995年具有重要意义的《中国妇女发展纲要(1995—2000)》明确了我国对于生育保险的目标是要在20世纪末于全国范围内大体完成妇女劳动者生育费用由企业负责到社会统筹的改革,并随之使受保范围扩展到包括国有企业等全部城镇企业。

4)生育保险制度顺应时代不断发展

1999年,国家为顺应医疗保险的制度改革要求,联合几个部门发布了《关于妥善解决城镇职工计划生育手术费用问题的通知》,对实施生育保险的各地区以及参保单位在妇女计划生育的手术费用支付方式上明确做出规定,缓解其生育过程中的经济压力。在1995 年纲要的基础上,我国又在 2001 年颁布了《中国妇女发展纲要(2001—2010)》,此阶段的纲要指出妇女应该平等享有部分保障,并要求我国继续对城镇生育保险制度和配套措施进行改革完善,要求城镇劳动者生育保险的受保范围达到至少 90%,以真正满足妇女职工生育保障相关需求。在具体要求方面,《〈中华人民共和国妇女权益保障法〉修正案》在 2005 年第十届全国人民代表大会常务委员会第十七次会议上被通过,修正案当中规定了要建立健全的保障制度应与生育有关并作为其辅助措施,同时也提出各地政府或部门要针对贫困的妇女进行生育方面的救助帮扶。2009 年颁布的《关于妥善解决城镇居民生育医疗费用的通知》使生育津贴的受惠范围从曾经的妇女职工扩大为城镇当中的妇女居民,代表着我国扎实地推进着对于生育保险的改革进程。

总之,我国生育保险经历了几个重要的历史时期,在中华人民共和国成立初期,生育保险范围较广泛内容较全面,总体呈现出社会统筹的特征,许多基本框架沿用至今;随后在“文化大革命”时期,生育保险制度逐渐由社会化向企业化形式转变,缺乏灵活性和多层次性;在经济转轨时期,为适应市场经济的发展趋势,我国正视企业生育保险的弊端,将其向生育社会保险进行改革。

11.4.4　我国生育保险制度的现状

自改革开放以来,我国的生育保险制度随着各个领域的改革不断深化实践,比如 2011 年由人大常委会通过的《中华人民共和国社会保险法》开始正式施行,明确了用人单位缴纳生育保险费的责任问题,更是扩展了受保范围至职工未就业的配偶,产假时间也在 2012 年的《女职工劳动保护特别规定》文件中被延长。这一系列的立法和规定使得生育保险制度建设在法律层面上被确认,其强制性和统一性将我国的生育保险改革向前推进了重要一步。目前我国生育保险发展的现状是采用两种共存的制度,国务院发布了《女职工劳动保护规定》,同时《关于女职工生育待遇若干问题的通知》也经由劳动部发布,这些文件中均规定了妇女职工在生育期间可享受所在单位负担其手术以及住院医疗等费用,产假中也可收到正常的工资,这代表着第一种制度是妇女职工所处的单位承担医疗费和薪水。而第二种制度则是生育的社会保险,《企业职工生育保险试行办法》已经明确指出,凡是进入生育保险统筹系统的单位,均应该以不高于工资 1%的比例缴纳生育保险费用,职工不负责费用缴纳,在妇女职工生育之后,生育保险基金会承担其医疗保健费以及生育津贴。虽然我国的生育保险制度初步建立两制度并行,但是基于我国的总人口数量庞大,经济水平相对落后等原因,保险系统仍然存在一些缺陷,目前我国生育保险制度不容忽视的具体问题有:第一,制度的执行存在不落实不到位的情况,这样的问题很大部分是人们根深蒂固的传统观念导致的,我国有相当部分的人群不能认识到生育保险的重要性,特别是在农村以及经济较为落后的地区,居民欠缺参保意识使得我国总体的参保率不高;第二,目前我国没有丰富的保险基金筹资方式,导致筹资渠道较为单一化、社会统筹难以完全实现,大部分基金的贡献都来自企业和单位,无法建立起企业、政府和参保个体三方面共同负责的机制,最终会产生个体对企业的依赖;第三,我国的生育保险总体覆盖率较低,农村女性和流动进入城市工作的那部分女性暂未进入保险覆盖范围之内,但是这一人群在我国占据较大比例以及保险需求量也较为迫切,因此农村的生育保险还有巨大的改善空间;第四,我国在建立了生育保险相关立法后,难以使制度操作化,因立法进程较为滞后而生育保险也缺少配套的法律法规,导致规定操作性低,无法聚焦重点。总之,在未来的发展进程中,生育保险制度会不断适应时代特征并对具体问题进行完善,覆盖范围将更为广阔、待遇水平将更为丰厚,在维护妇女合法生育权益方面将发挥更为重要的作用。

11.5 案例分析

【案例】生育保险“等待期”与生育保险待遇申领

据报载,晓月于2015年4月12日进入S公司从事营业员工作。2016年4月开始,S公司按照上海市社保并轨方案为晓月缴纳城镇社会保险。

2016年8月6日,晓月生育,并休产假和生育假128天。2016年11月2日,晓月向社会保险事业管理中心申领生育津贴,该中心出具生育保险待遇支付核定表载明,生育生活津贴支付标准为3 576.80元,晓月本次生育生活津贴生育保险基金支付金额为6 362.70元,用人单位先行支付金额为8 907.70元。2016年11月21日,晓月离职。S公司为晓月缴纳社会保险至2016年11月。离职后,晓月要求S公司支付生育津贴8 907.70元,公司以生育津贴应由社保机构承担不予支付。2016年12月12日,晓月向区劳动人事争议仲裁委员会申请仲裁,要求S公司支付生育津贴8 907.70元。后S公司不服仲裁结果,诉至松江区人民法院。S公司认为,生育津贴应由社保承担,公司先行支付的条件是能从社保领取,仅是垫付,后期还能索回。现晓月未达到累计缴纳社保满12个月或连续缴纳社保满9个月,由于晓月的原因造成无法向社保基金理赔,且晓月系自行离职,公司无任何过错。但法院最终判决支持了员工的诉请。法院认为,女职工在产假期间依照法律规定辞职,用人单位仍需支付其离职之日止的产假工资,不得以不能申领生育津贴为由拒绝支付。至于离职女职工再就业后继续缴纳生育保险费符合向社保经办机构申领生育保险待遇的,承担先行支付责任的用人单位可以向再次申领的劳动者主张返还。

分析与思考

1.根据案例结果,产假期间离职,能不能要求公司支付生育金?

2.法院的审理依据主要有哪三部法规政策?

【本章小结】

生育保险起到保障女性权利的重要作用。生育保险不仅对女性家庭人口延续起到保障作用,也为社会持续不断产生劳动力提供保障。本章梳理了生育保险的概念、内容、作用和覆盖对象,使读者充分了解生育保险的基本情况。生育保险的特点包括内容和目的的特殊性、对象覆盖面相对较窄、待遇期限的共享性和待遇享受的阶段性。它的原则体现在给付条件和待遇,给予条件一般包括缴费、居住年限、工作和公民资格,待遇也体现在产假津贴、医疗护理、生育补助和生育休假等多个方面。另外,我国的生育保险总体进程缓慢、起步晚、基础弱,本章从受保范围、待遇标准水平、生育立法和管理等方面借鉴分析国外生育保险,经过中华人民共和国成立初期至今的不断完善和补充,我国在扩大生育保险受保范围、延长产假时间、改变生育津贴发放标准、增加生育医疗费用津贴等方面取得显著成效,2019 年开始全面推进生育保险和职工医疗保险合并实施,两险合并后,生育保险相关待遇丝毫不会改变,且有利于提升社会保险基金共济能力,更好地增强生育保险保障功能。

【探索】

1.生育保险政策的待遇与其他社会保险种类有何差异,原因有哪些?

2.生育保险的覆盖范围与国家的经济发展状况以及生育政策有什么关系?

3.我国生育保险和职工医疗保险合并的原因是什么?

4.我国在生育保险的立法方面可以向哪些国家学习?

第 12 章　住房保障

【学习目标】

1.住房保障的基本内容和基本形式

2.国外住房保障的制度、做法和借鉴作用

3.中国住房保障制度的发展历程

12.1　住房保障概述

住房作为一种消费品，不仅是居民的基本消费品，也是具有高价值、长时间使用和消费的耐用消耗品。一个国家国民生活质量改善程度，往往可以通过国民的住房需求情况和消费能力反映出来。因此，各国政府意识到住房这一民生问题与国民经济的发展密切相关，并把住房的基本保障、解决低收入人群的住房问题和公民的居住权纳入公共政策中，给予高度重视。

12.1.1　住房保障的基本内涵

住房保障是在市场经济条件下，为了解决中低收入群体的住房困难，政府采取和实施一些特殊的住房保障政策措施而形成的住房保障体系。①

住房保障是一个范围较广的概念，可分为两部分的内容：一是广义的住房保障，指全体居民的住房社会保障；二是狭义的住房保障，指针对部分特定发展阶段的居民的居住情况、收入状况、市场供求状况、宏观经济状况和产业政策目标而实行的阶段性政策选择，并且随着条件的变化发生改变。在我国，广义的住房社会保障政策包括集资建房、住房公积金以及房改中以标准价格或成本价格出售公房等。狭义的住房社会保障政策包括安居房、经济适用房以及廉租房等，此类政策主要是针对中低收入人群。随着住房制度的改革和其他配套政策的完善，住房市场逐渐趋于成熟，不仅提高了居民的住房条件，

① 凌文豪.社会保障概论[M].郑州：河南大学出版社，2013：237.

也逐步缩小了住房保障对象的范围，从中低收入居民缩小为低收入居民，住房保障的形式也将对其作出调整。

住房保障对象通常指的是所有无法从市场上获得住房的低收入居民家庭。不同国家在不同时期对住房保障对象的界定以及保障的标准均存在差异，但收入较低且竞争能力较低的人群如残疾人群、丧失劳动力的人群、失业人群等，始终是住房保障对象的主体。随着政府的财政状况实力逐渐雄厚，应扩大住房保障对象的范围，同时提高住房保障标准，使更多的中低收入家庭能够从住房保障体系中解决居住问题和改善居住条件。

12.1.2　住房保障的原则和目标

公民住房保障的建立需考虑国家经济发展水平和人均土地面积等因素。我国是人口大国，人均可用土地面积小，建立住房保障制度需量力而行，应禀着公平、公正、公开的态度保障公民的合法权益。建立和发展住房保障应坚持以下基本原则：一是保障全体居民住有所居；二是合理制定住房标准，一般为人均最低标准；三是应坚持个人自理为主、国家帮助为辅的积极保障原则，从而实现人人住有所居；四是以公平、公正、公开的原则促进和分配住房融资以及保障性购房；五是因地制宜，将住房保障的建设与国家社会经济发展规划、城市建设和市民服务结合起来。

住房保障的基本目标是保障所有人能有一个较好的栖身之所，而不是让所有的人拥有住房产权。因此，在各个国家经济困难的时期，国家一般采用的住房保障的形式是为低收入家庭提供廉价的可租赁住房，随着国家的财政状况实力逐渐雄厚，再将重点转移到解决低收入人群的住房产权上。

12.2　住房保障的基本形式

一般而言，住房保障的基本形式为政府公房建设模式、住房建设补贴模式及租房租金补贴和购房税收优惠模式，这种分类的标准是按照政府干预和市场作用对住房保障产生的影响来划分的。

12.2.1　政府公房建设模式

公房建设模式出现于住房短缺时期，政府发挥土地、资本等资源优势，在生产环节干预住房市场，直接建造住房提供给居民，从而在较短时间内增加住房供应总量。[①] 中国香港的公屋、英国的议会住房以及新加坡的廉租房都属于这种模式。

第二次世界大战后，为了解决住房问题，英国提出了议会住房制度，并予以实施。该制度规定由地方政府投资建设议会住房给居民。在数量上，英国年均建设公房 14.3 万套；在对象上，从低收入困难家庭到向所有家庭开放。尽管议会住房制度使得大多数家

① 孙光德.社会保障概论[M].5 版.北京：中国人民大学出版社，2016：231.

庭获得了住房,但国家因此也付出了沉重的代价。首先,住房的支出占了大部分公共支出,并呈现递增的趋势。20 世纪 70 年代,英国平均每年住房的财政支出高达 120 亿英镑及以上。其次,公营出租房占比过大,使得住房市场的形成和发展受到了租金管制等政策的阻碍。20 世纪 80 年代后,英国进入住房私有化时期。政府将大部分公营住房出租,使其占存量住房的比例锐减,由于低租金公营房的锐减,社会上无家可归的人数量开始增多。但与此同时,英国仍高度重视低收入群体的住房问题。英国在 2004 年的时候出台了《住宅法》,对低收入群体买得起房子做出了一系列的规定。

新加坡政府在 1960 年推出了居者有其屋计划,并成立了住房发展局,采取直接投资的方式建设住房,为居民提供大量的高质量并且买得起的“公共组屋”。经过几十年的努力,新加坡为公民建造了 100 万套组屋供其使用,大部分的公民住进了政府组屋,其中绝大部分的居民拥有组屋的产权。新加坡的组屋政策是世界范围内解决住房问题的典范,不仅增强了国民的凝聚力,提升了人民的满意度和幸福感,更是为新加坡的经济发展和社会稳定打下了坚实的基础。

1954 年,中国香港实行了公屋计划。主要是政府用划拨土地或提供免息贷款的方式,组织兴建了大量公屋,并由按照政府划定的收入线给以优惠的价格出租给市民,其租金的标准只占同期同地段住房市场租金的 40%。从 1978 年起,香港继而推出了居者有其屋计划,作为公屋计划的补充。其主要是为了使具备一定经济实力但无法从市场购买住房的人能够买得起自己的房子,此类保障性住房的售价仅是普通商品住房的 60%~70%。

12.2.2 住房建设补贴模式

政府建设公房需对住房市场进行干预,具体为在供应环节直接干预。这导致两个问题的产生:一是政府承担了巨大的财政负担;二是阻碍了房地产的发展。随着房地产市场的发展,许多国家采用住房建设补贴的方法对住房市场进行间接干预。具体表现为政府采取一系列优惠政策作为支持,鼓励非营利性机构和房地产企业建设低成本和低租金的住房,具体优惠政策包括补偿贷款利息、优惠贷款等。再由政府规定这类住房出租和出售的价格,符合规定的家庭可享受成本价的优惠租赁或购买此类住房。

向营利性房地产企业提供住房建设补贴的代表性国家有美国和德国。美国在 1968 年时推出了《住房法案》,制定了住房新建补贴政策,为了使得中低收入人群可以获得低于正常市场租金水平的住房,提供了低于正常市场水平的贷款给建设住房的房地产商。德国在第二次世界大战后推出了《1950 年住宅建设法》,提出了“社会住房计划”。具体表现为两个方面:一是控制租金,使其在低收入家庭可承受范围之内;二是政府提供住房建设补贴,作为在计划中项目在税收、贷款等方面的投资补贴。

法国政府成立了低租金住房联合会(HLM),目的是解决低收入人群的住房问题。该组织的主要职能包括:直接建设住房、改造旧房为经济适用房后再出租以及发放低利率贷款。法国政府通常向 HLM 发放年息为 1%和 45 年期限的贷款,再由 HLM 将这类长期低息贷款贷给住房发展商,其利息和期限不变。如果 HLM 资金不足,还可采取一种方式借入资金,即通过特定的金融机构,这一部分贷款和借款利息产生的差额则由政府补贴。

12.2.3　租房租金补贴和购房税收优惠模式

租房租金补贴和购房税收优惠是目前绝大部分发达国家和发展中国家采用的住房运作模式,主要是通过实行购房的税收优惠或发放租房的租金补贴,以此来解决低收入家庭租房和购房的问题。

美国的租房租金补贴计划被划分为了租金优惠券计划和租金证明计划两个部分。具体表现为:首先由联邦政府提供适当的补贴金额,补贴金额的额度由正常住房市场的租金水平作为参考,再由地方政府住房局以租金优惠券或者租金证明的方式,在确认租约后,直接向房主提供部分租金。租金优惠券计划和租金证明计划之间存在差异,享受租金优惠券的住户不仅可以在市场上寻找合适自己的住房,还可以把当租金低于政府规定的金额时产生的剩余额度,作为保留优惠券使用。如果住房的租金比联邦政府规定的租金高,则高出的部分由自己补贴。与其不同的是,联邦政府规定的租金水平的租房是租金证明计划的住户租赁房屋时的参考,该类住户租赁的房屋价格必须低于这个标准。

美国为了让低收入人群能够买或租得起房,实行了对这类人群购房、租房的税收优惠政策。1986 年,美国国会出台了低收入者购房和租房税收抵扣的法案,在这项法令中,联邦政府每年向各个州分配税收抵扣的最高限额,房屋业主可在规定期限的十年中每一年都获得个人所得税的直接抵扣。低收入人群若想获得税收抵扣,可以采取向州政府或地方政府申请抵押信贷证书的方式。这不仅能够拿到更多的住房抵押贷款,还有助于降低购房者还贷的压力,一定程度上缓解低收入人群的购房困境。

12.3　国外住房保障制度及其借鉴作用

世界上绝大部分国家都建立了住房保障体系,尤其是在美国、英国、德国等发达国家中,不仅他们的住房保障体系有着久远的发展史,并且这些国家的住房保障制度较为完善。因此,对这些国家的住房保障体系的研究和学习有助于我国在建设住房保障体系时,开拓思路,借鉴经验,更好地建设适合我国的住房保障体系。

12.3.1　英国的住房保障制度

1919 年,英国颁布了《住房法》,明确将住房问题纳入公共事务的内容中,规定国家应对公共住房提供支持。作为当时世界上最发达的国家,英国最早对住房市场实行了干预。但随着经济的迅速发展以及人口的快速增长,住房问题成了英国最先遇到的亟待解决的问题。面对一系列问题,英国政府采取了相应的措施。如对资金实行管制,推动地方政府建设公共住房,然后以较低的价格租给低收入人群。尤其在第二次世界大战以后,英国出现了严重的住房困难,政府采取了一系列措施以解决住房短缺问题。具体表现为政府集中力量建设出租公房,大力促进住宅的建设以及增加住房的供应。相关部门根据各个地方每年的预算和地方政府的住房供给数量,每年向地方政府拨款,由地方政府负责公房建设。这一措施极大地促进了英国的住房供应,缓解了英国当时的住房问题。

但是由于公房建造的速度过快,不仅存在质量较差的问题,而且给政府带来了沉重的经济负担。1980年,撒切尔夫人上台执政,主张通过公房出售的方式改革原有的公房使用制度。在住房改革方面,主要是推行公房私有化。具体表现为:推出“优先购买政策”,即租住公房的居民拥有优先且低廉的价格购买公房的权利。该项“购买权”条款规定租住公房且住满两年的居民,有权以优惠价格购买租住的公房,购买价格为市场价格的70%。居住超过两年后,每超过一年再减房价的1%。居住30年的租户可以以房屋40%的优惠价格购买,但是最大优惠折扣不得低于房屋价值的30%。其次,“部分产权购买”规定了租住公房的租户可申请购买一套房的部分产权,其余部分仍然租用,等到经济条件转好收入增加后再支付剩余的款项。另外,在公房出售后,若遇到修缮、装修方面的困难,还可向政府申请给予一定的资助。

除此之外,英国为了提高居民购买公房的积极性,鼓励居民购房,住房金融在其中起了重要的作用。政府规定了更加宽松的借款政策,通常情况下购房者可以贷到购房资金的90%,最高还可以贷到全额的购房资金。贷款的时限为20~25年,其额度则是年工资的3~3.5倍。特殊情况下可以延长为30~35年,并可以以固定利率和浮动利率两种形式贷款。在借款人还款遇到困难不能按时还款时,给予“宽限期”,在此期限内可只付利息不还本。英国的住房私有化浪潮建立在经济较为发达的基础上,让广大的低收入家庭获得拥有住房产权的机会,更大程度地改变了低收入家庭的居住条件。

12.3.2 美国的住房保障制度

美国在住房政策方面有许多成功的经验。主要包括三个方面:

第一,为了让住房措施更加有效地实施,解决低收入人群住房和贫民窟问题,政府出台了一系列法律保障住房措施的落实。首先,大部分人群无法一次付清房款,因此政府扩大了房屋抵押贷款保险。购房者只需支付房价的四分之一,剩余的房价可向银行或者放款协会借入贷款,将住房作为抵押。其次,向低收入人群提供公房,并收取较低的租金。美国《住房法》规定,政府提供的公房价格应该低于私有住房租金的一半。再次,美国《国民住宅法》规定,为鼓励私人投资低收入家庭住房建设,政府应向其提供低利息,然后把建设好的住房以优惠的价格提供给由于政府公共计划丧失住所和因城市重建而丧失住所的家庭。此外,还有向低收入人群提供住房补贴、协助低收入家庭得到房屋的所有权以及禁止住房中存在的一些如宗教、种族歧视的问题。

第二,由于美国住宅消费观念的变化对美国住房自由化的趋势产生了积极的作用,因此加快住房自由化的步伐成为美国住房政策的其中之一。越来越多的美国家庭由租房转变为买房,主要是住房租金占家庭消费的比例逐步升高的原因。据统计,20世纪80年代初,美国所拥有的平均房屋数量不止一套,其住房自由化水平和生活水平位居世界前茅。

第三,美国拥有发达的房地产金融,且各个金融机构都积极参与住房的建设。因此,发展和发达房地产金融也成了住房政策的其中之一。美国的房地产贷款通常是由政府金融机构和私人金融机构来提供,其中私人金融机构中还经营房屋抵押贷款。另外,政府还有专门的信贷机构,用于提供购房资金、抵押保险以及贷款协会的二级市场,比如联邦住宅管理委员会、联邦住宅放款银行委员会等机构。

12.3.3　德国的住房保障制度

第二次世界大战后的德国遭遇了严重的房荒危机,战争过程中毁灭了许多的住房和战争结束后大量的移民涌入了德国,导致德国的住房问题日益紧张。为解决这一系列住房困难问题,德国采取了多种相应措施,由此形成了一系列住房保障制度和措施。主要包括以下五个方面:

1)管制房屋租金

第二次世界大战后的德国出现了严重的房荒问题,导致了住房租金大幅度上升,使得绝大部分居民租不起房,流离失所。为了解决这一问题,保障居民的基本住房条件,德国采取了房租管制的政策。具体表现为采取租房权益保障措施,规定各个地区的政府根据房屋的质量、结构以及位置对房屋的价格作出指导,作为确定租房租金的参考标准。20 世纪 60 年代,德国住房问题得到缓解,除了慕尼黑、汉堡等一些大城市,政府有条件地在一些缺房率较低的地区取消了对房租的管制。另外,房租价目表也是德国政府为增加房租价格透明度的措施之一。该房租价目表是由各地区的住房管理机构、住房中介协会等机构对当地的住房情况进行综合测评后,制定的一份具有权威性的价目表,并且出租人和租房人可以对租金适当的进行调整,但最终敲定的价格必须在价目表所允许的浮动范围之内。

2)建设福利性公共住宅

福利性公共住宅指为了使多子女家庭、低收入人群、残疾人、领救济金的居民以及养老金较少居民能够购买得起或租得起住房,由非营利性住宅公司、个人以及自治组织在政府的资助下建造的房屋。另外,还包括部分企业自主建造并且得到国家税收优惠的职工住房。第二次世界大战后德国的房荒极为严重,为了解决这一问题以及调动各方面建设住房的积极性,提出了建设福利性公共住宅的政策。在政府的支持下,大量的福利性公共住房建设了起来,解决了大部分的住房问题。另外,根据联邦法律的规定,政府有职责向低收入人群、孩子太多等的家庭提供福利性公共住房。

3)房租补贴制度

根据德国法律规定,住房补贴的保障对象是经济收入较低,无法支付住房租金的家庭,以此保证每个家庭都能支付房屋租金,从而使每个家庭的基本住房水平得以保障。该项制度是德国保障低收入家庭住房困难的主要方式,其规定补贴房租的金额取决于家庭的总人口数量、经济收入以及房屋租金支出的情况。低收入人群实际缴纳的住房租金与家庭住房需要情况相联系,通常以低收入人群家庭收入的四分之一来确定,共有 15 年获得补贴的时间。15 年期限到后,补贴金额根据家庭经济收入的变化逐步减少。另外,对于收入极其低和领取社会救济金的人群可享受由联邦政府和州政府各承担 50%的房租补贴资金。

4)住房储蓄制度

大多数的德国公民习惯于租房,主要是因为高昂的房价和市民们的工作流动性较大。由于德国居民买房主要是采用银行贷款的方式,因此德国政府出台的住房储蓄政策起了重大作用。该项政策指的是为了实现购买房屋、建设房屋筹集资金从而形成的互助合作融资体系。住房储蓄制度具有以下几个特点:

①储蓄在先,贷款在后。首先储户与住房储蓄银行签订储贷合同,其依据是自己的储蓄能力和住房需求,每个月遵循约定存款。然后在储蓄金额达到一定额度,即可拥有贷款的权利。德国的许多机构如住房储蓄银行、住宅信贷协会、公营建筑协会、住宅互助储金信贷社以及私人建筑协会都是采取个人存款发放贷款的方式,从而筹集到个人购买房屋和建设房屋的资金。住房储蓄银行属于国家特别批准而设立的银行,具有较高的安全性,因此大部分德国居民将存款存入其中。居民若想贷公营建筑协会和私人建筑协会的钱款,具备两个条件即可获得贷款:一是签订建筑储蓄合同,二是储蓄金额达到所需贷款金额的 33%~40%。另外,居民若想得到住宅互助储金信贷社的贷款,入社居民在储蓄金额达到所需贷款金额的 40%~50%时,即可获得贷款。

②政府的储蓄奖励制度。即奖励参与住房储蓄的低收入人群,主要包括储蓄奖励和购房奖励两种类型。储蓄奖励指的是依据储户的家庭情况和经济收入的状况,依照其住房储蓄的基础部分,每月获得相应奖励,最高可以获得 10%的奖励。购房奖励指的是政府提供贷款补助给购房时采用住房储蓄方式的居民,其金额为其贷款总额的 14%。

③固定贷款利率和低息互助。住房储蓄制度独立于德国的资本市场。作为一种封闭的融资系统,住房储蓄制度不受到一些利率变动因素的影响,如通货膨胀、资本市场供求关系等。除此之外,为保障储蓄的住宅购买力不产生较大的变动,如贬值等变化,德国政府对价格进行了有效调控和稳定住宅价格,从而使得住房储蓄制度能够更好地发展。

5)推出购建房税收政策

由非营利性建设住房的企业建造的福利性社会住房,政府会给予补贴。由于在德国土地属于私有财产,因此政府应先从土地所有者处获得土地,再将其租给建设住房的企业用以建造房屋。建造住房的企业若想获得政府提供的无息贷款,应先向政府提供该企业制定的建设住房的预算,便可得到无息贷款,其额度为建设费用的二分之一,期限是 25 年。与此同时,德国政府还鼓励大型厂矿企业建造福利性住宅,将此类住宅提供给企业员工,且企业只需提供四分之一的建设住房的资金,便可以获得政府提供的 75%的贷款。并且,还可以在所得税和土地税等的税收减免方面可享受优惠。此外,为了鼓励私人投资建设房屋,德国政府采取了一系列有效措施,如减免税和其他奖励等。具体表现为:一是建设住房的费用可以在刚开始使用住宅的 12 年之内折旧 50%,随后又将其修改为在使用住宅的 8 年内折旧 40%,以此实现房主纳税的收入的减少。二是免除征收十年的地产税,并且当购买地产时,还免除了原本需要缴纳的地产转移税。与此同时还可以申请获得私人建设住房的贷款。三是申请建设住房的贷款可以从应该纳税的收入当中扣除掉。四是鼓励个人按照正常市场价格购买住房。德国公民按正常市场价购房可以得到住房补贴,并且有子女的家庭买房还能获得儿童购房补贴。住房补贴的时间长达为 8 年,每年最高可获得 2 500 欧元的住房补贴。

12.3.4　新加坡的住房保障制度

新加坡拥有 560 多万人口,由于国土面积的限制,住房问题十分棘手。为解决这一大问题,新加坡政府推出了一系列应对的政策,且取得了较为成功的效果,新加坡作为东南亚解决住房问题的典范,其经验值得学习。

1)实行住房公积金保障制度

公积金制度于 1995 年由新加坡政府提出,是一项具有强制性的储蓄制度。该项政策规定了公积金由雇主和雇员一起缴纳,用以保障雇员退休生活的问题。新加坡政府针对中层和低层收入水平的居民,在 1968 年出台了相应规定,此项规定允许居民在支付首期款项时可取用一部分公积金存款,欠缺的部分则可以通过每个月缴纳的公积金分期付款。这样的政策规定使得居民不仅能够在不承担生活负担时购买到住房,同时还提高了低收入人群购买住房的积极性。起初,该项规定只面向最低收入家庭,1975 年后政府才将中低收入家庭纳入了其中。目前,新加坡绝大部分居民住进了新建的居民楼。这项制度是新加坡国民储蓄的主要组成部分。

2)公有住宅的合理配售政策

1968 年新加坡政府推行了公共住宅出售政策以后,购房者的数量日益增加。因此,做好公房配售,做到公平合理,是房屋开发局极为重视的重要课题。新加坡政府起初采用的是登记配售,即根据登记的先后顺序出售房屋。后来将其改为了定购制度,即每季度公布建房计划,采用抽签的方式,中签的人在经过购房审查后可交付定金,随后签订购房合同,与此同时交付房屋的首付款。该项政策使得人们通常在两年多后便可住上新房,缩小了各地区各类型住房的供求差距。

3)分级提供公有住宅补贴

该项政策是指住房保障水平由家庭收入情况来确定。在新加坡房荒问题严重的时期,每个月收入不足 800 新元的家庭才能够租住公有住宅,并且政府对购买房屋的补贴也实行了分级,不同的级别获得相应级别的购房补贴。如对于一室一套的房屋,政府补贴三分之一;三室一套政府补贴 5%;四室一套和五室一套的房屋政府均不予以补贴,且分别收取成本价加 5%的利润和 15%的利润。由于住房价格的上升,出售公有住宅获得的利润还应缴纳一部分给房屋开发局。

12.3.5　各国住房保障体系建设的经验借鉴

目前英国、美国、德国以及新加坡等国家都拥有较为完善的住房保障制度,且各个国家的住房保障制度均具有自身特点,但其中也存在着不少共性可供借鉴。

首先,建立多层次的住房保障体系。解决低收入家庭的住房问题,待取得一定效果后,将对象扩大到中低收入人群中,解决问题的整个阶段具有层次性。如大部分国家对中低收入家庭进行了等级的划分,同时还建立了严格的监督机制。并且对公共住房者的支付能力进行动态追踪和监管,使公共住房更有效的进入和退出,实现公共住房的高利用率。例如,在新加坡住房短缺时期,每个月收入不足800新元的家庭才能够租住公有住宅。并且,对购房补贴的发放新加坡政府也对其做了分级。这对于我国解决住房问题有很好的借鉴作用,我国是发展中国家,受到人力、物力和财力等各个方面的制约,需要制定分级计划,循序渐进地解决中低收入家庭的住房问题。

其次,从补贴住房建设到补贴住房需求者的转移。住房短缺的问题通常会较早出现在发达国家中,尤其是在第二次世界大战以后,多数国家房屋受损严重,纷纷面临房荒的问题。因此,发达国家的住房保障形式普遍由早期补贴住房建设转移到直接向低收入家庭提供货币化补贴,我国学者将其形象地比喻为从"补砖头"到"补人头"。例如,美国的住房保障方式从早期补贴公屋建设转变成直接向低收入家庭发放住房补贴,让他们在住房市场上自由选择适合自己的住房。"补人头"即补贴住房需求者具有以下特点:第一,预防由于直接干预住房市场会给市场运行带来的一系列问题,保证了市场运作效率。第二,对待不同的收入者采取不同的方式,不仅能够更好地体现政策倾斜,还能缓解财政支出过高的问题。第三,采取收入再分配的形式可以比较公正地实现国民平等的住房权利。

最后,由鼓励租房转为鼓励购买住房产权。根据这些国家的住房保障经验,当发达国家或地区的住房问题得到一定程度的解决,且这些国家的财政状况变得较好后,"住房私有化"成了他们倾向于推行的政策。这有利于提高居民的居住水平,同时可以减少公屋出租带来的巨大的管理和维修费用。"住房私有化"即让更多的居民拥有住房产权,具体表现为低收入家庭可以低于市场的价格购买住房,如新加坡的"居者有其屋计划"和英国的住房私有化浪潮。

12.4 我国住房保障制度的建立与发展

为了逐渐实现"居者有其屋",我国采取了一系列有效措施用以解决中低收入家庭的住房问题,满足中低收入家庭基本的住房需求。改革开放以来,我国吸取了美国、新加坡、英国以及我国香港在解决住房问题和建立住房保障制度的成功经验,建立了适合我国国情的住房保障制度。

12.4.1 我国住房保障制度发展历程

我国的住房保障制度主要由廉租房制度、经济适用房、住房公积金制度、公共租赁房制度以及限价房制度等构成。我国住房保障的发展历程如下:

第一阶段是中华人民共和国成立至1977年,这个阶段是中国住房保障的传统时期,发展较为缓慢。主要采用了住房完全福利化制度的模式,主要包括两个方面,即由政府统一规划建设住房且无偿提供和实行等级制度与住房分配的低租金。第二阶段是1978—1998年,这个阶段是住房保障制度探索与逐步推进和深化时期,该时期主要是实行住房商品化,实现保障性住房的商品化和福利化共同发展。主要采用的措施有公有住房以成本价格售出、鼓励自主建设住房、实行以优惠价出租公有住房等以及1994年出台了《国务院关于深化城镇住房制度改革的决定》。第三阶段是1999—2004年,该阶段住房保障制度全面推进、深化改革,继续推行住房商品化。1998年,国务院发布了《关于进一步深化城镇住房制度改革加快住房建设的通知》,该通知规定将住房实物分配转变为住房分配货币化。此外,该项通知还提出了建立和完善多层次住房供应体系,以经济适用房作为主要内容。第四阶段是2005年至今,这个阶段是住房保障制度的完善时期。该阶段以保障性住房的保障性作为重点,发挥其保障功能。具体表现为:①稳定房价,控制其过快的增长,调整住房的供应结构;②2007年出台了《国务院关于解决城市低收入家庭住房困难的若干意见》;③重点发展经济适用住房,对其进行改进和规范;④建立了多层次住房保障体系;⑤加快了建设保障性安居工程的速度;⑥廉租房制度的建立,并对其进行了完善;⑦鼓励民间资本对保障性住房投资,政府对其进行支持和引导。

12.4.2　我国住房保障制度的改革

我国住房制度改革经历了福利分房、货币售房和住房保障三个时期。

1)福利分房

中华人民共和国成立后,政府以集中建设和出租公房为重点,大力促进住宅建设,增加政府和国有单位住房供应的政策,极大地促进了住房供应,对解决住房问题发挥了重要作用。1978年以前,中国政府和国有企业大量建设公房,政府机关、公共部门和城镇职工可以从工作单位分配到廉租住房,因为租金只占工资的1%左右,所以廉租住房接近福利房。该类住房的分配取决于职工的家庭人口数量、职务、工龄和职称,住房面积伴随职务职称晋升而增加。此外,农村居民可以在宅基地上建房。但是,福利分房的财政负担和分配不公平现象日益严重。伴随着计划经济的解体,福利分房制度开始退出中国社会生活。

2)货币售房

1980年,中国开始出售公房,但是政府和市民都没有做好准备。这主要存在两个方面的原因:一方面,出售规制不健全,出现公共资产流失;另一方面,大多数市民缺乏购房资金。截至1985年,出售公房的改革暂时停止。在1986—1990年,公有住房提供方开始大幅度提高租金,对工薪群体支付住房补贴。1991—1993年,再次出售公房,实行以售代租。1994—1998年,中国开始全面的住房制度改革,即住房货币化和市场化。以北京市为例,首批出售的公房每平方米售价为200~300元。此后在城市住宅中,穷人的廉租房、工薪层的限价房和房产投资产品的定价机制、土地供给和房产分配均被混滑,缺乏治理,导致房价普遍上升,甚至一些经济适用房也落入房产商手中,成为房产投机的产品。

3)住房保障

从1995年开始,政府大量进行安居工程建设,目的是向中低收入群体提供经济适用房;1998—1999年,我国政府建立了职工公积金制度;2001年开始建设廉租房,以便向低收入群体提供住房;但是这些方式由治理缺失而导致了"房产投机"和"住房贫富不均"的问题,破坏了社会的和谐和稳定。有学者指出,"工薪者买不起房,穷人无住房,是政府的责任"。政府开始全面考虑住房保障的制度建设,当年开始规范房屋二级市场和租赁市场;2007年开始稳定房价,加强市场调节和住房保障的制度建设,2008年在国家建设部内设立了住房保障司,2009年国家开始起草《住房保障法》,2010年党中央将住房保障纳入地方政府主要领导者的业绩考核指标体系。

12.4.3 我国住房保障制度的建设

住房保障制度是我国社会保障制度的主要组成部分。住房保障制度主要由廉租房制度、住房公积金制度、经济适用房制度、公共租赁房制度和限价房制度等构成。

1)廉租房制度

廉租房又称为公共住房,指政府为无力通过市场购买或租赁住房的家庭,以租赁的形式和控制租金的标准,提供具有社会保障性质的住房。廉租房制度具有保障性、非营利性以及公益性的特点。主要是以满足居民基本居住条件为前提,承租时实行申请审批制度,是政府为解决低收入家庭的住房问题和解决住房条件差问题而专设的福利型住房分配制度。在我国,廉租房制度主要有两种保障形式:租金补贴和实物补贴。租金补贴是指政府按照符合保障条件的家庭的人口数量、人均居住面积等具体情况,每个月只提供租金补贴,而不提供住房。1999年,我国颁布了《城镇廉租住房管理办法》。廉租房制度正式在我国实行,但效果却不尽人意。其主要原因是廉租房制度具有高福利的性质,需要大量资金的支持才可发展。到2005年年底,廉租房制度的发展速度仍旧十分缓慢。直至2006年,中央大力支持廉租房制度的建设,并给予了大量财政支持,廉租房制度才得以飞速发展。实物补贴则指的是受保障的家庭可以获得政府提供的住房,每月需缴纳的租金也远低于市场价格。

2)经济适用房制度

经济适用房是由政府提供一定的政策优惠,并对住房的建设标准、销售价格和销售的对象作出规定,该类住房具有社会保障性质,是一种政策性商品住房。经济适用房包括以下三个特点:一是经济性与适用性。经济性指的是经济适用房的价格更符合中低收入人群购买房屋所能承受的范围,其价格与同类商品住房相比具有明显优势。适用性则是指经济适用房的建设标准必须达到国家对该类住房建设的相关规定,以及满足住户的基本居住需求。二是具有社会保障性。经济适用房的社会保障性主要表现在四个方面:第一,政府是经济适用房建设过程中重要的参与者。由于市场机制无法解决所有居民的住房问题,由政府统一规划进行建设经济适用房,以此保障和满足中低收入人群的住房需求。第二,经济适用房的开发商可以得到政府提供的优惠,如减半相关税费、免除交纳土地出让金等,进而降低经济适用房建设的成本。第三,经济适用房的销售实行政府指导价,坚持"保本微利"的原则,从而使得经济适用房的价格在很大程度上低于同类商品房的市场价格,中低收入家庭能够更好地接受这类住房的价格。第四,经济适用房仅向中低收入家庭供应和销售,并不是所有具有住房消费需求的居民都可以购买经济适用房。三是准商品性。商品具有必须经过市场交换、属于劳动产品以及能满足社会消费需求这三个基本要素。由此可看出,商品性的特点在经济适用房上有所体现,但由于经济适用房不完全属于商品,因此经济适用房具有的是准商品性。主要原因是经济适用房的销售对象仅是符合规定的城镇中低收入家庭和经济适用房的产权不完全归购买经济适用房的购房者持有。

3)住房公积金制度

住房公积金是指国家机关、企业外商投资企业、城镇私营企业、其他社会团体及其在职职工长期缴存的住房储蓄金。它由两部分组成,即每月员工本人支付的部分和各个单位按照比例每月为员工缴纳的部分。

通常来说,住房公积金制度具有以下特点:一是具有社会保障性。保障居民的住房需求是住房公积金制度的目的,且各个单位为员工缴纳的公积金具有福利性。住房公积金还减轻了购买住房的员工的负担,具体表现为:当员工购买住房时使用住房公积金办理贷款,可以不交手续费,且可享受低于商业款利率的贷款利率。因此,住房公积金制度具有社会保障性质。二是互助性。1991 年,上海率先推出了住房公积金制度,住房公积金制度进入法制化阶段的标志是 1999 年国务院出台的《住房公积金管理条例》。住房公积金制度将员工个体持有的较少资金汇集成了巨大额度的资金储备,使得需要改善住房条件的人得到帮助。另外,廉租房的建设资金的大部分也来源于住房公积金的增值收益。随着住房公积金制度的发展,已普及全国各大城市,并取得了较好的成果。具体表现为:减轻了员工购房的贷款压力、增加了员工住房保障方面的福利以及为廉租房的建设提供了资金,更好地奠定了完善我国住房制度的基础。

4)公共租赁房制度

公共租赁房是指由政府或其他各类投资主体参与投资建设,对其建设的标准和租金进行限制,且这类住房由政府统一管理。公共租赁房的保障对象是买不起商品房,且不满足经济适用房和廉租房条件的居民,通常将这类人群称为"夹心层"居民。公共租赁房只用于承租人自住,房屋产权不会发生变化,采用租赁的方式实现居者有其屋。

作为保障性住房的一个分支,公共租赁房既有保障性住房的一些性质,又具其特殊性。公共租赁房的性质可以总结为以下七个方面:①保障性。公共租赁房是为了保障既不符合买经济适用房条件也无力购买商品房,置身于市场和政府保障之间空白地带的居民群体而建立的制度,即实现"夹心层"居民的住房需求和居者有其屋,由此可看出,公共租赁房具有保障性。②公共租赁房的对象具有针对性。公共租赁房只提供给"夹心层"居民,其他不符合规定条件的居民则无法享受这项制度的保障,因此,公共租赁房的准入对象具有针对性。③严格的申请制度。公共租赁房的申请制度极为严格,申请人必须严格遵循申请程序,公示后才可承租公共租赁房。④价格固定。公共租赁房的价格由政府制定,具有强制性。市场无法影响公共租赁房的价格,价格固定,不具有弹性。⑤政府对公共租赁房实施了强制性干预。公共租赁房的建设过程都有政府的参与,无论是政府的政策指导还是政府主导下企业和公共机构的开发建设,政府在整个过程都对其进行了强行管制。因此,政府对公共租赁房的强制干预性也是公共租赁房的性质之一。⑥价格优惠性。作为保障性住房的分支之一,其具有保障性质,其出租价格与市场价格相比更优惠。因此,公共租赁房在价格上具有优惠性。⑦灵活的退出机制。公共租赁房的退出机制由政府制定,其激励退出机制是政府根据保障对象的经济收入、商品住房的市场情况等来进行的制度,且还可根据退出的不同时间年限选择不同的退出方案。因此,灵活性也是其性质之一。

5)限价房制度

限价房,又被称为"两限"商品房,即限房价和限地价。该类住房属于限价格、限套型(面积)的商品房,指为了实现中低收入家庭基本住房需求,在政府提供优惠的税收、资金补贴以及金融支持的前提下,通过控制房价和规格保障低收入家庭买得起住房的制度安排。但享受廉租房和经济适用房的人群无法享受限价房的保障。限价房采用的模式是政府组织监管、市场化运作,其建设标准、价格以及销售的对象在土地挂牌出让时就已经被限定。具体表现为:政府首先对开发成本和合理利润进行测算后,采取竞地价和竞房价的方法,采用公开招标的方式来选取开发建设限价房的单位,从而实现降低房价的目的。从源头是对房价进行调控,推动中低收入家庭住房问题的解决。其本质仍然是商品房,房屋品质要高于经济适用房。

12.5 案例分析

【案例】香港住房政策新政:"置安心计划"

在我国,香港是典型的土地面积少而人口多的地区之一,其陆地面积大约为1 106平方公里,总人口约748万人。一直以来,香港居民的住房条件不算宽敞。在公屋方面,通常四口之家的家庭只能申请到30多平方米的一套公屋,而7~8口之家也仅能申请到60平方米以上的拥有三室的公屋。在私人房产方面,在香港,超过100平方米的住房便可被视为豪宅。由于土地的严重稀缺,香港政府不断采取各种有效措施解决以此带来的一系列住房问题。2010年,香港推出来"置安心计划",为中小型家庭提供实而不华的中小型住房单位。目的是协助其长远且有能力置业,但没有存储到足够房屋首期付款的家庭,先按照当时的市值租金租住"置安心"单位,使他们可以积聚自己资金用作将来置业之用。

"置安心计划"的具体措施为:第一,由香港政府和房协合作建设实而不华的中小型住宅单位,政府负责提供土地,房协负责推行。租金价格由住宅单位以签约时的市场价格租给符合条件的人，且这类住宅的租金在期限的五年内不会发生改变。在指定期限内，承租人可以按照市场的价格购买承租的房屋以及在其计划下的其他住房单位。承租人还可以购买市场上的住房，通过这种方式承租人可以获得置业资助，其金额为租住期间缴纳的总租金的一半。这部分可以用于缴纳部分的首付款。但若承租人在期限内没有购买住房，无论是计划下的住房还是私人市场上的住房，则无法获得置业资助。第二，整个“置安心计划”分为以下几个阶段：第一阶段是计划推出并实行的第一年，与承租人签订租赁合同；第二阶段是计划实施的第一年到第二年之间，该计划下的住房只供租赁不售卖，承租人在这期间可以选择停止租约，但没有置业资助；第三阶段是第三年到第五年，承租人若购买了住房单位则可获得置业资助；第四阶段是第五年年底，租赁的期限已满，承租人不能在住房单位中，但如果该承租人在两年之内完成第一次置业，则可获得置业资助。另外，“置安心计划”住房单位的申请人个人经济收入不能超过每月2.3万港元，总资产不得高于30万港元。家庭的收入每月不能超过3.9万港元，家庭资产不得高于60万港元。并且，过去十年内，申请人不得拥有物业。

与居屋计划相比，香港的“置安心计划”不仅更为符合香港的经济传统，属于一种市场化的干预行为，也更加表现了对私人地产市场的制度基础的尊重。租户可按照自己的实际状况进行选择，还可随时对决策作出调整，更具有灵活性。此外，该项计划也缓解了政府的财政负担。

分析与思考

1.你怎么理解香港“置安心计划”？你认为“置安心计划”是否能够解决香港人的置业难题？

2.结合中国国情和国际经验，你认为香港“置安心计划”对我国住房保障制度改革的有哪些启示？

【本章小结】

在市场经济条件下，为了解决中低收入家庭的住房困难和满足其住房基本需求，政府采取了种种住房保障政策措施，最终形成了日益完善的住房保障体系。建立和发展住房保障应坚持以下基本原则：一是保障全体居民住有所居；二是合理制定住房标准，一般以人均最低标准为主；三是应坚持个人自理为主、国家帮助为辅的积极保障原则，从而实现人人住有所居；四是以公平公正公开的原则促进和分配住房融资以及保障性购房；五是因地制宜，将住房保障的建设与国家社会经济发展规划、城市建设和市民服务结合起来。住房保障的基本目标是保障所有人能有一个较好的栖身之所，而不是让所有的人拥有住房产权。目前在英国、美国、德国以及新加坡等国家，不仅他们的住房保障体系有着久远的发展史，而且其住房保障制度也都发展得较为完善。各个国家的住房保障制度均具有自身特点，其中也存在着不少共性可供借鉴。

为了逐渐实现“居者有其屋”，我国采取了多种有效的措施。我国的住房制度改革经历了三个时期,即福利分房、货币售房以及住房保障。作为我国社会保障制度的重要组成部分,住房保障制度主要有住房公积金制度、经济适用房制度、公共租赁房制度、廉租房制度和限价房制度等。其中以经济适用房制度、住房公积金制度和廉租房制度为主要内容。

【探索】

1.住房保障体系建设有什么重要意义?
2.住房保障体系有哪些形式?
3.国外住房保障制度的发展趋势有哪些?
4.试评述我国的住房保障体系。
5.如何进一步深化我国住房保障制度改革?

第 13 章　社会福利

【学习目标】

1.理解并掌握社会福利的含义与特点

2.了解国内外社会福利的制度模式、发展历程及现状

3.了解我国社会福利的内容与历史发展情况

4.能够运用知识分析我国社会福利的未来

13.1　社会福利概述

“福利”一词其基本含义为“美好”“幸福”。“welfare”是福利的英文单词,从构词法来看,这个单词是由“well”(满意、十分好)与“fare”(生活、进展)这两个词构成,通常是指人们生活是一个比较好的状态或总体的利益很好。另外,“福利”也可以被理解为物质的一种分配方式,它是专门针对社会上的一些过得不那么幸福的人也就是弱势群体,如贫困者、老人、残疾人、儿童等特殊人员的特殊服务。

社会福利旨在提高社会全体成员的社会生活水平和生活质量,是国家和社会按照立法或一系列法律政策的规定提供各种资金、各类设施、多种服务等的一种社会保障制度。在整个社会保障体系中,社会福利是一种最高层次的社会保障制度,能使人民生活得更幸福,能够享受到国家发展的成果。

13.1.1　社会福利的含义

1)“社会福利”的出现

1941 年美国总统罗斯福与英国首相丘吉尔所签订的《大西洋》宪章中,首次出现了“社会福利”一词,这次是社会福利首次作为正式的官方语言出现。在现实生活中,我们所说的社会福利,既可以是社会福利制度,也可以是社会福利的状态。社会福利制度是为了实现社会福利的目标由国家以及社会所做的各种制度安排,达到预先设定的一种社会福利状态。社会福利状态则是指人类社会(个人、家庭、社区、国家)的一种正常、和谐、

幸福、舒适的状态。

2)社会福利思想基础

总的来说,社会福利是社会矛盾发展到一定阶段的产物,纵观历史我们能够发现社会福利有着十分丰富的思想基础,从空想主义时期到今天,社会福利的理论不断被人们注入新的思想。

较早的社会福利思想应该不能称为社会福利理论,而是社会福利理想,因为在那种社会条件下根本就无法实现。早期的社会福利思想主要包括:托马斯·莫尔的社会福利思想,代表著作为《乌托邦》,他主要提倡只有消灭私有制才能真正实现他心里所期盼的社会大众能够享有的福利;19 世纪,傅立叶的社会福利思想体现在他的著作《四种运动和普遍命运的理论》《经济的新世界或符合本性的协作的行为方式》等,他坚持主张的观点是保障制度必定具有一定的政治性,政治将会对保障制度产生重大影响;20 世纪英国的蒂特马斯在其著作《福利国家论集》与《今日福利国家的目标》中指出一个国家的社会福利制度必须放在这个国家的特殊背景和具体环境中去认识及理解;当代"第三条路"的思想家布莱尔的社会福利思想在其著作《新英国》中体现,他主要强调社会公正,强调个人、社会、国家共同的社会责任感。

当然,上文所谈到的社会福利的思想还不够全面,但是它们是社会福利思想来源的典型代表,社会福利有着深刻的思想基础,了解这些思想有利于我们对社会福利更好的学习与了解。

3)社会福利的含义

目前学术界对社会福利的含义并没有完全固定框牢,《中国社会工作百科全书》中是这样解释的,社会福利是为了提高社会成员物质生活以及文化生活的有关举措。在社会工作专业领域,社会福利通常有广义与狭义两种理解。许多国家,特别是西方发达国家,社会福利与社会保障是可以作同义替换的。他们常常这样解释社会保障,社会保障实质上就是一种公共福利计划,这样的解释属于对社会福利的广义理解。但是另外一些国家,如日本、美国等,社会福利常常是指专门为弱势群体所提供的带有福利性质的社会服务与保障,仅仅是社会保障制度中的一些特定的领域,这些社会福利包括老人社会福利、未成年人社会福利、残疾人社会福利等。这种理解是将社会福利当作社会福利服务,或者是社会福利事业,这种解释属于对社会福利的狭义理解。

本书中的社会福利只是社会保障体系的一个重要组成部分,我们实质上是做了一个狭义的理解,属于狭义社会福利。因此,我们可以这样理解社会福利:社会福利是指国家与社会对福利津贴、物质提供、社会服务进行社会化,然后将社会化后的这些服务用于满足社会成员的生活需求并保证社会成员的生活质量的逐步提升。

13.1.2 社会福利的特征

现代社会福利制度是建立在国家管理的基础之上,社会福利制度是社会保障制度体系不可或缺的一部分。不同国家社会福利制度的特征不完全相同,我国社会福利的特征主要有以下几个方面。

1)政府主导性

社会福利需要有立法的规范、政策引导、公共财政支持,因此它是政府主导的一项社会公共事业,并且需要由政府承担监管责任。尽管现在社会福利社会化的趋势十分明显,但是政府在承担社会福利方面的责任并不会减轻。一般而言,社会救助是由政府完全承担,社会保险由单位组织与劳动者分担。而社会福利的特殊性在于其直接责任承担者是政府,同时社会福利也必须吸引社会各界力量的参与,所以很好地体现了政府主导其他力量积极参与的性质。

2)保障对象的普遍性和特殊性

首先,社会福利的保障对象具有普遍性,它是政府向全体社会成员提供的福利,除了一些特殊的福利制度之外,其余的社会福利都是全体社会成员所共享的。社会保险、社会救助、社会优抚都是需要一定条件才能享受的。如社会保险要求享受保险者必须具有一定的身份证明,并且按规定缴纳一定的保险费。社会救助只对法定贫困者进行救助,要求受救助者生活水平在国家规定的最低生活标准之下。社会优抚的限制条件更加明确,它是给予特殊群体设置的保障项目。

其次,社会福利对象还具有特殊性,这里的特殊性对应上文的特殊福利。社会福利要满足某些特殊群体,帮助他们解决生活中遭受的困难,这里的社会福利有保障特殊群体基本生活的作用。比如,老人社会福利、儿童社会福利、残疾人社会福利等。

3)保障标准的不确定性

社会福利区别于其他生活保障制度的一个重要特点是社会福利一般没有法定的统一标准。在其他社会保障制度中,标准的确定是这项保障制度的中心环节,标准的确定需要程序正规化和一定的技术要求。其他各项保障制度的标准确定后必须以法律或者制度的形式进行规定。社会福利标准的不确定性主要是因为其保障目标具有不确定性。社会福利目标旨在提高社会成员的生活质量,提高人民生活水平这一目标本身是一个不确定的概念,因为提高到哪一个标准并没有进行准确说明,所以在微观上难以用量化的标准加以规定,因此社会福利的标准具有不确定性。

4)保障目标的高层次性和发展性

在整个社会保障体系中社会救助、社会优抚、社会保险和社会福利的水平是由低到高,不断递进发展的不同目标层次的保障项目。社会救济旨在保证社会全体成员的生活水平达到最低生活水平标准。社会优抚的对象有一定的特殊性,但归根结底也是为了满足优抚对象的基本生活需要。社会保险旨在保证参与保险者的基本生活,通常保障项目的保障目标层次是不会很高的,常常表现为对社会失去劳动能力的人或者困难群众进行的保障。相对其余三项保障制度,社会福利在社会保障体系中处于最高层次,其根本目的是不断满足社会成员的发展需要,不断提高享受者的生活质量水平,目标层次较高,这是最能体现社会福利内涵的一个重要特点。

5)社会福利的服务性与社会化

与其他几项社会保障制度相比,社会福利更加偏向采用服务来保证社会成员的需求,并且这种福利的提供受制于现有的社会规范体系。学校、福利工厂、福利企业、福利院、一些社区福利机构的建立与运行等都是国家与社会进行社会福利实施的重要体现形式。我们可以看出,主要的实际落实操作都是通过提供福利设施与福利服务进行的。虽然现在也有住房公积金等福利的形式,但是这毕竟还没有针对到大部分群体,也并非直接将现金发放给个人。所以,社会福利是唯一一个作为社会保障子系统的强调以福利服务为实施方法的保障制度。

社会福利还有过程社会化的特征,在进行社会福利事业时,为了使社会福利真正成为全社会的共同事业,形成了政府、社会、企业、个人多元主体的项目,共同承担社会福利责任,减轻政府的财政压力,目前我国的社会福利事业也有这种发展趋势。多元主体不仅能使社会福利的服务对象进一步增多,还能使社会福利事业发展得更全面,更多的社会成员能够享受到社会进步的成果。

13.2 社会福利的对象、类型与作用

近年来我国积极推进社会福利事业的发展,通过多种渠道筹措资金为老人、儿童、残疾人等提供社会福利。现阶段我国的社会福利体系大体可以分为特殊性社会福利、职工福利与一般性社会福利。特殊社会福利一般包括上面所提到的特殊群体(老人、儿童等群体),职工福利主要是指职工因为自己所从事的工作而获得的相应的福利,一般社会性福利是指国家、社会公共举办的旨在提高全体社会成员物质文化生活水平的福利。接下来,为了更深刻地理解社会福利,本书将从社会福利的对象、类型、作用来进一步认识社会福利。

13.2.1 社会福利的对象

社会福利旨在提高广大社会成员生活水平,促进物质条件与精神条件的改善。相关部门通过提供现金援助与直接服务的方式来实施社会福利,其中现金援助是通过社会保险、社会救助和收入补贴等形式实现;直接服务常常通过兴办各类社会福利机构和提供一些公共设施等形式实现,以履行其福利服务的职能与义务。以医疗卫生服务、文化教育服务、劳动就业服务、住宅服务、孤老残幼服务、残疾康复服务、犯罪矫治及感化服务、心理卫生服务、公共福利服务等为内容,以老年人、残疾人、妇女、儿童、青少年、军人及其家属、贫困者,以及其他需要帮助的社会成员和家庭等为服务对象。

我国的社会福利对象一般包括未成年人、老年人、残疾人、普通劳动者等。在我国有明确的法律规定未满 18 周岁为未成年人。1991 年 9 月 4 日,全国人大常委专门通过了《中华人民共和国未成年人保护法》,这部法律对如何保护未成年人做出了系统规定,未成年人福利通常包括教育福利、健康保障福利和生活福利等。我国《老年人权益保障法》

中第二条规定阐明老年人的年龄起点标准是60周岁,凡年满60周岁的中华人民共和国公民都属于老年人群体。老年人的社会福利包括娱乐健康福利、老年补助金、老年福利院、收养性福利、娱乐性福利等。因为人口老龄化的持续加重,我国的老年福利问题越来越严重,国家急需采取更多的措施给予老人更多的幸福感。残疾人群体主要包括肢体、精神、智力或感官有长期损伤的人,残疾人群体作为我国的社会福利特殊对象之一,实施残疾人社会福利项目的目的是帮助残疾人享有与正常人同样的工作和生活条件。主要的帮助形式为给残疾人开办特殊职业培训、残疾人福利企业,举办残疾人教育、残疾人文化体育、修筑无障碍通道以及提供医疗康复福利等。最后普通劳动者也是社会福利的重点对象,劳动者福利是指政府和社会为劳动者提供的各类工资以外的实物、津贴和公共设施服务等,如住房、物价、季节性取暖或消暑补贴。

社会福利的对象中的未成年人、老人、残疾人目前都属于社会上的弱势群体,所以社会福利应该首先保障到这一部分人,再者普通劳动者的数量占社会总成员的比例也很大,也应该是比较重要的社会福利对象。当然,我们期待以后社会福利的对象可以在实际上包括所有社会成员,这也是我国继续奋斗和进步的目标之一,同时也是党为人民服务的体现之一。

13.2.2　社会福利的类型

关于社会福利的类型划分,通过归纳学者们的见解,社会福利的类型划分通常包括以下几种:一是根据社会福利的对象划分;二是根据社会福利的内容划分;三是根据社会福利的作用方式划分;四是根据社会福利资源的提供方式划分;五是根据社会福利资源的分配方式划分;六是根据社会福利实施范围划分。

1)根据社会福利的对象划分

社会福利根据对象常常划分为老人社会福利、儿童社会福利、妇女社会福利、残疾人社会福利等。老人、儿童、妇女、残疾人等都是属于社会成员中的弱势群体,社会福利应该有所倾向。前面我们在介绍社会福利的对象时,简单地提到了老人福利、儿童福利等,下面将作更为详细的介绍。

老人福利,今后在人口老龄化国家,老人社会福利事业必定会成为社会福利事业的核心部分,所以我们要将老人福利当作重点建设,这样才能保证我国的社会福利事业能够达到目标。养老金的获得已经不能满足老年人实际生活的需求,因此对社会福利提出了更高的要求。老人福利首先是维护老人健康、维持老人基本物质生活需要,再次是充实老人精神文化生活,努力实现“老有所养、老有所医、老有所为、老有所乐”的社会目标。我们可以从老年人的生活出发进行老年福利建设:第一是老年人的经济保障需求;第二是老年人的健康保障需求;第三是老年人的情感保障需求;第四是服务保障及其他保障需求。

妇女儿童福利是国家与社会为了满足妇女、儿童的特殊需要和维护他们特殊利益而提供的专门的照顾与福利服务。一般会涉及特殊的专业领域以及会考虑妇女与儿童的生理、心理特点,对他们重点保护。妇女的福利主要有妇女特殊津贴、生育补贴、特殊社会服务等。儿童福利(未成年人福利)主要包括儿童的医疗保健设施和服务、活动场所的提供、义务教育的提供以及孤残儿童的福利事业建设等。

残疾人福利,残疾人是一个值得关注的社会弱势群体,国家及社会对这类群体会给予很大的福利保障。残疾人福利主要包括残疾预防福利、残疾康复福利、残疾人教育福利、残疾人就业福利、残疾人文体活动福利、无障碍环境建立福利等。

2)根据社会福利的内容划分

根据社会福利的内容,其常常被划分为教育福利、住房福利、医疗卫生福利、社区福利等。根据内容划分的社会福利较为简单明晰,下面将简单介绍一下我国主要的一些社会福利项目。

随着知识型社会的发展,教育对社会和个人的重要性不断增强,为了促进教育公平,教育福利是指通过政府提供的教育福利去弥补完全市场机制下教育不均等的问题。教育福利主要的体现是国民基础义务教育、公立学校、学费减免等,当然也可以体现在国家对私立学校的部分资金支持与政策鼓励。教育福利具有公共性、全民性、免费性等特点。任何适合年龄的公民都能够享受到教育福利,这是政府采取法律措施给予公民的受教育权利,也具有一定的强制性。

住房福利主要是指政府以低房租(廉租房、公租房)、住房补贴(住房公积金)、低售价等形式向社会成员提供社会福利。目的是改善社会成员的居住条件,提升居民的生活水平。医疗卫生服务是指政府和社会为社会成员提供医疗康复措施、减免医疗费用、进行相应的医疗补贴等。

我国的社区福利从20世纪80年代开始启动,“社区”一般是指聚集在一个特定范围内的社会群体与社会组织,常常具有某种互动关系并且有一定的共同文化的人类群体进行特定社会活动的区域,一般是规模比较小的群体,被地域所限制。社区福利一方面有面向老年人、儿童、残疾人、特殊群体的福利;另一方面也有便民为民的服务,包括心理辅导、家庭辅导等。社区福利具有普遍性、地域性、互助性等特征,是目前我国社会福利的一个重要体现,它有助于我国尽快建立起新型的社会福利体系。

3)根据社会福利的作用方式划分

按照作用方式的划分,这里最主要借鉴沃伦斯基和莱博克根据社会福利供给职能提出的“残补型”社会福利与“制度型”社会福利。

“残补型”社会福利是指只有当家庭或者市场类似的正常渠道不能正常进行与维持时,国家的相应福利机构才能为面临问题的人提供帮助。简单来讲,国家的社会福利机构仅仅是基于家庭调查后的为弱势群体提供的有限的帮助。我国目前的社会福利制度还是主要为“残补型”制度,主要是对老人、儿童、残疾人等群体进行专门的社会福利服务。“制度型”社会福利是将社会福利服务看作是社会所必须具备的功能,它是制度化的,能够为全体人民带来普遍的社会福利,让全体人民都享有社会福利服务。

我们不能够直接去说明哪种社会福利制度更好,在评判时我们应该要先认识国家现在的基本国情是怎样的。很显然,这两种社会福利类型的划分,很好地解释了对社会福利的狭义理解与广义理解，这种划分方式现已被广泛运用于国际社会福利比较研究。

4)根据社会福利资源的提供方式划分

按照社会福利资源的提供方式我们可以将社会福利划分为以下三种：一是现金给付型社会福利；二是实物给付型社会福利；三是社会服务型社会福利。

①现金给付型社会福利也被称为社会补贴或者社会津贴，是政府在实行社会经济政策时为了使居民能够享受到社会发展进步而取得的经济成果，或者为了弥补居民因为某些社会经济政策对个人利益所带来的损失或生活水平的下降时所进行的一种津贴发放，这种形式的津贴一般是普遍提供。如当农产品价格提升时，政府可以为居民提供一些补贴。

②实物给付型社会福利是指政府与社会为了体现社会福利的待遇，通过一定的准则或规定，由政府和社会通过进行各种社会福利事业向社会大众提供社会福利设施或者一些其他实物的社会福利。例如教育事业中体现为学校的设施的直接提供；超市提货卡的提供；社区的一些文化娱乐设施的提供；社会福利院的修建等。这些都是通过直接提供实物来体现社会福利，这也是社会福利最主要的实现形式。

③社会服务型社会福利是指为了使社会成员能够更好地享受社会福利，为了解决社会成员面临的一些问题，直接由社会福利组织和组织中的成员向社会成员提供的服务。它主要是通过相关社会组织、社区组织或社会福利机构来实现，其主要形式是通过各类福利院、福利卫生机构、福利教育机构等直接为社会成员提供服务，通过这些服务来提高社会成员的生活质量与生活水平。

5)根据社会福利资源的分配方式来划分

按照社会福利资源分配方式我们通常可以将社会福利分为：全民性社会福利和选择性社会福利。根据全民性社会福利的字面意思可知，它是指社会全体成员不论其社会地位、贫穷富贵，在社会资源分配的过程中都有资格享受的福利服务，比如社会福利制度中的失业保险、国民健康服务、公共福利设施建设等。此种方式最大的优点是每个人都享有平等的机会来享受社会福利所带来的好处，不会有排斥。其缺点也很明显，由于它的全面性容易造成国家财政负担加重，从而会导致国家经济发展缓慢。①

选择性社会福利是指将社会福利资源通过社会福利机构根据实际情况，分配给真正需要社会福利服务的低收入者，这种福利类型其服务的对象是有选择的。选择的标准是通过"家庭统计调查"，想要享受社会福利服务的个人或者家庭必须向社会福利机构进行申请，然后经过特定机构的一系列调查，通过审核之后才能够正式享受到政府所提供的这些社会福利服务，比如贫困补助、住房福利等。这种模式的优点是避免了社会资源的浪费，可以对症下药，能够充分利用福利资源的再分配来提高真正贫困成员的生活水平；缺点是在审核过程中的公平权衡，对接受福利的个人或者家庭的隐私保护问题。

6)根据社会福利实施范围划分

社会福利可以按实施范围划分为国家福利、地方福利与行业福利。国家福利主要是

---

①　郑功成.社会保障[M].北京：高等教育出版社，2007：270.

由国家兴办的,其受益面很广,遍布全国。国家福利是所有社会成员所共享的社会福利,通常是由中央政府作为主体实施的福利措施。地方福利通常是由地方政府为主体为一定地域内的社会成员提供的福利。行业福利是指在一定行业范围内实施的,它是一种以就业为前提的福利形式,往往是为特定的行业所制定的,具有一定的特殊性。

社会福利按照不同的标准可以划分为不同的类型,上面的分类并没有穷尽,但是都是比较典型的分类方式。广大学者可根据自己的研究方向或研究重点进行自行选择和分析。

13.2.3 社会福利的作用

社会在不断地发展与进步,我国的社会经济发展与文明程度都在不断提升,因此社会福利发展也越来越重要。社会福利制度在大部分程度上是考评政府治理公共事务绩效与衡量国家总体综合实力的重要指标。社会福利是体现全体人民共享社会成果的一项国家政策,是国家对国民收入进行再分配的一种形式,它能够使社会成员除获得自身劳动收入以外,还能够均等地获得国家提供的各种福利设施和福利服务。社会福利制度对减少社会矛盾、维持社会公平公正、缩小社会贫富差距、缩小社会差别、加强社会文明建设、增进社会福利与提高社会成员的生活质量水平都具有极其重要的作用。下面将重点介绍社会福利制度的作用,其主要体现为以下几个方面:

1)多角度、全方位提高了全体社会成员的生活水平

社会福利制度既关注社会特殊弱势群体,如老人、儿童以及残疾人的基本权益,也关注了普通劳动者的福利,如教育、住房、医疗卫生等方面的福利享受。这样的社会福利可以尽量缩小由于初次社会收入分配所造成的福利水平的差距。社会化生产的发展和生产能力水平的提高,有利于满足社会成员的物质生活需要,新时代我国的基本社会矛盾已经发生改变,社会福利的建设有利于基本社会矛盾的缓和。

2)刺激国民经济消费

社会福利政策实际上也是一次通过国家干预进行社会资源二次分配的过程。这样的收入再分配的举措可以有效地调节社会需求,能在一定程度上鼓励消费,扩大社会的需求。社会的有效需求得以扩大,经济会得以增长。社会福利的发展给市场经济体制的健全与发展提供更加良好公平的环境,也能有效防范市场经济建设中可能出现的风险。社会福利的作用也可对社会经济带来影响,主要是产生分配效应与调节效应。分配效应是指政府实施社会福利政策对国民收入分配产生的影响;调节效应是指政府实施社会福利政策对社会总需求与总供给平衡关系的影响。

3)促进产业结构调整

社会福利事业的发展可以带动一系列产业的发展。最明显的便是服务业的发展,如各种福利事业的职业培训、医疗服务行业、老人服务产业等的发展。

4)促进社会经济的发展

社会福利通过一种比较公平的机制,为社会相关成员提供各种服务和福利设施,使

社会成员能够共享社会发展成果，满足人们物质与精神生活的需求，从而激发劳动者的生产积极性和创造性以提高劳动生产率，最大限度实现劳动者资源的效率。这一方面能够促进经济平稳健康的发展，另一方面能够促进社会的精神和文明的进步。

社会福利是社会矛盾发展到一定阶段的产物，社会福利的产生也具有十分重大的意义，随着我国改革开放的不断深化，社会主义市场经济体制建设不断稳固，相关配套设施的发展，社会福利社会化已经成为以后社会福利发展的趋势。因此，我们对社会福利的发展必须给予重视。

13.3　国外社会福利制度及其借鉴意义

东方社会主义国家常有"为人民谋福利"之说，而西方资本主义国家则有"福利国家"之称。两种不同的说法，也体现着各自不同的文化，但是国家进行社会福利的提供往往都有让人民生活幸福美满之意，即人们在实际生活中所享受到的好处，如可口的三餐、满意的服装、舒适的住房、健康的身体、饱满的精神等都属于福利的范畴。

13.3.1　国外社会福利的概况

人们对社会福利进行普遍关注可以追溯到第二次世界大战后，那时各个国家处于如何防范所面临的危机与希望重新建设美好家园的重要关头。比较发达的资本主义国家开始致力于建设制度型社会福利。因为受到不同的政治、经济、文化的影响，各国的社会福利模式会有些不同，但是相同的是社会福利随着经济的发展与飞速进步，内容变得越来越丰富，设计的项目也越来越多。社会福利制度会因为不同的国家而呈现有所不同，所以在发展我国社会福利制度的同时需要学习了解各个有代表性的国家的社会福利制度，以便我们对其做得好的地方学习与借鉴。

1）英国的社会福利制度

英国是西欧社会福利的发源地，也是迄今为止社会福利制度发展得较为完善的国家之一。20 世纪 40 年代后期英国的社会福利制度基本形成，社会民主思潮在这个时期盛行于英国。英国工党在 1945 年上台执政，并且推行凯恩斯主义，他们认为扩大财政支出的各个项目中，发展社会福利事业是一项极其重要的项目。英国的社会福利制度经过多年的发展，已经成为一个庞大、复杂而全面的社会福利体系，管理机构与监管机构也较为完善。在 1984 年英国宣布建立福利国家之后，福利国家便开始在西方流行。瑞典、挪威、法国、荷兰、意大利等国都纷纷参照了英国的全面社会福利计划，这些国家一时间内的社会福利设施都有了很大的发展。

英国的社会福利制度主要包括三个方面：一是国民医疗卫生制度，这项制度旨在为社会全体成员提供广泛的医疗服务，由英国中央政府直接负责国民医疗卫生工作并设立了一系列地区的医疗管理机构，主要由各大医院、家庭卫生服务机构与其他服务机构组成；二是社会服务制度，社会服务主要由地方政府负责，一般情况下的服务对象定位为老人、儿童、残疾人、精神病群体,这种社会服务主要是为在家居住的这些群体提供帮助与基本护理,如夜间陪伴服务、做饭洗衣帮助等,为无家可归的这些群体提供居住生活场所,如修建养老院、特殊学校等;三是社会保障制度,政府从五个方面对全体公民实施从出生到死亡的全方位保障,主要包括国民保险、国民保健、个人社会福利、住房援助、教育补贴五个方面。英国的社会保障是由政府的社会保障部进行统一管理,社会保障部下会设立其他的执行机构。国民医疗卫生机构、社会服务制度、社会保障制度这三项制度被称为英国社会福利制度的三大体系。

另外,英国是典型的高福利国家,特别需说明的是英国对残疾人的福利,它是英国福利中最详细的,残疾人的福利也包含在整个社会福利之中。英国对残疾人采取了很多社会福利措施,主要有残障生活补贴、护理补贴、就业和支持津贴,专门由地方政府管理的残疾人福利、残疾人用品免增值税,专门资助残疾程度较重的残疾人的独立生活基金、收入支持补贴,特别是盲人可享受更高的个人收入免税额等经济性福利。

2)德国的社会福利制度

德国是比较严谨的国家,社会福利体系也十分严谨细密。德国的社会福利网包罗万象,囊括了防范老、弱、病、残、孕、事业、事故等各种风险,保障家庭婚姻生活、促进就业、子女的抚养、青年的培训,以及救济社会贫困人员等项目。在 1995 年引入护理保险后,德国的社会福利制度就更加完善了,形成了以五大社会保险为支撑的四层社会保障体系。

四层社会保险体系包括以下几方面:一是社会保险主要有养老保险、医疗保险、失业保险、事故保险和护理保险;二是社会赡养和赔偿,主要包括补偿一些受迫害的群体和在战争中阵亡或作出贡献者的抚恤;三是社会补贴,主要包括教育补贴、子女抚养补贴、促进就业补贴、住房补贴等;四是社会救济,主要包括对于特殊困难者的生活费用的补贴,如残疾人、病人等。其中最关键与重要的是五大保险和社会救济,五大保险指养老保险、医疗保险、失业保险、事故保险以及护理保险。社会救济是德国社会保障体制最后的收容防御网,原则是先保险后救济,资金来源是政府税收,由德国一些低层的机构进行无偿发放。

3)北欧国家的社会福利制度

北欧国家的社会福利制度已建立多年,19 世纪 90 年代虽然其社会福利制度在很多方面都进行了重大变革,但是其基本框架没有变动,其各项社会福利制度的出台都是社会各个利益群体在充分的商讨与博弈的基础之上进行的,因而北欧国家的社会福利制度能得到广泛的支持。总的来讲,北欧国家的社会福利的特点主要包括以下五个方面。

第一是福利范围的广泛性,与其他国家相比,北欧国家提供的社会福利范围更加广泛,比如免费医疗、失业救济、教育补助、单亲父母津贴等,特别细致与周到。第二是福利包容的普遍性,北欧国家的社会福利制度比较广泛,它是保证所有居民都会被给予社会保障福利和服务,是建立在普遍收益原则之上的。社会制度覆盖着全国各个地区的社会成员以及不同的社会群体,居民不论是否曾经参与过工作,都可以在达到一定年龄后领取养老金,家庭都可以领取育儿金等。不论居民的社会地位如何,均保证他们都能获得最好的医疗服务。第三是福利享受的平等性,北欧国家不会因为阶级、阶层、性别的不同而受到歧视或者区别对待,不论是高收入者、低收入者甚至于无收入者都能够被纳入相同的福利体系之中。在北欧国家,高收入者与低收入者的收入差距在税后为 3~5 倍,说明这些不同的社会群体的收入差距相较于其他国家来讲是轻度的。第四是福利政策的强制性,出于发展历史的原因,北欧国家的政府在社会生活中所扮演的角色往往比其他西方国家更重要也更积极。国家通过调节税收政策获得比较强大的财政能力,国家此时可作为主导者将财力在不同的社会群体之间进行再次分配。当然北欧国家的福利政策的强制性建立在社会政治的民主之上。任何福利措施的出台或者修改都必须要经过社会所有利益群体共同商讨最后达成共识,以法律的形式确认。第五是福利体系的有效性,与欧洲其他国家相比,北欧国家的税率平均高 2~3 个百分点,但是社会福利执行的效果却有较大的差距。北欧国家的社会福利制度在政治、经济、社会等方面取得的成果是有目共睹的,这一点说明北欧国家的社会福利制度更有效率。

4)美国的社会福利制度

与英国、北欧等国家相比,美国就算不上是福利国家,但是美国庞大的经济体系、雄厚的经济实力还是给予了美国公民很好的社会福利。与此同时,美国也出现了“养懒汉”的不良社会现象。美国社会福利制度与我国的社会福利制度所涵盖的内容大致相同,包括社会保险、社会救助、社会服务三大体系,虽然大体上相同,但是里面的内容还是千差万别。美国的社会福利与其社会背景时代和经济发展关系十分密切,美国的社会福利制度最早产生于 20 世纪 30 年代罗斯福“新政”时期,在“伟大社会”时期美国的社会福利达到顶峰,经过持续的发展,在 20 世纪 60 年代,美国已经形成了比较完善的社会保障体系,70 年代又开始社会福利收缩的转型,最后在 90 年代,在克林顿的引导下进入了“新民主党人”时期,开始了符合现代化的社会福利制度的转型。

西方的福利制度实施在一定程度上起到了推动社会进步,保证社会成员都能享受社会发展的成果,维护了国家的发展与稳定。但是也会产生一些消极影响,主要表现为以下几个方面:一是福利支出造成巨大的财政压力;二是资本主义市场经济不景气;三是失业人员激增;四是国民的精神懒惰;五是对国家的社会福利过于依赖;六是承受人口老龄化冲击。福利性国家呈现出的福利危机表现为财政危机与经济危机,还体现了制度本身的危机。危机出现的原因以及影响因素十分广泛,主要还是经济发展不够,不足以支撑社会福利制度的落实。西方建立的社会福利制度普遍习惯于将“传统”与“现代”对立起来,造成了社会福利的支出失去控制。所以在发展我国社会福利事业的同时,必须考虑经济发展的实力与我国的基本国情。

13.3.2　国外社会福利制度的借鉴意义

通过上一小节的内容,我们了解了各个有代表性的国家的社会福利制度。我国现有的是一种“补缺型”的社会福利制度,我国的社会福利制度首先强调的是家庭与市场自身的责任,只有当家庭或市场失灵不能保障人们生活时,社会福利才会介入。我国目前的

“补缺型”社会福利存在福利覆盖面窄、保障水平低、基本社会福利严重不足的问题。从各个国家的社会福利制度的建立和实施的改革措施分析，我国在发展改革社会福利制度方面可以借鉴其他国家的以下几个方面，以实现我国社会福利发展的终极目标。

第一，社会福利的推进要和经济社会发展水平相适应。改革开放以来，我国的经济增长速度很快，但是社会福利的发展相对滞后，可以用于社会福利发展的资金特别不充足。人们对社会福利的总需求会大于经济供给给社会福利的量，这是因为社会福利的刚性需求。我国处在一个老龄化情况非常严重的时期，劳动力也相对减少，所以在我国构建基础社会福利的这个时期应该从实际国情出发，不能像欧洲社会福利一样包办包揽。

第二，开源节流、减支增收、保证财政的相对稳定。这一点要求我国在进行社会福利制度改革时，要考虑到经济问题，若某些项目对国民经济发展的损害程度过重，政府可以考虑进行合理删减。另外，可以通过合理的方式与标准进行社会福利税的收取，福利税的收入可以维护社会福利制度和促进就业，但是也会为中低收入者带来一定的负担。

第三，促进就业，扩大就业渠道，以此推动社会福利事业发展。英国是“福利先锋”国家，但是从 1998 年起，它也开始在全国推行“从福利到就业”的计划，可见，坐享其成是行不通的，要想推动社会福利制度的改革与发展，必须提供更多的工作机会给没有工作的群体，使他们也能加入创造财富的群体，加强他们的劳动欲望，才能更好地发展社会福利制度。我们可以借鉴的是，各国施行的职业培训计划、教育援助计划等手段与措施。

第四，建立有效的社会福利管理制度，完善社会福利的管理体制，坚持并强化社会福利的依法运行机制。将社会福利管理、运行、监督三者分开，使社会福利的管理更加制度化、法制化、规范化，这是现代社会福利制度发展的一个方向。

第五，社会福利供给的社会化，包括社区化、民营化、家庭化等。社会福利制度的改革除了财政方面之外，还应该重新确定国家、企业、家庭等各自的社会福利责任。我国也应该进一步鼓励社会民间力量对社会福利事业进行贡献，多方主体共同协作，使社会福利能够真正起到该有的作用。西方福利国家主要是朝着减少对政府的依赖，慈善事业商业化以及强调使用者付费的方向发展。这种趋势有利于社会大众进行自我选择，当然我们在借鉴国外的一些做法的同时，必须考虑我国具体国情。

不同类型的国家在社会福利建设方面的福利投入、资金来源、享受对象（享受标准、享受条件）等都有所不同。不过一些国家在社会福利结构改革的形式上，也出现了一些趋同性，都比较注重投资性社会福利支出并减少了消费性社会福利支出，不仅如此，很多国家都对社会福利资金的运行状况进行进一步的规划和给予更多的关注。

我国的社会福利发展还处于初级阶段并且都具有中国特色，因此不能全面照搬国外的一些经验，需要在考虑国情的基础之上，取其精华、弃其糟粕，把公民权利作为福利制度的价值根基，建立公平公正和共建共享的全民型福利体系，给予人们更多平等的机会和自由发展的权利，营造一个全民积极健康发展的社会氛围。加快构建社会福利建设体系和提升应对能力，推动社会福利供给方式转变，优化社会福利领域，促进社会福利体系的社会化、标准化、规范化、质量化。

13.4　我国社会福利制度的建立与发展

现代社会保障体系中,社会福利制度日益重要,已成为一种改善和提高社会成员生活质量的极其重要的制度和因素。我国的社会福利制度有两大发展阶段:建立阶段和调整改革阶段。随着社会的不断发展与进步,我国的社会福利制度还需要进行下一步发展与改革。

13.4.1　我国社会福利制度的建立

我国社会福利制度的发展改革与我国的经济发展水平以及经济体制紧密相连。我国于 20 世纪 50 年代正式建立了社会福利制度,在 1951 年 8 月发布了由政府民政部门负责组织实施的《关于城市救济福利工作报告》,本次报告中提到城市社会救济福利主要的保障对象分别是城镇孤寡老人、弃婴、孤儿、残疾人等。本次报告提到进行福利救济的方式是,民政相关部门通过合理的法定程序设立专门的福利机构为这些群体提供各种保障。这个时期,社会福利事业机构和社会福利企业这两个类型是福利机构的两个分支。福利事业机构主要有各种收养性的福利院、精神病院等;福利企业主要是指为残疾人等群体提供一些特殊的就业职位,解决他们基本的生活问题。虽然这次报告的发布解决了一些群体的问题,但数据资料显示,民政部主管的这些福利只覆盖到城镇的极少部分人群,受到的福利人口占总人口的比例不到 51%。

我国分别于 1950 年 6 月、1953 年颁布了《工会法》《中华人民共和国劳动保险条例实施细则修正草案》,这些法律草案不仅提到了企业职工的生活、探亲、交通补贴、取暖补贴等,还提到了应该由企业或者资方提供资金设立食堂、托儿所等。1953 年 5 月、1954 年 3 月我国分别发布了《关于同一掌握多子女补助与家属福利等问题的联合通知》《关于各级人民政府工作人员福利费用掌管使用办法的通知》,1956、1957 年分别颁发了《关于国家机关和事业、企业单位 1956 年职工冬季宿舍取暖补贴的通知》和《关于职工生活方面若干问题的指示》。发布的一系列法律法规政策对国家机关职工或企事业单位职工的生活困难补助、住房补贴、工作交通补贴、职工及职工家属医疗补助、生活必需品供给等问题作了比较全面的分析与规定。因此,绝大部分的国家机关和事业单位工作人员还有企业职工成了我国社会福利享有的主体,他们的福利需求按规定通常由其所在单位提供。并且,数据统计显示享受社会福利的成员占城市居民的 95%以上,占我国总人口的 25%以上。在那段时间内,国家机关、事业单位工作人员的福利主要由政府人事部门负责而企业职工的福利由劳动部负责和管理。不难发现,那时候民政福利、企业职工福利和国家机关、事业单位职工福利三部分组成了我国的社会福利。

我国的社会福利制度建立后,在很多方面都取得了一定的成果,从建立到 20 世纪 90 年代末,整个计划经济时期,职工们能够享受到的福利待遇都在不断完善与提升。总的来讲,在“高就业、低工资”这种就业和分配制度下的时期,城镇职工所享受到的福利待遇是很好的,这些福利补足了他们因低收入造成的生活亏空。这个时期,我国的社会福利都是以城镇职工为主体,职业为依托,关注到了他们生活的方方面面,经费支出都是依靠国家财政。职业福利现在仍然存在,它在我国的社会福利体系中占有十分重要的地位,是社会主义制度优越性的体现之一。

13.4.2 我国社会福利制度的改革与发展

1)计划经济时期我国的社会福利制度

在计划经济的50年,我国的社会福利制度只进行过微调,主要的改革变化是在20世纪70年代后期。国家对此进行了比较大的变动,提高了补助费的起点标准,调整了如交通费、探亲费等项目,并且增加了福利资金的来源渠道。在20世纪80年代以后,我国的社会福利制度为了与整个经济体制改革的要求相适应,主要进行了以下几个方面的改革:第一,改变社会福利全部由国家总揽的形式,鼓励社会各方力量进行社会福利事业;第二,增强残疾人群体生活能力,鼓励残疾人就业,增加残疾人工作岗位;第三,大力推进开展社区服务;第四,农村的社会福利改革得以突破;第五,对普适性的社会福利转变进行探索。这些社会福利的改革都是在我国在社会经济不断发展的情况下进行的,符合正常的发展逻辑,也取得了一定的成果。

2)我国社会福利制度的改革

20世纪80年代开始的经济体制改革给社会结构带来了很大的变化,这时我国传统的社会福利制度逐渐暴露出了一系列不适应新社会环境的问题,主要体现在以下几个方面:其一是国有企业过重的职工福利压力,导致其无法平等地参与市场竞争,其市场竞争能力降低。其二是企业负责职工福利,导致职工福利与企业的效益直接挂钩,造成福利的差距较大,阻碍了劳动员工的流动性;城乡隔离的二元经济社会结构无法打破,扩大了城乡差距,因此计划经济时代的社会福利制度必须进行改革。于是,我国于1993年先后发布了《社会福利企业规划》《中国福利彩票管理办法》《民政事业发展"九五"计划和2010年远景目标纲要》《社会福利机构管理暂行办法》等,这些法律法规政策一步步地带领我国社会福利走向多元化、规范化、社会化的发展道路,改变了计划经济时期企业承担过重福利的做法。

随着中国的经济步入新常态以及改革开放的进一步深化,我国的社会福利发展越来越全面、越来越完善。如今国家颁布的社会福利制度及政策主要以"惠民生"为主要出发点,与老百姓的日常生活息息相关。这些年国家颁布的相关政策也不少,比如2010年民政部颁布了《关于建立高龄津、补贴制度先行地区的通报》,其中,明确规定了对80岁以上的高龄老人按月发放高龄津贴,并即刻在全国范围内实施。因为2015年是全面深化改革的关键之年,随之而来的是一系列有关社会福利的改革方案的陆续出台,在2015年有关福利政策进一步的明确了规定。特别对以下几方面进行了规定:一是养老金并轨相关政策;二是儿童社会福利相关政策;三是残疾人社会福利相关政策。对社会福利有了更明确的规定,使社会福利能拥有更清晰的发展路线。

3)我国社会福利制度的发展

随着我国全面的经济发展,以及我国经济发展制度的确定,中国开始走向现代化、法治化、文明化发展阶段。改革取得了很大的进步，但是随之而来也有很多问题，比如城乡差距、贫富差距越来越大。我国的社会福利制度改革的脚步还是与经济的发展有一定的差距，民政部根据我国的实际情况，颁布了多项政策规定，这些政策规定逐步引导我国社会福利事业向社会化、法律化、多元化发展，改变了过去单一由国家完全承担的方式，更加适应中国特色社会主义社会的发展。

新时代，我国社会福利制度还在进一步完善，但是我国的社会福利制度仍然处于发展的初步阶段，十九大习总书记提到，我国的社会主要矛盾已经发生了变化，随着我国社会主要矛盾的变化相应的它对社会福利制度的要求也提高了很多。目前我国社会已经存在四个层次的社会福利制度概念，能够清晰反映中国社会对社会福利制度概念的文化建构。其中，第一层是最高层次的“理想类型”的社会福祉，即有浓厚的快乐、幸福、美好，主观色彩，偏向于精神方面的感受。第二层是泛指有助于人类幸福美好生活做出的所有美好的努力，这是一个比较广义和宽泛的概念。第三层是英国社会福利或社会服务概念，主要包括一些特定领域的福利主要是卫生、教育、住房、社会保障和个人社会服务。第四层是最微观的社会福利制度概念，主要指英国的社会福利制度、德国的社会福利制度、美国的社会福利制度、中国特色的社会福利制度等。

13.4.3　我国社会福利制度的改革发展方向

目前，为了建立更好更完善的社会福利制度，我国仍然在继续探索社会福利制度建设，可以从以下几个方面概括我国社会福利制度改革发展的新方向。

1）以正确的福利理念为引导

首先，对国家和政府在社会福利中的地位要明确，政府建立社会福利制度、举办社会福利事业不是政府德政，而是政府应该尽到的责任。因此，必须以“小政府，大社会”的理念来引导社会福利。其次，对选择普遍社会福利还是特殊社会福利的问题，我们应该结合经济发展情况来进一步考虑。社会福利普惠性与提供特殊的选择需要以经济发展为平台，目前我国的经济发展与发达国家还有一定的差距，人均生活水平还不够高，贫富差距过大。因此，这个阶段要选择非普遍的且由多方负担的社会福利提供形式。最后，是公民权利意识的树立，早在 20 世纪 50 年代马歇尔就指出了现代公民权为跨越三个世纪的民主文化的结果，在 18 世纪设立了法定公民权的基本原则。在我国这样一个处于初级发展中的社会主义国家，更应该强调公民权利意识的树立，并且期盼在以后社会福利制度进一步完善的过程中能够有所体现。

2）我国的社会福利制度应该不断走向法制化、制度化

我国现有的社会福利制度立法还不健全，福利事业缺少统一的政策规划。现有的政策或法律法规也存在不合规范，以及概念、管理及运行程序的模糊等问题。具体的制度改革可以包括健全老年人福利制度、健全残疾人福利制度、健全儿童福利制度、健全福利资金管理制度等。改革社会福利制度要求我们，明确社会成员的福利权益，理清社会成员的国家、社会责任，理顺各种社会福利项目的管理，强化监督监管机制。以上一系列举措会促进相关社会福利项目的管理、社会福利资金的使用、社会福利标准的测量与制定

以及社会福利规划与实施层层落实。

3)建立统一的社会福利事业管理机构以及社会福利监督机构

我国现行的社会福利事业是由民政局、财政局、劳动保障局、教育局以及中华慈善基金会、中国残疾人联合会等部门机构进行分别管理。由于社会福利的多样性,无法避免其被多个部门同时进行管理,这样的分散导致社会福利事业不能很好地进行全面发展,各方面工作的衔接与协调也存在一定的困难。所以,政府应该统一社会福利事业管理机构并健全监管监督机构,从根本上改变社会福利制度项目的重复并减少遗漏项目,推进社会福利事业快速稳定地发展。

4)将社会福利与社会救助进行明确界定与区分

社会福利有更明确的目标是在解决了基本生活问题后提高人们的物质与精神生活水平,而社会救助主要解决基本生存问题。以往的某些社会福利项目中,有些项目是属于社会救助领域的,如由于残疾人群体的特殊性,对残疾人群体国家有专门的残疾人保护法对其做了规定。规定指出残疾人的这些权益由残疾人企业、特定的康复机构、特殊学校等机构进行执行,所以也比较独特,对残疾人的各项保护与支持措施更偏向于社会救助。

5)推进社会福利的社会化

我国社会福利制度建立初期,社会福利都是由国家全权承担,导致我国的财政负担过重,服务对象数量较少。因此,社会福利社会化是缓解这些问题的重要举措,社会福利的社会化主要可以体现为以下几个方面:一是福利责任主体的多元化,可以尝试将一些由政府主办的社会福利机构社会化,如将民政部的福利院成立为独立的社会组织,向全社会开放。简化社会福利组织或社会福利机构成立的流程与手续,鼓励民间力量进行社会福利事业的兴办,并提供政策性的优惠,促进社会福利事业的壮大与发展。二是社会福利资金来源的多渠道化,可以适当增加政府财政投入,对已有的社会福利投入进行结构调整,国家的社会福利提供应该是随着社会的发展与进步越来越优化的。可以动员民间力量,调动民间资金投入的积极性,利用彩票、募捐等方式促进民间社会福利事业资金的流动与增长。可以进行收费补贴,绝大部分社会成员都应该在享受社会福利的同时承担一定的缴费义务。三是扩大社会服务对象规模,社会福利的享受对象应该是社会全体成员,但如今享受到社会福利的成员还没有达到全覆盖,今后我们要通过各方共同的努力,将社会福利服务逐渐面向所有成员。四是将市场机制适度引入福利领域,目前福利机构可以分为公益性福利机构和经营性福利机构两种,由于我国老龄化日益加重,引入市场机制以独资、合资、合作等多种方式为老年人提供服务,从而促使社会福利事业向产业化方向发展。在提升服务档次的同时,逐步与其他社会福利事业发达的国家接轨。

6)健全完善社会大福利服务体系

随着社会福利制度改革的继续推进,我国的社区服务逐渐成为社会福利服务的基石,此时我们可以形成以社会福利为主体,以企业单位的福利为辅助补充的社会福利的大体系。

总的来讲,国家应当确保通过政府的主导,建立一个结构合理、内容全面、保障功能强、多元化发展的社会福利体系,全面促进社会福利事业整体与局部相结合的发展。努力实现全面满足城乡居民供需平衡的社会福利,以实现中国社会福利体系从照顾弱者向普惠全民的转变。另外,中国的社会福利制度具有一定的特殊性,在社会福利制度变革发展的过程中还是会遇到重重阻碍。但是我们可以通过正确的社会福利理念进行引导,合适的框架体系进行不断地调整,在实施过程中发现问题并不断改正,最终实现中国社会福利制度的合理选择。

社会福利对社会的发展具有重大的影响,但是这种影响也具有双重性。社会福利影响双重性主要是公平与效率之争。从社会发展的角度分析,效率与公平是相辅相成的,只有效率高了,才能够有社会进步以及公平程度的提高。但是从社会的角度来看,我们应该坚持公平优先,以公平来促进效率的提升。我国的社会福利制度在计划时期形成,那个时期比较看重权利而轻义务,权利与义务不对等。如今,随着市场经济的发展,我国的社会福利也在重视权利与义务的对等,这也符合市场经济的要求。

13.5　案例分析

【案例】为低收入老人省了一大笔钱的美国“橡树”公寓

在美国,具有典型代表的福利性老年公寓是“橡树”老年公寓,位于芝加哥南公园台地大街 820 号,是芝加哥的中心地带,气候宜人、地理位置十分优越。公寓向东走大约 1 公里就是密歇根湖,交通便利,紧邻公车站,方便出行。公寓的各种设施完善,分为两室一厅和一室一厅两种大小套间。公寓内有恒温空调、洗衣室、健身房、活动室等,每间房内安装有电子监控摄像头,并配备停车场,公寓的绿化也做得相当好。同时,橡树公寓的租金根据租房者的月收入确定,为租房者月收入的 30%,收费十分合理,不过也需要另外交纳相应的管理费。公寓主要针对低收入老年人,不是谁都能租到的。

居住在芝加哥这个城市的老人享受到的社会福利很不错,如果老年人年龄在 62 岁以上,并且家庭月收入低于1 200美元或者银行存款低于2 000美元的情况就能够申请老年公寓。进一步说,即使申请者没有一点存款和收入来源,也不会出现交不出房租的情况。反之,申请者还能获得每年 240 美元的电费补贴以及免费的医疗保险、公交卡、食品供应,并且政府还会补贴房租。当然,美国各个州的具体实施政策不完全相同,但是他们的福利项目都差不多。

下面讲一个具体的例子,司马璐是一位美国公民,同时也是名副其实的低收入者。在入住老年公寓前,司马璐每个月可以从政府领取到社会安全保险金,大约 800 美元。入住老年公寓后,她就不能够再领取社会安全保险金了,但是政府补贴房租,这样她每个月还能拿到零用钱,大约 160 美元。司马璐自己算了一下,入住老年公寓前,每个月有 800 美元的收入,但是光是房租就需要3 600美元;入住老年公寓后,不仅不需要支付一分钱,而且还能拿到约 160 美元的零用钱。这样前后一对比,自己享受到的福利就很好了。公寓的运营成本政府全包,同时减免地租。在美国的芝加哥,像橡树公寓这样的老年公寓一共有一百多家,全部费用由政府补贴,一个套间的平均运行成本在1 200美元左右。

美国的老年公寓通常都是由政府进行专项拨款,然后由相关团队进行设计和建造,专门提供给低收入的老年人居住,某些情况下也会交给承包商运营。美国政府规定老年公寓的房租不能随时涨价,政府给予土地税减免等相关优惠政策,旨在保证符合申请条件的老人可以住进自己经济能力所能承受的低价公寓。美国老人很多都倾向于申请入住老年公寓,原因在于老年公寓不仅能使老年人感受到温馨的家庭氛围,而且可以方便地获得较好的社会服务,同时,老年公寓能够给老年人提供独立的生活空间。大部分美国人在退休后会卖掉自己的房子,用卖房的钱支付老年公寓房租,入住他们喜欢的老年公寓。申请人在申请老年公寓时可以根据喜好依次选择多家公寓,申请结果出来后,申请人如果不喜欢,可以放弃3次选择机会,然后重新排队。当然,美国的部分老年公寓会考虑到某些情况,会让高龄老年人优先选择,有些也让本社区居民优先选择。

分析与思考

1.美国“橡树”老年公寓体现了社会福利的哪些特征?

2.美国“橡树”老年公寓对我国老年福利的研究有什么借鉴意义?

【本章小结】

社会福利是国家和社会依法通过提供各种社会福利设施津贴以及补助、举办各种社会福利事业、进行社会服务等方式提高全体社会成员的物质与精神生活水平的一种社会福利。社会福利是社会保障的重要组成部分,也是现代社会保障的一种特别的形式。

本章首先通过介绍社会福利的含义,让我们知道了社会福利的含义有广义和狭义之分。其次介绍了社会福利的对象、类型与作用,并且详细论述了以不同的标准可以对其进行不同类型的分类。接着阐述了社会福利在我们生活中的三大作用。再次介绍了社会福利在国外的发展情况以及我们可以从其他国家借鉴哪些好的做法。最后详细讨论了我国以后的社会福利的发展方向以及在发展过程中应该注意的问题。

【探索】

1.我们应该从哪些方面对不同的社会福利制度进行比较分析?

2.社会福利制度可以从哪些方面进一步完善?

3.你认为中国能否走上社会福利国家发展之路,福利国家在建立和发展社会福利制度的过程中有哪些问题?

4.在新时代,如何对中国社会福利制度的未来发展做进一步分析,如何才能实现中国社会福利制度的合理选择?

第 14 章　社会救助

【学习目标】

1.掌握社会救助相关基本概念,包括其功能以及基本原则

2.了解社会救助的对象、基本类型和作用

3.了解国外典型国家社会救助制度的基本类型,以及给我国社会救助制度的经验借鉴

4.了解中国社会救助制度相关的历史进程,掌握我国社会救助制度中尚存在的问题以及未来发展方向

14.1　社会救助概述

社会救助是国家和社会针对一些生存困难的公民提出的一种制度,通过对这部分公民进行财务的接济或者生活上的扶助,使他们的基本生活得以保障。

14.1.1　社会救助的含义

社会救助又称社会救济,指的是国家和社会向不幸者与贫困人口提供款物接济和扶助的一种社会保障项目。社会救助的含义可以从以下几个方面来理解:

①社会救助是政府或社会的行为其中的一种。社会救助是政府行为,它主要表现为政府通过立法建立一种为社会成员提供最低生活保障的一种制度,其实施比较规范,并有法可依;社会救助又是社会行为,它为救助对象,也就是弱势群体,接受民间或社会团体对他们的自发性救助,其中救助的形式是以自发性的募捐和其他慈善活动为主,自发性、不确定性是其特征。

②救助对象是处于生活困境的社会弱势群体。社会弱势群体是指这样的一部分社会成员:这些社会成员因为自身能力不足,导致一直处在生活困境,无法摆脱贫困,包括其收入水平比贫困线低的贫困人口、失业者、遭遇意外灾祸的人等,因其不能依靠自己维持最低生活,故需要国家和社会的救助。

③救助目的是保证社会成员他们的最低生活需要。社会救助属于社会保障制度,它会对一部分社会成员进行物质救助,这部分社会成员的生活水平低于最低收入标准之下,保证这部分社会成员的最低生活需要,以及法律赋予他们的基本生存权利,这两点是社会救助的目的。其中最低收入标准是一个比较相对的概念,它消费需求不是维持生命最低极限所需要,而是在一定时期内,已经拥有的平均消费水准的其他社会成员,是由国家和政府根据历史、道德、社会等因素予以确定。社会的平均收入水平以及相应的社会平均消费水平一般是高于这一标准的。

14.1.2 社会救助的其他特征

社会救助制度与其他的社会保障制度比较具有自己的特征。其主要表现在以下几个方面:

1)权利义务的单向性

社会救助的最终目的就是让社会成员的最低生活需求和公民的基本生存权利得以保障。公民的基本生存权利是宪法赋予的,这种权利理应得到保护,这也是国家和政府不能推卸的责任和义务,所以社会救助的权利与义务具有单向性的特点,这是其他社会保障项目所不具备的。社会救助义务的单向性特点,意味着保障公民的基本生存权是法律赋予政府的责任,如果不能正常履行这种责任,就会引发或激化社会矛盾,社会由此不稳定,政府的地位也会被构成威胁。

2)保障的最低性

社会救助的对象是一部分社会成员,这部分社会成员生存在困境之中,他们需要国家或社会对他们进行及时的援助,这种援助的标准是维持他们最低生活的需要,这也作为其救助水平。而其他水平均相对较高的社会保障项目,它们除了要解决社会成员的生存问题,还要保障社会成员拥有相对较高的生活质量。

3)资金运动的单向性

社会救助的资金来自政府的税收,其中完全分离的受益者与资金提供者,通过政府在社会成员之间进行横向调剂,并且是无须偿还的救济金,资金运动呈现政府向个人的单向流动态势。资金运动的单向性有利于实现政府公平收入分配的目标,政府的社会救济金来自税收,税收本身就是调节高收入者和低收入者的一种分配手段,社会救助实际上是将高收入者收入的一部分以税收的形式集中起来,再以发放社会救济金的形式转移给低收入和无收入者,在政府的一收一支中,起到了缩小高低收入差距的作用。

4)保障条件的单纯性

社会救助有着很单纯的受保条件,只要社会成员的收入无法满足其最低生活需要,不论以往的职业、身份、性别、年龄如何,也不论是否是职业劳动者或被雇用者,都可以享受社会救助保障。这种保障条件的单纯性是由社会救助的性质本身决定的。

5)保障关系的互助性

一方面,政府建立的社会救助制度是从社会上筹集到社会保障基金,然后再为救济对象发放社会救济金，其形成的社会保障关系是救济金缴纳者与救济对象之间的互助关系，只不过这种互助关系是通过国家(或政府)组织和立法来实现的；另一方面，以社会募捐形式进行的社会救助是救助者与被救助者直接的互助关系。

6)按需的分配性

社会救助与按劳分配和按资分配的国民收入再分配手段不同。其一，虽然社会救助是面向全体的社会成员，但并不是所有社会成员都有资格申请，有资格申请的只有那些生活困难或者是遇到了特殊困难的社会成员；其二，社会救助是由国家或社会提供的，其中包括实物援助、现金援助、服务援助等，在确定的标准范围内，社会救助会对救助对象进行按需分配，所以社会救助也很好地补充了作为按劳分配与按资分配形式，也是作为收入再分配的典型手段，社会救助有利于调节国民收入的初次分配格局，推进社会公平。

14.2　社会救助的对象、类型与作用

14.2.1　社会救助的对象

虽然社会救助面向的是全体公民，不分性别、年龄、职业、民族、宗教信仰等，但真正能进入救助范围的仅是一部分公民，这类家庭人均收入低于最低生活保障线。所以，需要经过严格的资格认定程序才能享受社会救助，特别是要经过政府部门对家庭经济情况进行调查。调查内容一般包括收入状况、财产状况、劳动力、赡养人口数等，调查结果符合法定救助标准时才能获得救助。有些地区还要调查申请者的家庭财产和工薪之外的其他经济来源，以切实保证最需要救助的公民能得到社会救助基金。社会救助的对象主要是指陷入生活困境的社会成员，凡个人和家庭的生活水平低于最低生活保障线，都会被列入社会救助的对象。救助主要的方式有现金救助、实物救助和服务救助等。

各国经济、社会和文化的差异，以及社会救助体系设置的不同，致使在救助对象的分类和认定方面差异较大。如英国的社会救助对象主要分为四类：无固定职业或者是就业不充分，没有能力定期交纳社会保险费，所以没有权利享受社会保险的人；有权利领取社会保险津贴，但是又不足以维持最低生活水平的人；领取了社会保险津贴，但是已经到了或者超过期限，但是没有其他收入的人；没有参加社会保险，同时生活无着落的人。在中国，社会救助的对象主要包括以下三部分人员：一是无依无靠、无生活来源、无法定抚养人的“三无人员”。这类人群多指孤儿、长期患病者、未参加社会保险且又无子女和配偶的老人及享受失业保险金期满后，仍未找到工作、无收入来源的公民，他们中绝大多数属于长期被救助对象。其中，对孤儿的社会救助仅限于整个未成年期，一旦成年参加工作，有了收入来源，救助行为便自动终止，但若是严重残障的孤儿，则需借助收容的形式进行长期救助。二是突发性灾害造成的“灾民”。这类人群既有劳动能力也有收入，但意外的灾害造成了他们暂时性的生活困难。突发性灾害既包括自然灾害也包括社会灾害，自然灾害如风灾、水灾、震灾等；社会灾害如交通事故、化学危险品爆炸、毒气泄漏、火灾等各

类突发性事故。自然灾害和社会灾害的不可避免性,决定了灾害救助在很长时期内仍是社会救助的主要内容。三是城乡贫困人口。这类人群虽有收入来源,但生活水平低于或仅相当于国家法定的最低标准。如工资或退休收入太低不能使家庭达到国家法定最低生活标准的、失业津贴期满没有找到工作的、因病致贫或返贫的、虽享受残疾津贴但仍生活困难的等。

14.2.2 社会救助的类型

1)按救助项目分类

社会救助按救助项目来分类,可分为生活救助、医疗救助、生产社会救助、住房救助、教育救助、灾害救助、失业救助、法律援助和扶贫开发等。

①生活救助:指对一部分贫困人口实行差额补助,这部分贫困人口是指家庭人均收入低于贫困线或当地最低生活保障标准的。生活救助的一种就是最低生活保障制度,它最大的特点是尽力解决保障对象存在的最低生活保障问题,但是改善他们生活并不包括在内。

②医疗救助:是一种社会救助项目,是指对低收入者得病时给予其一定医疗费的补助。在政府主导和社会广泛参与下,通过医疗机构的全面实施,来恢复受助对象的健康。这是医疗救助的特点。

③生产社会救助:对有一定的生产经营能力的贫困户,对其政策、资金、技术和信息方面给予帮忙,让他们通过生产经营活动脱离贫困。生产社会救助作为一种较为积极的救助方式,它能帮助贫困人口从根本上脱贫致富,因而已经引起各级政府的高度重视,成为主要的社会救助项目之一。

④住房救助:指低收入的家庭和其他需要保障的特殊家庭得到政府的救助,政府对其提供住房租金的补贴或者以低廉租金的方式分配租住房。住房救助的实质是住房的市场所需费用与居民的支付能力之间的差额由政府去承担,解决一些居民因为支付不起住房费用而没有房子住的问题。目前的廉租房政策实际上就是住房救助政策的一种。

⑤教育救助:指适龄人口获得国家和社会的保障,使他们能够接受公平机会的教育机会,同时提供物质援助给贫困地区和贫困家庭子女。通过减少或者免除学费和杂用费、资助学费和杂用费等诸如此类方式帮助贫困人口可以在相关阶段的学业得以完成,目的是提高其文化技能,这是教育救助的特点。

⑥灾害救助:指国家和社会紧急应对遭受自然灾害袭击,为生活非常困难的社会成员提供援助的一种社会救助。帮助这部分社会成员能够平安走出由灾害的发生带来的生活困境,如地震救助、台风救助等,这是灾害救助的目的。现金救助、实物救助或者以工代赈等都是灾害救助的方式。

⑦失业救助:这个制度是与失业保险制度相配套的,其救助对象是这样一部分人,他们因为失业保险金的低和少,所以没有办法继续维持基本的生活;或是失业保险期满了,但是仍然没有找到工作,由此生活陷入困境的人。不受时间的限制,在重新找到工作之前,失业者均可长期享受是失业救助的特点。

⑧法律援助:指在司法制度运行中,一部分社会成员因为贫困或者其他因素,导致其很难通过一般法律手段来保障他们自身基本社会权利,国家对其实施社会救助的方式是通过减免收费或者提供法律帮助实现他们的司法权益。与其他社会救助项目相比,不同之处是法律援助出现的形式是以司法救济,实现司法公正与正义是法律援助的直接目的。诉讼费的减免、免费提供律师或者公证和法律咨询的服务等都是法律援助的主要内容。

⑨扶贫开发:指国家和社会为了对贫困地区的经济运行状态进行调整、优化,通过政策、就业、技术、物资、劳务、信息、资金等方面外部的投入,在这个基础上,以保证贫困地区的经济可以良性增长,使贫困地区的贫困得以缓解,同时使贫困人口逐渐可以脱离贫困政策体系。扶贫开发与其他社会救助相比,追求的目的仍然与社会救助要达到的目标相同,但主要是面向的区域并不是直接面向的贫困家庭和个人,但是同样也需要使政府的公共权力与公共资源在其运用,所以仍可被归纳到现代的社会救助体系中。

2)按救助原因分类

社会救助按照社会救助的原因来分类,可分为灾害救济和贫困救济。

①灾害救济:指在遭受自然灾害袭击而失去生活保障的社会成员,会得到由政府和社会提供一定的资金或物质的帮助,保障他们最低生活水平。自然灾害救济是世界各国社会救济制度的一项经常的、重要的内容,其救济对象是在自然灾害中失去生活保障的社会成员,救济的形式主要包括发放救济款和救济物资,其中解决灾民直接生活困难是自然灾害救济,会发放包括衣、食、住所需要的救济物资,这是灾害救济中最常用的形式,自然灾害救济的一个特点也是如此。

②贫困救济:指对生活处于贫困状态的社会成员进行的接济,它是社会救济最经常的形式和内容,现今各国以最低生活保障制度实现对贫困人口的救济。

3)按救助手段分类

社会救助按救助手段来分类,可分为现金救助、实物救助、服务救助和以工代赈。

①现金救助:指对救助对象提供帮助的形式是发放现金,包括费用的减免或者是核销,同样也是现金救助的形式,它是作为现代社会救助的主要形式。受助者可以根据自己的需要,将现金救助转换为各种物质或服务是现金救助的优点,这样更有利于根据目标对象的需求来进行保障。在社会救助中,最为广泛的救助形式就是现金救助。

②实物救助:指对救助对象提供帮助的形式发放物资。实物救助是一种比较传统的救助形式。所发的物资可以拿来直接消费,可以得到比较快捷的救助的效果是实物救助的优点,所以现代社会的灾害救助中经常采用实物救助。但是,实物救助必须讲究针对性,所以并不是所有的救助项目都可采用实物救助。

③服务救助:指提供生活照顾和护理等服务给特殊救助对象。对高龄老人的各类护理服务,以及对孤儿群体的关爱与照顾等都包括在内。

④以工代赈:指对救助对象救助方式是通过提供相应的工作或就业的机会,并且会发放相应的劳动报酬。以工代赈是一种在灾害救助与扶贫开发中被国内外经常采用的

一种救助手段。

事实上,在很多救助项目在实践中,并不是仅仅使用上述的一种手段,更多的是同时采用两种或多种救助手段。比如在灾害救助中,就同时有上述全部的救助手段。

4)按救助时间分类

社会救助按救助时间分类,可分为经常性救助和临时性救助。

①经常性救助:指社会救济在时间上具有连续性。社会救济管理机构在相当长的一段时间里,对救济对象进行按规定连续、定时的援助,是政府经常性的社会救济的支出。孤寡老人、孤残儿童以及一些社会成员,这三类群体是经常性救济的主要对象,他们基于各种原因导致长期生活在最低收入标准之下。正是因为这些人没有劳动能力,只有依靠国家的救济来维持生活,所以需要政府为了保障他们的生活基本需要建立起经常的社会救济制度。

②临时性救助:指在时间不连续,或短时间救助的社会救济。这种社会救济是为了解决社会成员临时的生活困难。临时性救助的条件一般都是短期的或临时的,所以当救济的条件不存在之后,救济就没有存在的必要性。灾害救济和失业救济等都包括在临时性救济之内,短期性和非连续性是临时性救助的特点。

14.2.3 社会救助的作用

作为保障社会成员生存权利的社会保障项目,社会救助在历史和现实生活中都具有重要意义。在现代社会中,这一作用在以下几个方面得到了突出体现。

1)社会救助有利于稳定社会

社会稳定是社会发展和进步的一个重要标志和条件。社会稳定体现在各种各样的社会关系中,人与人之间关系的稳定与和谐特别重要。稳定与和谐取决于社会收入分配的公平性和社会全体成员生存的保障。

在现代社会中,由于人们拥有不同数量的财产,他们自身的劳动能力和就业机会也不同。市场分配机制下,收入的数量是基于人们对资本量和劳动量的贡献来确定的,这在分配中很容易产生效率排斥公平的情况,一部分社会成员在市场中无法通过劳动获得他们必须维持生活的收入,正因为如此,这些社会成员的生存基本权利自然无法得以保障,从而可能造成社会不稳定。所以国家会采取社会救济这种方式,让社会中低收入和无收入成员的最低生活得以保障,并且让他们的生活困难得以减少,保障他们的法定基本生活权利,这样就会使社会关系更加协调,社会自然更加稳定。

2)社会救助是劳动力再生产的重要条件

劳动力的再生产是社会再生产的重要内容,它能够保证社会再生产持续不断和周转。劳动力的再生产是通过工人的物质消费和精神消费实现的。在现在的经济生活中,劳动力再生产有周期性的特征。如果经济萧条导致就业人数减少,剩余劳动力就会将暂时不在劳动力领域之内。如果经济复苏,工作岗位便会增加,社会生产此时就会要求更多的劳动力,失业的工人才会重返生产领域。

这种周期性的要求使暂时失业的工人成为劳动后备军,准备进行正常的再生产。劳动者因失业而没有收入时,失业者通过社会救济得到最低生活保障,这就为劳动力的正常再生产创造了必要的物质条件。

3)社会救助是国家宏观调控的重要工具

社会救助制度实际上就是收入再分配制度,也可以视为收入调整制度。它影响着社会需求的总量和结构,帮助政府调节社会需求,规范经济运行。因此,在现代社会中,国家通过社会救助来保障社会成员的最低生活需求,也用它来进行宏观经济调控。它可以自动维持经济稳定运行。

具体表现为:社会需求不足的时候,经济不景气,失业人数增加,社会救助人口随之增加,政府社会救助支出也自动增加,增加的这部分社会救济支出又反过来提高社会需求,缓解供需矛盾,促进经济增长;与之相反,在社会需求不断扩大的时候,供给相对不足,就业人数会增加,失业人数减少,社会救济支出也自动减少,在客观上稳定了经济发展。

14.3　国外社会救助制度及其借鉴意义

社会救助制度在英国、美国和瑞典最具代表性,核心是福利主义,总体表现为高负担、高福利。但是世界经济的发展总体不均衡,社会的发达程度也不一致,所以即使是发达国家,其社会救助程度和制度体系完善程度也不一样。

14.3.1　国外典型国家的社会救助制度

社会救助制度是指无法负担基本生活的社会成员受到政府救助帮扶的制度,其中规定的社会生活标准是指按照各城市的具体情况制定的最低生活标准。社会救助制度作为社会保障体系中不可或缺的一部分,可以稳定社会秩序,促进社会和谐,是维护和促进国民经济发展的基础。社会救助制度发展的历程很长,可以追溯到欧洲早期的改革,世界各国的社会救助制度通过较长一段时间的完善和发展,以英国、美国和瑞典三个国家最具代表性,以下列出三种不同社会救助制度的模式。

1)英国

英国的经济发展时间最长,救助的种类也很多,大多是不以营利为目的的福利性事业。英国对于救助的实施是通过建立不同的社会救助法来体现:

(1)《伊丽莎白济贫法》

17世纪初,英国通过立法建立社会救助制度,是世界范围内将社会救助最早成文的国家。由伊丽莎白一世颁布的《济贫法》,是世界上最早的关于社会救助的法律。该法案的体系覆盖社会各方面,具有完整性和全面性,一些条目沿用至今且举世闻名。这部法律最大的特征是慈善救济,是社会救助的雏形,不足之处是依然没有将社会救助作为国家的责任来看待。这部法律还有明显的歧视贫困人民的倾向,比如法律规定贫困人民会失去基本的权利来换取政府的帮助,规定这种行为是济贫,但实际上剥夺了公民的基本权利。在这部法律中,最有代表性的条例是关于“贫民习艺所”的规定,这项规定使贫民必须劳动来防治流浪现象。《济贫法》具有强制性和救济型双重特征,但强制性表现得更为突出,主要是对贫民劳动的强制性规定,不执行规定的贫民会受到相应的惩罚,而对基本的生活需求认识不足。这部法律虽然对贫民具有剥削性,但是却通过对全体成员筹集资金来救济贫民,是世界范围内首次以政府干预为手段来展现对社会进行救助的意识,意味着生活得不到保障的人民有渠道向国家求助。该法体现了国家对社会救助意识的形成,在全社会范围内进行了初步的社会救助。

(2)《斯宾汉姆莱法》

17 世纪末,光荣革命影响了大量乡绅的走向,这批人走向了议会,他们认为自己的财富是靠自己的能力得来的,因此对贫困大都持鄙夷的态度,认为贫困的人都是因为自身的懒惰和性格问题造成的,所以主张严格限制济贫的标准。18 世纪 20 年代,英国议会建立济贫院,允许多个区合作来进行贫困救济,这样的行为不仅是为了改善贫困公民的生活,还为了提高他们的积极性,鼓励贫民提高劳动生产力。1782 年,议会又通过了格伯特法,使经济得到了一定程度上的复苏,所以济贫的程度也加强了。1789 年,议会通过了《斯宾汉姆莱法》,该法令规定穷人应得到更多的救济,并以家庭为单位衡量收入,凡是收入低于社会基本标准时,应从政府的济贫款项里面补足,并说明补足的救济款和食品的价格变化一致。《斯宾汉姆莱法》的意义在于社会救济的对象范围扩大了,已就业的贫困者也依法享有救济的权利,使低于限度的社会成员都能够得到保障。这项法律的颁布使社会范围内的济贫税上涨,并一直延续到 19 世纪新《济贫法》的出现。《斯宾汉姆莱法》的目的和伊丽莎白一世颁布的法律一样,都是为了维护社会稳定,防治劳动力的大量流失和调控经济,但政府是作为施舍者的角色而不是责任人的角色。

(3)新《济贫法》

旧《济贫法》中对于救济的相关条例在实践中并不能很好地提高穷人的生活水平,反而使穷人没有积极性,性格变得懒惰依赖,从而导致市场更缺乏廉价劳动力,使资本家得不到生产所需的劳动者,阻碍了资本主义经济的扩张。所以在 19 世纪英国修改了不适应经济发展的《济贫法》,确立了新的两项规定:第一条是将无业且完全依靠政府救济的有劳动能力者剔除出救济范围内,第二条是指所有济贫活动都应由政府主导,所有户外救济活动都必须取消转而由济贫院统一规划实施,只有依靠政府的强制力才能保障最底层劳动人民的生存权利。随后,议会又通过了《济贫法修正案》即新《济贫法》,用立法的方式否定了《斯宾汉姆莱法》关于户外救济的款项,用政府强制力引导社会中符合救济条件的人回到习艺所。该法令拒绝向非济贫院的贫困人口发放补助,只将从社会吸纳的资金救济给院内的人员,为资本主义建设提供大量的劳动力资源,推动自由竞争的形成。修正案实现了减少社会纳税的目标,从 19 世纪 30 年代到 60 年代,英国的济贫税增长较快,这在政府济贫的运行,制度统一的济贫标准方面奠定了基础。

(4)《国民救助法》

在 20 世纪 30 年代,英国一度出现大量劳动者失业的情况,政府为大量失业者建立了专门的委员会进行救助,并逐个对这些贫困者进行调查,旨在使政府的救济具有及时性和精准性。20世纪中叶,英国的《国民救助法》作为单独为社会救助建立的法律,是历史上第一部社会救助制度。该法律规定无收入或收入过少的社会成员在无法缴纳保险金的情况下可以享受救济,另外有疾病伤残的社会成员按法律规定还可以享受额外的社会救济。这项法律并非重新建立新的制度体系,而是将以往所有的救助方法和手段统一成为一种制度。这项法律的规定对长期实行社会救助是一个重大进步,最值得一提的发展是将失业人口纳入了救济范围并将其独立为一个群体进行针对性的救助。到了20世纪40年代,措施的实行使失业人口降低,但经济上通货膨胀使一些老年人的生活水平受到了制约,这使政府更多地关注到了老年人的救助事项。失业救助委员会不再是仅针对失业者进行救助,还对老年人提供基本的社会救助,因此也更名为救助委员会。之后,委员会负责的范围越来越广泛,将单身妇女也纳入救助对象中。该项法律规定委员会是社会救助的管理机构,隶属于国民保险部,20世纪60年代该部更名为社会保障部,部门负责管理社会救助。

接着,英国设置补助待遇委员会,针对老年人的基本权利进行管理。这项措施旨在将补助待遇的时间拉长,维护老年人的基本权利。到20世纪70年代这部法律得到修订,称为《补助救助法》,修订后的法律把对象和内容规定得更具体,其中最具代表性的条款是,凡是年满十六岁,经济情况不足以支持家庭基本生活,都有资格向政府申请救助。

2)美国

美国的社会救助叫作公共救助或福利补贴,是由联邦政府、州政府和地方政府为主体,对被社会保险制度排除在外的贫民的基本权利进行保障,是美国社会保障体系的一个部分。其特点是项目种类丰富。美国的社会救助可分为以下几种类型:

(1)强制性儿童补助

这项补助政策成立于20世纪60年代,建立的目的是关注儿童的福利待遇,鼓励家庭关注儿童的权利。这项补助计划覆盖范围广,并与家庭、机构、事业单位等主体合作建立起负责儿童救助的共同体,承担社会责任,政策还促进了全国儿童信息系统的更新,为保障儿童权利提供了技术支持。

(2)低收入家庭能源补助

这项补助政策在成立之初并不是为了保障低收入家庭的权利,而是在能源紧缺时美国当局为了解决一系列社会问题而制定的政策。这项补助政策成立于20世纪70年代,虽然是为了解决一段时间的危机制定的政策,但政策的覆盖范围依然很广,且受益人数众多。

(3)抚养子女补助

这项补助因其特殊性曾遭到了很多社会成员的反对。20世纪30年代成立了专供家庭抚养子女的补助政策。最初是为了给家庭负担重的父母减轻抚养子女的负担,避免因抚养子女开销过高而导致的抛弃行为,到现在演变为对所有低于基本生活保障线以下的贫困家庭子女抚养的补助。这些补助包括子女的教育、住所等其他生活需求的保障,政策规定供养子女的年龄在十八岁以下,子女成年后因其拥有工作的能力政府不再向家庭提供补助金。这项政策的补助标准是根据当地的经济发展情况和家庭基本生活开销情况决定的,且政府会在发放补助前对家庭资质进行严格的审核。

(4)就业与劳动技能援助

这是一项具有长远视角的援助政策,这项政策区别于其他政策的根本特征是政策目的。就业与劳动技能援助政策是为了提高劳动者就业的积极性,可以为劳动者解决就业的根本问题,旨在培养劳动者长期性的生存能力。

(5)特困人员收入补助

特困人员补助的对象为社会成员中的弱势群体,例如老年人和残疾人,资金的来源是政府的财政支出。和其他补助一样,这项补助的标准是和国家经济发展状况保持一致的,且接受这项补助的家庭要经过严格的审查程序,包括资产和收入等的审查。

(6)食品券补助

这类补助是通过向社会成员发放赠券的形式提供保障。发放的补助券可以在政府规定的范围内兑换商品和食物。这项补助是美国政府制定的家庭援助计划的一部分,旨在保障低收入家庭的基本生活,这项补助同样也是社会救助的一部分,由美国政府部门负责管理,向地方下达指令,根据各个州或地区的实际情况发放补助。

(7)医疗补助

美国的医疗补助不同于医疗保险系统里的补助环节,对医疗补助的对象进行了严格规定,审核医疗补助受益人的程序也非常严格,可以领取补助的对象有贫困者和失业者等。其中包括一些因临时的经济条件改变成为贫困人口的对象,政府也会结合当时的具体经济情况进行审查,以达到将补助发放给最需要的社会成员的目的。

3)瑞典

瑞典是一个民主发展历史久远的国家,社会救助制度极为完善,因为瑞典地处欧洲,国家人口较少,因此民主制度非常完善。瑞典在打造民主国家时所建立的政策都倡导普遍和公平的原则。普遍的原则体现在瑞典政府为全体社会成员提供社会救助,而不是为统治阶级或某一个利益集团提供保障。公平的原则体现在用统一的标准进行社会救助的资格审查,不因特殊成员的权力和地位而让其享有更多的权利,也不因社会成员的贫困而剥夺他们应有的权利。

19世纪,全球开始了工业化的进程,各国的经济进入飞速发展阶段,但与此同时经济增长带来的社会问题和社会矛盾也在不断加剧。这种社会矛盾是伴随着贫困和失业产生的,工业化带来的贫困问题是贫富差距过大导致的,社会财富过于集中于资产阶级导致广大底层人民的贫困。瑞典政府为了更好地落实民主发展,进行了针对贫困人口的制度改革,建立一系列社会救助政策来解决工业化导致的贫困问题。19世纪中叶,政府颁布的《济贫法》保障了贫困人口的权利,规定社会底层阶级有正当接受救济的权利,而不是一种社会的歧视。这从某种程度规定了政府对穷人阶级进行社会救助的职能。19世纪下半叶,在政教分离后,瑞典的社会救助事业不再由教会管辖,正式交接给了瑞典政府,政府保障底层阶级人民的基本权利,为社会救助体系的运行提供财政保障。19世纪70年代,瑞典颁布新的法律以提高劳动者的积极性,以长期性的视角鼓励劳动者学习技能为未来的生活提供能力保障,这从某种程度上弱化了政府的社会救助职能。

瑞典的福利待遇制度非常完善,社会救助制度由几个部分组成:第一部分是覆盖全社会的社会救助,第二部分是具有普惠性的社会资助,这两个部分十分相似,难以区分,并且不需要公民自行缴费,完全由政府来承担补助的责任。但这两者的区别在于,社会资助不限对象,是针对全体社会成员的一种援助计划,对各层次阶级都一视同仁地提供救助;而社会救助则是专门针对贫困线以下的居民,必须要经过政府严格的资格审查之后,才有权利领取救济金。瑞典政府规定社会救助的对象有因子女负担重无法满足家庭基本生活的劳动者、失业人员、低于贫困线的社会成员、因特殊原因导致家庭贫困的社会成员。

14.3.2　国外的社会救助制度的借鉴意义

由于经济危机的出现,财政不堪重负,各国政府无法控制经济局面,加上社会救助制度本身也面临着巨大挑战,原有的社会救济制度产生了一个制度依赖群体。因此,各国纷纷开始变革,期望由此带来财政上的转机以及家庭结构、社会结构的实现。

1)救助制度执行的选择性

工业革命进程加剧,各国经济飞速发展,低于贫困线的社会成员越来越少,这导致了社会救助的难题即社会救助的范围该不该扩大,是继续保障最穷苦的人民还是将社会救助以福利的形式普及更多的社会成员。20 世纪 80 年代的反贫困方法使真正贫困的社会成员得不到基本生活的保障,有学者分析了其中的原因,认为是福利增多了,而最需要社会救助的特殊群体的权利却得不到保障,且政府官员的寻租行为增多,漠视社会救助的政府职能,而且对穷人的命运也缺乏情感的关注和支持,因而提出"有选择的救助制度",用来对贫困进行更直接的打击。

2)社会救助权责关系的转变

社会保障制度虽然是政府制定的,但可以看作是政府与社会成员共同遵从的社会规定,这项规定必须公平地对待全体社会成员,条款项目要清晰,对受益者资格的审查要严格,政府的职责也要清晰。因为社会救助的基金是由社会成员缴纳的,所以在支付补偿给贫困人员是要更加明确资格的审查。在社会救助方面,政府不再承担单方面的补助,应该转变职能,培养贫困者的生活能力。总之,政府从慈爱的母亲形象转换为一位严厉的母亲,要督促孩子完成作业、做家务,促使其独立。

3)对受益者完整人格的强调

社会救助制度有完整和严格的审查程序,特别是保障金发放的对象,政府只有对这些领取保障金的公民严格管控才能保证社会救助金的合理使用。但随着经济的发展,政府的审查模式有所变化,不再通过烦琐的程序对每个社会成员进行一一检查,而是层层落实,并随着经济发展情况来改变标准,可以简化程序,提高劳动者领取保障金的效率,减轻了政府人员的负担。社会救助的目的是满足社会成员最起码的生活需要,从而保持他们最基本的生存条件和人格。

其实,社会救济自建立与发展以来一直面临的问题就是如何减少人类在生存权利与生活自立这两者之间的冲突与矛盾。随着社会的发展,社会救助制度的目的越来越超越个人生存的范畴,更趋于向个人提供机会与条件以恢复和促进个人的发展,控制社会负担和社会成员的生活负担。

4)与就业等方面相关联的激励制度

近年来,由于经济和财政危机的发生,一些国家纷纷对社会保障制度实行改革。从世界范围来看,即便在经济发达的美国,社会救济制度的改革也开始转移到与安排就业相关联的方向来,职业介绍所的出现开始改变社会救济制度的面貌。在美国,“谁有劳动能力,谁就有义务工作”,克林顿总统在20世纪初签署了新的社会救济法案,大大减轻了联邦政府在社会救助方面的负担。法案规定贫困线以下的社会成员才有资格领取救济金,而贫困线标准以下的社会成员只占总体成员的极少数,并把大多数接受援助的人看作暂时没有工作的人。美国的社会救济也注重长远性,重视培养劳动者的技能和自觉性,对那些不接受工作的社会成员则不再提供社会救助。

5)加强社会服务体系,减少财政支出

比较典型的是日本,由于20世纪90年代以来经济泡沫的破裂,特别是1997年东南亚爆发的金融危机以及人口老龄化趋势已使财政支出在巨额的社会保障支出面前入不敷出,迫使政府不得不实施社会保障制度改革。在社会救助方面,主要提供社会家庭扶助,通过家庭养老的方式减轻政府在养老事业中的负担。

6)考虑到经济理性之外的人的需要

社会救助制度的改革引起了争议,尤其是对特殊群体如单亲家庭和残疾人的救济制度的变革受到了各方面的干扰。对于社会救助制度的设立,不仅从经济理性的角度去考虑,还要多了解一般人的需要和人的行为原则。社会救助的设立或实施应促进受救助者成长的能力,而不是损害受救助者原来的成长能力。社会救助的实施应能加强家庭生活,有利于个人和社会,在我们强调社会救济对恢复自力更生能力的重要性的同时,我们还必须记住,社会保障法就是为那些不能自力更生的人员制定的。“没有个性,或者精神贫乏,也和经济穷困一样是应该避免的大忌”,执行制度的官员要遵循这样的原则。

7)社会救助管理方式与资金筹集方式的改革

最后指出的一点是,社会救助事业的管理方式和资金的筹集方式对于提高政府的社会救助能力具有特殊作用。意大利威尼斯政府需要将救济预算的55%用作救济机构的行政管理费。美国的救济人口占比较少,因为如果按照政府规定的贫困标准来对贫困人口进行救济,则被救济的社会成员在享受救济金后待遇会远远超过贫困标准以上的普通贫民,这是一种极为不公平的政策补助。因为美国经济高度发达,贫困人口已不需要政府救济,但美国也有制度定义下的贫困人口,这些人口因美国政府对救济金的滥用而无法得到救济,从而使美国政府负担社会救济的能力大大降低。除此之外,罗马政府也分出救济金的一大部分用于行政运转,世界上一些发达国家尽管采取了许多社会救助措施,然而贫穷问题不仅未解决,还有愈演愈烈之势。因为经济、政治、文化冲突与矛盾创造了许多“新贫民”(new poor),国家内部的结构性矛盾大概非单纯的救助方案所能解决。

14.4　我国社会救助制度的建立与发展

从中华人民共和国成立开始,我国的社会救助制度经历了从建立、发展到完善的过程。我国社会救助制度的建立始于中华人民共和国成立之后,随着改革开放的进程得到完善,如今基本形成了与社会主义市场经济体制相适应的,能够促进经济健康稳定发展的新型社会救助体系。

14.4.1　我国社会救助制度的历史

自中华人民共和国成立以后,党和政府高度重视社会救助的建立。在救灾方面,提出“节约救灾,生产自救,群众互助,以工代赈”的救灾方针;在济贫方面,为了帮助城市贫民从根本上解决生活问题,提出“生产自救”的基本原则,使城市贫困问题得到缓解。在中国农村合作社制度建立后,养老问题基本由农村集体解决,特别是对于弱势群体,如老年人和残疾人等都由五保制进行供养。农村合作制对救助对象的要求主要包括弱势群体即老年人和残疾人等,分别对他们进行一定时间内一定规模对社会救助,对临时致贫的人口采用临时救济的方法。经过 20 多年的发展,到改革开放前,建立了与计划经济相配套的传统社会救济制度框架:在城镇,以充分就业为基础,以单位保障为主体,解决了绝大部分城镇人口的社会救助问题;在农村,建立了以救灾为重点,以“五保”为主要内容的集体救助制度。

改革开放以后,大包干的生产方式退出历史舞台,中国农村开始实行联产承包责任制,政府不再为农村的救济工作提供财政保证,因此农村的社会救助工作陷入了难以开展下去的境地。面临这样的时期,各地方政府针对地方的实际发展情况对农村的救助工作进行持续性的推进,最有代表性的政策就是共同开展农村的社会救助工作和扶贫工作。对审核通过的具有政府规定贫困线以下的家庭户口提供持续性的救助。在城市,经济转轨造成城市失业问题突出,加剧了贫困,产生了所谓的“新贫困”。出于体制的原因,新增贫困人口基本不被包括在内。20 世纪末,上海首先建立了关于社会救助制度的政策,拉开了城市社会救助工作的序幕。1997 年开始,中央开始关注城市内的社会救助工作并下发各种政策促进社会救助工作的展开,到 2007 年,国务院正式将全体居民均纳入最低生活保障范围。

社会主义市场经济确定以后,政府在社会救助方面的工作也得到了发展,中国逐渐形成了以低保政策和五保政策为中心,专项救助为辅,全方面覆盖的救助体系。并将社会救助的主要思想从“救济”变为“救助”。2014 年 5 月 1 日,《社会救助暂行办法》正式实施,首次从法律上承认社会救助工作的地位,将政府运用行政手段进行社会救助的行为合法化,标志着社会救助理念从“恩赐”到“权利”的转变。

14.4.2 我国主要社会救助制度

在中国社会救助体系中,因对象的不同,建立起了不同的社会救助项目并完善了相应的制度。最重要的制度包括最低生活保障、农村五保制度等。在中国社会救助体系中,1999年,国务院颁布《城镇居民最低生活保障条例》,正式确立了城市关于社会救助的制度,成立于农村的五保制之后,与五保制一起成为中国纳入法律制度化的社会救助工作。城市最低生活保障制度和农村五保制度与其他社会救助项目不一样,其他社会救助项目是地方政府在具体情况下的探索与尝试。所以,这两个项目在社会救助中运行,促进了社会救助制度体系的完善,也成为中国社会保障的重要部分。

1)城市最低生活保障制度

20世纪末,国务院颁布的《城镇居民最低生活保障条例》规定了社会成员享受政府提供社会救助的标准,使居民接受救助的权利合法化,规定了接受社会救助的额度和支付方法。这一条例还规定了政府对建立最低生活保障制度的财政责任与管理责任,以及实行制度时的规范流程等。所以这项条例的实行,代表了中国社会救助的法制化,是中国社会救助制度发展进程中的一个重要里程碑。

不过,由于各地政府对最低生活保障制度的财政报销机制不健全,民政部门在一定程度上处于无米之炊的状态,虽然最低生活保障制度在法规上得到了确立,但大量符合救助标准的困难居民,因各种严格的限制而不能享受这一权益,从而在事实上并未覆盖到全体城镇居民。资金不足成为制约最低生活保障制度发挥作用的关键筹码。

20世纪初,我国加大对社会救助的扶持力度,中央推进关于居民最低生活保障的制度建设,目的在于用最快的时间审核全体贫困群众,使真正的困难群众能够受到我国最低保障制度法律的政策扶持。为解决资金不足的问题,中央财政在年初筹款8亿元的基础上又追加15亿元资金,专门用于城市居民最低生活保障。各级地方政府财政,尤其是省级财政亦加大了低保投入,在较短时间内将大量符合城市低保条件的贫困人员纳入了保障范围。到2001年年底,全国享受最低生活保障的人数达到1 170多万人,比年初的402万人增加了191%。

20世纪初,我国为了加强对社会救助的监督工作,发布了《关于进一步安排好困难群众生产和生活的通知》,各中央部门加大了对社会救助工作的排查,包括对保障人数、保障资格、保障金的落实情况进行多方位的调查。这一举措的目的是加强中央对社会救助基金的监管,强调政府的财政主导权,避免了基金的流失和滥用。

2002年列入各级财政预算的低保资金105.2亿元,其中中央财政拨款4亿元,省及省以下地方财政已安排预算资金59.2亿元。到2003年年底,全国接受了最低生活保障待遇的城市贫困人口达到2 300万人。

2)农村五保制度

农村五保制度和城市最低生活保障制度在社会保障体系中占有最重要的位置。中华人民共和国成立以后,党和政府非常重视照顾农村孤寡老人、残疾人、未成年人等没有劳动能力的人。20 世纪 50 年代至 80 年代初期,在我国农村实行了五保供养制度,农村村民中符合条件的老年人、残疾人和未成年人实行保吃、保穿、保住、保医、保葬的五保供养。1994 年,中央发布的《农村五保供养工作条例》,用法律的方式规定了农村社会救助的内容,这一条例也标志着农村社会救助进入了一个新的发展阶段,它进一步明确了农村五保供养工作的性质、资金来源、集体责任等,从而对维护农村极端弱势群体的基本生活起到了良好的推动作用,并为农村五保供养工作提供了基本的法律依据。

但是,社会经济的发展和城乡一体化的趋势加剧,建立在集体经济上的农村五保制度和市场经济有冲突,所以需要对农村的五保制度调整以适应新的社会经济环境。在新时期的发展过程中,中央发布了《关于进一步做好农村五保供养工作的通知》,进一步改革了农村五保制的相关工作和规定,加强了中央对社会救助工作的指导。这项制度保障的是家庭收入低于农村贫困线的社会成员,对这些达不到社会基本生活标准的家庭进行社会补助。建立农村社会最低生活保障制度,是社会保障体系中的重要组成部分,能够保障我国农村居民的基本生活,有利于城乡一体化。

根据民政部制定的《农村社会保障制度指导方案》规定,落实这一制度的办法是:①农村最低保障标准。这个标准要考虑到农村的经济水平和当地的物价水平以及农民的基本生活所需。②保障资金来源。各级财政分担的经费列入本级财政预算,村集体分担的经费从公益金中列支,各级财政分担的经费在使用中向贫困地区倾斜。③保障内容。根据各地的农村条件,实行不同的补助政策。

14.4.3　我国社会救助制度的发展趋势

在社会主义计划经济体制下,我国实行广就业、低工资的劳动用工制度,基本上不存在失业现象,因此社会救济主要侧重于灾害救济和失去劳动能力的社会成员的社会救济。

这种情况一直维持到 20 世纪 80 年代,改革开放以后,我国的经济体制从计划经济向社会主义市场经济体制逐渐过渡,传统的社会救济制度的不适应性日渐突出,在这种情况下政府逐步对社会救济制度进行了一些改革和调整,其主要表现在:

①救助范围扩大。随着经济体制的转轨,市场竞争的加剧,激烈的经济变革和社会变迁也带来了变革。失业人口也成为一个备受社会关注的人口群体,失业工人、下岗工人、停产、半停产企业职工、退休较早、原工资较低从而退休金微薄的老职工和农转非职工不断进入城市新贫困阶层,他们的生活保障问题成为新时期社会救济的主要内容。在这种情况下,社会救济的重点也从传统体制下的灾害救济和老、弱、病、残、孤救济转向对新贫困人口的救济。社会救助的对象应覆盖全体公民。这样的社会背景使我国的社会救助制度要注意城乡发展的协调性,要建立一个有利于城乡共同发展的制度来对社会救助体系进行指导。所以,在新时期我国要扩大救助对象的覆盖范围,避免因审查过程中的疏忽导致真正需要救助的社会成员得不到救助。为了实现这一目的,就要对政府审查贫困资格的程序严格管制,并根据各地经济的变化和家庭内部经济状况的变化来对社会成员或社会家庭进行动态地保障,有利于使更多的社会成员公平地享有国家的社会救助。

②救助方式改变。传统的社会救助以发放救济款和救济物资为主要方式,主要解决贫国人口的生活需要问题,但形成的是一种消极、被动的救济模式,救助对象与政府之间存在着一种经济上的依赖关系。如果说,这种依赖关系对没有劳动能力的社会成员是具有合理性的,但是对有劳动能力、暂时处于生活困境的社会成员却有很大的消极作用,导致此类救助人员依赖政府的救济,失去摆脱贫困的动力。因此,在社会救助制度的改革过程中,针对救济对象的变化及其特点,政府逐渐改变了这种"输血"式的社会救济模式。在为有劳动能力的救济对象提供物质帮助时,按照"救济救灾与扶贫扶优相结合,生活救济与职业培训相结合"的原则,把帮助救济对象脱贫致富、重新就业作为社会救济的重要目标,从而使社会救济机制发生了重要的变化,其造血功能大大增强,取得了良好的效果。

③建立规范化制度。传统的社会救助制度在救助对象、救助标准等方面并没有统一、规范、制度化的量化标准,致使社会救助制度在实施过程中有一定的随意性。为提高社会救助管理水平,20 世纪末国务院出台了《关于在全国建立城市居民最低生活保障制度的通知》。这项通知标志着我国的社会救济制度已基本实现法制化和规范化,我国的社会救助制度步入一个新的发展阶段。

④划清国家社会救助责任的界限。随着社会经济的增长,中国迎来了发展的新时期,社会救助体系也因此有了新的要求。作为保障我国社会公民的基本生活的制度,社会救助制度体系需要随着我国居民生活质量水平的提升而改革。因此,改革需要政府进行,我国政府要调整自身对社会救助制度体系建设中作用的认识,及时根据经济发展情况对制度进行改革。首先,我国的社会救助事业在公民的理解中是片面的。社会救助不仅涉及公民的基本权利,还涉及公民的基本义务,社会成员需要先承担自身为其他社会成员提供社会救助的义务才能享受权利。这种意识的缺失不利于社会救助事业的发展。其次,政府要加强对社会救助事业的监管,落实监管程序和主体。各类部门的共同管理才能保障社会救助制度得以良好地运行,因此部门间应自上而下地有秩序地对制度执行的各个阶段负责。但仅靠这样的制度运行方式必定会有弊端,首先政府部门曾经长期地执行原有制度引导下的社会救助工作,且会在未来依然长期负责新的社会救助工作,会导致运作效率变慢,运作思维僵化,阻碍社会救助制度改革的步伐。其次,因政府对社会救助事业的责任是全方位的,如果政府的职能无法实现转型,会导致管理机构冗杂,费用和成本增多。最后,因为社会救助需要大量费用作为财政基础,所以政府应发挥好对社会救助的财政保障作用。

⑤以家庭为单位展开社会救助工作。社会成员的具体活动都是以家庭为单位展开的,政府对社会成员领取福利资格的调查也是按照家庭的单位进行的,家庭在我国社会制度的运行中占据了很重要的位置。因此,政府要提供一个有利于家庭发挥社会福利功能的社会环境,制定以家庭为单位的社会救助政策,才能够既达到有效的保障效果,又减少政府的工作量。首先,要为家庭的生活开支提供基本的经济支持。在家庭承担来自父母和子女的负担时,要制定出相应的对策来减轻家庭的负担。一方面国家可以对家庭进行减免税收的政策,通过审核不同家庭的收入情况,对特殊的需要社会救助的家庭发放

补助,计算家庭的生存成本并对其进行一定程度上的补贴;另一方面,政府可以直接为家庭提供保障性的服务,能够直接减少家庭开支,促进家庭和谐发展。其次,政府要将为家庭提供社会救助看作是一项责任,要在全社会范围内形成一个共识即社会成员要进行共济,只有承担自己的义务,才能享受应有的权利。最后,在中国的社区治理时,需要向工作人员强调家庭的观念,只有从家庭和谐出发,才能够保障社会福利政策有效实行。只有为面临困难的家庭提供社会服务,才能促进家庭的和谐,这种服务不仅是形式化的服务,还有针对家庭中父母、子女的养老、教育服务等。

我国现在面临着经济建设的转型期,各社会政策都需要根据经济发展的趋势进行改革。虽然经济得到了稳健的发展,但是我国的贫困问题仍然存在,因此解决贫困问题有利于我国经济的进一步发展和社会的稳定和谐。

14.5　案例分析

【案例一】英国的积极救助制度

英国的社会救助制度因其完备合理一直受到全世界的效仿和研究。20 世纪 90 年代开始,英国开始倡导“从福利到工作”的政府救助理念,使“积极救助”成为全世界关注的救助新趋势。关于“积极救助”的来源最早可以追溯到哲学的探讨上,因“积极救助”概念形成较晚,国内外的学者尚未就其含义达成一致的意见。但可以确定的是“积极救助”的对立面是“消极救助”,在这里引用 19 世纪中叶关于“消极自由”和“积极自由”的概念来帮助区别。“消极自由”是指公民可以免除控制和干扰的自由,是一种被动的自由。而“积极自由”是指公民可以追求自我决定和自我发展的自由,是一种主动的自由。另一种关于积极与消极的解释是“积极权利”和“消极权利”,前者指的是公民希望政府有所作为权利,后者指的是公民要求政府不作为的权利。享受社会救助权是宪法赋予公民的神圣的权利,“积极救助”和“积极权利”类似,是指国家政府主动地使公民的社会救助权利得以实现,包括积极采取措施,积极制定政策,积极提供服务等。

2010 年,英国由联合政府执政,政府颁布了“新福利契约”(A New Welfare Contract)。两年后,《2012 年福利改革法案》被签署,正式开始了包括社会救助体系在内的社会保障改革。这次改革不同于以往的改革,目的是建立一个更有效率、更公平的普惠全民的福利制度体系,最重要的是通过福利制度措施不仅使现有的贫困问题得到解决,还能够通过激励制度使公民有能力,积极地面对未来的生活。其中一个重要的规定是将以前的收入保障津贴、基于收入的求职者津贴、与收入相关的就业与援助津贴、住房补贴、儿童税收抵免和工作税收抵免六种在职和失业津贴统合为通用福利。

另外,在福利的给予和工作的提供上的权衡发生了变化。失业者以前可以在十二个月内从政府领取失业津贴,而现在政府通过短期内为失业者提供工作机会的方式来激励失业者进行再就业。政府还对失业机构进行严格审查,要求失业机构督促失业者进行再就业,且只有在持续工作很长一段时间后才能领取到政府的津贴。在程序办理方面也引入了大量技术手段,方便了市民领取津贴,也简化了政府发放社会福利的程序。在这些改革中,英国的积极救助制度更加有效率,更加公平,除此之外还有很多"积极救助"的措施,主要有对福利津贴种类进行更综合的归类、更加严格地对机构进行审查、更注重使用技术来简化程序、与公民的交流更灵活、更加鼓励积极创业。

分析与思考

1.英国的积极救助制度的完善体现了社会救助哪些原则?

2.英国的积极救助制度对中国的社会救助制度有什么借鉴意义?

【案例二】江苏省南京市民政局"打造'全科办理'的一门受理社会救助服务新模式"

我国社会救助体系虽然总体完善,但在基层执行过程中依然存在许多问题,例如服务质量不高,转办手续麻烦,单一窗口办理业务种类多等问题,需要基层工作人员提供政策执行的新思路,让基层群众"求助有门、受助及时"。

江苏省南京市民政局在改革社会救助工作的过程中,总结了经验并建立了一种新的社会救助办理模式,主要包括以下几个措施:(1)整合原来由各个政府部门办理的社会救助项目,由社会救助服务中心进行集中办理,将社会救助服务中心打造成综合集中的社会救助办理机构。(2)梳理社会救助事项,简化办理流程,培养社会救助服务中心工作人员的综合技能素质,要求工作人员能为社会成员提供一站式的服务。(3)办理流程更人性化。创新办理方式,为了解决老年人或残疾人等困难群众的办理不便问题,在办理技术上进行改革,引入代办、网上办理等方法,简化办理流程。(4)将社会救助的信息录入互联网,实现网上办理。并在一定区域进行网格化规范,全面落实社会救助措施的管理主体,明确办理规则和民众诉求,深入公民的需求侧来实施社会救助制度措施。(5)采用"一体化"管理,建立起"街镇受理、村居协理、小组服务"三位一体的管理服务模式,使社会救助服务网络纵横贯通。在基层以街道来划分单位,全面普查社区居民的具体情况,进行大数据联网管理,实现了信息的共享,从而体现了社会救助的公平性、透明性、高效率性。(6)大力支持基层以区街作为单位,融合"人、事、地、物、情"来建立大数据平台,对门户界面下的数据共享和工作监管实现统一管理。栖霞区尧化街道为江苏省制定出215条关于管理、业务、服务的地方标准,推广"1+2+X"的新型培训模式,"1"指的是为全科社工制作培训手册"口袋书","2"指的是将内外部培训结合起来,"X"指的是采用多种形式加强全科理念的渗透,纵向延伸全科服务模式,为区级全科服务打造受理中心并建立社区全科政务代理、咨询点,规范区、街、社的联网通办标准。

南京市民政局"一门受理"的全科政务平台为困难群众办事提供了便利,大大提高了工作效率,群众对服务的满意度也大幅提升。在街道进行试点后,政务服务人员减少了70%以上,群众办事时间至少节约了84%,相关工作效率至少提升77%,政务服务空间至少节约了85%。

分析与思考

1.基层社会救助在新模式前有哪些制度上的缺陷?

2.南京市民政局的服务新模式体现了我国社会救助制度发展的哪些新趋势?

【本章小结】

社会救助是社会保障系统中的一个子系统，具有权利义务的非直接对应性、救助范围的广泛性、救助对象的有限性、救助手段的多样性、救助程序的法定性等基本特征。国外的社会救助制度核心是福利主义，总的表现特征是高福利、高负担。但是由于各国社会经济状况、政治制度及治国理念的不同，发达国家之间的社会救助制度也存在差别。以英国、美国和瑞典为代表，体现着三种不同的社会救助模式，这三种模式对中国的社会救助制度的发展具有借鉴意义。随着改革开放的进程，我国建立起了中国特色的社会救助制度并不断完善和发展。在新时代的发展背景下，如何进行合理的价值定位更是至关重要的。

【探索】

1.中国社会救助制度存在哪些弊端？应该如何克服？

2.最低社会保障线的设定方法有哪些？在我国，采取什么样的方法更合理？

3.新时代我国社会救助制度的改革方向与思路是什么？

4.中国在统筹城乡社会救助上有哪些问题？应该如何解决？

第 15 章　社会优抚

【学习目标】

1.掌握社会优抚的概念与内容

2.明确社会优抚的覆盖对象、原则和作用

3.了解国外社会优抚制度的发展并从中获得借鉴

4.了解我国社会优抚制度的建立和发展

15.1　社会优抚概述

社会优抚是每个国家社会保障制度的重要组成部分，是指国家和社会针对那些做出过重大和特殊贡献的群体进行褒奖并提供物质上的扶助，使其能够维持或提高基本生活水平，这是每个国家和社会应尽的责任。社会优抚制度的建立与完善，有助于保证社会秩序的稳定、促进国防和军队现代化建设，为经济社会可持续发展做出重要贡献。

15.1.1　社会优抚的概念

社会优抚指的是国家通过法律规定的内容与形式，以政府和社会力量对产生过重要贡献的优抚对象或者亲属提供物质上的帮助与精神上的慰藉，以确保其生活达到一定水平的社会保障制度。作为社会保障制度中不可缺少的重要部分，优抚制度因其保障对象的特殊性而与其他保障制度区分开来，针对法定优抚对象进行优待和抚恤是每个国家必须承担的责任，我国宪法中就有关于烈士及家属、残疾军人等应享有保障权益的相关规定。优待措施涵盖经济与政治两方面，而抚恤措施则有抚慰与恤赈的内在含义：恤赈是经济上的财物扶助，抚慰则是精神上的慰藉和荣誉上的表彰。

根据国家对优抚做出的相关规定，社会优抚制度可表达为以下内涵：第一，法定的优抚对象之所以具有特殊性是由于其对社会和国家做出了特殊贡献，他们为了捍卫民族荣誉和国家安全而放弃自身利益乃至生命，在新的历史时代，这样的群体表现为对国家发展和民族进步作出过重大贡献，不仅包括优抚对象本人也包括其家属。第二，社会优抚制度是我国重要的社会保障制度，由于法定优抚对象对国家做出了牺牲与特殊贡献，他们有获得国家或社会提供物质保障和精神抚慰的权利，这样的保障措施是每个国家应尽的责任，这也是国家维持统治、维护利益的必要方式。国外的法律中也将优抚对象享受的保障列入社会保障的特殊类目中进行管理，在我国更是作为政府的一项重点保障工作展开。第三，通常情况下社会优抚的待遇水平会相对比较丰厚，考虑到其受惠对象做出的贡献和牺牲比普通受惠群体大，所以理应提高待遇标准和保障力度，使其能接受来自社会的尊敬和褒扬并使得这类群体的生活水平基本高于普通保障对象生活水准的平均线。第四，我国的社会优抚总体来说是具有荣誉性质的，因此国家和社会除了提供物质帮助和生活安置，还必须对其精神进行抚慰，大力举办优抚活动来提高他们的荣誉感和社会地位，以达到在整个社会宣扬优秀贡献者的伟大功绩和高尚品德的作用，最终以此类群体为楷模形成良好的社会风气。第五，在我国，社会优抚在法律法规中均有相应的规定，政策中具有的强制力可以保证其实施。例如我国宪法当中就有对残疾军人、烈士及其家属所应享有的优待进行明确规定，《中华人民共和国兵役法》（以下简称《兵役法》）更是详细地制定了优抚的对象及其伤残鉴定评级、优待抚恤具体要求；《军人抚恤优待条件》以法律的形式提出了应在优抚当中遵循的原则和应尽的义务；《烈士褒扬条例》规定了成为烈士的批准条件、流程、机关单位和具体的表彰方式；同时在《退役士兵安置条例》中要求我国应该建立新型的退役安置士兵制度，即在国家扶持就业的基础上，鼓励其自主就业、受国家安排就业、退休疗养等多形式配合的制度。如今，财政部、民政部协同解放军政治部等在优待抚恤方面共同发布的文件和规定达到 10 个以上，而我国范围内超过 2 000 个县级以上的地区都颁布了有关文件，基本建立了系统而完备的社会优抚保障体系，为各地具体实施保障措施、维护受保对象的合法权益提供了有力的法律保证。《中共中央关于构建社会主义和谐社会若干重大问题的决定》提出，我国要不断完善社会优抚与安置的相关措施，积极完成好优待抚恤工作，在构建社会主义和谐社会的时代背景下，保护烈士及其家属、现役和退伍军人的权益，增强军民团结是必然要求。在这些法律法规的指引下，我国不断扩展着受惠范围，持续提高着优待抚恤的待遇标准水平，在切实维护众多优抚对象利益方面取得了重要成果。

15.1.2　社会优抚的内容

我国因考虑到不同的对象，将社会优抚制度总体分为三个大类，即社会优待制度、社会抚恤制度和社会安置制度。

1）社会优待制度

社会优待指的是通过国家和社会的力量，以法律法规相关规定以及社会普遍习俗为准则，为特殊的优抚对象供给资金补助和社会服务的保障措施，主要是在《兵役法》中有具体要求。其目的是保证这类群体的生活水准不低于社会保障的平均水平，并要根据情况逐步提升质量，其基本手段是财物上的保障和服务上的提供，财物保障一般表现为各种津贴，服务主要是通过社会、社区、团体组织等为其提供，以切实维护优抚对象的合法权益。具体包括：

①牺牲或病逝的军人亲属以及烈士亲属优待:在我国主要对这类群体进行慰问、辅助就业以及提供一些生活优先权利等。

②革命中的伤残病军人优待:有资格获得伤残保健或者抚恤金的军人,依照不同等级可以领取各自单位、卫生部门或者民政部门的医疗保障,若本人医疗支付存在困难、交通住院费用较高,则可申请医疗、交通和住院补助金,这些费用均由各个市、市辖区以及县级民政部门进行负责。

③现役的军人亲属优待:我国会对农村义务兵的亲属发放相应的补助,立功的更会享受优待金,在优待金之外若存在生活上的困难还可接受来自国家专门提供的补助;其次,我国的军人亲属还可在入学、参军、寻找工作、疾病医疗、社会救助等方面享受到特定的优待。

④退伍或复员军人优待:根据国家规定,民政部门对年老体衰、无劳动能力、无工作、生活困苦的复员军人提供补助,若是曾经在所处部队立功获勋有过重大贡献的,还可以提升相应的定期补助待遇水平。

2)社会抚恤制度

社会抚恤制度指的是国家根据规定,向牺牲、病亡以及伤残人员的亲属提供一定程度的物质慰问措施,具体可以表示为伤残抚恤和死亡抚恤两个方面。

(1)伤残抚恤

在我国,当军人因服役造成残疾或者疾病造成残疾并导致生活困苦时,社会和相关部门有义务对军人和其亲属进行生活抚恤以及政治褒扬。

①伤残范围。

根据相关规定,我国将伤残大致分为因公、因战以及因病致残。在个人执行公务全过程中受到伤害,包括军事训练、维护治安、生产施工等导致残疾的,可在医疗结束同时满足专门机构残疾等级鉴定条件的,可享受因公致残抚恤;在与敌人交战全过程中受到伤害,包括临战之前参与任务、敌人施加武器伤害、边境线执行任务、对敌交战等引起伤残的,也可在医疗结束并符合伤残评定要求后享受到因战致残抚恤;若是个人在服役义务兵过程中患病(除精神病),经检查满足二等乙级以上的评定等级时,可领取因病致残抚恤。

②伤残等级。

伤残的等级是依照个人劳动能力和自理能力存在的障碍来进行划分,自十级到一级表现为轻度到重度,等级的划分和评定通常是经由国务院民政部协同社会保障部、军队相应部门等进行共同评判,程序大致为:医疗结束后,经规定的医院对伤情进行检查,若符合评定的基本条件则可上报军区或以上卫生部进行评定,批准下达后颁发《革命伤残军人抚恤证》,致残者依证件规定接受国家提供的伤残优待抚恤。在通常情况下,因公因战致残的,等级评定最高达到十级,在一级与十级之间均可享受抚恤,而因病致残的等级评定最高达到六级,在此范围内接受优待抚恤金。

③伤残待遇。

我国发放伤残抚恤时,不仅要考虑到个体的伤残等级以及具体致残原因等,还要参考工作的有无情况，退役后的伤残军人若失去工作，则应享受到民政部提供的伤残抚恤金；退役后仍在工作，抑或是经历退休离休过程中的伤残军人，则应接受伤残保健金；若残疾军人必须服现役的，经过相应单位审核批准，依据规定享受残疾抚恤金。这些抚恤的待遇水平和标准均应该考虑伤残个人的劳动能力和生存能力受障碍的程度，还应参考全国保障的平均水准，若领取抚恤金后仍然存在生活困难的，可以酌情增加抚恤金或者其他补贴，以保障其生活不低于平均水平为准。

(2)死亡抚恤

军人因服役死亡导致遗属出现生活困难、承担严重损失时，国家应按照规定对亲属进行生活上的补助，死亡抚恤金的发放标准要参照亡故军人的死亡性质、生前功勋荣誉情况、生前收入和军衔情况等来制定待遇标准，具体可以被分为一次性抚恤金、定期抚恤金以及特别抚恤金。一次性的给付是在军人亡故之后参考其性质和工资对其亲属发放一次性的补助金，这种津贴带有社会补偿的性质；定期抚恤金是指定期对牺牲军人、病逝军人以及烈士军人的家属按照国家规定给付的一种抚恤津贴，主要是为了安抚遗属并满足其基本的生活要求，这种补助带有社会救助的性质；而特别抚恤金是针对那些参与科研、国防建设或战争中牺牲的现役军人，除领取前两项津贴，还可获得特别抚恤金。

3)社会安置制度

社会安置指的是国家依照规定对复员、退役军人提供服务保障，使其能在返回社会时重新就业并获取生存能力的制度安排。社会安置主要分为退役安置和离退休安置。

(1)退役安置

退役安置的主要目的是使那些长期在军队体制中的军人能够有适应社会的能力和机会，退役军人中的复员志愿兵，若居住于城镇则经由劳动和民政部安置其就业，退伍义务兵若是农村户口则回归原居住地进行工作安排，转业军官按照规定经由人事部门安置就业。总体而言，退役安置应该遵循安排其回归到原籍的原则、妥善处理的原则以及军队配合地方进行专业培训的原则。这一类安置制度是为上述人群提供包括财物资金以及社会服务相关保障。在财物资金当中，一般根据具体情况提供退役安置费用、生活和工作津贴以及部分贷款费用等；而服务类涉及就学就业安置、专业培训、住房安置等。

(2)离退休安置

离退休安置指的是离退休的现役军人可享受到国家依法提供的财物补助和服务便利，使其能在退休之后获得安定的生活，具体的保障对象包含离退休的干部、志愿兵和相关技术人员等，个别离休人员按照规定经由本军队安排，剩余的由其所处地方的民政部安排。这类群体的受惠形式与退役安置大致相似均是财物和服务上的保障，财物部分是退休费用和部分人员的医疗费用，服务部分凡涉及工作、家庭生活、安家以及子女上学等均可享受保障。

15.2 社会优抚的对象、原则与作用

世界范围内不同的国家根据本国的经济水平和社会背景对社会优抚的对象进行不同的认定,大致可归类为现役和退役军人以及他们的家属。不管如何去规范优抚范围,主体都应该遵循以下特点:第一,公共性,这类群体是为国家全体公民服务的,他们的工作应该具有公共性质;第二,光荣性,他们应该是为国家的发展和民族的荣誉做出伟大牺牲的群体;第三,分开性,比如军人或者人民警察服役和工作的地方通常都是离开家庭的,他们的现役或者亡故就会给自己的家庭造成巨大损失;第四,危险性,这类群体通常都是从事较为危险的职业,他们当中发生死亡和残疾的情况较多。

15.2.1 社会优抚的对象

在我国,优抚对象应该与普通的保障对象区分开来,因其是在社会主义革命和建设中做出特殊贡献的群体,他们应受到社会的尊敬和褒奖,所以国家实施的社会优抚相关保障措施应该保证此类人群的生活不低于社会普通保障的平均水平,这也从侧面反映了我国的社会责任。在社会优抚具体的操作过程中,政府可以针对具体情况将对象进行相应更改和认定,但是总体来说,我国优抚安置的对象有:

①正在服役的军人:根据《兵役法》的相应规定,我国服役的军官、干部以及士兵都应在此范围之内。

②革命中受到伤害导致残疾的军人:这类群体应包括伤残军人、士兵、民警,在军人中因公因战引起伤残的,会依照劳动能力和生活能力受障碍的情况来判定伤残等级,若通过审核则可在获得《革命伤残军人证》后享受财物和服务保障。

③复员以及退伍军人:复员军人指的是 1954 年颁布的《兵役法》之前参与了革命战争,结束之后应获得法定退役安置的那部分军人;退伍军人则是《兵役法》之后入伍,服役时间结束而退役的义务兵。

④革命烈士的遗属:是牺牲自我而发展革命事业并依法取得烈士称号的个体家属。

⑤病退病故军人的遗属:是在不同的时期病故并依法取得《革命军人病故证明书》的军人家属。

⑥因参加公务而牺牲的军人遗属:国家规定,我国凡是经过法定机关的审核批准获得《革命军人因公牺牲证明书》的,他们的家属均可享受社会优抚的待遇。

⑦现役军人的家属:这类群体指的是现在正在服役的军人以及服役的义务兵警察的家属。

15.2.2 社会优抚的原则

在我国,社会优抚是社会保障体系中十分重要的一部分,考虑到优抚对象是为国家和社会发展、革命建设、民族荣誉做出特殊贡献并做出伟大牺牲的群体,因此其保障的具

体内容也与其余几项社会保障的内涵存在差异,针对这类群体的社会优抚应该有以下操作原则:

1)将国家引导与社会力量结合的原则

社会优抚制度是我国的一项重要社会保障措施,是从国家层面制定的政府行为,国家当之无愧成为优抚主体,但是考虑到优抚与安置具有复杂性和特殊性,因此更需要社会多方积极参与、共担责任。此时,对于保障过程中的责任方进行划分认定就十分重要,国家主要充当政策制定、重大问题协调的主渠道角色,而地方各政府就成了保障实施的主要责任主体。在国家难以覆盖所有优抚问题的情境下,我国更应调动社会各个方面的力量,通过对受惠群体提供就业、缓解医疗压力、增加生活便利等形式保障其生活水平。在新时代特征下,还可以扩展社区的服务责任,以全面协助配合国家的优抚与安置工作,只要形成坚实的社会基础,社会优抚制度必将发挥蓬勃的生命力。

2)社会优抚的待遇具有激励性的原则

在我国,国防以及军队建设是保证国家安全的重要举措,因此为了持续进行军队的优化和完善,所有的优抚与安置政策都应具备一定的激励性,或是褒奖或是补偿,都应对现役军人所做出的奉献产生鼓励,使其不但在服役期间收入稳定,也能在退役后无后顾之忧。同时,我国还应该依照在军队或单位中不同贡献的具体情况调整保障的待遇水平,使得部分抚恤津贴可以与立功程度挂钩,使其可以达到激励优抚对象的目的。

3)社会优抚的实行标准应该具有公平性和适应性的原则

社会优抚的具体标准其实并不是一成不变,这其中有两层含义:第一,应该体现公平性,即我国在确定标准的待遇水平时,必须与客观的服役情况结合考虑,比如服役的性质、年限、立功授勋等条件,以及农村籍和城镇籍之间的相对公平对待。同时,这种公平还应该体现在保持与其他社会保障措施之间的协调关系,虽然社会优抚具有奖励和塑造教育形象的意义,但也要保证整个社会的总体平衡和稳定。第二,应该体现适应性,即待遇标准应该适应于社会的发展状况,随着经济的快速发展,我国应该根据不同地区的经济发展水平提升财政支出、提高待遇标准,使这类优抚对象的生活能够不低于当地平均水准。只要使得社会优抚的标准能达到一种与国民经济动态均衡的程度,就可以保证受惠群体全面而及时地分享到经济社会的发展成果。

15.2.3　社会优抚的作用

社会优抚,是国家和社会为做出特殊贡献的群体提供的一系列保障措施。不同的国家对军人及其家属都设立了优待抚恤的政策,某些国家单独设置,其他则是在国家社会保障制度中做出优待规定,但是总体来说会与国家的形象和政治利益挂钩,展现出一定的政治色彩。根据不同国家和地区的实践中总结出社会优抚的作用有以下几个方面:

1)保障优抚对象的权益

社会优抚实行的根本目的是保障优抚群体的权益,主要有以下的作用:第一,对收入进行补偿,军人或警察因服役和高危工作产生死亡和致残的情况很多,并且义务兵在服役过程中难以获得正常的工资,这类群体若是死亡或因公伤残,对其劳动能力以及生活能力会产生巨大影响,也会引起亲属的生活困难,因此国家有义务对他们的收入进行补偿和救助;第二,对功勋进行褒奖,由于军人从事的工作具有公共性、高危性以及光荣性,国家不仅在基本收入方面进行补偿,还应该根据立功的程度发放奖励以及提供特殊待遇,使其生活水平普遍高于平均线;第三,对需要进行满足,这类人群除了工资收入的要求以外,通常还有很多现实问题需要解决,比如退伍军人回归社会的工作问题、服役军人的家属照料问题、子女就学教育问题以及伤残人员的医疗保健问题等,满足这些具体的要求也是社会优抚安置需要完成的工作。

2)保证国家与社会的稳定安全

国家的优抚工作是与军事相关联的,而军队的强大程度会直接影响国家政权是否稳固,因此为了军队的可持续发展,优待抚恤是坚实的基础。社会优抚制度的建立,可以为那些做出巨大贡献的人群提供生活保障和退役安置,不仅可以消除他们的后顾之忧,使其安心为军队服役,减少社会中不稳定的要素,还可以加强军队建设保证其质量,提高国家军队的战斗力、凝聚力,这是保家卫国、维护社会稳定的基础力量,也是营造良好社会环境的重要保证。

3)弘扬勇于奉献的民族精神

社会优抚的对象是那些在革命和建设中做出伟大牺牲的特殊人群,他们是一个时代的楷模和象征,国家通过优待抚恤的相关措施,不仅是激励军队中的军人积极奉献、勇于开拓,也通过一些对伟大人物的社会宣传工作和全国范围的表彰活动,肯定其英雄作风、弘扬其无私奉献的崇高精神品质,鼓舞人们的爱国热情,在全社会形成尊敬英雄、学习楷模的良好风气,同时这也是国家精神文明建设的重要方式。

4)密切军人和人民之间的关系

在党和国家长期对优抚对象进行关心、提供保障之后,军政、军民之间的关系会不断融洽,促使军队中的军人愿意在和平时期也自觉自愿加入到地方的建设过程中,比如抗洪救灾中这些军人不辞辛苦、不惧牺牲,积极捍卫人民的人身和财产安全,通过这类人群对地方建设的直接参与,经济发展和各项事业都得到了长足的进步。

15.3 国外社会优抚制度及其借鉴意义

美国和英国的社会优抚制度发展得较早,也较为完善,对于我国进一步完善社会优抚制度有一定的借鉴意义,主要可以从优抚制度法制化、做好军地衔接工作和加大优抚资金投入三个方面借鉴经验。

15.3.1 国外典型国家的社会优抚制度

自第二次世界大战以来,美英等国的社会优抚工作发展十分迅速,目前,美英两国的社会优抚制度较为完善，有较多值得借鉴的地方。下面分别从优抚措施和优抚制度两个方面进行分析。

1）美国的社会优抚制度

（1）优抚措施

对于社会优抚对象，美国提供的保障包括五个方面：一是免费为伤残退伍军人提供服务，保障退伍军人的基本权利；二是为退伍军人提供贫困补助，解决其贫困问题；三是伤残退伍补偿，具体的金额会结合服役年限、丧失劳动能力程度和基本薪资进行计算，能满足基本生活需要；四是补偿阵亡军人的家属，根据阵亡军人的军衔确定补偿金额，保证军人家属的生活所需；五是当退伍军人去世时，会发放一定的一次性抚恤金给其亲人，去世军人的妻子和子女每年可以另外领取补助。

（2）优抚制度

从 1940 年到 1943 年，美国政府先后签署出台了《征兵役制法》《国民生活服务保险法》等法令，包括为服役军人提供保险、为军人及其遗属提供残疾和死亡补偿金、医院和医疗照顾优惠以及职业恢复等一系列措施。

在杜鲁门任职期间，先后签署关于发展退伍军人福利设施的议案以及增加补偿和抚恤金的综合议案《平时的补偿金案》和《废除在两次大战中死亡军人的遗族每月支付抚恤金不超过 74 美元规定的法案》等法案；在艾森豪威尔任职期间，先后签署关于增加退伍军人补偿金的协议、退伍军人亲属赔偿议案以及有关退伍军人福利的议案，为军人提供抚恤、医疗、丧葬、住房等方面的福利。肯尼迪和约翰逊政府也结合当时实际出台了一系列有关社会优抚工作的法令，在再就业权利、个别人死亡的抚恤金、退伍军人住房、退伍军人优惠法、规划国民优先和公民救济等方面有了进一步发展。

2）英国的优抚安置制

（1）优抚措施

英国政府出台相关法规规定了军人死亡后遗孀可领取的抚恤金标准，一是不管军人是何军衔，其遗孀每个月都可以领取抚恤金，金额为军人月薪的一半；二是普通士兵级别的军人遗孀抚恤金最低标准为每月领取 260 英镑，尉官到准将级别的军人最低标准为每月 463~979 英镑。

（2）优抚制度

英国的社会优抚制度内容主要分为退伍军人生活保障、退伍军人医疗住房保障、退伍军人就业安置等内容。英国除规定退伍军人有权要求复工外，还要求国营事业单位与公共事业单位招工时必须留出一定名额（私营工商业规定比例为 5%），放宽招工年龄，用来雇用退伍军人。英国还制定有《残疾军人就业法》，规定凡雇主雇用工人 20 人以上者，必须按国家规定雇用一定的残疾军人，并不得随意解雇；电梯及停车场的管理人员，法定必须由残疾军人充任；政府对雇用残疾人员的企业给予津贴。英国在士兵退伍时发放职业训练津贴，对退伍士兵进行职业训练，以保证其得到就业；学校还给退伍军人预留入学名额，保证其入学，退伍军人入学后发放津贴、杂费（四年）。在英国，议会通常负责决定职业军人退休金的数量;国家要将其退休金与经济总体发展水平相适应,并根据通货膨胀状况进行相应调整;同时军衔高低与服役时长等都是确定退休金数量的重要参考因素。其次,军人可依法获得在住房方面的社会保障福利,英国国防部在每年要划拨大约5 000万英镑的资金用于对退役军人进行住房补贴。

15.3.2 国外社会优抚制度的借鉴意义

通过梳理美英两国的社会优抚制度可以看出,要想社会优抚制度健康发展,就应该建立相关的法律政策作为保障;保障借鉴的现实操作性,国家、地方和军队的多方衔接经验学习必不可少;外国在不同发展阶段或者地区可能与我国面临相似的问题,其社会优抚资金的筹集、管理和投入经验可为我国提供参考。

1)优抚制度法制化

让优抚工作的管理、实施、监督等都做到有法可依,才能够保障社会优抚制度的建设是有效果的,并且实施的效果可以不断保障和巩固。比如在美国就制定了《美国政府人寿保险规划》《军人薪金条例》《国防授权法》等一系列法律措施,为社会优抚制度的完善和发展做出了非常重要的贡献。我国的社会优抚工作颁布了很多标准、制度和条例,但仍有一定欠缺,无法满足社会优抚制度建设与时俱进的需求,所以应该加强社会优抚的法律制度建设,为我国社会优抚的发展和完善奠定基础。

2)切实做好军地衔接工作

要想社会优抚工作得到发展,就要不断加强制度与社会的密切联系,让社会优抚制度实现社会化。在目前制度尚不健全的前提下,我国的社会优抚制度要不断地走社会化的道路,这样才可以保障社会优抚工作和社会的紧密衔接,实现国家、地方和军队的多方面保障。针对当前的社会状况,可以采取的办法就是把社会优抚的资金来源分为两个部分,一方面是地方政府来承担社会优抚的资金,这些资金也是来源于国家的财政拨款的;另一方面,国家的财政拨款直接拨给军队,然后让军队直接来负责。尽量地让可以纳进地方的部分就全部纳入地方的社会优抚中,不能纳入地方的,就可以让军队来负责。这样不仅可以调动地方和军队各自的积极性,而且还有利于减轻军队的负担,并且增加了社会优抚制度的现实操作性。

3)加大社会优抚资金投入

资金是社会优抚工作开展的物质经济基础,社会优抚的完善和发展必须要以充足的资金投入为基础保障。发达国家的社会优抚资金主要来源于政府的财政支出,美国国会通过国防预算来为社会优抚提供了每年的财政拨款数额,并且社会上负责社会优抚的非政府组织也能得到一定的财政拨款,其余的资金来源还包括向社会各界的机构、组织、企业和个人等募捐筹集。目前我国社会优抚资金不够充足,这也导致了中国的社会优抚水平相对偏低,即保障项目不够完善、涵盖的内容和范围不够广泛。应该逐步加大对社会优抚的资金投入,在资金投入充足的基础上,不断将社会优抚项目和地方商业性社会保险结合,充分利用政府的资金拨款,使社会优抚的发展愈加完善。

15.4　我国社会优抚制度的建立与发展

我国社会优抚制度的发展经历了几个阶段,从中华人民共和国成立以来到进入新时代,社会优抚制度得到了长足发展。

15.4.1　社会优抚制度的初步建立

早在 1931 年,中央苏区就颁布了《红军优抚条例》《红军优待条例》,标志着我国社会优抚制度的初步建立。中华人民共和国成立后,政府一直十分重视社会优抚工作,因为当时人民战争还没有完全结束,后来又进行抗美援朝,为了鼓励青年参军参战、保家卫国,我国政府先后颁布了有关社会优抚的法规条例。

1950 年 11 月经政务院批准,同年 12 月 11 日由内务部公布的《革命烈士家属、革命军人家属优待暂行条例》《革命残废军人优待抚恤暂行条例》《革命军人牺牲、病故褒恤条例》《民兵、民工伤亡抚恤暂行条例》等,以法规形式对社会优抚的对象、方式、标准等均作了全面明确规定,为社会优抚工作提供了可循的法律依据,也使中国的社会优抚步入了统一、规范的制度化管理轨道。

15.4.2　社会优抚制度的快速发展

20 世纪 80 年代开始,党和政府在总结几十年工作经验的基础上,在社会优抚制度改革方面做了大量工作。其概括起来主要有以下几个方面。

1)逐步健全社会优抚法规体系

依据国家《宪法》有关规定,国务院分别于 1987 年 12 月 12 日和 1988 年 8 月 1 日颁布实施了《退伍义务兵安置条例》和《军人抚恤优待条例》,从而使我国社会优抚工作有法可依。1998 年出台的《军人抚恤条例》明确强调要从政府、社会和群众三个层面对军人进行抚恤优待。2004 年 10 月 1 日,国务院颁布施行新的《军人抚恤优待条例》。新条例的主要变化是:一次性抚恤金标准提高了 100%;增加了批准烈士的条件和程序;建立了各类优抚对象抚恤补助标准自然增长机制。

2)逐步提高社会优抚待遇水平

党中央、国务院历来高度重视做好优抚对象和军队退役人员的工作。2010 年 9 月 19 日,政府将一部分优抚对象的生活补助标准进行提高,同时对因公致残的军人,提高其残疾抚恤金标准,对已故军人的家属,提高其抚恤金标准,退伍军人和复员军人的生活补助标准也有所提高,由中央和地方同时负责相关经费。军人若属于一级因战残疾类型,每年可领取全国职工平均工资 89%水平的抚恤金。另外,不管是农村还是城镇的烈属都可以领取高额的补助,超过全国人均可支配收入的 50%。政府出台的相关条例也随着经济发展的水平不断更新,逐年提高生活补助、残疾抚恤、烈属定期抚恤的标准。

3)不断完善社会优抚内容

政府十分重视退伍军人安置工作,出台了大量政策条例。在复员退伍军人的安置上,建立了国有企业及行政事业单位主渠道安置、按系统分配任务、包干安置的制度。另外,成立了培训中心,帮助军人在地方上重新就业,并强调由地方政府的民政部门专门负责安置工作。2001 年出台的《军队转业干部安置暂行办法》强调在军营中工作期限满 20 年的专业干部,可以自己选择安置方式,根据现有条件自主择业。这一政策充分体现出了党和国家对军人的关心,为一些对军队和国家做出重大贡献的干部充分考虑,给他们多种选择,一方面可以发挥他们对社会的作用,另一方面也可以减小地方的安置压力。安置制度的改革,进一步完善了社会优抚工作内容,推动社会优抚工作纵深发展。

15.4.3 新时代社会优抚制度的发展

党的十八大以来,习近平总书记高度重视退役军人优抚安置工作,站在党和国家建设发展全局、实现中华民族伟大复兴中国梦战略高度,深刻阐明退役军人优抚安置工作重大意义、目标任务、方针原则和方法路径。在重大意义上,习近平总书记指出,退役军人管理保障是关系军队稳定和社会大局稳定的大问题。实现“两个一百年”目标、实现中华民族伟大复兴需要军转安置工作的妥善完成。在目标任务上,强调组建退役军人管理保障机构,维护军人军属合法权益,让军人这一职业得到全社会尊崇。在方针原则上,强调坚持经济社会发展和坚持为军队建设服务,强调妥善安置、合理使用、人尽其才、各得其所的原则,加强退役军官安置管理保障体制改革以及制度创新,循序渐进建立完善相关服务保障体系和政策法规。在方法路径上,强调在全面深化改革新形势下军转安置工作要具有适应性,按照深化干部人事制度改革、国防和军队改革新要求,推进体制机制创新,为安置和使用好军转干部、为推进军队干部队伍建设等供以更加可靠有效的制度保障。习近平总书记的这些重要论述,充分体现对广大退役军人的关心爱护,为推进新时代退役军人工作提供了根本遵循原则和重要指引。

党的十九大做出组建退役军人管理保障机构的重大决定,建立健全并逐步完善集中统一、职责清晰的退役军人管理保障体制。国家成立退役军人事务部,各省、自治区、直辖市成立退役军人事务厅(局),市县成立退役军人事务局,形成全国范围、贯通上下的退役军人事务部门体系,为新时代强化退役军人优抚安置工作提供相应组织保障。一方面,退役军人优抚安置工作在集中统一的管理中得以加强。过去退役军人管理工作由民政部门、人力资源和社会保障部门以及军队各级政治工作部门、后勤保障部门等单位各管一块,组建统一的退役军人管理保障机构后,各相关单位的职责和力量整合起来,按照“法治、规范、效率、协调”的国家综合治理原则,扭转了过去退役军人优抚安置工作“一套班子几块牌子”“多头负责分散管理”的局面,增强了退役军人优抚安置工作的效力,极大提高协调性和及时性。另一方面,退役军人优抚安置工作的内容得到丰富拓展。过去由于受分散管理体制的制约,退役军人优抚安置工作的一些内容难以统筹纳入整体规划和工作进程中,组建统一的退役军人管理保障机构后,进一步拓展了退役军人事务部门的职责,实现了对退役军人的思想政治工作、教育培训工作、荣誉褒奖工作、优抚安置工作、管理保障工作的全覆盖，退役军人的合法权益得到更加全面切实的保护。

15.5　案例分析

【案例】退役军人优抚对象信息采集工作

最近北京出现了一个大动作，2018 年 8 月 20 日到 21 日，在退役军人事务部网站上，出现了一条新闻《退役军人和其他优抚对象信息采集工作业务培训班在京举办》。这个培训班背后，却是一个史无前例的国家级大动作，这是根据《国务院办公厅关于做好退役军人和其他优抚对象信息采集工作的通知》以及《2018 退役军人优抚对象信息采集工作方案》而展开的信息采集工作，这是全国性的统一行动，规定了全国的统一采集标准时点为 2018 年 10 月 1 日。信息采集对象在退役军人事务部发布的通知里规定得很明确：退役军人、烈士遗属、因公牺牲病故军人遗属、现役军人家属等。其中，对“退役军人”又进行了进一步细化：退役军官、退役士兵、退伍红军老战士、西路军红军老战士、红军失散人员、老复员军人、无军籍离休干部、无军籍退休退职职工。另外，更加罕见的是这次信息采集，动用的部门之多，十几个国家部门，精诚协作，只为退役军人及其他优抚对象。

中华民族，古往今来，战事不断。不论是汉唐盛世，还是五代十国纷争，军人都是重要角色。但是曾经我国却出现了对英雄的侮辱事件，韦昌进，全国政协委员，八一勋章获得者，全国获此荣誉的只有 10 人。他是名老山战役老兵，两会期间，韦昌进讲述了自己的英雄事迹，他的事迹曾被绘成连环画名为《王成式的英雄韦昌进》。韦昌进战场受伤没哭，但有人在网上污蔑邱少云等英雄，他以网民身份进行辩论，遗憾的是他的留言被围攻，还被论坛管理员删除，他说，那一天他哭了，战火纷飞中倒下的兄弟，多年后，得到的竟不是尊敬，而是无数人的不理解、嘲讽。现在，国家对退役军人信息的采集完善，本质上就是呼吁对英雄精神的保护、尊崇、弘扬，就是要真正地贯彻落实到每个退伍军人身上，避免被贪赃枉法之徒有机可乘，真正让军人成为这个社会尊崇的职业。

分析与思考

1.案例中反映了我国的优抚对象主要有哪些？

2.案例中体现了我国优抚对象的工作具有哪些特点？

3.国家对优抚对象进行大规模信息采集有什么作用？

【本章小结】

社会优抚指的是国家通过法律规定的内容与形式，以政府和社会力量对产生过重要贡献的优抚对象或者亲属提供物质上的帮助与精神上的慰藉，以确保其生活达到一定水平的社会保障制度。我国主要将社会优抚制度总体分为三个大类：社会优待制度、社会抚恤制度以及社会安置制度。在社会优抚具体的操作过程中，政府可以针对具体情况将对象进行相应更改和认定,但是总体来说,我国的优抚安置的对象有七大类,在具体进行优抚安置过程中遵循国家引导与社会力量结合、待遇具有激励性、实行标准具有公平性和适应性的操作原则。社会优抚虽然呈现出一定的政治色彩,但总体来说其作用是为了保障优抚群体的权益、保证国家与社会的稳定安全、密切军民关系、在全社会弘扬勇于奉献的民族精神。本章主要介绍了美国和英国的社会优抚制度并提出了重要的借鉴意义,而我国的社会优抚制度经历了初步建立、快速发展以及新时代的改革与完善几个阶段,形成了较为完备的保障体系,切实地维护了优抚群体的合法权益。

【探索】

1.我国的社会优抚制度具有哪些特征?

2.新时代背景下我国社会优抚制度面临的挑战有哪些?应该如何进行完善?

3.国外的社会优抚制度哪些方面值得我们借鉴?

第16章 慈善事业

【学习目标】

1.了解慈善事业和慈善机构的基本内容

2.了解慈善事业的要素、基础、功能

3.了解国外主要国家慈善事业发展及其借鉴意义

4.正确认识中国慈善事业的发展趋势与改革方向

16.1 慈善事业概述

慈善事业是私人或社会团体基于慈悲、救助、同情等观念,为贫民、灾民及其他有生活困难的人举办各类救助活动的统称。慈善者决定其目标受众、范围、标准和项目。慈善事业平常由某些组织开展。这些开展慈善事业的社会组织和工作组织统称为慈善组织。例如,1949年以前由中国人举办的慈善会堂(如培育、养老、学徒、医疗、施药、捐赠和受灾)等组织,外国的慈善学校、救济院、慈善姊妹会、现代社会福利院、国际SOS儿童村以及各种志愿者服务队等。

16.1.1 慈善与慈善事业概述

在中国古代的书籍中,“慈”和“善”是分开使用的,它们都具有各自的内涵。而今天,我们将二字合为一词用作“慈善”。在古代“慈”的含义十分丰富,大致有三种内涵:一指母亲;二指孩子孝顺父母;三指父亲、母亲的爱。在后代使用语言时,“慈”的语义从较窄的父母的爱延伸到整个社会人们互相关心。特别是人们对老人和孩子的爱。“善”的原始含义是“吉祥”“美好”,后来被引申为友好、亲善和品行高尚等意思,特别是人与人之间的友爱和互助。从词源学的角度来看,初期“慈”与“善”的含义有一定的区别,但在长期的演变过程中,他们都包含仁慈和善良的意思,都泛指人富有同情心。“恻隐之心,人皆有之”,“老吾老以及人之老,幼吾幼以及人之幼”其本质意义不外乎是“推己及人”。

英语中有多个词代表慈善事业,如 philanthropy 源于古希腊文,有善心、博爱主义之意;charity 表示博爱、宽容、慈善事业等意思;benevolence 表示慈善、善行、捐款等意思。宗教更与慈善密切相关,如佛教的大慈大悲;犹太教强调“什一捐”;耶稣宣扬“爱人如己”等。

可见,无论是西方还是中国,无论是耶稣的“爱人如己”还是中国传统道德中的“推己及人”;无论是 philanthropy 还是 charity 的词义,还是宗教教义,揭示的都是相同的意思,即慈善是一种美德、善行和爱心,也是人类最应当具备的基础性道德。慈善是一个古老的概念,那么它将不能简单地被认为自上而下的恩赐,富人和穷人的礼物施舍,其本质是人性,爱之心的表现与标志。

中国学者郑功成曾经这样定义慈善事业:慈善事业是基于社会贡献的民营社会性救助事业。由此可看出,慈善事业指一种在政府的倡导或帮扶下,由民间团体或个人自愿组织、开展与参与活动,对社会中发生的各种灾难或不幸给予高尚、无私和无畏支持的社会公益性事业。它是一个为社会成员提供服务的慈善机构,是基于它的道德根基,经济基础的,它本质上是一个社会成员之间的社会财富再分配。慈善应包括以下两个基本方面:①

①对贫困群众的救助。它包括为贫民提供医疗援助和生活援助教导。贫困群体是指因外部社会、经济和自然变化或灾害的不可抗力而陷入困难的群体。

②对弱势群体的救助。其范围和对象是随着社会前进而变化的概念,也是慈善事业前进的社会根基。一般来说,出于地方或生理原因,其获得社会资源的能力弱。人群,如年纪、性别导致的弱势群体:老年人、妇、孩童等;地方或迁移引起的弱势群体:移民、进城打工的农民工等;生理原因导致能力欠缺的弱势群体:残疾人、精神病人等。

16.1.2 慈善组织机构

慈善组织是进行慈善事业的非营利组织,因而对慈善组织的定义前需要界定非营利组织。“非营利组织”一词源于美国国家税法,它涵盖了广泛的各具特色的内涵,因此存在一定的争议。

萨拉蒙和安海尔从结构运行分析认为,这类组织拥有以下特点:①组织性,有制度化的操作流程、组织结构、文档规范、系统和固定工作人员。②私人性,完全由非政府组织拥有和经营,不受政府支配。除此之外,他们不与政府有联系,也不受政府控制,但他们获得政府的支持。③非营利性,非营利组织也以此为自身赚得资金来源,但不分配给该组织的持有人、职员或政府部门。非营利组织不以获得利益为优先,这是不同于其他商业组织之处。④自治性,指具有自我管理自我约束的能力,不受政府或其他社会组织的直接领导。⑤志愿性,指成员的加入特别是资源的集中不是强制性的,而是自愿和志愿性的,组织活动中有一定比例的志愿者加入。

在美国,慈善组织是非营利组织中最具有代表性的组织。依照英美法系,慈善组织

① 李秉坤,陈淑君.社会保障学[M].北京:中国财富出版社,2014:258.

致力于帮助贫困人口、促进社会福利和传播宗教。但在现代美国,这种对慈善组织的传统定义很大程度上地被税法方面的定义取代,税法方面对慈善组织的定义是:收入不用交税,而其捐助者亦因其捐款而得到税收减免的组织。为了得到免税资格,美国的慈善组织必须符合《国内税收条例》中规定的条件,根据该条例的定义,这类慈善组织包括以慈善、教育、科学、文学、宗教或促进公共安全,或者以促进国际或全国业余体育竞赛,或者以防止野蛮对待动物或儿童为唯一目的而成立并运行的社会团体、基金或基金会以及公司。这些组织的净收入不是为了保障个人或私人股东的利益,其活动不是为大规模开展宣传或者影响立法,同时也不干涉或参与任何政治选举。

在中国,慈善组织属于社会群体的类别。民政部门对社会组织的定义是:"为了达到必定的目的,依据必定的法律,人们自愿组成非营利的社会组织。"现阶段,慈善机构的登记管理依照国务院发布的《社会团体登记管理条例》执行。至于慈善组织的概念,法律法规没明确界定,学界对慈善组织的分析也多利用列举法。依据我国的现状和国际标准,我们认为慈善组织是拥有法人资格的非营利非政府组织,旨在实现社会公益和慈善活动。

16.2　慈善事业的要素、基础、功能

了解慈善事业的要素、基础和功能是对慈善事业的基础性的了解,只有了解其内在的要素、基础和功能才能更好地认识它,并寻找其与其他事物的内在联系。

16.2.1　慈善事业的要素

"要素"是指构成客观事物的存在并维持运动的必要的最小单位,是构成事物必不可少的现象。构成慈善事业的要素多种多样,主要有以下几个方面:

①意愿。慈善的意愿是情感,属于道德的内容,是慈善的道德基础。我国慈善的道德意向是建立在我国传统的儒、释、道家的思想基础之上的;在西方欧美国家,这些国家的道德意向则是来源于基督教的宗教理念,并且通过其浓厚的社会氛围进一步展现出来。慈善事业是一项社会事业,因此它的发展前进必定离不开其社会氛围。换句话讲,它需要公民的慈善意识和社会慈善价值观来支撑其发展。如若大部分人没有充分意识到慈善事业对社会进步具有不可替代的作用,那么这就不可能产生达成广泛共识的公益意识和慈善意识。其结果就是将社会救助和公益事业完全归于政府职能的范围。慈善行为归根结底是一个道德范畴,道德对慈善事业的发展具有根本意义。因此,发展慈善事业的首要任务就是培养公众的慈善意识和提升社会的道德水平。

②行为。慈善行为,也就是在现实中的慈善意愿的实现,换言之就是捐钱或提供义务劳务等行为。慈善行为要遵循一定的原则,即慈善行为应建立在法律允许的、可行的、自愿的、无报酬的以及自我管理的基础上。发展慈善事业的方式多种多样,主要是慈善捐款。根据流动方向分为三类,即慈善捐款募捐机构、慈善捐款执行机构或受助人的直

接捐赠;按照主体划分,主要有社会形式(通过慈善基金会等慈善机构来筹款)、个人形式、公民以个人权利进行的慈善活动,如义工、义演等;按照慈善行为实施的频率分为一次性捐赠和定期捐赠等;按照是否有附带条件分为有条件捐赠和无条件捐赠;按照捐赠的内容分为物质援助和精神支援等。

③主体。慈善主体,即慈善意愿的持有者和实现者。关于慈善主体这一概念,我们应当辨别捐助主体、运营主体和监管主体这三个概念。其中,捐助主体包括个人、家庭、慈善家、社团、社区、企业、联合集资与募款组织等。个人或家庭构成了慈善事业最为广厚的社会基础;慈善家是指专门从事慈善或慈善活动的人;公司法人、协会、社区等是慈善捐款的重要主体。运营主体主要是指慈善组织,慈善机构建立在团体和个人的依据法定资本和自愿协议基础上,为共同实现慈善行为,它不以营利为目的。慈善机构其监管主体是政府和其他社会力量。

④客体。社会的弱势群体是慈善事业的主要救助对象。具体而言,慈善机构的主体要包括个人和团体,也包括慈善基金会、各类居民区等。慈善捐助的主体可以独立地为各自的慈善活动选择的对象和领域,但对象不能成为基金会的捐助者和内部员工。

⑤财物。慈善的财物包括自愿捐助的资金、实物与劳务等,慈善事业中的人、财、物不是直接来自社会生产和再生产环节的必要扣除,受惠者不以进入生产过程就业为前提,它是由慈善机构和能够捐助者的自觉行为,受天灾人祸的困难群体是其主要的受益对象。

⑥方法。慈善不是政府行为,而是组织和政府的倡导下,由民间社会的推动。所需资金主要来自企业、社会组织、宗教组织和个人。在国内外,捐助是非强制性集资,对象具有较大的选择性和不确定性。因此,慈善事业的实现途径与社会救助和社会福利是完全不同的。

⑦制度。发展慈善事业既需要建立和加强慈善组织的行业自律观念、能力建设及专业化程度,同时还必须有完善的法律体系作为保障。

16.2.2 慈善事业的基础

慈善事业的开展需要众多的基础组成部分,它的组成众多,划分方式也多种多样,以下主要从道德、社会、经济、组织、实施、发展几个方面进行概述。

①道德根基——慈善之心。慈善属于道德范畴。慈善的非强制性和自愿性决定了慈善是依靠社会成员的爱心而建立起来,以道德为根基,这是慈善与国家或社会的社会保障事业从根本上存在的不同。

②社会根基——贫富差距。在一个共同贫困或共同富裕的社会中不可能产生慈善,但贫富分化的社会则需要慈善。这样的社会拥有构成慈善事业的两极分布的社会成员,也能够捐助者和救援人员需要共存,慈善事业成为两者适度平衡之间的良好途径。

③经济基础——社会捐赠。慈善不排除政府的财政援助,但没有社会捐赠就没有慈善机构。换句话说,其物质捐赠来自各行各业社会成员,它们是慈善事业生存与发展必不可少的经济基础。

④组织基础——社会组织。慈善事业虽然受政府的财政扶持并服从政府依法监督,但由于政府对慈善事业干预可能改变其性质并背离捐献者的捐献意愿,因此应当排除政府权力的介入。所以,慈善事业必须由社会组织承担具体组织实施。

⑤实施基础——捐赠者的意愿。如果没有捐款,就没有慈善,这种特殊的经济基础决定慈善事业必须根据捐赠人的意愿。当然,捐赠者的意愿不可以违反现行法律法规和社会公德。

⑥发展基础——社会参与。当慈善事业仅是少部分有钱人的事情时,慈善事业的进步与发展就无法形成浓厚的社会氛围。只有当社会成员积极自愿参与慈善事业时,社会成员才能形成良好的慈善意识,社会才能形成良好的社会氛围,慈善事业才能有更广泛、更坚实的社会根基,最终使慈善事业逐渐转变成一个宏伟的事业。

16.2.3　慈善事业的功能

慈善事业的功能是指慈善组织或个人及其影响的慈善行为。一个慈善机构的功能是一个慈善机构的存在和运行的基础。具体而言,慈善事业的功能主要体现在以下几方面:

①财富或资源的分配的功能。这也是慈善本身的重要功能之一。第二次分配理论是现代慈善事业的基础。放眼全球,慈善事业的社会地位不断得到加强,日益成为社会分配和社会资源重组的一种重要途径。在中国,由于收入分配系统改革是一个逐步完善的阶段,行业之间的收入差距较大,财政再分配和控制的手段还没有得到充分利用。社会责任慈善的第三次分配功能有更突出的意义,在一定程度上弥补了社会基本分配的不公,促进社会各阶层之间的财富和资源进行流动和重新分配。

②社会整体利益的功能。福利经济学家们认为,从财富中获得满意度的边际效用递减,即人们从单位财富中获得的满意度随着财富增加而递减。依据边际效用递减规律,慈善家将一部分的财富转移给低收入人群,对整个社会来讲,这部分财富所带来的增加的效用大于减少的效用,进而会增进全体人民的福利。

③社会稳定性的功能。慈善通过移富救贫,它可以促进社会的和谐发展,成为一个社会的稳定器。发展慈善事业是处理阶层关系的重要手段,是社会健康和持续发展的重要手段。慈善事业越是发展,缩小贫富差距和缓解社会矛盾的作用越大。

④思想教育的功能。慈善组织通过人的道德教育启发他们的心灵深处。社会的关爱和责任,使社会越发和睦,使人们越发富有慈善,因此有助于调升社会的道德水准。志愿服务作为慈善事业的核心价值形式,个人和团体通过发自内心的志愿,用我们的行动以反映我们内心的爱和道德,关怀人民和社会。

⑤弥补政府失灵功能。市场会失灵,市场经济的逻辑实质上也是适者生存的社会达尔文主义。财富的积累不仅是规模效益的要求,同时也是市场竞争的必然结果。这是为确保经济效率的前提,但与此同时也易于造成贫富不均和社会分化的现象。特别是在社会转型时期,政府和社会都面临着很多艰难的问题。慈善事业作为不同于国家和市场的第三股力量,能够承担国家剥离给社会的许多职能,有助于解决在某些方面"市场失灵"和"政府失灵"所带来的社会问题。

16.3　国外慈善事业发展及其借鉴意义

在国际上,1601 年英国宣布的《慈善用途法》《扶贫法》勉励慈善救济和其他公共福利活动。美国在独立战争前也有设立和经营非营利组织的传统,例如哈佛、普林斯顿大学等著名学校均创立于 17 世纪。

16.3.1　国外典型国家的慈善事业

1)英国的慈善事业

自 1601 年以后,影响英国慈善立法的一部重要法律是 1736 年制定的《永业权法》。《永业权法》使土地或住宅的慈善遗赠无效,除非它们是捐赠者生前最后一年做出的。这一立法的主要影响是扩大了法庭决定慈善目的的范围。直到 1960 年的慈善立法,《永业权法》才从法令全书中去掉。

18、19 世纪是英国社会大动荡的时期。工业革命不仅大大增加了土地阶级和中产阶级的财富,而且还引起了社会的巨大变化。在此期间,人道主义者、科学家和福音派基督教支持慈善事业。许多盛名的英国慈善组织在此期间成立,如巴纳多儿童救济院、全国防止儿童虐待协会、皇家防止虐待动物协会和沙夫茨伯里学会。

20 世纪 80 年代以来,英国募款活动十分兴旺。1983 年慈善募款管理人学会成立,旨在促进职业募款人的工作和实践。筹款经理人协会的成员资格逐渐成为获得职业筹款职位的先决条件。1995 年,布莱尔政府积极推动所谓的"现代化"公共部门革新。一方面,这项改制是建立一个强大并且积极向上的慈善公共部门;另一方面,是加强政府与慈善公共部门积极合作。作为这种协作的象征,1998 年双方签署了《政府与志愿者及社区组织协作框架协议》和《地方各级政府与志愿及社区组织合作框架协议》。这两项协定毋庸置疑是英国政府和自愿部门之间指导性协议,指导英国政府部门和地方政府在制定和实施公共政策过程中与慈善组织建立合作关系。这两项协议没有法律约束力,但它们充分肯定了慈善组织在英国社会中的重要作用,并强调了政府与慈善组织之间的一致性和功能互补性。

英国慈善委员会统计,1991 年全英国一般慈善组织只有98 000家,支出费用为 112 亿英镑。截至 2004 年年底,在英国境内注册的慈善组织数量就高达约190 000家,其中包括分支机构25 832家(上述数据中不包括无须登记的非营利机构,如学校、社区团体、教会、医院和自助组织),全部注册慈善组织的年收入增长到了 349 亿英镑。2002 年英国个人捐赠为 73 亿英镑,2003 年英国个人捐赠为 71 亿英镑,年度慈善捐赠下降是因经济因素导致捐赠者数量的略微减少,而非由于公众对慈善部门的看法的改变引起的。

英国慈善机构的一个主要特征是它们拥有广大的志愿者资源。依据英国内政部的一项家庭调查,2001 年,27%的人通过团体、俱乐部或组织每月至少投入一次志愿工作,39%的人在以往一年之中最少加入过一次志愿活动。

2)美国的慈善事业

美国的慈善事业先于其他国家。或许就是因这个历史和文化原因,美国的慈善事业逐渐成了一个由民间主导的模式。现代慈善理念始自安德鲁·卡耐基,在 1889 年出版的《财富佳音》一文中,他提出了这样一个看法:富豪不应该“把财富留给家人,而是在有生之年将其作为公共信托基金处理”。卡耐基的慈善宗旨为小约翰·D.洛克菲勒开拓了路。1891 年,他雇用专职人员来帮助他管理公益事业;1913 年准许建立洛克菲勒基金会。据统计,美国有 180 万个免税非营利组织,其中 101 万个是慈善组织。在美国,非营利部门占总就业人口的 8%以上,慈善组织占总就业人口的 5%。目前,整个美国还有私人基金会约65 000家,每年用以慈善公益事业的基金为 300 亿美元。第一次世界大战后,在处于持续增长的慈善需求的高压下,为勉励个人捐赠,1917 年,美国立法把捐赠纳入成为税额减免的对象。1935 年,又开始对公司的捐赠实行税额减免。由于税收制度的推动,美国人的捐赠也在稳定增长,从 1921 年的 17 亿美元增长到 20 世纪末期每年超过2 000亿美元,近 10 年里又有大幅增长,捐赠总额甚至超过了许多国家的国民生产总值。与此同时,“志愿精神”在美国中有着深厚的根基。有些人甚至把“给予的自由”当作四项自由的基础,认为捐赠不仅是义务,也是权利。

劝募机制,是衡量一个国家慈善事业成熟与否的标志之一。美国联合劝募是一个全国性的组织,旨在引导联合劝募活动,以对美国的各个社区产生重要影响。2004—2005 年,全国联合劝募年收入为 46.1 亿美元,用来帮助社区应对其最重要的问题。此外,联合劝募 2004 年还动员了 104 万的志愿者参与社区活动。美国的第二大联合劝募活动是联合联邦政府劝募活动(CFC),它接受的是联邦政府工作人员的捐赠。2003 年,CFC 从 150 万联邦政府雇员中募集了 2.49 亿美元。其他的联合基金包括天主教会人类发展劝募活动,主要资助社会行动项目等。

16.3.2　国外慈善事业的借鉴意义

通过总结国内外慈善事业改革创新的经验,可以发现在慈善事业建设上,各国既有相同点也有不同点,相同点在于:国内外的慈善事业都是长时间发展逐渐成形的,特别是发达国家的慈善事业比较完善。不同点在于:各国政府所承担的责任不同,慈善事业的侧重点不同。总结这些国家的经验,对于慈善事业体系的建设可以得到以下的经验启示。

1)完善慈善事业体制,加强法律体系建设

通过深入了解西方发达国家慈善事业的改革与发展经验,我们可以发现完善的慈善事业机制可以保障社会服务的有序实施,因此政府应当明确慈善事业的职能范围,该管的管,不该管的不管,充分调动其他社会团体的积极性。制度建设是发达国家慈善事业水平稳步提高的保障,英国就是有着充分的政策制度保障,才能使慈善事业水平得到显著的提高,人们的生活水平不断提高。美英国家系统完善的法律体系,通过一次次的法律不断完善制度存在的漏洞,让政府履行职能时有法可依,让执政更加高效,值得我们借鉴。

2)立足本国国情,不盲目照搬他国模式

世界上任何国家、任何城市或地区的具体情况都有各不相同,完全照搬他人的发展模式是不可取的。在慈善事业体系的建设中,西方发达国家由于经济发达,因此在财政方面投入大,他们也会根据自身的特点,制定符合自身发展的慈善事业体系。而且西方由于信仰教会,他们中的富人更加乐于加入慈善事业中,主动性较强,但是中国则需要国家和社会加强宣传和引导。

3)加大对慈善事业的投入

以人为本,提供慈善事业是促进社会公平的有效手段,中国的慈善事业的支出很大一部分依靠政府财政。中国作为发展中国家,存在慈善事业保障体系不够完善、覆盖面较窄等问题,应该不断加大慈善事业的投入,形成以保障慈善事业为重点的财政体制。当然,一味加大慈善事业的投入也是不可取的,在这过程中需要注重慈善事业的可持续发展,注重慈善资金的利用率。

4)注重改革创新,与时俱进

我们可以看到无论是发达国家还是发展中国家,在慈善事业方面都是不断进行改革创新,因为每个国家在不同时期的经济与社会状况不同,政府应当根据实际情况,与时俱进,不断创新方式方法,改革慈善事业,使其与本国的经济、社会水平相适应,才能不断提升慈善事业水平。例如中国也可以借鉴美国经验,成立全国性的联合劝募组织,旨在引导联合劝募活动,以让中国的各个社区加入其中。

16.4 中国慈善事业的建立与发展

中国是世界上最早推动和发展慈善事业的国家之一。慈善思想源远流长。先秦哲学家和随后的佛教和道教都阐述了慈善事业。例如,儒家讲"仁爱",佛教讲"慈悲",道教讲"积德",墨家说"兼爱"。虽然各个学派在表达方面并不相同,但它们的含义相似,都包含了拯救人民和人民的福利,以及人类共有的人道哲学和道德观。中国的慈善事业起源和西方的慈善事业有所不同。西方的慈善事业起源往往与宗教有关。各类宗教,尤其是基督教和天主教,都将慈善事业视为自己的源头责任。然而,中国的慈善事业起源于宗族和家庭内部的互助行为,并以亲密关系为原点扩展到社会其他成员,这通常可以得到政府的赞扬和鼓励。

16.4.1 民间慈善的发轫

在中国,由社会团体举办慈善事业自古有之,比较有影响的民间私人慈善活动从唐朝就开始出现,当时北方地区民间社会私人结社开始盛行,参与民间经济活动和互助。晚清时期,民营资本特别是江南沿海地区新兴工商阶层继续发展,其私人慈善事业逐渐兴起,扩大了传统慈善救济的内容,形成了大规模的私募慈善事业,全国范围的活动以及广泛宣传。到民国时期,官办力量提供公共物品的缺位以及民间组织主体能力的增强共同引发了中国民间慈善组织向近代的转型,民国时期非政府慈善救济组织的数量一直很大。在许许多多的民间慈善救济机构中,中华慈幼协会、战时儿童保育协会、中国红十字会等机构影响较大。中华人民共和国成立后,国家通过没收官僚资本、土地改革、人民公社化等一系列制度安排,控制了社会上绝大多数资源和粮油购销的支配权,形成了“强政弱社”的社会形式。在这种社会形态,民间公益团体的生存空间是由国家控制的,和慈善活动转化为政府主导的扶贫行为。在当时的政治制度,慈善组织几乎销声匿迹,民间性的慈善救助活动也不复存在。1949 年到 1993 年,中国没有一个以慈善机构命名的组织,甚至在很长的一段时间里,人们连讲“人道主义”都得加上引号,在这长达 44 年“革命”时期可以说,中国的慈善事业在此期间出现了发展史上的真空状态。

16.4.2　中华人民共和国成立后的慈善事业的历程

1)调整与改造阶段:1949—1954 年

政府一直高度重视慈善事业,并且根据国情制定了中华人民共和国的一系列的慈善工作方针与政策。一方面是要接收、改造旧社会留下来的各类慈善机构;另一方面则是要新建一大批的社会救济设施和机构。有关资料显示,截至 1953 年年底,全国各地已改造旧的慈善机构 419 处,调整旧的救济福利团体 1 600 多个。

2)发展停滞阶段:1955 年至 20 世纪 80 年代

由于当前形势的变化,政府接受并重组了原有的慈善机构,逐步以福利的形式取代了国家社会保障和福利制度,以福利的形式取代了慈善机构,即慈善内容。过去的政府逐渐抛弃了慈善事业,慈善事业逐渐偏离了原有的意义。中国大陆不再有私人慈善组织。后来,特别是“左”思潮和“文化大革命”的影响,慈善事业被当作社会统治阶级统治人民的一种工具。它一再受到批评,人们谈论慈善事业并改变了颜色,慈善事业在过去的 30 年中逐渐消失。

3)复兴发展阶段:20 世纪 80 年代以后

党的十一届三中全会后,在“解放思想,实事求是”的方针指导下,党和国家整顿了各个方面的纷乱局势。国家和社会也逐渐意识到,就我国当时的财力,单靠政府部门进行社会救助往往会捉襟见肘。并且伴随着经济改革的不断深化和社会的变迁与转型,社会救济的问题也越来越凸显,政府逐渐转变了对慈善事业的相关政策措施,开始积极倡导和促进慈善事业的发展。自 1981 年中国儿童少年基金会成立以来,过去 20 年来,全国共有 700 个慈善组织成立。近年来慈善事业的迅猛发展与政府的积极倡导和推动密切相关,政府采取了一系列政策措施以推动慈善事业复兴和发展。2008 年,慈善捐款达1 000 亿元人民币,中国的慈善事业迅速进入复兴阶段。2008 年 12 月 5 日,党中央国务院召开了第二次中华慈善大会,胡锦涛同志亲切接见了来自全国各地的 600 多名慈善工作者、慈善项目获奖代表和慈善先进个人。大会表彰了 2008 年为我国慈善事业做出突出贡献的个人、企业和慈善项目,授予企业、机构、慈善项目以及 336 名个人 2008 年度“中华慈善奖”,授予119名个人为“全国优秀慈善工作者”,授予22名为慈善做出杰出贡献的人“中华慈善贡献奖”。在当天举办的慈善论坛上,举行了“5·12”慈善联合行动启动仪式,将“5月12日”定为全国慈善日。中华慈善大会的召开,对弘扬慈善精神,激发全社会的慈善热情,激励社会各界参与和支持慈善事业起到了极大的推动作用。2008年,在中国慈善事业发展史上具有里程碑的意义,堪称慈善元年。

16.4.3 我国慈善事业的改革

1)制定推动慈善事业发展的法律法规

改革开放以来,特别是20世纪90年代以来,中国先后制定了一系列法律法规,以改善中国慈善事业发展的制度环境,主要包括1998年9月发布的《社会团体登记管理条例》、1998年10月发布的《民办非企业单位登记管理暂行条例》、2002年9月发布的《社会团体登记管理条例》、2004年3月发布的《基金会管理条例》。在这些政策法规中,对设立的基金会做了界定及分类,制定了鼓励用于公益事业捐赠的措施。它规范捐赠和礼品,建立基金会、非营利性社会组织和私营非企业单位,以及组织和财产的管理和使用,强调监督和法律责任。这一系列的法律和行政法规保障和促进了慈善事业的快速发展。自党的十六大以来,党中央和国务院支持慈善事业发展的努力得到进一步加强。民政部颁布了“社会捐赠基金管理办法”。有一系列关于捐赠资金使用的规定,尊重捐赠者的意愿,以及捐助者和社会对慈善捐赠的保护。在通过修订后的《中华人民共和国企业所得税法》的一年中,扣除率从3%增加到12%,这对捐赠的公司来说是一个很大的鼓励。

2)完善管理体制

1978年国务院进行机构调整,正式恢复民政部,并于1982年8月再次确立民政部为主管全国救灾救济和社会福利的主管机构,明确提出进行社会福利服务的社会化运作,鼓励社会力量参与社会福利和社会救助领域。进入20世纪90年代,政府对慈善事业采取了更为开明的态度,国家领导人在许多场合公开表示赞同和支持中国慈善事业的发展。社会福利和慈善事业促进司于2008年9月正式成立,主管福利彩票、慈善和社会捐助、老年人和残疾人福利及儿童福利工作。目的是进一步推进和完善与社会救助、社会保险、社会福利、慈善事业相挂钩的社会保障体系,对我国慈善事业的发展进步具有深远的意义。

3)大力弘扬慈善精神和慈善文化

为了培养和普及慈善意识,提高民众自觉慈善事业捐赠的行为,多年来各级政府和慈善组织都注重通过网络、电视、报纸等媒体来宣传慈善机构的宗旨、性质和意义。例如,中华慈善总会特别重视宣传岗位的建设,1999年其创办了《慈善》杂志,并编辑出版《中华慈善年鉴》一书,还与报纸、广播电台、电视台和其他媒体合作共同开设慈善专栏,并且充分利用各类渠道和资源为慈善事业服务。政府部门一直非常重视,在民政部举办的年度民间论坛上,慈善事业的发展一直是民政论坛的重要研究内容。各级地方政府也在进行有关慈善文化、慈善组织建设等方面的探索。2008年4月,国务院和国家民政部会同上海市民政局开始起草我国第一部《慈善事业发展纲要》,以此为基础,第一部系统阐述我国慈善事业发展的力作《中国慈善事业发展研究》问世,全国上下掀起了一股慈善的浪潮。

4)慈善事业的改革实践

随着改革开放的进一步深入,社会利益的格局发生深刻变化,新的社会问题相继出现,新的社会矛盾逐渐凸显,社会对慈善事业有了新的需求。20 世纪 90 年代末特别是 21 世纪以来,我国的慈善事业进入了快速推进阶段。慈善机构如雨后春笋般建立起来。截至 2019 年 1 月,我国已登记注册的社会组织总量高达 81 万多家。随着慈善事业飞速发展,慈善资金也逐年增加。2008 年的重大事件和巨大灾难直接引发了慈善捐赠的“井喷”。

我国的慈善事业发展是在中国特色社会主义的大框架内进行的,是在社会主义初级阶段现实基础上展开的。虽然近几年我国的慈善事业得到了一定程度的发展,但从总体上看,慈善事业的基础还较为薄弱,发展过程中还有很多亟待解决的问题。

第一,慈善组织和机构数量偏少。截至 2016 年 12 月底,全国共有社会组织 69.9 万个,其中,社会团体 33.5 万个,基金会 5 523 个,民办非企业 35.9 万个。2019 年 1 月,我国已登记注册的社区组织为 81 万余家。有数据显示美国非政府组织总数已超过 200 万,资金总额超过 5 000 亿美元,员工超过 900 万。德国、英国和瑞士都有超过 10 000 个基础。与这些国家相比,中国的慈善组织和机构数量有很大的差距。在地区分布东部 13 个省、直辖市有慈善组织 63 个,中部 6 个省共有 34 个,西部有 12 个省、直辖市共有 31 个,其中西藏没有设立慈善组织。各个慈善组织之间联系松散,无法形成合力。据资料显示,中华慈善总会不具备详细相关的国内慈善组织信息,无法进行召集组织工作。[①]

第二,慈善文化的发展需要进一步改善,公众对慈善事业的理解是不够的。根据中国社会科学院的问卷调查,超过一半的受访者认为慈善事业属于政府的救济行为。大多数受访者参与了捐赠和捐赠活动,他们主要是通过工作单位、学校进行捐赠。主要是被动捐赠,而且捐赠频率低。大部分公民不理解慈善事业,甚至从未耳闻过。因为对慈善活动欠缺宽泛的认识,慈善宣传不多,慈善事业的推广力度不够,慈善团体、慈善理念和慈善行为没有深深地扎根于人们的心中。在中国,慈善捐赠也存在“倒挂”的现象,老百姓更慈善。据一位在募捐前线工作的人说,许多不富有的老百姓用节俭的钱帮助其他贫困群体。人均捐赠水平不高:发展慈善事业中一个重要的因素就是社会慈善价值观的普及。2003 年,美国的人均慈善捐款达到 828.7 美元,其中超过 85%的捐款来自公众。2006 年,人均捐赠接近 1 美元;2007 年,中国人均捐款仅为 0.92 美元;2008 年,发生了汶川地震,慈善捐款的高潮导致人均捐款约 150 美元。根据中华慈善总会的统计数据,显示 2006 年以前收到的捐款百分比来自海外和港台,来自大陆最富有的人的捐款仅占总数的 15%左右。中华慈善总会的统计数据也表明,在中国,富人占社会财富的 80%,不到 20%的慈善捐赠给社会。

---

① 王巍,谢淑萍,路春艳.社会保障理论与实践[M].北京:科学出版社,2016:236.

第三,政策法规不健全。关于慈善事业的税收政策严重不足。一是,关于慈善税收优惠政策的相关规定分散在不同的法律文件中;二是,税收激励制度在法律层级中处于较低水平,一般通过财政部和国家税务总局发布的规定性文件。宣布在特殊法律中只有少数条款以法律规定的形式出现,慈善税收激励制度仍然是相对原则性的,缺乏灵活性,特别是在规则的实践中没有具体规定,法律法规待完善。

第四,慈善组织的能力不足,慈善组织缺乏可信度。目前,在进行慈善捐赠活动时,变相的分配很普遍,公众非常反感。一些慈善机构存在管理漏洞,财务系统不透明,资金运作效率低下以及使用资金的随意性,存在腐败或盗用的风险。中国慈善机构招募的能力不强,慈善机构募捐能力较弱。中国工商注册登记的企业超过了1 000万家,然而99%的企业从来没有参加过捐赠。例如:1998 年洪水大灾,当时中国人均慈善捐助也只有 1 美元。2008 年汶川大地震的发生表明,经过这么多年的发展,中国的慈善理念及居民的慈善意识已得到了明显的提升,但当社会大众慈善意识蓬勃涌现的时候,社会民间慈善机构和慈善组织在组织捐赠、调动和合理安排资金方面的能力欠缺就凸显出来了。中国的慈善事业发展目前已处在正待腾飞的阶段,须取得慈善理念传播、组织能力建设、社会资源动员、政府政策推动和法律法规完善等几个方面的突破。只有这样,慈善事业的发展才能与经济发展相协调,才能为落实科学发展观和构建和谐社会提供有力的支撑。

5)加快制定和完善进一步优化慈善事业发展的法律和政策环境

当前,我国仅有一部与慈善公益有关的法律,即《中华人民共和国公益事业捐赠法》,缺乏全面系统的慈善公益法,且较为原则性,缺乏操作性。2008 年四川汶川特大地震中,国内个人捐款达 31.4 亿元,企业捐款 30.4 亿元,国内捐赠大于境外 44.36 亿元,首次打破以往的结构。但由于汶川地震的特殊性,因此要全面考核我国慈善捐赠的结构,还需对 2009 年以后的捐赠结构进行跟踪评估。国家层面上应当加强法律制度的建设,应当尽快研究并制定《慈善事业法》或者在《中华人民共和国社会救助法》中确立慈善事业的地位和原则,从法律体系中统一了慈善事业的性质、组织和具体操作程序,明确政府监管部门与社会的协调机制。该组织按照法律规范运作。民间社会组织可分为三类:慈善组织、共同组织和非营利组织。应采取不同的税收政策,政府扶持政策和不同的监管方式。应对《中华人民共和国企业所得税法》《中华人民共和国个人所得税法》等法律进行修改,提高慈善捐赠的税款减免。

6)建构政府与慈善公益组织关系的新模式

政府与慈善组织之间的伙伴关系应通过协议进行明确界定,而"小政府、大社会"的这种社会转型结构更是符合社会发展的必然要求和发展趋势。政府应引导中国慈善机构为社会经济前进服务,即引导慈善机构进入既不适合政府也不适合企业干预或效率低下的领域,逐步将部分社会救济和社会福利事项转移给合格的慈善机构,国家在机构层面提供全面的支持。坚持公共服务型政府的理念,进一步转变公共服务型政府的社会职能。在社会管理、社会服务、慈善事业等领域,要明确政府和社会组织的任务和职能,尽早建立独立的社会制度。在慈善事业的前进中,政府是慈善政策的制定者,是慈善组织的监督者,是慈善文化的倡导者,是对慈善行为的鼓励者。慈善活动的主体应是专业的慈善组织和其他社会公益事业项目。机构和民间社会自发的慈善事业。

7)营造全社会参与慈善的良好氛围

为了促进我国慈善事业的前进,除了各种制度建设外,如何弘扬我国独特的慈善文化传统?如何培养人们的慈善观念?如何改变各种不利于慈善事业前进的旧观念?是我们需要思考的问题。不仅需要税收优惠,更需要科学的公益性。激励媒体和全社会的共同参与,进一步培养全社会现代慈善价值观。深化和扩大现代慈善事业的价值是公众意识。同时,还需要建立专业的志愿者招募组织。该组织自身应该是一个慈善公益组织。招募的志愿者要为该地带的慈善公益事业服务,但是应当是非营利的。通过这样的组织,可以使志愿活动成为平常的、经常性的行为,而不是间歇性的行为。除此以外,志愿者不应局限于某一年龄段,而是应依据需要招募不同年龄段的志愿者,以扩大志愿者队伍的建设。

16.5　案例分析

【案例】由"郭美美事件"看国内慈善组织的信任危机

2011年6月21日,在新浪微博上,一个名为"郭美美baby"的20岁女孩受到了极大关注。这位自称"住在大别墅,开玛莎拉蒂"的20岁女孩微博认证为"中国红十字会总经理",她的真实身份也备受争议。有网友说,她是中国红十字会副会长郭长江的儿女,这让众多网友对中国红十字会颇有微词。

6月26日,"郭美美baby"在微博上宣称"出于无知在新浪微博上自称'中国红十字会商业总经理',对此愚昧行为给中国红十字会造成的名誉损害和公众误解深表歉意!本人从未在中国红十字会工作,身份完全由本人杜撰。"

事实上,中国红十字总会在这份声明发出前已经连续发布了三道声明,同时公开回应否认郭美美一事,未下设红十字商会这样的机构,也没有商业总经理这一职位,红十字会内部更没郭美美一人。中国红十字总会的多次声明并没有平息"郭美美事件"的舆论关注,相反,不断地激起网民的质疑。与此同时,中国红十字会高层同郭美美之间的关系也不断地被网民人肉挖掘出来,网民们的关注点也从郭美美同中国红十字会高层的关系扩散到其他问题上,例如郭姓副会长的"天价"手表等。

"郭美美事件"一事将中国红十字会拖入到极其尴尬的局面。为何公众和媒体会与中国红十字会的声明较劲?这是因为作为一个享有中国慈善声誉的公益机构,中国红十字会不断经历着严重的信任危机,从高价的万元帐篷到"假发票",再到昂贵的公餐,这无一不触发公众不满。

分析与思考

1.通过本案例影响慈善事业发展的各个要素是哪些?它们之间有什么内在的联系?

2.结合本案例中国慈善组织应当如何应对信任危机,如何加强自身的管理建设?

3.结合本案例中国慈善事业的发展现状如何？存在哪些困境？未来的改革趋势在哪里？

【本章小结】

本章首先通过对慈善事业的概述，让读者对慈善、慈善事业及慈善事业的功能载体慈善机构等基本的概念进行认识，有助于加深对慈善事业的要素、基础和功能的了解和认识。其次，对国内外慈善事业发展的现状和趋势进行归纳和分析，对于发达国家的慈善事业发展的经验教训进行总结提出的借鉴经验。最后，对我国的慈善事业通过时间顺序进行梳理，让读者了解中国慈善事业的发轫到中华人民共和国成立后的不断发展，充分了解现状，进而找出慈善事业发展的问题和未来的发展趋势。

【探索】

1.结合本章知识，探索国内外的各个国家为什么要积极发展慈善事业？

2.中国慈善事业受到哪些思想的影响？

3.简述中国慈善事业的各个发展阶段，它们各有什么特征。

4.国外有哪些措施来提高慈善组织的公信力，提高民众的参与性？

5.国外发达国家慈善事业发展经验，有哪些地方中国可以借鉴？

参考文献

论著

[1] 马克思·韦伯.经济与社会(第1卷)[M].阎克文,译.上海:上海出版社,2010.

[2] 哈耶克.通往奴役之路[M].王明毅,译.北京:中国社会科学出版社,1997.

[3] 尼古拉斯·巴尔.福利国家经济学[M].北京:中国劳动社会保障出版社,2003.

[4] 凯恩斯.就业、利息和货币通论[M].北京:商务印书馆,1993.

[5] 亚当·斯密.国民财富的性质及其原因的研究(下卷)[M].北京:商务印书馆,1994.

[6] 弗里德曼.资本主义与自由[M].张瑞玉,译.北京:商务印书馆,1986.

[7] 威廉姆·H.怀特科,罗纳德·C.费德里科.当今世界的社会福利[M].解俊杰,译.北京:法律出版社,2003.

[8] A.C.庇古.福利经济学[M].朱泱,张胜纪,吴良健,译.北京:商务印书馆,2006.

[9] 贝弗里奇.贝弗里奇报告——社会保险和相关服务[M].劳动和社会保障部社会保险研究所,译.北京:中国劳动社会保障出版社,2004.

[10] E.博登海默.法理学——法哲学及其方法[M].北京:华夏出版社,1987.

[11] 约翰·罗尔斯.正义论[M].北京:中国社会科学出版社,1988.

[12] 卡特琳娜·托玛瑟夫斯基.人口政策的人权问题[M].北京:中国社会出版社,1999.

[13] 罗斯科·庞德.通过法律的社会控制[M].沈宗灵,译.北京:商务印书馆,2010.

[14] 霍尔斯特·杰格尔.社会保险入门——论及社会保障法的其他领域[M].刘翠霄,译.北京:中国法制出版社,2000.

[15] 琼斯.社会政策方式[M].伦敦:伦敦出版社,1985.

[16] 霍尔斯特·杰格尔.美国军人社会保险制度[M].刘翠霄,译.北京:中国法制出版社,2000.

[17] 安德鲁·阿亨巴姆.社会保障:幻想与修正[M].香港:剑桥大学出版社,1986.

[18] 艾米·芬克尔斯坦,肯尼斯·阿罗.医疗保险中的道德风险[M].朱凤梅,译.北京:中信出版社,2019.

[19] 安德鲁·卡耐基.财富的福音[M].北京:京华出版社,2006.

[20] William Beveridge. Social Insurance and Allied Services[M]. Macmillan Company, 1942.

[21] Braithwaite J. Poverty and social assistance in transition countries[M]. Saint Martin's

Press Inc, 2000.
[22] Richard J. Butler, Harold H. Gardner, Nathan L. Kleinman.: Workers' Compensation: Occupational Injury Insurance's Influence on the Workplace.Springer New York, 2013.
[23] Peter F. Drucker: The Pension Fund Revolution. Taylor and Francis: 2017-07-28.
[24] Victor George. Social Security and Society[N]. Taylor and Francis: 2018-04-13.
[25] Donald Tomaskovic-devey: Poverty And Social Welfare In The United States. Taylor and Francis: 2019-05-28.
[26] John Black,David Stafford: Housing Policy and Finance. Taylor and Francis, 2018.
[27] 江泽民.论社会主义市场经济[M].北京:中央文献出版社,2006.
[28] 郑功成.社会保障[M].北京:高等教育出版社,2007.
[29] 郑功成.中国社会保障30年[M].北京:人民出版社,2008.
[30] 张邦辉.社会保障的政府责任研究[M].北京:中国社会科学出版社,2011.
[31] 孙光德,董克用.社会保障概论[M].北京:中国人民大学出版社,2016.
[32] 凌文豪.社会保障概论[M].开封:河南大学出版社,2013.
[33] 杨翠迎.社会保障学[M].上海:复旦大学出版社,2015.
[34] 吕学静.社会保障国际比较[M].北京:首都经济贸易大学出版社,2007.
[35] 时政新.中国社会救助体系研究[M].北京:中国社会科学出版社,2002.
[36] 吕学静.社会保障基金管理[M].北京:首都经济贸易大学出版社,2014.
[37] 穆中怀.社会保障国家比较[M].北京:中国劳动社会保障出版社,2014.
[38] 李元春.国外失业保险的历史与改革路径[M].北京:中国财政经济出版社,2011.
[39] 丁建定,杨凤娟.英国社会保障制度的发展[M].北京:中国劳动社会保障出版社,2004.
[40] 谢冰.社会保障概论[M].2版.武汉:武汉大学出版社,2015.
[41] 胡晓义.工伤保险[M].北京:中国劳动社会保障出版社,2012.
[42] 李连友.社会保险基金运行论[M].成都:西南财经大学出版社,2000.
[43] 丛春霞,刘晓梅.社会保障概论[M].3版.大连:东北财经大学出版社,2015.
[44] 李秉坤,陈淑君.社会保障学[M].北京:中国财富出版社,2014.
[45] 胡晓义.医疗保险与生育保险[M].北京:中国劳动社会保障出版社,2012.
[46] 邓大松,杨红燕.医疗保险与生育保险[M].北京:人民出版社,2013.
[47] 阎青春.社会福利与弱势群体[M].北京:中国社会科学出版社,2002.
[48] 杨翠迎.关联社会保障制度待遇标准及梯度研究[M].北京:经济科学出版社,2017.
[49] 邹军誉.国外优抚安置制度精选[M].北京:中国社会出版社,2003.
[50] 李超民.美国社会保障制度[M].上海:上海人民出版社,2009.
[51] 王巍,谢淑萍,路春艳.社会保障理论与实践[M].北京:科学出版社,2016.

期刊、报纸、论文、文件

[1] Guseva T.S..Social Security Legislation Systematization Problems of Families,Motherhood,

Paternity and Childhood[J].Vestnik Omskoj Ûridičeskoj Akademii,2013(20).

[2] John Dixon.Social Security in global perspective[J].Westport,Conn.:Praeger,1999.

[3] 张邦辉,陈乙酉.邻里关系对农村留守老人身心健康的影响研究——基于劳动力流出地10省市调查数据的实证分析[J].管理世界,2017(11).

[4] 武萍.社会养老保险基金运行风险管理存在的问题及对策[J].中国行政管理,2012(3).

[5] 翟新花.均等化视角下的失业保险制度优化设计[J].中国行政管理,2014(10).

[6] 林闽钢.中国社会保障制度优化路径的选择[J].中国行政管理,2014(7).

[7] 张翠娥,杨政怡.我国生育保险制度的发展历程与改革路径——基于增权视角[J].卫生经济研究,2013(1).

[8] 华颖.德国医疗保险自治管理模式研究[J].社会保障评论,2017(1).

[9] 苑仲达.英国积极救助制度及其借鉴启示[J].国家行政学院学报,2016(4).

[10] 黄燕芬,唐将伟,张超.住房保障发展不平衡不充分:表现、成因与对策[J].国家行政学院学报,2018(6).

[11] 薛惠元,邓大松.我国养老保险制度改革的突出问题及对策[J].经济纵横,2015(5).

[12] 乔庆梅.中国残疾儿童社会福利:发展、路径与反思[J].社会保障评论,2018(3).

[13] 郑新业,王晗,失业保险金标准的决定因素[J].世界经济,2011(2).

[14] 林闽钢,梁誉.我国社会福利70年发展历程与总体趋势[J].行政管理改革,2019(7).

[15] 高灵芝.论慈善事业的社区化与社会化[J].社会科学研究,2004(3).

[16] 汪连杰.哈耶克的社会保障思想及其当代价值研究[J].经济与管理评论,2017(4).

[17] 陈向京.我国社会保障基金筹集和管理问题探析[J].财政研究,2008(11).

[18] 蔡泽昊.中国现行生育保险制度初探[J].经济研究,2010(4).

[19] 陈乙酉,张邦辉.社会保障对农民工流动决策的影响研究——基于“推拉”理论的实证[J].农业经济问题,2018(10).

[20] 联合国:《消除对妇女一切形式歧视公约》,1979-12-18。

[21] 美国《国内税收条令》501(C)第(3)项下所规定的条件。

[22]《关于深化企业职工养老保险制度改革的通知》国发〔1995〕6号。

[23]《关于建立统一的企业职工基本养老保险制度的决定》国发〔1997〕26号。

[24]《关于开展城镇居民社会养老保险试点的指导意见》国发〔2011〕18号。

[25]《国务院办公厅　中央军委办公厅转发民政部总参谋部等部门关于深入贯彻〈退役士兵安置条例〉扎实做好退役士兵安置工作意见的通知》国办发〔2013〕78号。

[26]《关于印发生育保险和职工基本医疗保险合并实施试点方案的通知》国办发〔2017〕6号。

[27]《国务院、中央军事委员会关于修改〈军人抚恤优待条例〉的决定》中华人民共和国国务院　中华人民共和国中央军事委员会令第602号。

[28]《民政部关于修改〈伤残抚恤管理办法〉的决定》中华人民共和国民政部令第50号。

[29]《关于提高部分优抚对象抚恤补助标准的通知》民发〔2000〕33 号。
[30]《优抚对象医疗保障办法》民发〔2007〕101 号。
[31]《关于印发〈中国慈善事业发展指导纲要(2011—2015 年)〉的通知》民发〔2011〕134 号。
[32]《城乡养老保险制度衔接暂行办法》人社部发〔2014〕17 号。
[33]《关于做好当前生育保险工作的意见》人社部发〔2018〕15 号。
[34]《住房公积金管理条例》1999 年版。
[35]《城镇廉租住房管理办法》1999 年版。
[36]《基金会管理条例》2004 年版。
[37]《中华人民共和国兵役法》2011 年版。
[38]《退役士兵安置条例》2011 年版。
[39]《中华人民共和国社会保险法》2011 年版。
[40]《工伤保险条例》2011 年版。
[41]《职业病诊断与鉴定管理办法》2013 年版。
[42]《职业病分类和目录》2013 年版。
[43]《社会救助暂行办法》2014 年版。
[44]《企业职工生育保险条例》。